Lehrwerk für den Französischunterricht

Symbole und Verweise

 Hörtext auf der CD (z. B. CD 1, Track 2)

DVD Filmszene (fakultativ)

 Schriftliche Aufgabe (Textproduktion)

 Partnerarbeit

 Partnerübung: Den Übungsteil für Partner B findest du im Annexe ab S. 124.

 Gruppenarbeit

 Hier bewegt ihr euch in der Klasse.

Differenzierung:

 leichtere Aufgabe

 anspruchsvollere Aufgabe

Differenzierung:

 ▶ p. 129
 ▶ p. 129
Die leichtere bzw. anspruchsvollere Aufgabenvariante findest du im Annexe ab S. 129.

DELF Diese Aufgabe eignet sich besonders für die Vorbereitung auf die DELF-Prüfung.

 Sprachmittlungsaufgabe

 Portfolio/Lerntagebuch: Du dokumentierst deine Lernfortschritte.

L 13|3 Hier passt Seite 13, Übung 3 aus dem Buch.

C 7|4 Hier passt Carnet d'activités, S. 7, Übung 4.

 Unter www.cornelsen.de/webcodes gibst du den jeweiligen Webcode ein (z. B. ATOI–3–21). Dieser führt dich zum Gratis-Download.

Cornelsen

Die folgenden aufgelisteten Angebote sind nicht obligatorisch abzuarbeiten.
Die Auswahl der Aufgaben und Aufgabenteile richtet sich nach den Schwerpunkten des schulinternen Curriculums.

Inhalt

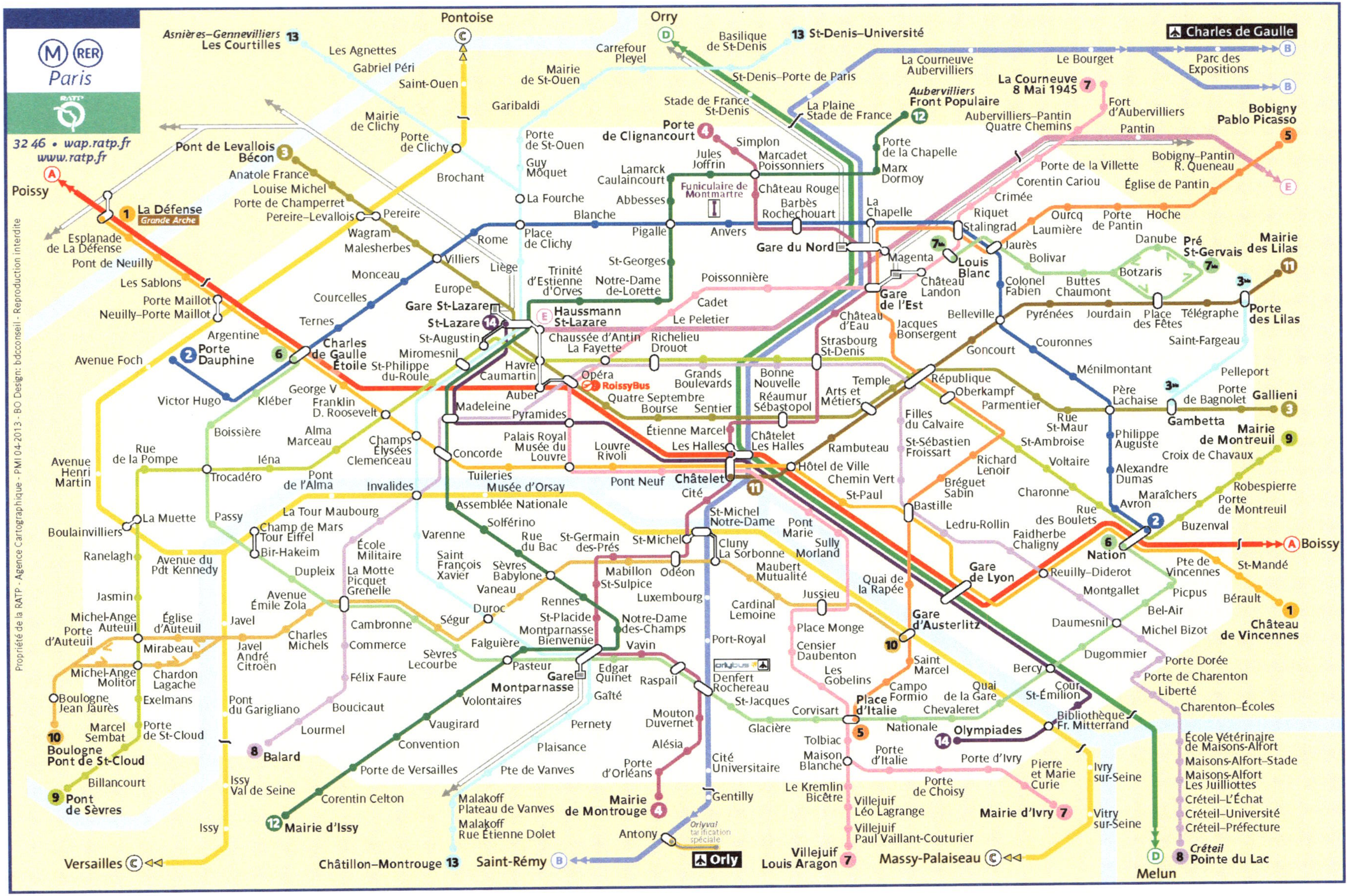

M RER Paris

32 46 • wap.ratp.fr
www.ratp.fr

Asnières–Gennevilliers Les Courtilles 13
Les Agnettes
Gabriel Péri
Saint-Ouen
Pontoise C
Mairie de Clichy
Porte de Clichy
Garibaldi
Mairie de St-Ouen
Carrefour Pleyel
Orry D
Basilique de St-Denis
13 St-Denis–Université
St-Denis–Porte de Paris
Stade de France St-Denis
La Plaine Stade de France
La Courneuve Aubervilliers
Le Bourget
Charles de Gaulle
Parc des Expositions
La Courneuve 8 Mai 1945 7
Aubervilliers Front Populaire 12
Aubervilliers–Pantin Quatre Chemins
Fort d'Aubervilliers
Pantin
Bobigny Pablo Picasso 5
Bobigny–Pantin R. Queneau
Porte de la Villette
Corentin Cariou
Église de Pantin
Crimée
Riquet
Ourcq
Porte de Pantin
Hoche
Laumière
Stalingrad
Jaurès
Bolivar
Danube
Pré St-Gervais 7bis
Mairie des Lilas 11
Botzaris
Buttes Chaumont
Colonel Fabien
Place des Fêtes
Télégraphe
Porte des Lilas 3bis
Jourdain
Pyrénées
Belleville
Couronnes
Saint-Fargeau
Pelleport
Ménilmontant
Père Lachaise
Porte de Bagnolet
Gallieni 3
Gambetta
Mairie de Montreuil 9
Croix de Chavaux
Robespierre
Porte de Montreuil
Maraîchers
Buzenval
Philippe Auguste
Alexandre Dumas
Avron
Nation
Boissy A
Rue des Boulets
Faidherbe Chaligny
Reuilly–Diderot
Pte de Vincennes
St-Mandé
Bérault
Château de Vincennes 1
Picpus
Montgallet
Bel-Air
Daumesnil
Michel Bizot
Porte Dorée
Porte de Charenton
Liberté
Charenton–Écoles
École Vétérinaire de Maisons-Alfort
Maisons-Alfort–Stade
Maisons-Alfort Les Juilliottes
Créteil–L'Échat
Créteil–Université
Créteil–Préfecture
Créteil Pointe du Lac 8
Melun D
Dugommier
Bercy
Cour St-Émilion
Bibliothèque Fr. Mitterrand
Olympiades 14
Porte d'Ivry
Pierre et Marie Curie
Ivry sur-Seine
Vitry sur-Seine
Mairie d'Ivry 7
Massy-Palaiseau C
Porte de Choisy
Porte d'Italie
Villejuif Léo Lagrange
Villejuif Paul Vaillant-Couturier
Villejuif Louis Aragon 7
Le Kremlin Bicêtre
Maison Blanche
Tolbiac
Place d'Italie 5
Nationale
Chevaleret
Quai de la Gare
Campo Formio
Saint Marcel
Gare d'Austerlitz
Quai de la Rapée
Gare de Lyon
Ledru-Rollin
Charonne
Voltaire
St-Ambroise
Rue St-Maur
Parmentier
Oberkampf
République
Goncourt
Jacques Bonsergent
Gare de l'Est
Château Landon
Louis Blanc
Magenta
Gare du Nord
La Chapelle
Marx Dormoy
Porte de la Chapelle
Simplon
Marcadet Poissonniers
Château Rouge
Barbès Rochechouart
Porte de Clignancourt 4
Jules Joffrin
Lamarck Caulaincourt
Funiculaire de Montmartre
Abbesses
Anvers
Pigalle
Blanche
Place de Clichy
La Fourche
Guy Môquet
Porte de St-Ouen
Brochant
Rome
Villiers
Malesherbes
Wagram
Pereire
Pereire–Levallois
Porte de Champerret
Louise Michel
Anatole France
Pont de Levallois Bécon 3
Poissy A
La Défense Grande Arche 1
Esplanade de La Défense
Pont de Neuilly
Les Sablons
Porte Maillot
Neuilly–Porte Maillot
Argentine
Porte Dauphine 2
Avenue Foch
Victor Hugo
Charles de Gaulle Étoile 6
Kléber
Ternes
Courcelles
Monceau
Liège
Europe
Gare St-Lazare
St-Lazare 14
Haussmann St-Lazare E
Trinité d'Estienne d'Orves
St-Georges
Notre-Dame de-Lorette
Poissonnière
Cadet
Le Peletier
Château d'Eau
Strasbourg St-Denis
Bonne Nouvelle
Temple
Arts et Métiers
Filles du Calvaire
St-Sébastien Froissart
Richard Lenoir
Bréguet Sabin
Bastille
Chemin Vert
St-Paul
Hôtel de Ville
Rambuteau
Réaumur Sébastopol
Grands Boulevards
Richelieu Drouot
Chaussée d'Antin La Fayette
St-Augustin
Miromesnil
St-Philippe du-Roule
Havre Caumartin
Opéra
RoissyBus
Quatre Septembre
Bourse
Sentier
Étienne Marcel
Les Halles
Châtelet Les Halles
Châtelet 11
Cité
Pont Neuf
Louvre Rivoli
Palais Royal Musée du Louvre
Pyramides
Madeleine
Auber
Concorde
Tuileries
Musée d'Orsay
Champs Élysées Clemenceau
Franklin D. Roosevelt
George V
Alma Marceau
Boissière
Iéna
Trocadéro
Rue de la Pompe
Avenue Henri Martin
Pont de l'Alma
Invalides
La Muette
Passy
Boulainvilliers
Ranelagh
Avenue du Pdt Kennedy
Jasmin
Michel-Ange Auteuil
Porte d'Auteuil
Église d'Auteuil
Mirabeau
Michel-Ange Molitor
Chardon Lagache
Exelmans
Boulogne Jean Jaurès
Marcel Sembat
Porte de St-Cloud
Boulogne Pont de St-Cloud 10
Billancourt
Pont de Sèvres 9
Issy
Versailles C
Issy Val de Seine
Pont du Garigliano
Javel
Javel André Citroën
Charles Michels
Avenue Émile Zola
Champ de Mars Tour Eiffel
Bir-Hakeim
Dupleix
La Motte Picquet Grenelle
École Militaire
La Tour Maubourg
Varenne
Assemblée Nationale
Solférino
Rue du Bac
Saint François Xavier
Sèvres Babylone
Vaneau
Duroc
Ségur
Cambronne
Commerce
Sèvres Lecourbe
Félix Faure
Boucicaut
Lourmel
Balard 8
Mairie d'Issy 12
Corentin Celton
Porte de Versailles
Convention
Vaugirard
Volontaires
Pasteur
Falguière
Montparnasse Bienvenüe
Gare Montparnasse
St-Placide
Rennes
Notre-Dame des-Champs
Vavin
Edgar Quinet
Gaîté
Raspail
Pernety
Plaisance
Pte de Vanves
Malakoff Plateau de Vanves
Malakoff Rue Étienne Dolet
Châtillon–Montrouge 13
Saint-Rémy B
Antony
Orlyval tarification spéciale
Orly
Mairie de Montrouge 4
Porte d'Orléans
Alésia
Mouton Duvernet
Denfert Rochereau
orlybus
St-Jacques
Glacière
Corvisart
Cité Universitaire
Gentilly
Port-Royal
Luxembourg
St-Sulpice
Mabillon
Odéon
St-Germain des-Prés
St-Michel
St-Michel Notre-Dame
Cluny La Sorbonne
Maubert Mutualité
Cardinal Lemoine
Pont Marie
Sully Morland
Jussieu
Place Monge
Censier Daubenton
Les Gobelins

 = ligne de métro   A = ligne de RER

Annexe

Tu es en forme pour la rentrée?

1 **C'est la rentrée. Voilà les menus[1] des deux premiers jours de classe. Qu'est-ce que vous voulez manger? Répondez.**
Exemple: Lundi, moi, je prends une salade verte, puis ____. Et toi?

3|2

Arbeitsblatt und Hörtexte unter www.cornelsen.de/webcodes ATOI-3-8

En France, on prend souvent des menus.

Lundi 2 septembre	*Mardi 3 septembre*
Entrée	Entrée
Salade verte *ou* Salade d'œufs *ou* Salade de poulet	Salade de tomates *ou* Salade de fruits de mer[2] *ou* Salade au fromage chaud
Plat	Plat
Spaghettis au fromage *ou* Quiche aux légumes *ou* Tajine de poulet	Poulet frites *ou* Couscous aux légumes *ou* Tajine de légumes
Dessert	Dessert
Gâteau aux pommes *ou* Yaourt *ou* Banane	Salade de fruits *ou* Pomme *ou* Gâteau au citron

1 **le menu** das Menü = Vorspeise + Hauptspeise + Dessert
2 **les fruits de mer** *m. pl.* die Meeresfrüchte

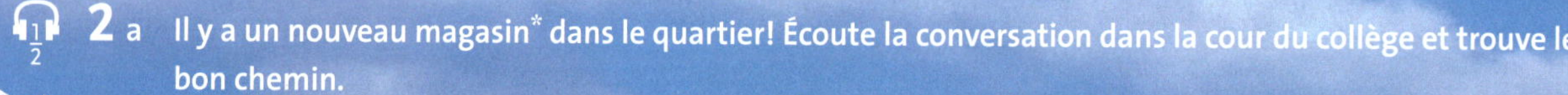

2 a **Il y a un nouveau magasin* dans le quartier! Écoute la conversation dans la cour du collège et trouve le bon chemin.**

4|3

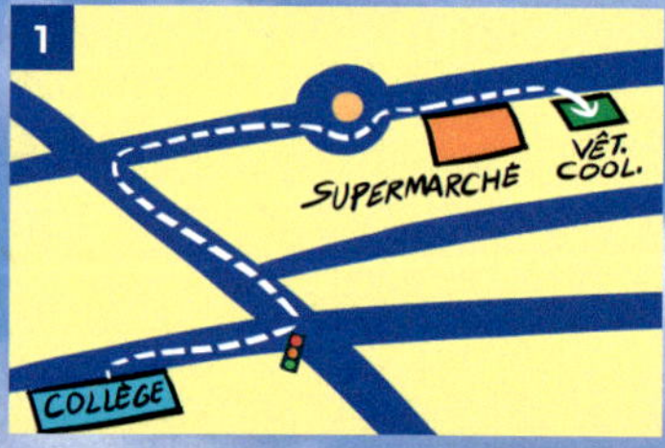

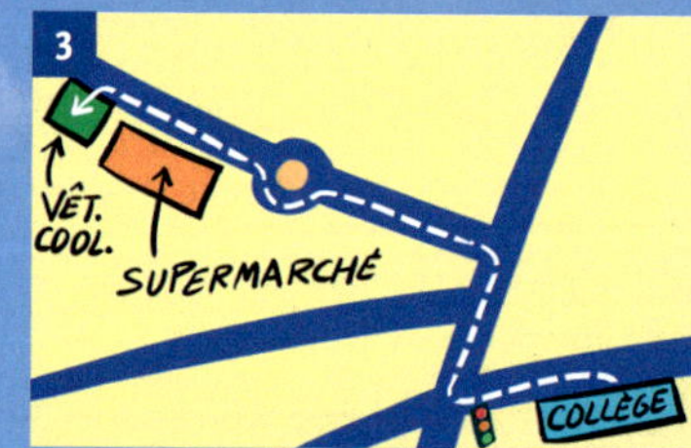

b **À toi! Choisis un endroit (cinéma, piscine ...) dans ton quartier et explique le chemin du collège jusqu'à cet endroit. Écris dans ton cahier.** ▶ Les mots pour le dire, p. 220/22

* **le magasin** das Geschäft

3 a **C'est la rentrée et Radio Ado présente le collège Pierre Mendès-France dans la région parisienne. Écoute deux fois et note les nombres dans ton cahier.**

élèves	garçons	filles	classes	professeurs	surveillants	livres	bédés	ordinateurs

b **Jouez aux dominos des chiffres.** ▶ Nombres, p. 146
Exemple: A: 314 B: 468 A: 893 B: 386 A: ____

c **Comptez de 901 à 1000. Remplacez tous les numéros qui ont un 4 ou un 7 par «mot de passe».**
Exemple: A: 901 B: 902 C: 903 A: Mot de passe. B: ____

RÉVISIONS

4|4 **4 a Dans la cour, Noah parle de ses vacances. Complète. Utilise le passé composé.**

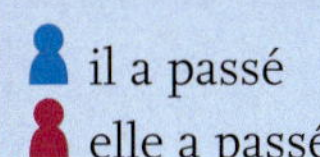

il a passé		ils ont passé	
elle a passé		elles ont passé	

Moi, j' ? (passer) une semaine près de Bordeaux avec mon frère Mathieu. Bordeaux, c'est vraiment super! D'abord, nous ? (chercher) un camping. Puis, on ? (faire) les courses et on ? (manger) ensemble. Après, à la plage, nous ? (jouer) de la guitare avec des jeunes!

b Qu'est-ce que Samira a fait pendant les vacances? Raconte. Écris dans ton cahier.

Exemple: Le 30 juin, Samira est arrivée à Montpellier.

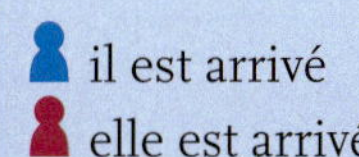

il est arrivé	ils sont arrivés
elle est arrivée	elles sont arrivées

1
J'♥ MONTPELLIER
arriver à Montpellier

2
HOTEL
chercher un hôtel

3
PLAGE
aller à la plage

4
faire de la planche à voile

5
manger à la plage

6
jouer au volley

3|1 **5 Lucas est nouveau au collège. Lili lui présente les profs. Complète par ces adjectifs et fais l'accord.**

américain — blanc — drôle
facile — formidable — sympathique

un garçon américain
une fille américaine
des élèves américains
des filles américaines

Voilà Monsieur Swift, notre prof d'anglais. Il parle bien anglais parce qu'il a une mère ?. Voilà Madame Morel, notre prof d'histoire-géo. Elle nous donne souvent des devoirs ?. Voilà Monsieur Petit, notre prof de maths et Madame Brun, notre prof d'EPS. Ce sont des profs ?. Ils ont toujours des idées ?. Voilà Madame Duc, notre prof d'allemand. Avec elle, on regarde souvent des films ?. Et là, à gauche, c'est Sandra, c'est une surveillante. Elle porte toujours des vêtements ?.

Unité 1

Paris: on met le cap sur la capitale!

Qu'est-ce que tu aimerais visiter à Paris?

1|4

1

le tableau le plus célèbre du Louvre

La Joconde de Léonard de Vinci

2

Visite **gratuite** le premier dimanche du mois!

le musée du Louvre

3

la tour la plus haute de Paris

la tour Eiffel

4

le pont le plus romantique de Paris

À Paris, les amoureux mettent un cadenas avec leurs noms sur le Pont des Arts.

le Pont des Arts

Lire et comprendre

6|1 6|2 **1** a **On est à Paris. Regarde les photos et survole les textes. Quels endroits est-ce que tu connais déjà?**
Exemple: Moi, je connais la tour Eiffel.

DELF b **Lis les textes et réponds aux questions.**
Où est-ce que tu vas à Paris
- avec la personne que tu aimes,
- pour faire du shopping,
- pour manger un dessert,
- pour découvrir Paris sous terre,
- pour voir des tableaux,
- pour découvrir la Seine?

Découvrir

7|4 **2** a **Trouve toutes les formes du superlatif dans les textes. Écris les formes avec les noms dans ton cahier.**
Exemple: le tableau le plus célèbre

b **Comment est-ce que tu formes le superlatif en français? Formule la règle.**

c **Comment est-ce qu'on dit en français? Traduis.** ▸ Repères, p. 22/1
1. die interessanteste Stadt
2. die berühmteste Schauspielerin
3. das romantischste Geschenk
4. die höchsten Häuser

Hier lernst du, ein Reiseprogramm zusammenzustellen und zu präsentieren.

5

Attention, sur les Champs-Élysées, vous trouvez les cafés les plus chics ... mais aussi les boissons les plus chères!

les Champs-Élysées

6

les meilleures glaces de la ville

Glaces & Sorbets de la Maison Berthillon

le magasin Berthillon sur l'Île Saint-Louis

7

OSSEMENTS DU CIMETIÈRE DES INNOCENTS DÉPOSÉS EN AVRIL 1786

Visitez les Catacombes!

Adultes: 8 €

Jeunes (de 14 ans jusqu'à 26 ans): 4 €

Gratuit pour les enfants jusqu'à 13 ans

Métro: Denfert-Rochereau

10

Promenades en bateaux-mouches

Adultes .... 11 €
Enfants (moins de 12 ans) .. 5,50 €
Enfants (moins de 4 ans) .... gratuit
Groupe (20 personnes) ...... 7 €

la Seine

8

les vêtements les **moins chers** de Paris

le boulevard Barbès

9

la Cité des sciences et de l'industrie de la Villette

À toi: fais le programme d'une journée à Paris

3 a **Avec ta classe, tu es à Paris. Choisis deux endroits que tu veux visiter et un endroit que tu ne veux pas visiter. Prépare des arguments.**

7|3

Exemple: Je voudrais visiter le Louvre parce que j'adore les musées.

Je voudrais J'aimerais (bien/aussi) Je (ne) veux (pas)	aller à ___ visiter/voir ___	parce que	c'est	la tour la plus haute/___. trop cher.
			j'adore je déteste	faire du shopping/___. les musées/___.

b **Propose tes idées à ton groupe. Discutez et mettez-vous d'accord sur un programme pour une journée à Paris. Puis présentez vos résultats à la classe.**

D'abord, ___	L'après-midi, ___
À 10 heures, ___	Après ___
À midi, ___	Le soir, ___

1A Écrire

Hier lernst du, deinen Tagesablauf vorzustellen und zu sagen, was du an deinem Ort (nicht) magst.

Est-ce que vous vous sentez bien à Paris?

1 | 5–6

Magajeunes a fait des interviews avec quatre Parisiens.

1

Je travaille dans un café à Montmartre. Le quartier est vraiment sympa mais je trouve qu'il y a trop de touristes, trop de restaurants et pas assez de parcs! Tous les ans, je participe à la course des garçons de café de Paris. C'est formidable! À Paris, il faut toujours se dépêcher. Mais moi, j'adore cette ville de fous!

2

J'ai 14 ans, je suis en quatrième au collège Saint-Exupéry dans le quatorzième arrondissement. J'habite en face de l'école, c'est cool. Le matin, je me lève à 8 heures, je me douche, je m'habille, je me coiffe et je me maquille, je mange une tartine et voilà, à huit heures et demie, je suis en cours. Je me sens bien dans mon quartier! Je suis contente d'habiter ici parce que je connais tout le monde.

3

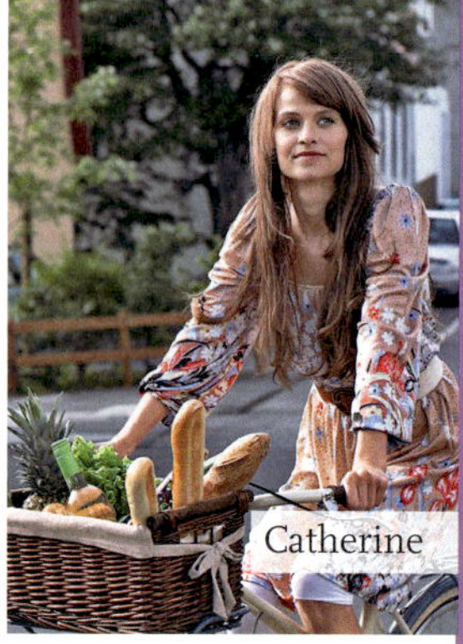

À mon avis, à Paris, les gens sont trop stressés. C'est normal: ils ont des journées horribles. Ils se lèvent tôt, ils se couchent tard et ils ne s'amusent pas assez! C'est nul! Et les Parisiens conduisent comme des fous, c'est l'horreur!

4

J'habite ici depuis cinq ans. Paris est ma passion, et mon hobby, c'est le Parkour! Avec mes copains, nous nous entraînons tout le temps ... Pour nous, Paris est un terrain de jeux. On se sent bien ici.

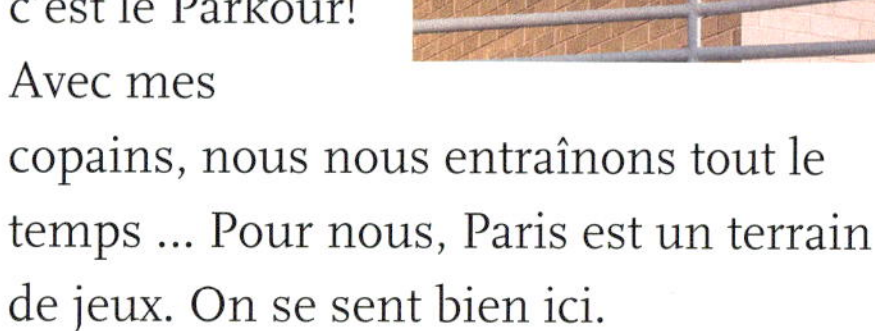

Et toi, comment est-ce que tu te sens dans ta ville?

Lire et comprendre

DELF **1** a Thierry, Laetitia, Catherine et Tristan habitent à Paris. Est-ce qu'ils aiment Paris ☺ ou est-ce qu'ils n'aiment pas Paris ☹?

DELF b Qu'est-ce qu'ils aiment / n'aiment pas à Paris? Justifie tes réponses à l'aide du texte.
Exemple: Thierry aime Montmartre parce que ce quartier est vraiment sympa. C'est à la ligne 4.

8|1 c Et toi? Pourquoi est-ce que tu aimes ta ville / ton village*?
Exemple: J'aime Berlin parce que c'est top pour s'amuser.

* **le village** das Dorf

Découvrir

2 a Écoute. Qu'est-ce qu'ils font? Trouve pour chaque situation la bonne phrase.

A Elle s'entraîne.	**B** Elles s'amusent.	**C** Ils se lèvent.	**D** Ils se dépêchent.
E Ils se couchent.	**F** Il se douche.	**G** Elle s'habille.	**H** Ils se coiffent.

b Finde alle Formen reflexiver Verben in den Texten, S. 12, und schreibe sie in dein Heft. Unterstreiche die Reflexivpronomen. Welche Reflexivpronomen gehören zu welcher Personalform?
Exemple: vous <u>vous</u> sentez

S'entraîner

DELF 8|3

3 Gustave est dans la classe de Laetitia. Il arrive toujours en retard au collège. Il doit expliquer à sa prof ce qu'il fait le matin avant l'école. Raconte à sa place. Utilise les verbes pronominaux. ▶ Repères, p. 22/2
Exemple: À sept heures et demie, je me lève. //○ ▶ p. 129

1 

2 

3 

4 

5 

4 Ibrahim est le voisin de Laetitia. Voilà sa journée. Complète par ces verbes.
▶ Repères, p. 22/2

▶ p. 129

aller avoir être faire manger se coucher se doucher se lever s'habiller

Moi, je déteste le lundi! Le lundi, je ? toujours à sept heures. Je ? et je ?. Après, je ? deux tartines avec un peu de confiture et je prends un café avec ma mère. J'aime bien passer le matin comme ça avec elle. À sept heures et demie, je ? à l'école à vélo. J' ? cours de huit heures à dix-sept heures. C' ? l'horreur! Il faut toujours se dépêcher parce qu'il faut ? les devoirs avant le dîner. Toute la famille mange ensemble à vingt heures. À vingt-deux heures, je ?.

À toi: décris ta journée

DELF P|F 9|4

5 Et toi, tu te sens bien là où tu habites? Qu'est-ce que tu (n')aimes (pas)? Réponds à Magajeunes et décris une journée normale. Qu'est-ce que tu fais le matin, à midi, l'après-midi et le soir? Tu peux utiliser les textes, p. 12, et l'exercice 4 comme modèle. ▶ Les mots pour le dire, p. 215/2

Hier lernst du, eine Wegbeschreibung zu verstehen und einen Weg zu beschreiben.

Il vaut mieux demander le chemin

Préparer l'écoute

1 Regardez le plan de métro au début de votre livre et répondez aux questions. 10|1

1. Combien de lignes[1] de métro est-ce qu'il y a à Paris?
2. Et combien de lignes de RER est-ce qu'il y a?
3. Où va la ligne 1? Et la ligne 4?
4. Quelles lignes passent par «Châtelet»?

Le RER va plus vite[2] que le métro parce qu'il y a moins de stations.

1 **la ligne** die Linie
2 **vite** schnell

1/8

2 a Lara et Julien sont à la station «Châtelet». Écoute. Puis écoute encore une fois et répète phrase par phrase.

Julien: Lara, regarde dans l'arrêt de bus, il y a un plan.

Lara: Je suis perdue. Il vaut mieux demander! Pardon, madame, pour aller à la tour Eiffel en métro, il faut prendre quelle ligne, s'il vous plaît?

La dame: D'abord, vous prenez la ligne 4 direction «Mairie de Montrouge» jusqu'à «Saint-Michel». Là, vous changez. Après, vous prenez le RER C direction Versailles, c'est direct! Et vous descendez à la station «Champ de Mars-Tour Eiffel».

b Retrouve le chemin sur le plan de métro au début de ton livre.

Écouter et comprendre

1/9
DELF

3 a Écoute les textes et regarde les photos. Quelle photo correspond à quel texte?

b Écoute encore une fois et note les noms des stations. Puis trouve les chemins pour les dialogues 1 et 3 sur le plan de métro au début de ton livre ou sur Internet.

10|2 c Les phrases suivantes correspondent aux dialogues 1 à 3 de l'exercice 3 a.
Lis les phrases, puis écoute encore une fois. Quelles phrases sont correctes?
Note les lettres rouges des phrases correctes dans ton cahier. Quelle est la solution?

1. (a) Les ados doivent prendre le métro.
   (b) Les ados doivent prendre le RER.
2. (a) Jeanne doit descendre à l'arrêt «Boulevard Saint-Michel».
   (b) Jeanne doit descendre à l'arrêt «Palais Royal».
3. (a) Delphine et Daniel doivent changer à la station «Palais Royal-Musée du Louvre».
   (b) Delphine et Daniel doivent changer à la station «La Courneuve».

S'entraîner

4 a Quels noms vont avec quels verbes? Il y a plusieurs possibilités. Écris les expressions dans ton cahier.
11|3 ▶ Liste alphabétique, p. 186

prendre attendre
aller descendre

le métro du bus dans un café à pied du RER
un dessert son temps un café à l'école un copain
les vacances à cette station la ligne 2

b «Jeanne attend le bus ...» Qu'est-ce qui se passe après? Invente une histoire avec les expressions de a. Utilise le présent.

1 | 10

5 Écoute la chanson et chante. ▶ Transcriptions, p. 213

À toi: demande le chemin

6 a B va à la page 124. A: Tu es à la station de métro «Place d'Italie» et tu es perdu(e). Demande le chemin à B.
B ▸ p. 124

Pardon, Excusez-moi,	madame, monsieur,	pour aller	**à la tour Eiffel,** **aux Champs-Élysées,** ___	s'il vous plaît? je prends quel métro? il faut prendre quelle ligne?

Merci. Au revoir.

b Tu es à la station de métro «Place d'Italie». B te demande le chemin. Tu lui expliques le chemin et tu le montres sur le plan de métro au début de ton livre.

Vous prenez / Tu prends Il faut prendre	le métro le RER A/B/C/D la ligne ___	direction ___	jusqu'à ___. jusqu'à la station ___.
Vous changez et vous prenez Tu changes et tu prends			
Vous descendez / Tu descends			à la station ___.

c Jouez les scènes devant la classe.

1C Médiation

Hier lernst du, in einem französischen Restaurant zu bestellen.

C'est de l'arnaque!

1|11

Devant le restaurant «La Belle Époque» à Paris

Le père: Le menu n'est pas mal ... Vous voulez du poisson ou de la viande? Il y a des escargots en entrée ...

La fille: Beurk! Est-ce qu'ils ont aussi des plats végétariens?

La mère: Demande s'ils servent encore!

Le père: Bonjour! Est-ce que vous servez encore?

La serveuse: Ah non, Monsieur, je suis désolée!

Un peu plus tard à la terrasse d'un café

Le serveur: Qu'est-ce que vous prenez comme boissons?

Le père: Moi, je voudrais un coca ... Ma femme et ma fille prennent de l'eau ...

La fille: 12 euros la salade verte, c'est de l'arnaque!

Dix minutes plus tard

Le serveur: Alors, je vous sers trois menus?

Le père: Non merci, l'addition, s'il vous plaît!

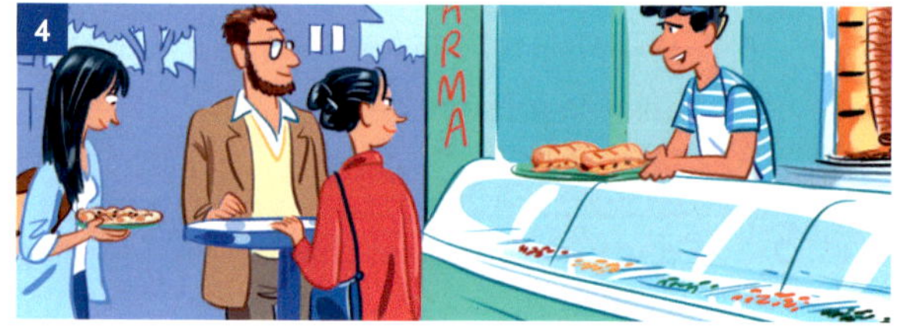

Encore un peu plus tard devant une sandwicherie

Le vendeur: Et voilà, deux kébabs avec des frites et une pizza Margherita, ça fait 22 euros!

La fille: Bon appétit!

Lire et comprendre

1 **La famille Bernard passe le week-end à Paris. Lis le texte et réponds aux questions.**

1. Pourquoi est-ce que le père veut manger dans le restaurant «La Belle Époque»?
2. Pourquoi est-ce que la fille dit «Beurk!»?
3. Pourquoi est-ce que la famille ne mange pas au restaurant?
4. Pourquoi est-ce que la famille quitte la terrasse du café?
5. Qu'est-ce qu'ils mangent à la sandwicherie?

Vocabulaire

12|1

2 **La famille de ton/ta corres veut manger avec toi au restaurant. Trouve dans le texte au moins dix mots ou expressions sur ce thème. Continue l'associogramme.**

manger au restaurant — le menu

Écouter et comprendre

3 **Tu es dans un café à Paris. Écoute et réagis.**

Exemple: – Qu'est-ce que vous prenez comme boisson?
– Moi, je voudrais un coca.

Menu touriste
Entrée: salade du chef **ou** salade de tomates
Plat: poulet au curry **ou** poisson grillé **ou** quiche aux légumes
Dessert: gâteau aux pommes **ou** glace au citron
Boissons: jus d'orange, coca, eau minérale

//○ ▸ p. 129

S'entraîner

4 **Hannah est dans un restaurant avec ses amis qui ne parlent pas français. Hannah traduit pour eux. Qu'est-ce qu'elle dit?** ▸ Repères, p. 23/3

12|2

//○ ▸ p. 130

Exemple: 1. Il demande si vous servez encore.
2. Elle dit qu'____.

1 Max: Bedienen sie noch?

2 Nora: Ich nehme Wasser.

3 Clea: Haben sie auch Fisch?

4 Leon: Gibt es Schnecken als Vorspeise?

5 Paula: Gibt es Eis?

6 Tim und Nadja: Wir nehmen das Menü für 15 Euro.

Apprendre à apprendre: faire une médiation

13|4

5 **So vermittelst du zwischen zwei Sprachen** ▸ Méthodes, p. 143

Wenn du zwischen Franzosen und Deutschen vermittelst, teilst du jedem in seiner Sprache nur das mit, was er wissen möchte oder wissen muss. Probiere es in Aufgabe **6** gleich aus.

À toi: fais la médiation dans un restaurant

13|3

6 **Tu es dans un restaurant en France avec tes parents qui ne parlent pas français. Qu'est-ce que tu dis?**
▸ Expression orale, p. 138/A

▸ p. 130

Mon père dit qu'il prend les escargots et les spaghettis.

1. **Le serveur:** Bonjour, Messieurs dames. Voilà le menu. Aujourd'hui, il y a des escargots en entrée. Comme plats, il y a du poulet au citron ou des spaghettis aux fruits de mer*.
   Toi à tes parents: ?
2. **Ton père:** Das Menu ist nicht schlecht. Ich nehme die Schnecken und die Spaghetti.
   Toi au serveur: ?
3. **Ta mère:** Schnecken? Igitt! Fragst du bitte, ob sie auch vegetarische Gerichte haben?
   Toi au serveur: ?
4. **Le serveur:** Vous pouvez prendre une salade verte et une quiche aux légumes.
   Toi à ta mère: ?
5. **Ta mère:** Einverstanden, das klingt gut. Und was nimmst du?
   Toi au serveur: ?
6. **Ton père:** Frag doch bitte, ob es Eis als Nachtisch gibt.
   Toi au serveur: ?
7. **Le serveur:** On ne sert pas de glace. Mais il y a aujourd'hui du gâteau au citron.
   Toi à tes parents: ?

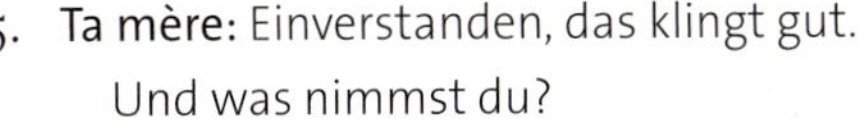

* **les fruits de mer** *m. pl.* die Meeresfrüchte

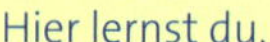

1D Lire

Hier lernst du,
- einem Text Informationen über eine Sehenswürdigkeit zu entnehmen,
- selbst ein bekanntes Bauwerk vorzustellen.

Le monument le plus célèbre de Paris

Préparer la lecture

1 a Voilà un article sur la tour Eiffel. Quelles dates est-ce que tu entends? Écoute et note dans ton cahier.

b Écoute encore une fois les dates et répète.

La tour la plus haute de Paris

Pour l'Exposition Universelle de 1889, l'architecte Gustave Eiffel construit une tour en deux ans, au centre de Paris. À l'époque, c'est la tour la plus haute du monde: elle mesure 300 mètres! Aujourd'hui, sept millions de personnes la visitent tous les ans.

Les couleurs de la tour Eiffel

Souvent, la tour prend des couleurs. En 2004, elle s'habille en rouge pour le Nouvel An Chinois, en 2006, elle est bleue pour fêter l'Europe et en 2009, elle porte un vêtement de toutes les couleurs pour son anniversaire: 120 ans! Mais attention, une tour moderne doit aussi être écologique. Depuis 2013, la tour utilise l'énergie du soleil, du vent et de l'eau.

Ils sont fans de la tour Eiffel

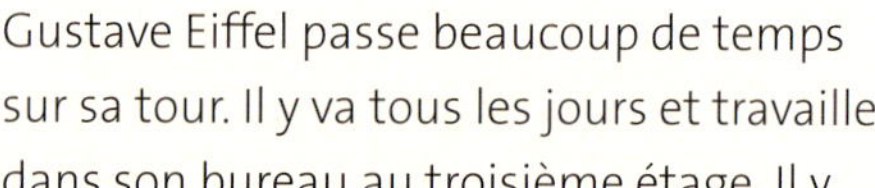

Gustave Eiffel, architecte

Gustave Eiffel passe beaucoup de temps sur sa tour. Il y va tous les jours et travaille dans son bureau au troisième étage. Il y invite aussi des personnes célèbres.

André Citroën, chef d'entreprise

André Citroën veut faire de la publicité pour son entreprise de voitures. En 1925, il installe la plus grande publicité de l'époque sur la tour Eiffel! Elle y reste pendant dix ans!

Philippe Petit, l'homme qui marche sur un fil

En 1989, pour fêter les cent ans de la tour et les 200 ans de la Révolution française, Philippe Petit marche sur un fil du Palais du Trocadéro jusqu'au deuxième étage de la tour Eiffel: il marche pendant une heure!

Lire et comprendre

DELF **2** Trouve pour chaque photo une phrase dans le texte. Écris dans ton cahier.

14|1

1 

2 

3 

4 

5 

3 On parle de la tour Eiffel. Prends les dates de l'exercice 1a. Qu'est-ce qui s'est passé à ces dates? Lis le texte encore une fois et prends des notes. Explique les évènements* à un ami qui ne comprend pas le français.

* **l'évènement** *m.* das Ereignis

Découvrir

4 a Trouve les trois phrases avec le pronom *y* dans le texte. Écris dans ton cahier.

b Welche Satzteile des vorhergehenden Satzes ersetzt das Pronomen *y* jeweils? Finde diese Satzteile im Text. Formuliere eine Regel.

S'entraîner

5 a Vous voulez visiter Paris. B va à la page 124.

B ▸ p. 124

A: B connaît bien Paris. Tu lui poses ces questions. B répond. ▶ Repères, p. 23/4

1. Les touristes y regardent la Joconde. C'est où?
2. On y trouve les cafés les plus chics. C'est où?
3. Les amoureux y mettent des cadenas. C'est où?
4. On y mange les meilleures glaces de Paris. C'est où?

b Maintenant, B te pose des questions sur Paris. Réponds. ▶ Approches, p. 10–11

1 sur la Seine	**3** sur le boulevard Barbès
2 aux Catacombes	**4** à la Cité des sciences et de l'industrie

c Note des questions sur des endroits dans ta ville / ton village / ta région sur le modèle de a. Utilise *y*. Pose les questions à ton partenaire. Il/Elle répond.

À toi: présente un monument parisien

6 a Présente un monument parisien, par exemple le Sacré Cœur à Montmartre, l'Arc de Triomphe ou la cathédrale Notre-Dame de Paris. Trouve des informations dans un livre ou sur Internet.
▶ Les mots pour le dire, p. 218/11

1. Dans quel quartier ou arrondissement est-ce que le monument se trouve?
2. Quand est-ce qu'on a construit ce monument?
3. Combien de touristes le visitent par an?
4. Pourquoi est-ce qu'il est célèbre?
5. Est-ce que tu aimerais y aller? Pourquoi?

b Prépare une affiche avec une photo et quelques mots-clés (pas de phrases complètes!) et présente «ton» monument. ▶ Méthodes, p. 138

c Les autres écoutent et prennent des notes.

PARIS EN CHIFFRES

À Paris, il y a 20 arrondissements numérotés de 1 à 20 qui forment un escargot.

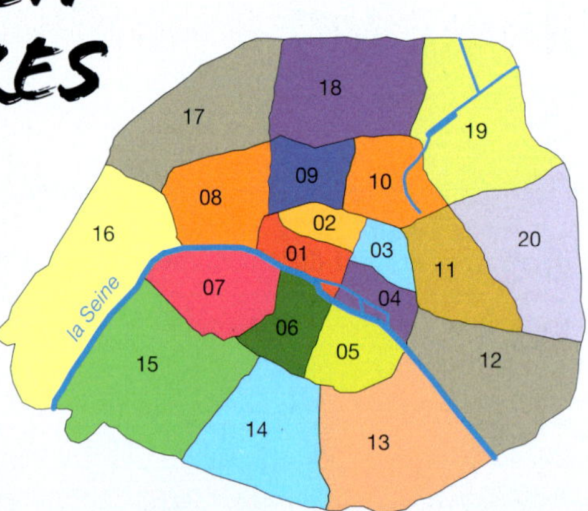

Dans la ville de Paris, il y a 24 000 habitants[1] au kilomètre carré.

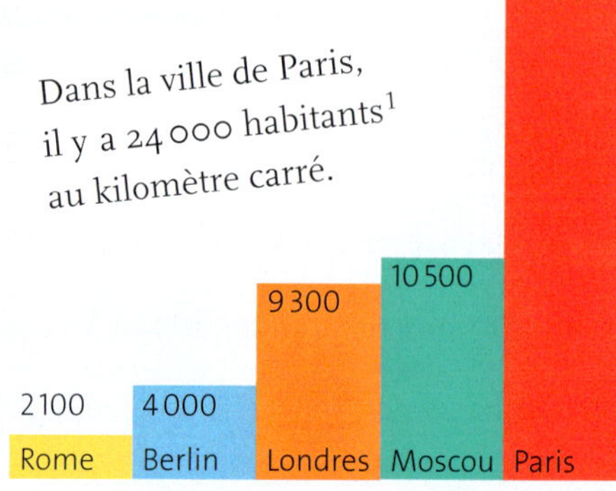

D'après: Wikipédia 2013

1 **l'habitant/e** der/die Einwohner/in

la tour Eiffel | Notre-Dame | l'Arche de la Défense | la tour Montparnasse | les tours Hermitage

Treize millions de touristes visitent Notre-Dame tous les ans, huit millions visitent le Sacré-Cœur à Montmartre, sept millions montent sur la tour Eiffel. Le Louvre a plus de huit millions de visiteurs tous les ans!

Les Catacombes, c'est 180 kilomètres de couloirs souterrains[2] sous Paris. On peut en visiter deux kilomètres!

2 **souterrain/e** *adj.* unterirdisch

1 **À toi! Trouve des informations sur des monuments de ta ville (ou d'une autre ville). Présente ces monuments.**
Exemple: À Francfort, la tour la plus haute,
c'est ___ avec ___ mètres.

2 **Écoute la chanson «Africain à Paris» de Tiken Jah Fakoly.**

Un peu en exil
Étranger dans votre ville
Je suis Africain à Paris

DVD www.cornelsen.de/webcodes ATOI-3-FILM

3 **Regarde le film sur les endroits préférés des Parisiens. Quels endroits est-ce que tu connais? Où est-ce que tu aimerais aller? Réponds.**

HISTOIRE

Victor Lustig, l'homme qui a vendu la tour Eiffel

Victor Lustig est né[1] en 1880 en Autriche-Hongrie[2]. Au collège, le jeune Lustig est un bon élève, il apprend cinq langues: le hongrois, l'allemand, l'anglais, le français et l'italien! À 20 ans, il commence à travailler sur des bateaux qui traversent l'Atlantique. Son truc, c'est le casino. Il joue aux cartes, il triche[3] et il gagne beaucoup d'argent. Sa vie criminelle commence.

Ensuite, il habite aux États-Unis où il vend des machines qui font des faux billets[4]. On dit qu'il a même vendu une machine pour faire des faux billets à Al Capone, un bandit américain très célèbre.

Victor Lustig arrive à Paris en 1920. En cette année, ils se passent plein de choses à Paris: c'est l'époque du jazz et de la fête. Victor Lustig sort beaucoup. Mais bientôt, il n'a plus d'argent. Alors, il achète le journal pour trouver une idée ... Et il lit un article qui dit que la tour Eiffel coûte trop cher. L'État français[5] n'a plus assez d'argent pour cette tour qui est grande et qui coûte beaucoup d'argent. Voilà l'idée que Lustig cherche: il va vendre la tour Eiffel!

Il écrit une lettre aux six plus grands vendeurs de métal de la région. Dans cette lettre, il dit qu'il travaille pour l'État français et qu'il a une mission secrète: vendre la tour Eiffel. Il les invite pour un dîner dans l'hôtel le plus chic de Paris, *Le Crillon* pour y discuter avec eux. Il leur présente le problème. Victor Lustig est aussi très chic, il porte des beaux vêtements, il parle bien. Il manipule les gens. Les vendeurs l'écoutent et ils ont confiance.

Après le dîner au *Crillon*, ils vont tous à la tour Eiffel. C'est un risque[6]. Mais Lustig a un document qui dit qu'il travaille pour l'État français. Bien sûr, ce n'est pas vrai! Lustig a aussi manipulé le document. Il le montre à l'entrée ... Et ça marche! Victor Lustig et ses «invités» peuvent monter sur la tour Eiffel sans payer. Les vendeurs de métal regardent la tour Eiffel, ils calculent, ils comparent ... Est-ce que quelqu'un va vouloir l'acheter? Victor Lustig les quitte. Il leur dit qu'il attend leur réponse pour le lendemain[7].

André Poisson est le vendeur de métal le plus naïf du groupe. Lustig le rencontre

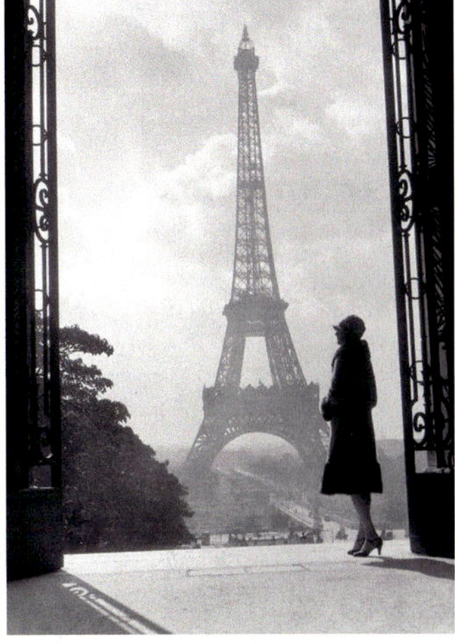

encore une fois. Ils discutent. Poisson veut être riche. Poisson veut être célèbre. Il veut acheter la tour Eiffel. Mais sa femme n'est pas d'accord. Elle n'a pas confiance. Lustig continue. Il invente encore des histoires. Il parle, il parle ... Et ça marche! Poisson donne 100 000 Francs[8] à Lustig et il pense que maintenant, la tour Eiffel est à lui!

Lustig est content. Il a gagné! Mais il a aussi un peu peur. Est-ce que la police va venir le chercher? Il part vite en Autriche avec l'argent. Il attend. Il lit le journal. Mais il n'y a rien sur la tour Eiffel. Pourquoi? Comme Poisson a honte[9], il ne parle à personne de Victor Lustig. Son aventure reste un secret.

1 **être né(e)** geboren werden
2 **l'Autriche-Hongrie** *f.* Österreich-Ungarn
3 **tricher** schummeln, mogeln
4 **le faux billet** das Falschgeld
5 **l'État français** *m.* der französische Staat
6 **le risque** das Risiko
7 **le lendemain** der nächste Tag
8 **le Franc** *ehemalige Währung in Frankreich*
9 **avoir honte** sich schämen

LIRE POUR S'INFORMER
Tu trouves des exercices de compréhension écrite sur
www.cornelsen.de/webcodes ATOI-3-21

1 Repères

Les mots pour le dire

11|4 Décrire sa journée (▶ p. 215/2)
Présenter sa ville / sa région (▶ p. 217/10)
Décrire le chemin (▶ p. 220/22)

Au restaurant (▶ p. 138/A)
Présenter un monument (▶ p. 218/11)

Grammaire

Du sagst, dass eine Eigenschaft einer Person/Sache unübertroffen ist:

Dazu brauchst du:

10|2 24|1 24|2 **1** la tour **la plus célèbre**  **den Superlativ**

7|4

le jean le plus cher
le tee-shirt le moins cher
les vêtements les plus chers
les cadeaux les moins chers

la montre la plus chère
la jupe la moins chère
les baskets les plus chères
les lunettes les moins chères

le meilleur musée	la meilleure idée
das beste Museum	die beste Idee
les meilleurs posters	les meilleures chansons
die besten Poster	die besten Lieder

Das Adjektiv *bon/bonne* bildet den Superlativ unregelmäßig. Lerne die Formen auswendig.

Übersetzt und korrigiert euch gegenseitig:
1. *das romantischste Geschenk* 2. *die wichtigste Sache* 3. *die am wenigsten interessanten Fragen* 4. *der berühmteste Schauspieler* 5. *die schüchternste Schülerin* 6. *die lustigsten Spiele* 7. *die besten Ideen* 8. *die höchsten Türme* 9. *die billigsten T-Shirts* 10. *die teuersten Sonnenbrillen*

Du sagst, dass jemand etwas tut:

Dazu brauchst du:

13|2 13|3 13|4 24|3 25|6 **2** Je **me couche** à 22 heures.  **die reflexiven Verben**

8|3

se dépêcher (sich beeilen)

je	**me**	dépêche
tu	**te**	dépêches
il/elle/on	**se**	dépêche
nous	**nous**	dépêchons
vous	**vous**	dépêchez
ils/elles	**se**	dépêchent

s'habiller (sich anziehen)

je	**m'**	habille
tu	**t'**	habilles
il/elle/on	**s'**	habille
nous	**nous**	habillons
vous	**vous**	habillez
ils/elles	**s'**	habillent

je **me** dépêche = ich beeile **mich**

Worin unterscheiden sich deutsche und französische reflexive Verben? Formuliert eine Regel.

▶ Solutions, p. 211

Du gibst wieder, was andere sagen/fragen: — Dazu brauchst du:

▶ 17|4 17|6 25|6b ▶ 13|3

3 Il **dit que** Paris est intéressant.  **die indirekte Rede/Frage**

Sarah: «Je veux du poisson.»
Elle **dit qu'elle veut** du poisson.

Louis: «Tu aimes les escargots, Selma?»
Il **demande si Selma aime** les escargots.

Serveur: «Est-ce que vous prenez le menu?»
Il **demande si nous prenons** le menu.

Pierre: «Combien est-ce que le menu coûte?»
Il **demande combien** le menu coûte.

Selma: «Quand est-ce qu'on va à la sandwicherie?»
Elle **demande quand ils vont** à la sandwicherie.

1 Beschreibt, worauf ihr bei der indirekten Rede achten müsst.

2 Gebt abwechselnd wieder, was sie sagen/fragen.
1. Théo: *«Je passe par la boulangerie.»*
2. Lara: *«Tu veux un bonbon, Marie?»*
3. Samuel: *«Où est-ce que tu achètes les boissons, Claire?»*
4. Laura et Cécile: *«Pourquoi est-ce que nous allons en France?»*
5. Naomi: *«Je ne mange pas de viande.»*
6. Éric: *«Est-ce qu'il y a des plats végétariens?»*

Du ersetzt Ortsangaben: — Dazu brauchst du:

▶ 18|4 18|5 24|2b ▶ 14|3

4 Il **y** va tous les jours.  **das Pronomen *y***

1. Qu'est-ce qu'on trouve sur les Champs-Élysées?
   On **y** trouve des cafés chics.
2. Tu vas à Paris?
   Non, je n'**y** vais pas.
3. Qu'est-ce qu'on mange dans ce restaurant?
   On **y** mange du couscous.
4. Léon, tu es déjà allé au Louvre?
   Oui, j'**y** suis allé hier.
5. Vous allez en France?
   Oui, on va **y** aller demain.

1 Beschreibt die Stellung von *y* in den Sätzen 1–5 links.

2 Fragt euch abwechselnd und antwortet mit *y*.
1. Est-ce que les élèves sont dans la cour? Oui, ils ?. 2. Est-ce que tu es déjà allé aux Catacombes? Oui, j' ?. 3. Tu vas au CDI? Oui, j' ?. 4. Est-ce que mon livre est sur ton bureau? Non, il n' ? pas. 5. Est-ce que tu vas à la maison maintenant? Non, je n' ? pas.

Du betonst, um welche Person es geht: — Dazu brauchst du:

▶ 25|4

5 **Moi**, je suis en quatrième.  **die betonten Personalpronomen**

Moi, je vais aller à Paris.
Toi, tu restes ici?
Lui, il adore l'Île Saint-Louis.
Elle, elle fait du shopping rue Barbès.

Nous, nous mangeons une glace.
Vous, vous venez avec nous?
Eux, ils montent sur la tour Eiffel.
Elles, elles vont à la Villette.

▶ 25|4 ▶ 8|2

6 conduire  *Verbes*, **p. 148**

▶ Solutions, p. 211

1 Exercices supplémentaires

1 **À ton avis, quelle est la matière la plus dure? Posez des questions et répondez. Utilisez le superlatif. Faites l'accord de l'adjectif.** ► Repères, p. 22/1

Exemple: **A:** À ton avis, quelle est la matière la plus dure?
B: La matière la plus dure pour moi, c'est l'anglais.

À ton avis ...

... quel est ... quelle est	le livre / le sport / le groupe / le magasin / le film / l'acteur / le jeu la matière / la ville / l'actrice / la tour / la bédé / la prof —	le plus le moins la plus la moins	dur(e)/facile/célèbre/cool/ sympa/drôle/horrible/joli(e)/ romantique/timide/ intéressant(e) —

2 a **Présente ces endroits célèbres en France. Utilise le superlatif.** ► Repères, p. 22/1

Exemple: La tour Eiffel, c'est la tour la plus haute de Paris.

1. tour/haute/Paris
2. avenue/chic/Paris
3. pont/romantique/Paris
4. musée/intéressant/Paris
5. église/célèbre/Paris
6. musée/célèbre/Paris
7. endroit/joli/Paris
8. montagne/haute/France

A Notre-Dame
B la Villette
C le Mont Blanc
D l'Île Saint-Louis
E le Pont des Arts
F les Champs-Élysées
G le Louvre
H la tour Eiffel

b **Qu'est-ce qu'on peut y faire? Note une phrase pour chaque endroit. Utilise le pronom** *y*.

3 **Qu'est-ce qu'ils font à Paris? Complète par les formes des verbes** *s'amuser*, *s'entraîner*, *se coucher*, *se dépêcher*, *se lever*, *se sentir* **(2x).** ► Repères, p. 22/2

Exemple: Laetitia se sent bien dans son quartier.

1. Laetitia ? bien dans son quartier.
2. À Paris, les gens ? toujours.
3. Les enfants ? sur un terrain de jeu.
4. Thierry: «Je ? bien à Montmartre.»
5. À Paris, on ? tôt et on ? tard.
6. Tristan: «Mes copains et moi, nous ? dans les rues de Paris.»

4 **Sandra et Luc sont contents: ils ont 16 ans et conduisent une voiture. Complète par les pronoms toniques et les formes du verbe *conduire*. Utilise le présent ou le passé composé.**
▶ Repères, p. 23/5+6

Sandra et Luc, ?, ils sont contents: ils ont 16 ans et ? une voiture avec leur père ou leur mère à côté d'eux. Sandra ? depuis six mois. Son prof dit: «Sandra, ?, tu ? déjà bien.» Luc, ?, il ? depuis un mois. Luc dit: « ?, je ne ? pas assez souvent. Mais hier, j' ? ma sœur à l'école.»

En France, les jeunes peuvent apprendre à conduire à 16 ans avec un/une adulte à côté d'eux. Et en Allemagne?

5 a **Trouve dans le texte, p. 12, des expressions pour donner ton avis.**

☺	☹
C'est formidable!	*Je trouve qu'il y a trop de touristes.*

b **Complète le tableau de a par des expressions que tu connais déjà.** ▶ Les mots pour le dire, p. 221/23

6 a **Les Durand veulent passer le week-end à Paris. Complète. Utilise le présent.** ▶ Repères, p. 22/2

Vendredi soir
Luca: Papa, maman, quand est-ce que nous ? à Paris?
Père: On ? demain matin à 6 heures. Alors, vous ? tôt, ce soir.
Mylène: Vous ? encore?
Mère: Oui, nous ? au cinéma. Mais d'abord, papa nous ? le dîner.

Samedi matin
Mylène: Maman, je ne ? pas bien! J' ? mal au ventre[1].
Mère: Écoute, dans la voiture, tu ? encore un peu et après tu vas te sentir mieux[2].
Mais dans la voiture, Luca et Mylène ne ? pas. Ils ? tout le temps ...
Après trois heures, ils arrivent à Paris. Là, toute la famille ? bien!

aller (2x)
avoir
dormir (2x)
partir
se coucher
jouer
servir
se sentir (2x)
sortir

1 **avoir mal au ventre** Bauchschmerzen haben
2 **mieux** besser

b **Raconte ce qu'ils disent. Utilise le discours indirect.** ▶ Repères, p. 23/3

7 a **Qu'est-ce que Fabien veut manger? Complète par *du* / *de la* / *de l'* ou *des*.**
Fabien: Demain, c'est mon anniversaire. Je voudrais manger ? poulet avec ? frites. Et puis je voudrais ? coca. Et comme dessert, je veux manger ? gâteau au citron!
Mère: D'accord ... Mais aujourd'hui, on mange ? salade et ? légumes. Et après, il y a ? fromage. Comme dessert, il y a ? fruits et comme boisson, il y a ? eau.
Fabien: Est-ce qu'il y a aussi ? jus d'orange?
Mère: Non, mais il y a encore ? lait.

b **Vous êtes à la terrasse d'un café à Paris. Qu'est-ce que vous prenez? Jouez la scène.** ▶ Expression orale, p. 138/A

Tu es en forme pour l'unité 2?

Arbeitsblatt und Hörtexte unter www.cornelsen.de/webcodes ATOI-3-26

1 a Qu'est-ce qu'ils font? Regarde le dessin et fais une liste de toutes les activités.
▶ Liste alphabétique, p. 200

b Regardez le dessin pendant dix secondes. Puis fermez le livre et nommez un maximum d'activités possibles.

c Complète ta liste de a par d'autres activités que tu connais. ▶ Liste alphabétique, p. 186

2 a Donne ton avis. Note les phrases qui vont ensemble dans ton cahier. Complète par les mots qui manquent. ▶ Les mots pour le dire, p. 221/23

1 Ich sage, dass ich etwas hässlich finde.
2 Meiner Meinung nach kann man zu diesem Lied super tanzen.
3 Ich sage, dass mir etwas egal ist.
4 Ich sage, dass etwas nicht mein Ding ist.
5 Ich finde, dass etwas doof ist.
6 Ich sage, dass es darauf ankommt.

A Ça m'est ?.
B ? dépend.
C Je ? que c'est moche.
D Ce n'est pas mon ?.
E À mon ?, cette chanson est top pour danser.
F C'est ?.

b Donnez votre avis. A pose une question. B donne son avis. Utilisez les expressions de a.
Exemple: A: Est-ce que tu aimes danser?
B: Non, ce n'est pas mon truc.

3 a **Qu'est-ce qu'ils disent? Complète par les pronoms objet direct/indirect.**

me	te	le/la	nous	vous	les
me	te	lui	nous	vous	leur

1

– Tu me comprends?
– Non, je ne ? comprends pas.

2

– Papa, tu ? vois?
– Non, je ne ? vois pas!

3

– Tu ? trouves comment?
– Pas mal.

4

– Tu ? as parlé?
– Non, pas encore.

5

– Tu ? as téléphoné?
– Oui, mais ils n'ont pas leurs portables.

6

– Tu ? portes pour moi?
– Bien sûr!

b **Lisez les dialogues de a. Puis décrivez la place des pronoms. Formulez une règle.**

DELF

4 a **De qui est-ce qu'ils parlent? Écoute et note les noms dans ton cahier. Attention, il y a deux personnes en trop.**

Louise

Aurélie

Jean

Vincent

Yasmina

Philippe

b **Écoute encore une fois. Note tous les adjectifs que tu entends. Puis complète ta liste par d'autres adjectifs pour décrire des personnes.** ▶ Liste alphabétique, p. 200

c **Faites des devinettes. Utilisez les adjectifs de b. A décrit une personne. B devine. Puis échangez les rôles.**
Exemple: **A:** Il est blond, il a les yeux verts. Il n'est pas très timide et il joue de la guitare.
B: C'est Lasse? **A:** Oui!

5 **Nina parle de son mercredi après-midi. Complète. Utilise le passé composé avec** *avoir* **ou** *être*.

il a regardé	elle a regardé
il est allé	elle est allée

Mercredi, après le collège, je ? *(rentrer)* avec Paul. Nous ? *(prendre)* le bus pour aller à la maison. Mais là, je n' ? pas ? *(trouver)* mes clés. On ? *(devoir)* attendre ma sœur. Mon portable ne marche plus, alors, je n' ? pas ? *(pouvoir)* l'appeler. À 14 heures, nous ? *(acheter)* une pizza dans la sandwicherie rue Victor Hugo. Puis, nous ? *(attendre)* devant la porte pendant une heure ... À 16 heures, ma sœur ? *(arriver)*! Après, Paul et moi, on ? *(faire)* nos devoirs, on ? *(manger)* des tartines, et le soir, on ? *(aller)* au cinéma.

Unité 2

A comme amour … ou comme amitié!

Toi et moi, c'est pour la vie!

1|17

1

A
T'es vraiment un super pote! Tu as fait les courses pour moi hier! Merci! J'ai pu aller à mon rendez-vous avec A.-L. et ça a marché! ☺☺

2

B
C'est un coca avec deux pailles.
C'est une tente où nous passons nos vacances.
Ce sont des nuits où on parle jusqu'au matin.
C'est une surprise, c'est un délire.
C'est un miroir où je te vois.
C'est un endroit où on ne frime pas.
C'est un continent où il ne fait jamais froid.

3
je t'♡

4

C
Pb[1] avec parents. SOS! Voudrais parler. Stp[2] appelle!

5

Lire et comprendre

DELF **1** Qu'est-ce qui va ensemble? Trouve pour chaque photo/dessin (1–9) un texte correspondant (A–F). Il y a plusieurs possibilités. Justifie ton choix.

Vocabulaire

19|3

2 a Choisissez un des mots suivants. Faites un associogramme. Vous pouvez utiliser un dictionnaire.

b Échangez vos expressions et mots et complétez vos associogrammes.

la famille | l'amitié *f.* | l'amour *m.*

D

Tu es mon copain
Je t'aime bien
Mais tu n'es pas mon petit copain,
Parce que j'en ai déjà un!

6

7

E

F

Meilleur ami mode d'emploi
faire des trucs ensemble
rigoler
se remonter le moral
rigoler
parler de tout
rigoler
s'entraider
On a déjà mis «rigoler»?

8

9

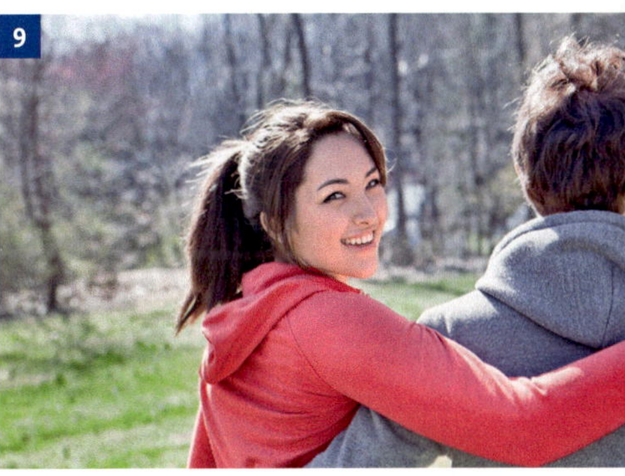

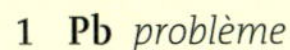

1 **Pb** *problème*
2 **Stp** *s'il te plaît*
3 **mettre un gros vent à qn** jdm einen Korb geben

Écrire

19|4

3 a «L'amitié, c'est un pays où ...» Lis le texte F et continue le poème suivant. ▶ Repères, p. 40/1

L'amitié, c'est un pays où on fait des trucs ensemble.
où ____.
____.

b Et pour toi, qu'est-ce que l'amitié? Écris encore d'autres phrases pour ton poème de a.

Regarder et comprendre

DVD
www.cornelsen.de/webcodes
ATOI-3-FILM

4 a Regarde le film «Le poisson rouge» jusqu'à 1'25". Comment est-ce qu'on peut sauver la vie du poisson?

b Regarde le film jusqu'à la fin. Est-ce que tu as aimé le film? Pourquoi (pas)?

Écrire

Hier lernst du, deine Meinung zum Thema Freundschaft zu äußern.

Un meilleur ami, qu'est-ce que c'est pour toi?

1|18

Yann, c'est mon meilleur ami. Je le connais depuis neuf ans. Pour moi, un meilleur ami, c'est quelqu'un que je comprends et qui comprend mes problèmes. On est pareils! Et ça, c'est génial!
JonnyR – *22 novembre – 9:35*

Moi, j'ai connu Xavier à la maternelle. En sixième, j'ai déménagé. Mais on est restés amis. On chatte tous les jours. Dans la ville où j'habite maintenant, j'ai aussi des amis. Mais ce n'est pas pareil ...
Drock07 – *22 novembre – 16:13*

Ma meilleure amie et moi, on se dit tout et on partage tout. C'est une fille qui est toujours là pour moi. On a le même âge, on a les mêmes problèmes ... et on n'a pas de secrets l'une pour l'autre. J'ai confiance en elle. La confiance, c'est ça qui compte!
Vanillefraise – *23 novembre – 07:10*

Non, JonnyR, je ne suis pas d'accord avec toi. Ma meilleure amie et moi, nous sommes très différentes. Elle a des défauts que je n'aime pas du tout! Mais elle a surtout des qualités que je n'ai pas. Moi, je suis très intello, et elle, elle est super drôle. Je l'admire parce qu'elle raconte plein de blagues et tout le monde rigole!
20sur20 – *24 novembre – 19:25*

Lire et comprendre

DELF **1 a** **Ils parlent de leurs meilleurs amis. Qui dit quoi? Lis les textes et retrouve les noms correspondants.**

20|1

1. On est pareilles et on se dit tout. → C'est ...
2. On n'habite plus au même endroit, mais on est toujours amis. → C'est ...
3. J'ai quatorze ans et j'ai connu mon pote à cinq ans. On est dans la même classe depuis toujours. → C'est ...
4. Mon amie et moi, nous ne sommes pas pareilles mais nous avons beaucoup de respect l'une pour l'autre. → C'est ...

DELF **b** **Qui est votre meilleur ami / votre meilleure amie? Vous le/la connaissez depuis quand? Est-ce que vous habitez dans la même ville? Présentez-le/la à votre partenaire.**

Découvrir

2 a **Lis et traduis.**

Voilà Marie
qui appelle son copain.

Voilà le copain
que Marie appelle.

b **Comparez vos traductions de a. Complétez la règle.**

Relativsatz = ? + Verb
= ? + Subjekt + Verb

3 a Note les phrases dans ton cahier. Complète par *qui* ou *que*.

1 Voilà la fille ? regarde une bédé.

2 Voilà la bédé ? la fille regarde.

b Décris les dessins comme dans les exemples de a. Utilise *qui* ou *que*. | Unterstreiche das Subjekt oder das Verb im Relativsatz.

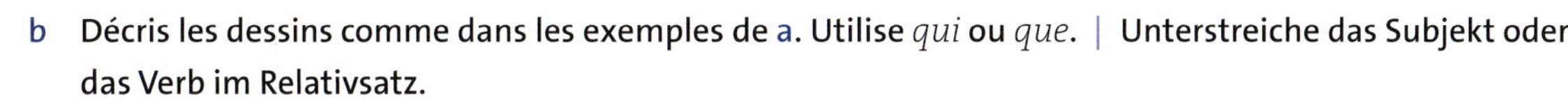

1 garçon / perdre / portable

2 portable / garçon / perdre

S'entraîner

20|2 **4** Qu'est-ce qu'un meilleur copain / une meilleure copine pour toi? Tu peux utiliser les expressions du forum, p. 30. ▶ Repères, p. 40/1

Pour moi, un meilleur copain / une meilleure copine, c'est quelqu'un qui ___ et qui ___.

5 a Tu connais quelqu'un qui …? Posez des questions et répondez. ▶ Repères, p. 40/1

21|3 Exemple: **A:** Tu connais une fille qui joue de la guitare?
B: Oui, Laura joue de la guitare et du piano.

Tu connais	quelqu'un une fille un garçon un/une prof	qui que/qu'	joue de la guitare? je peux inviter à ma fête? est super drôle? est bon/bonne en maths? on peut appeler quand* on a des problèmes? fait du foot? tous les élèves aiment bien?

* **quand** wenn

b Continuez. Posez des questions sur le modèle de a et répondez.

À toi: écris un message dans un forum

DELF 21|4 **6** Dans un forum, tu tombes sur ce message.
Réponds et donne ton avis. Parle aussi de ton meilleur copain / ta meilleure copine. (Prénom? Depuis quand? Qualités? Défauts? Qu'est-ce que vous aimez faire ensemble?) ▶ Les mots pour le dire, p. 216/5

Ma meilleure amie ne me parle plus. Est-ce qu'elle a un problème ou un secret? Pour moi, l'amitié, ce n'est pas ça. Il faut tout partager. Qu'est-ce qu'un meilleur ami pour vous?
trocoule

Hier lernst du, über deine Aktivitäten mit Freunden oder mit der Familie zu sprechen.

Est-ce que tu es plutôt copain ou plutôt famille?

1 19–20

1 *Qu'est-ce que tu aimes faire le samedi soir?*

A Regarder ta série préférée avec ton frère / ta sœur.
B Sortir avec tes potes.
C Inviter un copain / une copine que tu connais depuis la maternelle.

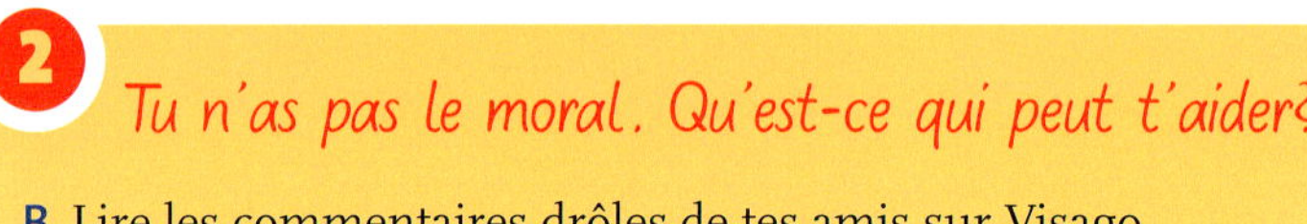

2 *Tu n'as pas le moral. Qu'est-ce qui peut t'aider?*

B Lire les commentaires drôles de tes amis sur Visago.
A Discuter de tes problèmes avec ton père / ta mère.
C Appeler ton meilleur ami / ta meilleure amie.

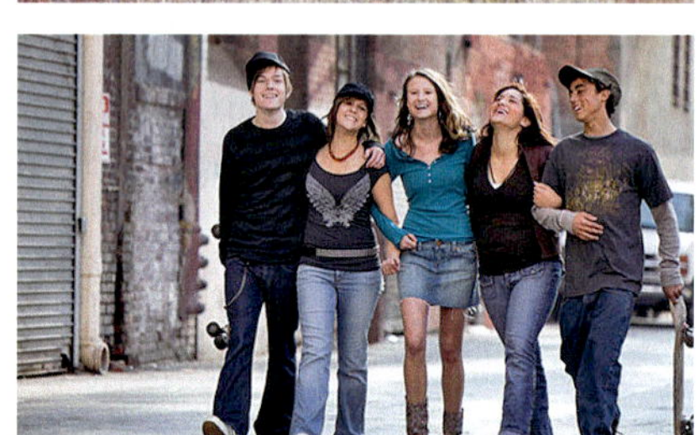

3 *Qu'est-ce que tu préfères faire pendant les vacances?*

B Tu passes l'été chez toi et tu retrouves ta bande de copains tous les jours.
C Tu passes les vacances avec ton ami/amie et sa famille.
A Tu pars en vacances avec tes parents, les amis de tes parents et leurs enfants.

4 *Tu rentres tard, le vendredi soir. Qui est-ce qui est à la maison?*

C Tout le monde dort mais tu as cinq messages de ton meilleur ami.
A Ta mère et ton père t'attendent dans la cuisine. Le dîner est prêt.
B Tu ne rentres pas. Tu fais la fête avec tes copains.

Tu as surtout des **A**: Tu te sens bien en famille. Mais attention! Les amis aussi, c'est important dans la vie!

Tu as surtout des **B**: Tu as beaucoup de copains et tu adores être avec eux. C'est bien … Mais avec qui est-ce que tu partages tes problèmes?

Tu as surtout des **C**: Tu as de la chance parce que tu as un ami / une amie qui est toujours là pour toi. Mais est-ce que le reste du monde vous intéresse aussi?

Lire et comprendre

 22|1

1 a Fais le test. Est-ce que tu es plutôt «meilleur ami», «bande de copains» ou «famille»?

b Échangez vos résultats.

Sept familles françaises sur dix regardent la télé ensemble plusieurs fois par semaine.
Et chez vous, c'est comment?

S'entraîner

2 Vous voulez vous connaître encore mieux. Posez ces questions et répondez. Utilisez *Qu'est-ce que* ou *Qu'est-ce qui*. ▶ Repères, p. 40/2

23|2

Exemple: **A:** Qu'est-ce que tu préfères manger: de la viande ou du poisson?
B: Du poisson!

1. ? tu préfères manger: de la viande ou du poisson?
2. ? est plus dur[1] pour toi: ranger ta chambre ou faire la cuisine?
3. Tu rentres à la maison. ? tu préfères: quand il y a quelqu'un pour parler ou quand il n'y a personne?
4. ? est romantique: offrir un cadeau pour la Saint-Valentin[2] ou faire une promenade la nuit?
5. À ton avis, ? est plus sympa[3]: avoir un chien ou avoir un chat?
6. ? tu réponds souvent: «Non merci, plutôt pas.» ou «Super idée! Je suis d'accord!»

1 **plus dur** *hier:* schlimmer
2 **la Saint-Valentin** der Valentinstag
3 **plus sympa** sympathischer

3 a Luc a un problème. Il laisse un message pour Magalie. Retrouve les phrases. Écris dans ton cahier. ▶ Repères, p. 41/3

1. Je | te | pas | peux | samedi. | voir | ne
2. Mes parents font une fête et | les | dois | aider. | je
3. demain | leur | Je | parler | vais
4. Mais je pense qu' | vont | ne | ils | pas | écouter. | m'
5. nous | voir? | Quand est-ce que | pouvons | nous

b Quel est le problème de Luc? Explique.

Vocabulaire

4 Qu'est-ce que vous faites cette semaine? B va à la page 125. A: Tu poses la première question. B répond.

B ▸ p. 125

Exemple: **A:** Qu'est-ce que tu fais lundi après-midi?
B: Rien. Mais le soir, je vais au cinéma avec Anne. Et toi?

	lundi	mardi	mercredi	jeudi	vendredi
après-midi	préparer l'exposé avec Lola	piscine avec Théo	rendez-vous avec Zoé	cours de guitare	shopping avec papa
soir		basket			restaurant

À toi: fais un sondage

DELF **5 a** Tu prépares un sondage: qu'est-ce que tu aimes faire en famille? Pourquoi? Et qu'est-ce que tu aimes faire avec tes copains? Pourquoi? Écris tes réponses dans ton cahier. ▶ Les mots pour le dire, p. 215/3

b Faites le sondage: interviewez au moins trois camarades de votre classe et répondez à leurs questions. Prenez des notes.

c Quels sont les résultats pour toute la classe? Faites deux diagrammes et affichez-les dans votre salle.

2C Écouter

Hier lernst du, ein Interview mit einem Star zu verstehen und über Musik zu sprechen.

Elle est dans ma tête

1
21

Refrain

Quand je suis malheureux, quand j'ai des idées noires,
Je t'écoute, je me vois, tu es comme un miroir
Tu ne me quittes pas, nous sommes toujours à deux
Et quand tu es joyeuse, moi aussi, je suis joyeux!

Refrain

Je t'écoute sur mon portable, je te retrouve sur Internet
Je marche avec toi dans la rue, je t'invite à mes fêtes
Quand tu es trop triste, je tombe et je chavire
Quand tu es à fond, on est heureux, c'est le délire!

Refrain

Écouter et comprendre

1 a Écoute la chanson. De qui est-ce que le chanteur parle?

b Vérifie ta réponse à l'aide du refrain. ▶ Transcriptions, p. 213

2 a Écoute la chanson encore une fois. Retrouve l'ordre des images.

1 

2 

3 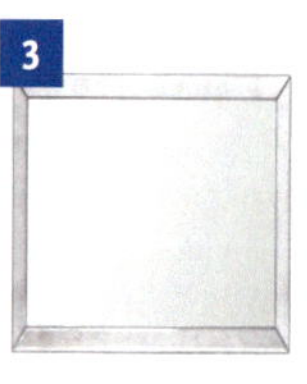

4 

5 

6 

b Résume la chanson pour un copain / une copine qui ne comprend pas le français.

3 Et vous? Quand est-ce que vous écoutez de la musique?
Exemple: Moi, j'écoute de la musique quand je range ma chambre.

▶ p. 131

S'entraîner

24|1
24|2

4 **Comment est-ce qu'ils sont? Complète par les adjectifs suivants. Fais attention à l'accord de l'adjectif.**
Exemple: Ils sont amoureux.

malheureux/-euse heureux/-euse amoureux/-euse joyeux/-euse drôle formidable

1 Nous sommes ?.
2 Il est ?.
3 Elle est ?.
4 Ils sont ?.
5 Ils sont ?.
6 Ma voiture est ?.

Apprendre à apprendre: écouter

25|3a

5 **So hörst du bestimmte Informationen aus einem Text heraus** ▶ **Méthodes, p. 137**

a **Meistens sollst du nur einige Informationen aus einem Text heraushören. Die Aufgabenstellung zum Hörtext gibt dir bereits vor dem Hören wichtige Hinweise.**
Lies nun die Aufgabenstellung und die Fragen der Aufgabe 6. Beantworte anschließend folgende Fragen:
1. Was für einen Text wirst du hören?
2. Wie viele Sprecher erwartest du? Erfährst du schon Genaueres über sie?
3. Worum wird es in dem Text gehen?

b **Zur besseren Einstellung auf den Hörtext kannst du dir Signalwörter überlegen, auf die du dann beim Hören besonders achtest. Zur Frage 1 der Aufgabe 6 könnten folgende Wörter deine Signalwörter sein:** *âge – ans*.
1. Notiere deine Signalwörter zu den Fragen 2–6 der Aufgabe 6.
2. Vergleicht eure Ideen zu zweit.

c **Löst nun die Aufgabe 6 und besprecht danach, ob euch die Vorbereitungen geholfen haben.**

À toi: écoute l'interview avec Tom Frager

1 22
DELF
25|3c

6 **Tom Frager donne une interview. Écoute et réponds aux questions suivantes.**
1. Quel âge a Tom Frager?
2. Quel sport est-ce que Tom fait?
3. Que fait Tom dans son groupe de musique?
4. Quel style de musique est-ce que Tom préfère?
5. En quelle(s) langue(s)* est-ce qu'il chante?
6. De quoi parle la chanson «Lady Melody»?

* **la langue** die Sprache

1 23

7 **Écoute la chanson «Lady Melody». Quelle chanson est-ce que tu préfères: «Lady Melody» ou «Elle est dans ma tête»? Pourquoi?**
▶ **Les mots pour le dire, p. 219/15**

2D Lire

Hier lernst du, Filmkritiken zu verstehen und über das Fernsehprogramm zu diskutieren.

 1 | 24

Qu'est-ce que tu voudrais regarder ce soir?

L'histoire | Les mini-commentaires | Les acteurs | Voir ce film

Liste de mes films préférés sur le thème de l'amitié

Les Aventures de Tintin

L'histoire

Tintin, le grand reporter, et Milou, son petit chien courageux, veulent découvrir le secret d'un vieux bateau, La Licorne. Ils partent pour un long voyage et trouvent un nouvel ami. C'est le capitaine Haddock qui a un grand cœur mais qui aime un peu trop l'alcool …

Le meilleur mini-commentaire

Des belles scènes d'aventure avec beaucoup de bons effets spéciaux, un beau film d'animation à voir en 3D.

Les meilleures scènes | Voir la bande-annonce | Faire un commentaire | Ce film me plaît | Ce film ne me plaît pas

No et moi

L'histoire

Lou a 13 ans. Un jour, elle rencontre No, une jeune femme malheureuse qui habite dans la rue. Une amitié commence. Mais est-ce que Lou va pouvoir aider No? Est-ce que No va pouvoir commencer une nouvelle vie?

Le meilleur mini-commentaire

Un bel exemple d'amitié entre deux personnes très différentes.

Les meilleures scènes | Voir la bande-annonce | Faire un commentaire | Ce film me plaît | Ce film ne me plaît pas

1 Léon: J'ai envie de regarder le film de Zabou Breitman … Une histoire d'amitié, ça m'intéresse. Et vous, ça vous intéresse aussi?

2 Zoé: Bof … en général, les histoires de filles ne me plaisent pas trop.

3 Mehdi: Non. Ça ne m'intéresse pas du tout. Je préfère les films d'animation et les émissions sur les animaux.

Lire et comprendre

DELF **1** a Lis les textes et les trois commentaires. Qui veut voir quoi? Justifie tes réponses.

DELF b Vous voulez regarder un des deux films en classe. Quel film est-ce que tu préfères regarder? Pourquoi?

▶ 26|1

Découvrir

2 Cherche dans les commentaires tous les noms avec un/des adjectif(s). Quels adjectifs se placent devant le nom? Souligne-les.

Exemple: mes films préférés; le grand reporter

S'entraîner

3 Tu veux regarder un film / une émission et tu dois convaincre[1] ton ami(e). Trouve six arguments. Fais attention à la place et à l'accord des adjectifs. ▶ Repères, p. 41/5

▶ p. 131

Exemple: Je voudrais regarder «Men in Black» parce qu'il y a des monstres horribles.
Et il y a un bon acteur: Will Smith.

bon	jeune	monstre	personnage[2]	célèbre	américain	drôle	triste
grand	joli	animal	musique	formidable	horrible	intéressant	
long	petit	scène	acteur/actrice	joyeux	courageux		

1 **convaincre qn** jdn überzeugen
2 **le personnage** die Figur

4 a Qu'est-ce qui va ensemble? Note des expressions pour parler de films. Fais attention à l'accord de l'adjectif. ▶ Repères, p. 41/4

▶ p. 131

Exemple: un bel acteur

beau	acteur	bateau	ami	scènes d'aventure	film	série
nouveau	exemple	histoires	émission	effets spéciaux	reporter	
vieux	chiens	femme	voitures	livres		

b Posez des questions et répondez. Utilisez les noms et les adjectifs de l'exercice a.
Exemple: **A:** Comment s'appelle le nouveau film avec ___? **B:** C'est ___.

Écouter et comprendre

5 a Trois jeunes discutent. Qui veut voir quoi? Pourquoi? Écoute la discussion et réponds.

b Écoute encore une fois. Quelles expressions est-ce qu'ils utilisent pour discuter? Écris dans ton cahier.

DELF

À toi: lis le programme et choisis une émission

6 a Vous êtes dans une auberge de jeunesse en France. Vous voulez regarder une émission à la télé mais il y a seulement une télé. Lis le programme de télé: quelles émissions est-ce que …
1. … tu veux regarder? 2. … tu voudrais peut-être regarder? 3. … tu ne veux pas regarder?
Note au moins un argument pour ou contre chaque émission.

TF1	France 2	France 3	W9	arte	TV5
Intouchables Comédie*	**Foot** Championnat de France	**Plus belle la vie** Série	**Une amie pour la vie** Émission de téléréalité	**L'amitié entre la France et l'Allemagne** Reportage	**Hergé, Spielberg et Tintin** Reportage
Histoire d'une amitié entre deux hommes très différents.	*Olympique de Marseille / Paris-Saint-Germain*	*Rudy aime Estelle qui aime Djawad … Qu'est-ce qui va se passer?*	*Paris Hilton cherche une amie pour la vie. Il y a 13 candidates.*	*Une longue histoire d'amour … avec des crises!*	*Comment le cinéma a découvert la bédé …*

* **la comédie** die Komödie

b Discutez à trois. Mettez-vous d'accord sur une émission que vous voulez regarder.
▶ Les mots pour le dire, p. 221/24

DELF

Tal «On avance»[1]

Avec son premier album «Le sens de la vie», la jeune chanteuse Tal veut donner du courage[2] aux jeunes. Elle leur montre qu'on peut réaliser ses rêves.

1 **avancer** vorankommen
2 **donner du courage à qn** jmd Mut machen

1 **Écoute l'interview avec Tal et réponds aux questions.**

1\. Tal a écrit la chanson «On avance» pour les jeunes ...
- **a** ... qui aiment leur vie.
- **b** ... qui ne sont pas heureux.
- **c** ... qui aiment le rap.

2\. Tal a toujours voulu ...
- **a** ... jouer de la guitare.
- **b** ... chanter.
- **c** ... être compositeur.

3\. Tal vient d'une famille où on aime faire de la musique.
Qui fait de la musique?

a sa mère	**e** son oncle
b son père	**f** sa tante
c sa sœur	**g** son grand-père
d son frère	**h** sa cousine

4\. À quel âge est-ce que Tal a commencé à chanter?
- **a** À 13 ans.
- **b** À 5 ans.
- **c** À 3 ans.

5\. Quel style de musique va bien avec la musique de Tal?
- **a** le pop
- **b** le jazz
- **c** le rap

6\. Tal aime travailler avec ...
- **a** ... des chanteurs de blues.
- **b** ... des chanteurs de rap.
- **c** ... des chanteurs de jazz.

7\. Quel est le message de Tal pour ses fans?
- **a** Il faut rêver et être heureux!
- **b** Il faut rêver et aimer!
- **c** Il faut rêver et avancer!

2 **Écoute la chanson de Tal «On avance». Qu'est-ce que tu penses de la chanson? Donne ton avis.**

Je suis sortie avec un garçon que je n'aime pas vraiment Est-ce que c'est mal?

Dans ma classe, il y a un garçon sympa et assez beau qui est très gentil avec moi. On est allés au cinéma ensemble et il m'a embrassée. Maintenant, on sort ensemble. Je l'aime bien, mais je ne suis pas amoureuse de lui. Est-ce que c'est mal? Vanessa

Le problème

Voilà une théorie qu'on entend très souvent: tu dois garder[1] ton cœur pour le grand amour de ta vie. Ne sors pas avec la première personne qui te demande. Attends la bonne personne.

Mais voilà un truc qui arrive souvent: on se sent très seul[2], on a honte parce que son meilleur copain ou sa meilleure copine a déjà une petite copine ou un petit copain, on voudrait aimer quelqu'un et on voudrait qu'on nous aime. Et donc, quand un garçon ou une fille nous demande si on veut sortir avec lui ou avec elle, on dit oui, même si[3] ce n'est pas l'amour avec un grand A.

L'avis de la psychologue

Notre vie amoureuse ne commence pas toujours comme dans nos rêves. La réalité est souvent moins romantique que les films. On ne peut pas toujours dire «C'est lui, c'est moi, et c'est magique!». Surtout à 14 ans. Il faut du temps pour connaître l'autre, et pour se connaître soi-même[4]!

Quand on est petit, on reçoit[5] beaucoup d'amour de ses parents. Mais à l'adolescence, tout change. On s'éloigne[6] des parents (par exemple, on ne veut plus qu'ils nous embrassent comme avant), mais en même temps, on ne peut pas rester tout seul. Alors, on sort parfois avec quelqu'un, même si on ne l'aime pas vraiment. C'est bien d'être dans les bras de quelqu'un qui s'intéresse à nous!

En plus, au collège, tout le monde regarde tout le monde. On entend souvent des phrases comme: «Quoi! Tu n'as encore jamais eu de petite copine!?» ou «Ce n'est pas possible! Tu n'es encore jamais sortie avec un garçon?!» Alors, on pense qu'on n'est pas «normal». On a envie d'essayer pour être comme tout le monde. Après, on peut dire qu'on est sorti avec quelqu'un, et on se sent normal!

Mais on ne sait jamais. Une petite histoire d'amour peut devenir une grande histoire! Le coup de foudre[7], ça n'arrive pas souvent. Souvent, il faut découvrir l'autre pour l'aimer. Ça prend du temps. Souvent, on aime une personne parce que cette personne nous aime! On compte pour elle, elle nous comprend, elle fait attention. On peut avoir confiance en elle … On découvre ses qualités … Et ce n'est pas tout: quand quelqu'un nous aime, on se sent bien, on est plus beau, plus joyeux, on a plus confiance en soi[8]. Et souvent, on a beaucoup plus de succès après …

D'après: David Pouilloux, «Les pourquoi des ados» (2006)

Tu m'aimes, c'est génial parce que ça me rend belle⁹!
Et comme ça, je plais encore plus aux garçons!

1. **garder qc** etw. behalten, etw. aufbewahren
2. **seul/seule** *adj.* allein
3. **même si** selbst wenn
4. **se connaître soi-même** sich selbst kennenlernen
5. **on reçoit** man bekommt
6. **s'éloigner de qn** sich von jdm entfernen
7. **le coup de foudre** die Liebe auf den ersten Blick
8. **avoir plus confiance en soi** mehr Selbstvertrauen haben
9. **Ça me rend beau/belle.** Das macht mich schön.

LIRE POUR S'INFORMER
Tu trouves des exercices de compréhension écrite sur www.cornelsen.de/webcodes ATOI-3-39

▶ Liste des mots, p. 164 ▶ Méthodes, p. 140–141

2 Repères

Les mots pour le dire

C 18|1 Parler d'amitié (▶ p. 216/5)
18|2 Parler d'activités et de préférences (▶ p. 215/3)

Parler de musique (▶ p. 219/15)
Discuter d'un film / d'une émission (▶ p. 221/24)

Grammaire

Du machst Angaben zu Personen/Sachen/Orten: | Dazu brauchst du:

L 29|3, 30|2, 31|3, 31|4, 31|5, 42|1, 42|2

1

C'est quelqu'un **qui** comprend mes problèmes.
C'est quelqu'un **que** je comprends.
C'est un endroit **où** on ne frime pas.

→ **die Relativpronomen** *qui*, *que*, *où*

C 19|4, 20|2, 21|3

C'est un garçon **qui** comprend mes problèmes.	... ein Junge, **der** meine Probleme versteht.
C'est une amie **qui** est toujours là pour moi.	... eine Freundin, **die** immer für mich da ist.
C'est une cousine **qu'**on ne voit jamais.	... eine Cousine, **die** wir nie sehen.
C'est un problème **que** je ne comprends pas.	... ein Problem, **das** ich nicht verstehe.
C'est un endroit **où** il ne fait jamais froid.	... ein Ort, **wo / an dem** es nie kalt ist.

Qui bleibt immer *qui* – du verkürzt es nie!

Ergänzt die Regel: *Qui* ist das Subjekt des Relativsatzes. Auf *qui* folgt deshalb ein ? .
Que ist das Objekt des Relativsatzes. Auf *que* folgt deshalb das ? des Relativsatzes.

Du fragst nach Sachen/Personen: | Dazu brauchst du:

L 33|2
C 23|2

2

Qu'est-ce qui peut t'aider?
Qui est-ce que tu invites?

→ **die Frage mit** *Qu'est-ce que*, *Qu'est-ce qui*, *Qui est-ce que*, *Qui est-ce qui*

Qu' est-ce que tu chantes?	**Was** singst du? (Frage nach dem Objekt)
Qu' est-ce qui est drôle?	**Was** ist lustig? (Frage nach dem Subjekt)
Qui est-ce qui est arrivé?	**Wer** ist angekommen? (Frage nach dem Subjekt)
Qui est-ce que Marie appelle?	**Wen** ruft Marie an? (Frage nach dem Objekt)

Qui est-ce qui ...? kannst du zu *Qui ...?* verkürzen.

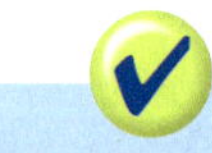

1 Erklärt euch gegenseitig: Mit welchen Fragen fragst du nach Personen, mit welchen nach Sachen?
2 Schreibt die passenden Fragen auf: 1. *Cet après-midi, je fais du VTT.* 2. *Le plus intéressant pour moi, ce sont les films d'action.* 3. *J'invite mes copains.* 4. *C'est Marc qui raconte les meilleures histoires.*

▶ Solutions, p. 211

Du möchtest Wiederholungen vermeiden: | Dazu brauchst du:

▶ 33|3 **3** Qu'est-ce qui peut **t'** aider?  **die Objektpronomen und *y* vor Infinitiv**

Il veut	**me** voir.
Vous ne pouvez pas	**l'**appeler?
Je vais	**vous** écrire.
Elles ne vont pas	**les** attendre.
Il faut	**leur** expliquer le problème.
Il ne faut pas	**les** perdre.
Je vais	**y** aller.
Ils ne veulent pas	**y** manger.

1 Beschreibt die Stellung der Objektpronomen im Satz.
2 Stellt die Sätze wieder her. Dann übersetzt sie und unterstreicht die Objektpronomen. 1. *va/l'/appeler./Lucie* 2. *inviter./Victor/nous/va* 3. *l'/Ils/veulent/écouter./ne/pas* 4. *les/faut/Il/aider.* 5. *le problème./va/On/expliquer/vous*

Du sagst, dass etwas schön/neu/alt ist: | Dazu brauchst du:

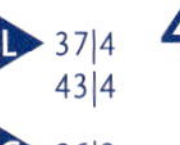
▶ 37|4, 43|4; 26|3 **4**

J'ai vu un **beau** film.
Elle commence une **nouvelle** vie.
C'est un **vieil** ami.

 **die Adjektive *beau*, *nouveau*, *vieux***

Au singulier

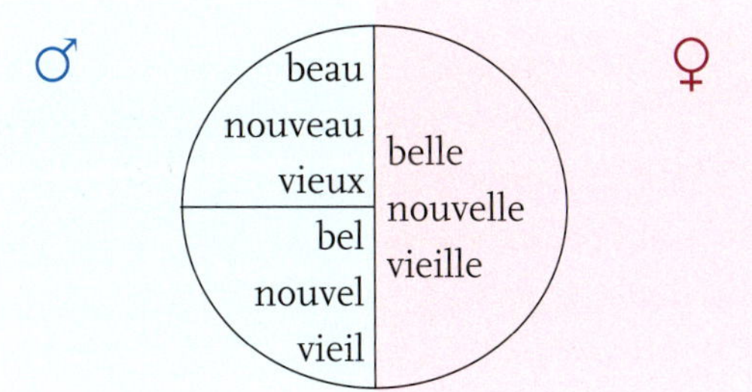

Au pluriel

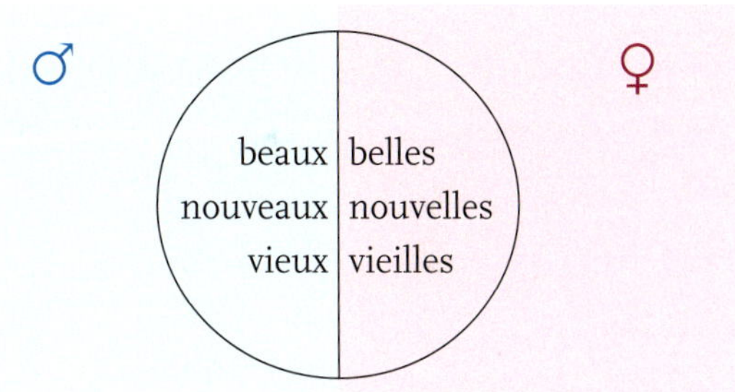

Du beschreibst etwas oder jemanden näher: | Dazu brauchst du:

▶ 36|2, 37|3, 37|4, 43|4 **5** C'est un **petit** chien courageux.  **die vorangestellten Adjektive**

J'ai un **nouveau** pull noir.
Lisa est une **jeune** actrice.
C'est une **bonne** idée.

Die meisten Adjektive stehen hinter dem Nomen. Nur wenige Adjektive stehen davor. Dazu gehören *beau, bon, grand, jeune, joli, long, nouveau, petit, vieux*. Lerne sie auswendig.

Übersetzt und stellt die Adjektive an die richtige Stelle: 1. *ein interessantes Buch* 2. *eine kleine Katze* 3. *eine lange Straße* 4. *ein berühmter Schauspieler* 5. *große Häuser* 6. *ein glücklicher kleiner Junge* 7. *die schöne rote Jacke*

6 plaire  *Verbes*, **p. 149**

▶ Solutions, p. 211

Exercices supplémentaires

1 On fait de la publicité! Complète par *qui* ou *que/qu'*. ▶ Repères, p. 40/1

Cinoche „R“
le cinéma ? n'est pas cher

2
Croc'Odiles
les tartines ? tout le monde adore

DOS RÉMIS
les chanteurs ? les enfants aiment

la montre ? marche toujours

la musique ? on écoute le soir

6
Superordi
l'ordinateur ? organise tous vos rendez-vous

2 a Comment est-ce qu'on dit? A choisit un mot et l'explique à B. B devine. Puis échangez les rôles.

Kino Freund Volleyball Handy Hotel Kellner Schwimmen Strohhalm

C'est un endroit C'est quelqu'un C'est quelque chose C'est un sport	où qui que/qu'	les jeunes font souvent sur la plage. on utilise pour appeler ses amis. on fait dans une piscine. rigole beaucoup avec moi. on utilise pour boire. on va pour voir un film. sert les boissons dans un café. on peut dormir pendant les vacances.

b Expliquez trois autres mots sur le modèle de a. Échangez des rôles. ▶ Liste alphabétique, p. 200

3 a Qu'est-ce qu'ils font quand ils sont *heureux*, *malheureux*, *amoureux* ou *joyeux*? Complète. Il y a plusieurs possibilités. Fais attention à l'accord de l'adjectif. ▶ Liste des mots, p. 162

Exemple: Quand je suis malheureuse, je reste à la maison et je regarde des films d'amour à la télé.

1. Léa: Quand je suis ?, je reste à la maison et je regarde des films d'amour à la télé.
2. Maxime: Quand je suis ?, je ne dors plus beaucoup.
3. Julie et Sarah: Quand nous sommes ?, nous dansons dans notre chambre et faisons la fête!
4. Paul et Jérémy: Quand nous sommes ?, nous rigolons tout le temps.
5. Émilie: Quand je suis ?, j'appelle ma meilleure amie.
6. Ibrahim: Quand je suis ?, je mets la musique à fond …

b Et toi? Qu'est-ce que tu fais quand tu es heureux/-euse, malheureux/-euse, amoureux/-euse?

4 **C'est quand ton anniversaire? Qu'est-ce que tu voudrais avoir comme cadeau? Fais attention à la place de l'adjectif.** ▶ Repères, p. 41/4–5

Exemple: Mon anniversaire, c'est le 31 mars. Je voudrais avoir un nouveau portable ...

beau	bon	chic
cool	grand	vieux
intéressant	joli	vert
noir	nouveau	petit
rouge	___	

une montre	un bracelet	des baskets	une guitare
une veste	une casquette	des vêtements	des livres
un lecteur mp3	un vélo	un portable	un gâteau
un ordinateur	un chien	un poster	des bédés
___			

5 a **Les trois jeunes discutent du programme de télé. Complète par des pronoms objets.**

Marie: Qu'est-ce qu'il y a à la télé ce soir? Philippe, tu peux regarder sur Internet, s'il te plaît?

Philippe: Voilà. Oh regarde, il y a Batman!

Marie: Bof, encore un film américain! Ça ne ?'intéresse pas trop!

Philippe: Mais dans Batman, il y a des bons effets spéciaux! Je pense qu'ils vont ? plaire aussi!

Marie: Bof, je préfère un truc plus romantique ... Regarde, il y a un film sur Coco Chanel avec Audrey Tautou ... J'adore cette actrice!

Philippe: Oui, elle ? plaît aussi, mais un film sur la mode, excuse-moi, ça ne ?'intéresse vraiment pas!

Marie: Pff ... Qu'est-ce qui ?'intéresse alors? Une émission sur les perruches en Australie?

Erwan arrive.

Erwan: Salut Marie et Philippe! Le match de rugby va commencer dans trois minutes ... C'est le Championnat du Monde! Ça ? intéresse? Vous regardez le match avec moi?

Marie: Ah non! Ton rugby, ça ne ? intéresse pas! Bon, Philippe, on va dans ma chambre, j'ai le nouveau film de Titeuf en DVD, c'est un film super drôle, on va rigoler!

Philippe: Titeuf! Génial! Ses blagues ? plaisent beaucoup!

b **Écoute et compare avec tes résultats de a.**

DELF

c **Lis le texte de a encore une fois. Quelles télés vont avec le texte? Attention, il y a deux télés en trop.**

Tu es en forme pour l'unité 3?

30|1

Arbeitsblatt und Hörtexte unter www.cornelsen.de/webcodes ATOI-3-44

1 **Faites un duel de contraires*. A choisit un mot. B trouve le mot qui exprime le contraire. Puis échangez les rôles.** ▶ **Liste alphabétique, p. 186**

Exemple: **A:** heureux **B:** Le contraire d'heureux, c'est malheureux.
B: noir **A:** Le contraire de noir, c'est ___.

* **le contraire** das Gegenteil

heureux · Beurk! · blanc · tard · contre · être nul en · toujours · joyeux · différent · pour · malheureux · la réponse · Miam! · ne ... jamais · noir · être bon en · tôt · pareil · la question · triste

2 a **Devine: qui est-ce? Qu'est-ce que c'est? Écris les mots avec l'article défini dans ton cahier.** ▶ **Liste alphabétique, p. 186**

1. C'est l'endroit dans un collège où on mange à midi.
2. C'est en été. Elles sont longues. Les élèves les aiment parce qu'il n'y a pas de devoirs.
3. C'est une matière. On y parle des montagnes et des villes.
4. C'est une personne qui travaille au collège et qui corrige les interros.
5. C'est un endroit dans un collège où on peut faire du sport.
6. C'est une personne qui travaille au collège et qui ne donne pas de cours. C'est le/la chef.

b **Utilise les mots de a pour faire un associogramme sur le thème du collège. Complète par des mots que tu connais déjà.** ▶ **Liste alphabétique, p. 186**

3 **Qu'est-ce qu'ils disent? Complète par les formes de l'impératif.** ▶ **Verbes, p. 147**

attendre · arrêter · prendre · gagner · manger · regarder

Chante.	Sing!
Chantons.	Lasst uns singen!
Chantez.	Singt! / Singen Sie!

1 ? ! C'est rouge!

2 ? ! On arrive!

3 ? cette couleur.

4 ? un million aujourd'hui!

5 Ne ? plus de frites!

6 ? les pailles rouges.

4 a Écoute le guide audio du Mégaparc. Quelles sont les attractions du parc? Réponds.

b Écoute encore une fois et fais attention aux adjectifs suivants. Trouve pour chaque adjectif la bonne forme. Écris dans ton cahier.

1. grand/grande/grands/grandes
2. stressé/stressée/stressés/stressées
3. long/longue/longs/longues
4. haut/haute/hauts/hautes
5. joli/jolie/jolis/jolies
6. sympathique/sympathiques

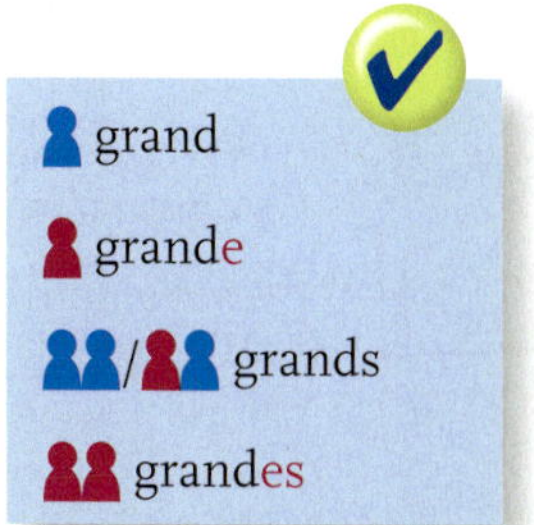

5 a Tout le monde aime frimer! Complète les réponses par la bonne forme du verbe.
▶ Verbes, p. 147

1. – Je **vais** souvent au cinéma.
   – Mes copines et moi, nous ? au cinéma trois fois par semaine!
2. – Dans notre collège, on **fait** de la natation deux fois par semaine.
   – Ah oui? Dans notre collège, nous ? du sport tous les jours.
3. – Chez mes grands-parents, il y a toujours des plats végétariens. Vous **mangez** aussi végétarien chez vous?
   – Nous ? tout le temps végétarien, même les chats ? végétarien!
4. – Alors, vous **prenez** la salade en entrée?
   – Oui, nous ? d'abord la salade, après le poulet frites et puis le gâteau au citron.
5. – J'aime lire. Je **lis** trois bédés par semaine.
   – Nous ? aussi, comme des fous. Nous commençons le matin avant 6 heures.
6. – Je suis plutôt bonne élève. J'**ai** 15 sur 20 en maths et en allemand.
   – Mon frère et moi, nous ? toujours 18 sur 20 dans toutes les matières.

b Dans quel dialogue est-ce qu'on ne frime pas? Relis les dialogues et réponds.

1/29

6 Écoute la chanson «Une journée noire». Pourquoi est-ce que Hugo a une journée noire? Donne trois exemples. Écris dans ton cahier.

7 a Ton père a fait les courses. Qu'est-ce qu'il a acheté? Raconte.
Exemple: Il a acheté un kilo de farine, ____.

b Qu'est-ce qu'il faut pour faire des crêpes?
Exemple: Il faut de la farine, ____.

Unité

3 La vie au collège

Tu es en troisième?

1 30–31

De: Sébastien
À: moi

Salut!

Merci pour ton e-mail avec l'emploi du temps! Je suis très content de faire ta connaissance et de découvrir ton collège!

Mais j'ai une question ... Tu dis que tu es en classe 9. Moi, je suis en troisième. Est-ce que la classe 9 en Allemagne est la même chose que la troisième en France? ... Moi, je bosse beaucoup parce que je prépare le brevet. C'est un examen que tous les élèves passent à la fin de la troisième. Et l'année prochaine, je vais aller au lycée professionnel ou en apprentissage. Est-ce que c'est pareil pour toi? Écris vite!

À plus, Sébastien

Lire et comprendre

1 **Ton corres Sébastien t'écrit un e-mail. Pourquoi? Quelles questions est-ce qu'il pose? Réponds. Utilise le discours indirect:** *Il demande si ...*

30|2

2 a **Regardez le dessin. Retrouvez les expressions françaises qui correspondent aux expressions allemandes suivantes.**

7. Klasse | Abitur | Grundschule | 9. Klasse | Ausbildung | gymnasiale Oberstufe | Kindergarten | mittlerer Schulabschluss

> La «7. Klasse» en Allemagne est la même chose que la cinquième en France.

b **Explique à l'aide du dessin le système scolaire en France à un ami qui ne parle pas le français.**

Hier lernst du das französische Schulsystem kennen und erklärst das deutsche Schulsystem.

De 11 à 15 ans, tous les élèves français vont au collège.

Vocabulaire

3 a **Qu'est-ce qui va ensemble? Retrouve les expressions et écris dans ton cahier. Il y a plusieurs possibilités.**
Exemple: aller en apprentissage

C 31|4

aller passer être préparer avoir	en apprentissage à l'école primaire un examen le brevet au lycée professionnel à l'école maternelle en troisième au collège

b **Qu'est-ce qu'on fait à quel âge? Réponds et utilise les expressions de a.**

En France, à 2 ans, on ____.

Écrire

4 **Relis le message de Sébastien. Puis écris un e-mail à Sébastien et réponds à ses questions. Tu peux aussi faire un schéma pour lui expliquer le système scolaire allemand.**

DELF PF

▶ Les mots pour le dire, 216/6

C 31|5

3A Écrire

Hier lernst du, deinen Schulalltag zu beschreiben und zu vergleichen.

1|32

Ici, c'est le pied!

Préparer la lecture

1 **Quelles différences est-ce que tu connais déjà entre une école française et une école allemande? Note au moins trois différences.**

Exemple: Dans une école allemande, il n'y a pas de surveillants. Les profs restent dans la cour avec les élèves.

Je suis en échange en Allemagne.

Actualités de la jeunesse franco-allemande

Chère rédaction,

Ici, à la Realschule de Homberg, c'est le pied!

En Allemagne, les journées au collège sont moins longues qu'en France: ils ont un autre emploi du temps et on termine souvent à deux heures!

Les profs allemands sont moins sévères que les profs français (sauf le prof de physique, lui, c'est l'exception. Je crois qu'il n'aime pas la classe de mon corres ...) Et il n'y a pas de CPE, pas de surveillants.

En cours, on travaille beaucoup en groupe, il y a même des groupes qui vont bosser dans les couloirs, c'est cool! Les élèves sont aussi sympa qu'en France. Et ils sont plus libres et moins stressés que chez nous. Génial, non? Même le cours de maths est plus intéressant. Vous ne me croyez pas?! ☺ Mais bon, c'est peut-être aussi parce que la prof est plus drôle que mon prof en France. Et en anglais, le niveau des Allemands est vraiment meilleur que le niveau des Français. J'espère que la prof d'anglais ne va jamais m'interroger!

Le truc qui ne me plaît pas: il n'y a pas de cantine. On mange toujours des «Pausenbrote». Ce sont des tartines de pain noir. Beurk! Je me sens super bien ici, mais pour les repas, je préfère quand même la France.

À plus, Noah

Écrivez à MAGAJEUNES et parlez de vos expériences en Allemagne.

Lire et comprendre

DELF **2** **Est-ce que Noah parle de son école en Allemagne, de son école en France ou des deux? Réponds.**

32|1

Exemple: On termine avant 14 heures. → Il parle de son école en Allemagne.

1. On termine avant 14 heures.
2. Le prof de physique n'est pas sympa.
3. Il y a des CPE et des surveillants.
4. Les élèves travaillent souvent ensemble.
5. Les élèves sont sympa.
6. En cours de maths, les élèves rigolent.
7. En cours d'anglais, les élèves ont un bon niveau.
8. On mange à la cantine.

Découvrir

3 a **Lis les exemples. Comment est-ce qu'on compare en français? | Wie vergleicht man im Französischen?**

Les élèves sont **plus libres que** chez nous.
Ils sont **aussi sympa qu'**en France.
Ils sont **moins stressés que** chez nous.

b **Trouve d'autres exemples comme en a dans la lettre de Noah. Complète le tableau dans ton cahier.**

+	=	–
Les élèves sont plus libres que chez nous.		

Finde die Stelle im Text, in der *meilleur que* vorkommt. Übersetze diesen Satz. Was bedeutet *meilleur*?

S'entraîner

4 **Noah parle de ses expériences à sa copine. Qu'est-ce qu'il lui raconte?**
Complète par *plus/moins/aussi ... que/qu'*. ▶ **Repères, p. 58/1** //● ▶ p. 132

C 32|3 32|4a

Exemple: Les journées au collège allemand sont moins longues qu'en France.

1. Les journées au collège allemand sont ? longues ? en France.
2. Leur prof de physique est ? sévère ? notre prof.
3. Je crois que nous sommes ? stressés ? les élèves allemands.
4. Je crois qu'ils sont ? motivés pour l'anglais ? nous.
5. Je trouve que notre cours de maths est ? intéressant ? le cours de maths allemand.
6. Une chose est pareille: les filles de la 9B sont ? jolies ? les filles de notre collège.
7. Mais toi, tu es ? sympathique et ? drôle ? toutes les filles du monde ...

5 **Comparez votre école actuelle à votre école primaire.** ▶ **Repères, p. 58/1**

l'emploi du temps – lourd
les devoirs – faciles
la cantine – ! bonne
le gymnase – grand
la salle de classe – vieille
___

Maintenant, mon emploi du temps est plus lourd qu'à l'école primaire.

À toi: décris la vie dans ton école

6 **Tu as lu le message de Noah dans** *Magajeunes*. **Est-ce que tu es d'accord avec lui? Écris un e-mail à la rédaction et décris la vie dans ton école.**
▶ **Les mots pour le dire, p. 217/8**

C 32|4b

Chère rédaction, moi, je suis élève du collège ___. Chez nous, ce n'est pas comme à la Realschule de Homberg. Je crois que nos journées ___

Hier hörst du eine Radiosendung zum Thema Schule und antwortest auf die Frage, was du an deiner Schule ändern möchtest.

Plus de cafétérias et moins de surveillants!

1|33

Qu'est-ce que tu voudrais changer dans ton collège?

1 lysa420

Messages: 57
Âge: 14 ans

Notre collège n'est pas mal mais il nous manque un endroit pour nous retrouver. J'aimerais bien une cafèt' par exemple avec des tables, des chaises et un distributeur de boissons.

posté le 11/04 à 11:03

2 Zaza

Messages: 183
Âge: 15 ans

Depuis un an, nous participons à un programme contre la violence. Ça marche très bien mais il nous manque encore des médiateurs. Cinq médiateurs, ce n'est pas assez. Il y a déjà moins de violence mais il y a toujours des conflits.

posté le 11/04 à 10:15

3 Yoshi

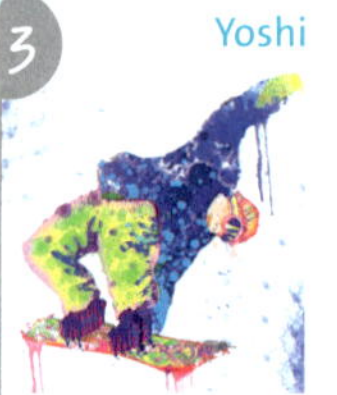

Messages: 2134
Âge: 14 ans

J'aime bien notre CDI mais maintenant, il est fermé parce que la documentaliste est malade. J'aimerais plus d'ordinateurs et plus de salles de techno. Je voudrais aussi avoir la possibilité de faire du sport à la récré. Et j'aimerais avoir moins de surveillants. Ils nous disent qu'on ne doit pas faire trop de bruit dans les couloirs.

posté le 10/04 à 20:11

4 jenesaispas27

Messages: 91
Âge: 15 ans

J'aime bien mon école mais les cours commencent trop tôt et terminent trop tard. Huit heures de cours par jour, c'est trop! Cinq heures, ça suffit!

posté le 10/04 à 19:19

En France, on dit souvent *cafèt'* pour *cafétéria*.

Lire et comprendre

DELF **1** **Lis les messages du forum et regarde les dessins. Quel dessin correspond à quel message? Justifie.**
Exemple: A correspond au* message 4. «Jenesaispas27» dit que les cours commencent trop tôt.

* **correspondre à qc** zu etw. passen

Vocabulaire

2 **Trouve des expressions dans le texte pour parler du collège. Fais un associogramme. Complète par des expressions que tu connais déjà.**

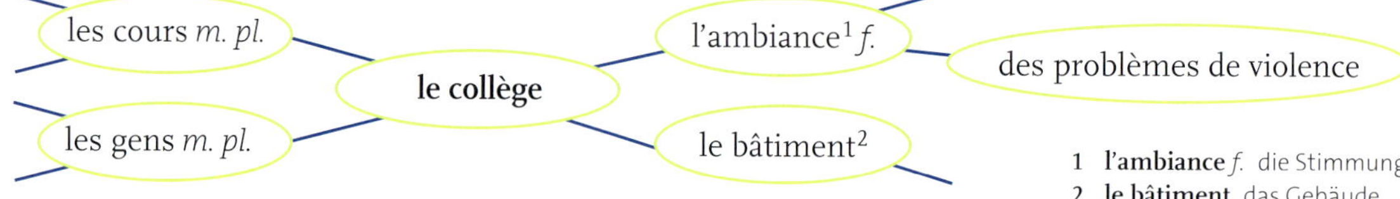

1 **l'ambiance** *f.* die Stimmung
2 **le bâtiment** das Gebäude

Parler

▸ p. 125

C 34|3

3 a **Vous voulez changer beaucoup de choses dans votre collège. B va à la page 125. A: Qu'est-ce qui manque? Utilise** *Il nous manque …* **B répond.**

Exemple: **A:** Il nous manque des médiateurs.
B: Oui, c'est vrai. Il y a trop de violence, ça suffit maintenant.

b **Tu es du même avis que B. Choisis la bonne réponse.**

Oui, c'est vrai.	Je voudrais danser plus souvent. J'aimerais faire du basket. J'aimerais y retrouver mes copains après l'école.

S'entraîner

C 34|2

4 **Regarde le tableau du collège de Noah et compare avec ton collège: qu'est-ce qui est différent? Utilise** *plus de / moins de*. **Note six exemples.**

Exemple: Dans notre collège, il y a plus d'élèves que dans le collège de Noah.

Élèves	344
Garçons	170
Filles	174
Classes	12
Professeurs	20
Surveillants	5
Nombre[1] d'heures de cours en 3^{e}	32
Interros pendant l'année	68
Nombre de dictées[2] par mois	2
Vacances d'été (semaines)	8
Voyages de classe	1

1 **le nombre** die Anzahl
2 **la dictée** das Diktat

Écouter et comprendre

DELF

C 35|4

5 **À la radio, Rémy parle de son école. Lis les questions. Puis écoute et réponds.** ▸ Méthodes, p. 137

1. Qu'est-ce que Rémy trouve bien?
2. Qu'est-ce qu'il ne trouve pas bien?
3. Qu'est-ce qu'il voudrait changer dans son collège?
4. La violence, c'est un problème au collège de Rémy?
5. Toi aussi, tu veux appeler la radio. Note le numéro de téléphone.

À toi: écoute et laisse un message à Radio Ado

6 a **Radio Ado attend ton message sur ton école. Prépare ton message par écrit.**
▸ Les mots pour le dire, p. 217/8, 221/25.
– Qu'est-ce que tu trouves bien dans ton collège?
– Qu'est-ce que tu voudrais changer?

b **Maintenant, «appelle» Radio Ado et donne ton avis. Écoute et laisse ton message après le bip.**

3C Parler

Hier lernst du, eine Aktion vorzustellen, in der eure Schule sich engagiert.

Agissons contre la faim!

1 36–37

Charles Péguy:
«Action contre la faim»

Réunion du club «Écologie»

Ne jetez plus vos stylos à la poubelle ...

Notre concert pour Haïti

Au théâtre: La 5ᵉ B joue «Finissez vos phrases!»

Écoutez notre chanson *«Chacun veut sauver le monde»*

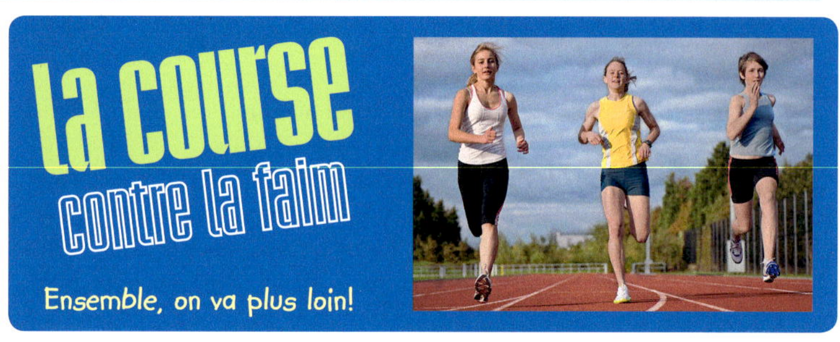

Le collège Charles Péguy agit contre la faim!

Le 13 mai, les quatrièmes et les troisièmes vont participer à la course contre la faim. Avec des sponsors, on va gagner de l'argent. Chaque année, cet argent est pour un pays différent. Cette année, l'ONG «Action contre la faim», qui organise la course, a choisi un projet au Tchad. Le slogan de cette année? «Ensemble, on va plus loin!» Demandez à la 3ᵉ A votre tee-shirt avec le logo de l'Action contre la faim.

Trop de personnes ont faim dans le monde.
Chacun, chacune d'entre vous peut s'engager.
Alors, ne réfléchissez plus et participez à la course!

Lire et comprendre

DELF **1** a **Vrai, faux ou pas dans le site? Lis le texte et réponds. Corrige les phrases fausses.**

1. Des élèves du collège Charles Péguy s'engagent pour aider les gens qui ont faim.
2. Les 5ᵉ du collège Charles Péguy vont participer à la course.
3. «Action contre la faim» est une idée des élèves de la 3ᵉ.
4. L'argent des sponsors de la course va aller à Haïti.
5. Le collège s'engage aussi pour les animaux.
6. Le collège Charles Péguy organise un concert.

b **Regarde l'affiche, le slogan et le logo de l'Action contre la faim. Est-ce qu'ils te plaisent? Justifie.**
Exemple: Le slogan me plaît parce qu'on comprend bien le message.

c **Lis le site encore une fois et réponds à la question d'un copain allemand.** ▶ Civilisation, p. 145
Was muss ich alles wissen und tun, um an der Aktion teilzunehmen?

1 37

2 a **Écoute la chanson. De quoi est-ce qu'elle parle?**

b **Écoute la chanson et complète les paroles, p. 213. Quand est-ce que tu utilises chacun/chacune?**
▶ Repères, p. 59/3

Vocabulaire

3 a Retrouve les expressions pour parler de l'engagement. Il y a plusieurs possibilités.
Exemple: trouver un sponsor

trouver choisir organiser aider vendre s'engager pour/contre participer à ne plus jeter à commencer

un sponsor un concert un slogan un pays une réunion une course des tee-shirts un logo l'écologie la poubelle la faim

b Votre classe veut organiser un concert pour aider Haïti. Qu'est-ce qu'il faut faire? Faites un dialogue et discutez vos idées. Utilisez les expressions de a.

S'entraîner

4 Il faut agir! Choisis le bon verbe et complète les slogans. ▶ Verbes, p. 147  ▶ p. 132

1 *Tu adores la nature? ? pour l'écologie! Il n'est pas encore trop tard …* (Finis/Réfléchis/Agis)

2 *Participez à notre action! Ne ? plus! ? maintenant!* (agissez/finissez/réfléchissez)

3 *Nous voulons sauver la Terre: ? ensemble pour la planète.* (agissons/finissons/choisissons)

4 *Le festival commence. ? vos films préférés!* (Agissez/Finissez/Choisissez)

5 *Tu as envie de t'engager dans ton collège? ? ton projet ici!* (Agis/Réfléchis/Choisis)

6 *Aidons les taureaux. La corrida, c'est bientôt ?!* (choisi/fini/réfléchi)

Écouter et comprendre

5 a Regardez cette affiche. De quoi s'agit-il? Formulez des hypothèses.

C'est pour une action qui ___.

b Le collège Charles Péguy participe à l'action «Ne jetez plus vos stylos à la poubelle». Écoute l'interview.
1. Pourquoi est-ce qu'il y a cette action?
2. Qu'est-ce qu'il faut faire pour participer?
3. Comment est-ce qu'ils organisent l'action?

À toi: invente une action pour ton école

6 À vous! Avec toute la classe, vous voulez vous engager. Chaque groupe invente une action: trouvez un logo, un slogan et un nom pour votre action. Puis présentez votre action en classe. ▶ Les mots pour le dire, p. 219/16
– Qui est-ce que vous voulez aider? Pour qui ou pour quoi est-ce que vous voulez vous engager?
– Qu'est-ce que vous voulez faire? Comment est-ce que vous voulez organiser votre action?

 Lire

Hier erfährst du, wie das Leben als Schüler/Schülerin früher war.

C'était comment la troisième en 1963?

1 | 39

Pierre fait une interview avec son grand-père.

Papy, c'était comment l'école quand tu avais mon âge?
Autrefois, on ne rigolait pas beaucoup en cours ... Nos profs étaient sévères. On écoutait, on posait peu de questions et on ne donnait pas son avis.

Vous aviez les mêmes cours que nous?
Nous n'avions pas de cours d'informatique bien sûr parce qu'il n'y avait pas encore d'ordinateurs! Par contre, on faisait de la cuisine et de la menuiserie. En sport, on faisait de la gymnastique: en été, dans la cour et en hiver, dans la salle de classe parce qu'il n'y avait pas de gymnase.

Qu'est-ce que tu faisais pendant la récréation quand tu avais mon âge?
Nous, les garçons, nous jouions à la balle aux prisonniers. Les filles faisaient des scoubidous. Et ... parfois, nous fumions en cachette mais c'était risqué parce que les surveillants étaient partout.

Tu avais cours tous les jours?
Autrefois, on allait à l'école tous les jours sauf le jeudi et le dimanche. Le dimanche, c'était le jour de la famille et le jeudi, le jour des copains. Moi, j'allais souvent chez mon copain Maurice. Nous écoutions la radio et nous lisions «Salut les copains». C'était un magazine qui racontait la vie des stars de l'époque comme Johnny Hallyday ou Sylvie Vartan. Parfois, on allait aussi au cinéma. Moi, j'adorais les films avec Louis de Funès! Ah! On s'amusait bien! Et on adorait jouer au flipper. On pouvait jouer pendant une heure pour seulement un franc.

Lire et comprendre

 38|1 38|2

1 Trouve dans le texte les phrases qui correspondent aux images.

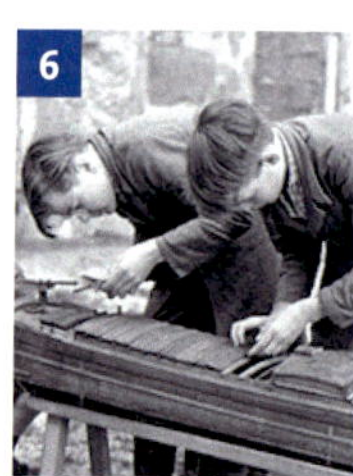

Découvrir

2 a Le grand-père de Pierre parle du passé. Trouve dans le texte les formes de l'imparfait des verbes *être*, *avoir*, *aller*, *faire* et *lire*. Fais un tableau dans ton cahier.

b Comment est-ce qu'on forme l'imparfait? Lis la règle, p. 59/4, et complète ton tableau de a.

S'entraîner

1 40

3 a La grand-mère de Pierre raconte. Écoute et lève la main quand elle parle d'autrefois. ▶ Repères, p. 59/4

DELF b Écoute encore une fois. Qu'est-ce que la grand-mère de Pierre raconte? Réponds aux questions.

1. Où est-ce qu'elle faisait les courses? Avec qui?
2. Quand est-ce qu'elle achetait des croissants?
3. Où est-ce qu'elle allait à l'école?
4. Qu'est-ce qu'elle faisait le jeudi?

39|3

4 Qu'est-ce qu'on faisait autrefois? Compare à l'aide du texte, p. 54, la vie d'aujourd'hui à la vie en 1963.

Exemple: Aujourd'hui, les jeunes jouent à la console. En 1963, on jouait ___.

Aujourd'hui ...

1. ... les jeunes jouent à la console. En 1963, ?
2. ... les Français ne vont pas à l'école le mercredi. ?
3. ... les élèves ont des cours d'informatique. ?
4. ... il y a des gymnases près des collèges. ?
5. ... on écoute ___. ?
6. ... on admire ___. ?

5 Qu'est-ce que Pierre faisait quand il avait six ans? Utilise l'imparfait. ▶ Repères, p. 59/4

Exemple: Quand Pierre avait six ans, il allait à l'école primaire.

1. aller à l'école primaire
2. passer le week-end chez ses grands-parents
3. jouer tous les jours avec ses copains
4. avoir toujours peur la nuit
5. ne pas manger de légumes
6. faire souvent l'idiot à l'école
7. être trop petit pour son âge
8. se coucher à 19 heures

Regarder et comprendre

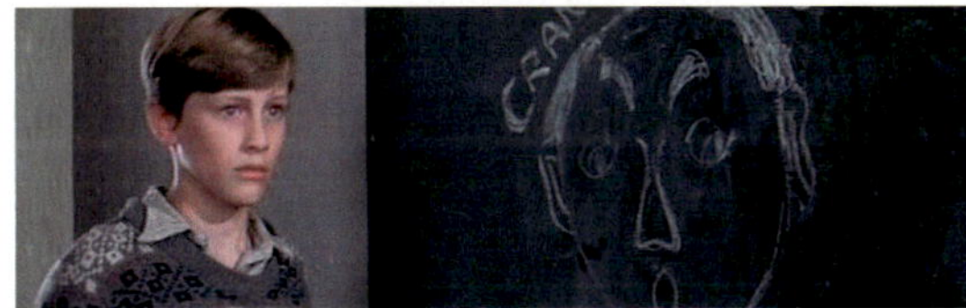

DVD **6** a Regardez une scène du film «Les choristes» jusqu'à 0'12". Qu'est-ce qui se passe?

b Regardez la fin de la scène. Quel devoir est-ce que Monsieur Mathieu, le prof, donne aux élèves?

À toi: relis l'interview et parle d'autrefois

39|4

7 a Qu'est-ce que tu faisais quand tu avais six ans? Utilise l'imparfait et des expressions de temps.

▶ Les mots pour le dire, p. 218/13

le week-end	le lundi/mardi/___	le soir
le matin	l'après-midi	tous les jours
encore	toujours	souvent

Exemple: Quand j'avais six ans, nous habitions encore ___. J'allais ___.

b Posez des questions et répondez.

Un reportage

DELF 1 **Pierre veut faire un reportage sur son collège. Regarde son emploi du temps et réponds aux questions.**

1. Quand est-ce qu'il commence le lundi?
2. Quelles matières est-ce qu'il a?
3. Quand est-ce qu'il va en permanence?
4. Combien d'heures de cours est-ce qu'il a par semaine?

	Lundi	Mardi	Mercredi	Jeudi	Vendredi
8–9 h	Français	Anglais	Anglais		
9–10 h	Anglais	Français	Histoire-Géo	EPS	Histoire-Géo
10–11 h	Physique-Chimie	SVT	Maths	EPS	Histoire-Géo
11–12 h	Physique-Chimie	Allemand	Maths	Français	Techno
12–13 h					
13–14 h	EPS	Français		Permanence	Maths
14–15 h	EPS	Permanence		Techno	Maths
15–16 h	SVT[1]	Arts plastiques		Allemand	
16–17 h	Vie de classe[2]	Arts plastiques		Allemand	

1 **SVT (sciences de la vie et de la terre)** Naturwissenschaften
2 **la vie de classe** *Unterrichtsstunde, in der Fragen und Probleme der Klasse besprochen werden*

Apprendre à apprendre: regarder un film

2 **So verstehst du einen Film besser**

Beim Verstehen eines Films helfen dir die Strategien, die du bereits vom Hörverstehen kennst. Außerdem liefern dir die Bilder wichtige Informationen: Oft siehst du die Gegenstände und Orte, von denen gesprochen wird. Achte auch auf Gestik und Mimik der Personen. Was drücken ihre Bewegungen und ihr Gesicht aus? Sehen die Personen traurig oder fröhlich aus, aufgeregt oder ruhig, enttäuscht oder wütend?

DVD www.cornelsen.de/webcodes ATOI-3-FILM

3 a **À toi! Regarde le reportage de Pierre sans le son*. Où est-ce que Pierre se trouve? Quand? Avec qui? Écris dans ton cahier.**

* **le son** der Ton

b **Qu'est-ce que vous avez encore compris?**

DVD www.cornelsen.de/webcodes ATOI-3-FILM

4 **Lis les questions, puis regarde le reportage avec le son. Réponds aux questions.**

1. Quand est-ce que Pierre doit partir de chez lui?
2. Quelle est la phrase préférée de la surveillante?
3. Qui est Cyril?
4. Pourquoi est-ce que Cyril a mal?
5. Combien d'entrées est-ce qu'il y a à la cantine?
6. Pourquoi est-ce que Pierre dit que la documentaliste est cool?

À la fin du film, on parle d'un carnet de correspondance. Qu'est-ce que c'est? Fais des recherches.

Retrouve un billet de retard et le bulletin de Pierre sur www.cornelsen.de/webcodes ATOI-3-56

Tu veux t'engager pour ta classe? Présente-toi comme[1] délégué(e)[2]!

C'est quoi un/une délégué(e)?

Les délégués sont les représentants de leur classe devant les professeurs, le principal / la principale, le/la CPE, les secrétaires et même devant les parents d'élèves. Les délégués sont là pour les autres élèves de la classe quand il y a un problème ou des questions qui intéressent toute la classe.

Qui choisit les délégué(e)s?

Les élèves de la classe votent pour choisir leurs délégués. Les élèves qui sont candidats peuvent dire pourquoi ils veulent s'engager et expliquer les choses qu'ils veulent changer au collège. Et ils doivent surtout avoir la confiance des autres élèves. C'est ça qui compte.

Quel travail attend les délégué(e)s?

Les délégués ont un rôle sérieux et important. Quand il y a une heure de vie de classe, les délégués organisent la discussion, donnent la parole aux élèves[3], prennent des notes, etc. Les délégués participent aussi à des réunions avec les autres délégués et informent la classe de la vie du collège.

Les délégués participent aux trois conseils de classe qui sont souvent en décembre, en mars et en juin. Là, les professeurs parlent des résultats de la classe et des élèves. Deux parents, le/la principal(e), et le/la CPE y participent aussi.

Avant le conseil de classe, les délégués se préparent. Ils organisent une réunion avec la classe. Là, ils demandent aux élèves de parler de leurs problèmes.

Pendant le conseil, les délégués écoutent ou ils donnent des informations sur un/une élève pour l'aider. Les délégués notent les informations qu'ils entendent sur les élèves et la classe.

Après, ils répètent les informations personnelles en privé[4] et ils font un résumé du conseil devant la classe.

Les délégués ont encore d'autres responsabilités. Quand un nouvel élève arrive dans la classe par exemple, les délégués l'aident. Ils lui expliquent les règles et lui montrent où se trouvent les endroits importants du collège.

Les délégués parlent avec les profs quand il y a des conflits avec la classe, comme par exemple quand il y a trop de devoirs ou trop d'interros.

Comment être un bon délégué / une bonne déléguée?

On ne doit pas être un bon élève pour être un bon délégué. Les délégués parlent pour la classe, pas pour leurs petits groupes de copains. Les délégués ne sont pas de petits chefs: ils ne décident pas. Les délégués doivent écouter les autres, les élèves et les professeurs.

De plus, ils vont parler devant un public – devant le conseil de classe, par exemple. Et ça, ce n'est pas toujours facile quand on est timide. C'est pourquoi, au début de l'année, le/la CPE fait une réunion et il/elle explique comment les délégués peuvent se préparer.

En fait, être délégué, ce n'est pas seulement aider les autres. Quand on est délégué, on apprend aussi beaucoup de choses qui servent plus tard dans la vie: s'organiser, gérer son stress[5], discuter et trouver des arguments.

1 **présente-toi comme** kandidiere als
2 **le délégué / la déléguée** der/die Klassensprecher/in
3 **donner la parole à qn** jdm das Wort erteilen
4 **en privé** privat, unter vier Augen
5 **gérer son stress** mit Stress umgehen

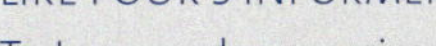
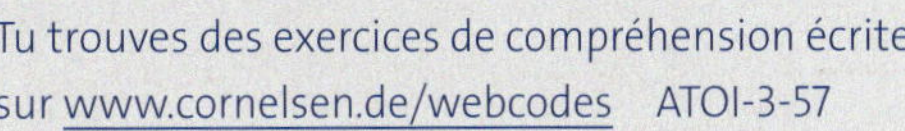

LIRE POUR S'INFORMER
Tu trouves des exercices de compréhension écrite sur www.cornelsen.de/webcodes ATOI-3-57

▶ Liste des mots, p. 169 ▶ Méthodes, p. 140–141

3 Repères

Les mots pour le dire

30|2 Expliquer le système scolaire (▶ p. 216/6)
Décrire sa vie au collège (▶ p. 217/8)
Comparer (▶ p. 216/7)
Faire une suggestion (▶ p. 221/25)
Parler d'engagement (▶ p. 219/16)
Parler d'autrefois (▶ p. 218/13)

Grammaire

Du vergleichst etwas: Dazu brauchst du:

49|3 49|4 49|5 60|2 32|3 32|4

1 Votre prof est **plus drôle que** mon prof.
Les élèves sont **moins stressés que** nous.
→ **die Steigerung der Adjektive mit** *plus … que, aussi … que, moins … que* **(Komparativ)**

Elle est (+) **plus gentille que** lui.
Le film est (=) **aussi intéressant que** le livre.
Le pull est (–) **moins cher que** le tee-shirt.

(–) moins bon/bonne que	schlechter als
(=) aussi bon/bonne que	genauso gut wie
(+) ! meilleur/ meilleure que	besser als

Bildet mit den Vorgaben Sätze. Vergleicht eure Ergebnisse zu zweit.
1. *France / + grand / Allemagne*
2. *mon père / + cool / ma mère*
3. *nous / – stressé / hier*
4. *français / + facile / allemand*
5. *Lucas / = sympa / Jamel*

Du sagst, was du glaubst/hoffst/findest/meinst: Dazu brauchst du:

60|3 **2** **Je crois que** le prof n'aime pas ma classe.
J'espère que la prof ne va pas m'interroger.
→ **den Nebensatz mit** *que*

Je crois que le principal est au courant.
J'espère qu'on va trouver le CPE au CDI.
Je trouve que notre idée est géniale.
Je pense que les échanges sont super.

1 Übersetzt die Beispielsätze.
2 Vergleicht die Wortstellung im Nebensatz: Wie ist sie im Deutschen? Wie im Französischen? Besprecht eure Ergebnisse zu zweit.

▶ Solutions, p. 211

Du sprichst über jeden und jede:

L 52|2 61|5 C 36|2 **3**

Chacun peut s'engager.
Chacune d'entre elles peut aider.

Dazu brauchst du:

das unbestimmte Pronomen ***chacun/ chacune***

Chacun peut participer à la course.
Chacun d'entre vous peut s'engager.
Chacune peut participer à l'action.
Chacune d'entre elles peut s'engager.

Chacun/Chacune peut gagner. (Pronomen)
Chaque garçon/fille peut gagner. (Begleiter)

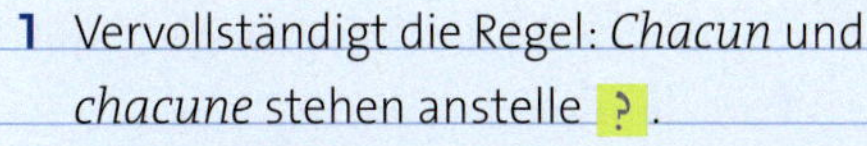

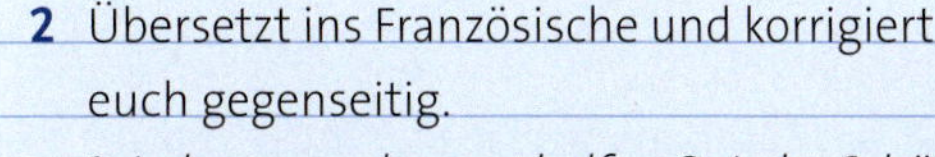

1 Vervollständigt die Regel: *Chacun* und *chacune* stehen anstelle ?.

2 Übersetzt ins Französische und korrigiert euch gegenseitig.
1. *Jede von euch muss helfen.* 2. *Jeder Schüler kann helfen.* 3. *Jeder kann sich vorbereiten.* 4. *Jeder Lehrer kann anrufen.* 5. *Jede von uns kann die Liste ausdrucken.* 6. *Jeder kann jedes Jahr gewinnen.*

Du sprichst von früher:

L 55|2 55|3 55|4 55|5 61|6 C 39|3 39|4 **4**

Autrefois, on ne **rigolait** pas en cours.

Dazu brauchst du:

das ***imparfait***

Autrefois,

je	lisais	une bédé par jour.
tu	lisais	un livre chaque semaine?
il/elle/on	lisait	beaucoup.
nous	lisions	nos e-mails chez Marcel.
vous	lisiez	des recettes sur Internet?
ils/elles	lisaient	des magazines.

faire → nous **fais**ons → je **fais**ais, tu **fais**ais ...
Du leitest die Formen des *imparfait* von der 1. Person Plural Präsens ab.

! Achtung! Es gibt nur eine Ausnahme:
être → j'étais, tu étais ...

1 Bildet zu dritt *imparfait*-Formen:
1. **A:** *aller* → **B:** *nous* ***all****ons* → **C:** *j'****all****ais*
2. *pouvoir* → *nous* ? → *je* ? 3. *mettre*
4. *acheter* 5. *avoir* 6. *s'amuser* 7. *devoir*

2 Wählt ein Verb auf *-ir* (Typ *finir* ▶ Verbes, p. 147) aus, würfelt und bildet die passende Form des Verbs im *imparfait*.

3 Setzt die Sätze ins *imparfait*. Vergleicht eure Ergebnisse. *Autrefois* ___
1. *Vous allez souvent à pied à l'école?*
2. *Tu n'aimes pas les fruits?*
3. *Nous jouons toujours aux jeux vidéo.*
4. *Théo et Sophie veulent toujours gagner.*

L 53|4 C 32|2 36|1 **5**

croire
agir, choisir, finir, réfléchir
(Verben auf *-ir*, Typ **finir**)

Verbes, **p. 147–148**

Ergänzt die Sätze mit den Formen von *croire*. Vergleicht eure Ergebnisse zu zweit. 1. *Tu ne me* ? *pas? Pourquoi?* 2. *Ses amis ne le* ? *plus.* 3. *Je* ? *que Luc n'est pas là.* 4. *Vous* ? *qu'elle va bientôt arriver?* 5. *Paul* ? *que Lisa ne l'aime pas.* 6. *Nous* ? *que le concert va être super!*

▶ Solutions, p. 211–212

DELF

1 a C'est la grève*. Écoute l'annonce du collège. Où est-ce que la 3ᵉ A doit aller? Réponds.

* **la grève** der Streik

b Écoute encore une fois. Où est-ce que les élèves des autres classes doivent aller? Écris dans ton cahier.

2 a Compare. Utilise *plus*/*aussi*/*moins* + adjectif + *que*/*qu'*. Fais attention à l'accord. ▶ Repères, p. 58/1

cher/chère froid/e grand/e haut/e petit/e vieux/vieille

1

L'Allemagne est ? la France.

2

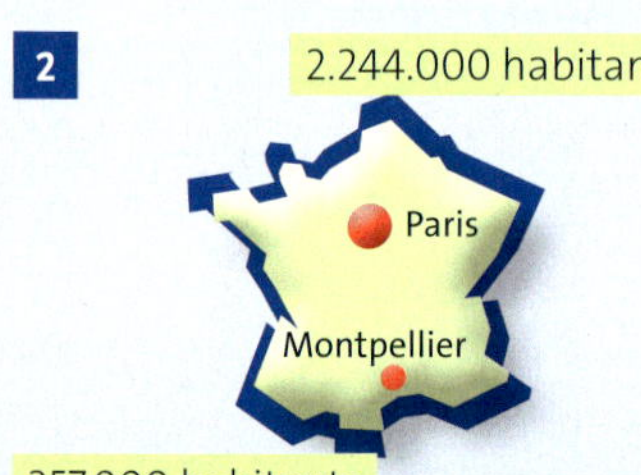

La ville de Montpellier est ? Paris.

3

Je pense que la voiture rouge est ? la voiture jaune.

4

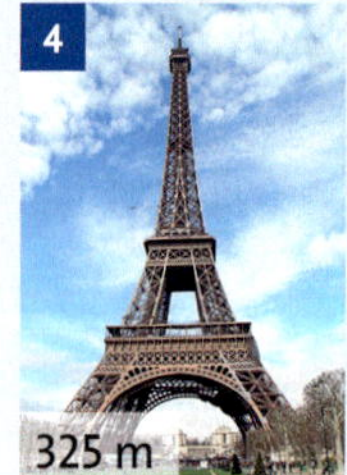

210 m

La tour Eiffel est ? la tour Montparnasse.

5

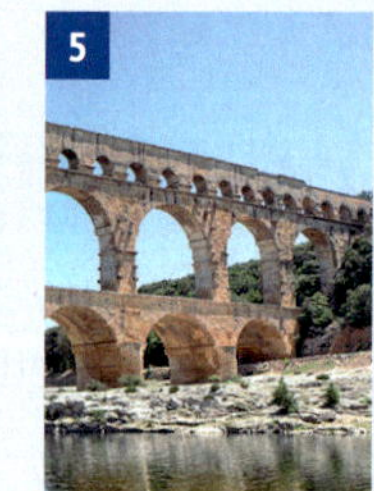

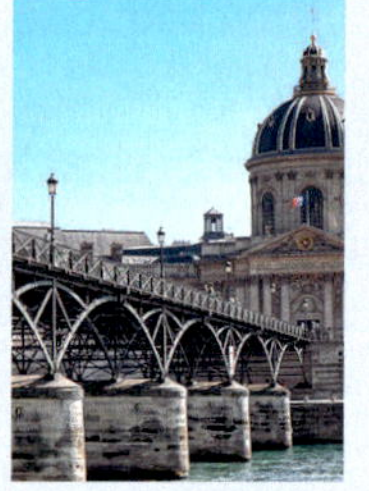

Le Pont du Gard est beaucoup ? le Pont des Arts.

6

La journée à Paris va être ? la journée à Berlin.

b Comparez deux acteurs/sports/films/____. Faites des phrases sur le modèle de a. Faites attention à l'accord des adjectifs. ▶ Repères, p. 58/1

beau bon célèbre drôle dur
grand haut important motivé
petit sympathique vieux ____

Je trouve que le rugby est plus dur que le hand.

3 Qui est-ce? Qu'est-ce que c'est? Devinez. Vous pouvez aussi inventer d'autres devinettes.

Exemple: Je crois que c'est ____.

1. C'est une personne qui aide quand il y a un conflit entre des élèves.
2. C'est un endroit où on peut acheter des boissons et retrouver les copains.
3. C'est une personne qui connaît tous les livres du CDI.
4. C'est quelque chose qui commence toujours trop tôt.
5. C'est quelque chose qui est très pratique quand on a soif.

4 a Qu'est-ce qui te manque dans ton quartier / ton village / ta ville? Note trois phrases. Utilise *moins de* **/** *plus de*.

Exemple: J'aimerais plus de parcs et moins de voitures.

Je voudrais plus/moins de ___.	J'aimerais plus/moins de ___.	Il faut plus/moins de ___.

b Qu'est-ce tu voudrais changer dans ton quartier / ton village / ta ville? Posez des questions et répondez. Vous pouvez utiliser vos phrases de a.

5 a Les profs d'EPS préparent les élèves de la 4e B à la course contre la faim. Qu'est-ce qu'ils disent aux garçons? Qu'est-ce qu'ils disent aux filles? Utilise «*Chacun/Chacune d'entre vous va …***».**

▶ Repères, p. 59/3

Exemple: Chacun d'entre vous va faire les 1000 mètres.

chercher
faire
gagner
participer
se coucher
s'entraîner

1. ? les 1000 mètres
2. ? à la course
3. ? encore un peu
4. ? des sponsors
5. ? tôt
6. ? une médaille

b Comment s'est passée la course? Raconte. Utilise *chaque + nom*. ▶ Repères, p. 59/3

Exemple: Chaque classe a ___.

Berichte auf Französisch, dass

1. jede Klasse Sponsoren gefunden hat.
2. jedes Team am Lauf teilgenommen hat.
3. jeder Schüler / jede Schülerin eine Medaille gewonnen hat.
4. jedes Jahr das Geld an ein anderes Land geht.

6 Voilà Paris en 1900. Complète. Utilise l'imparfait. ▶ Repères, p. 59/4

En 1900, on ? *(admirer)* à Paris l'Exposition Universelle[1]. La tour Eiffel ? *(avoir)* 11 ans. Les gens ? *(adorer)* ou ? *(détester)* cette tour. C' ? *(être)* la tour la plus haute du monde.

En 1900, les touristes ? *(découvrir)* les premières voitures sur les Champs-Élysées. Le dimanche, on ? *(faire)* des promenades dans le Bois de Boulogne[2].

En 1900, les frères Lumière ? *(montrer)* leurs premiers films. La chanteuse Mistinguett ? *(chanter)* «Ça, c'est Paris».

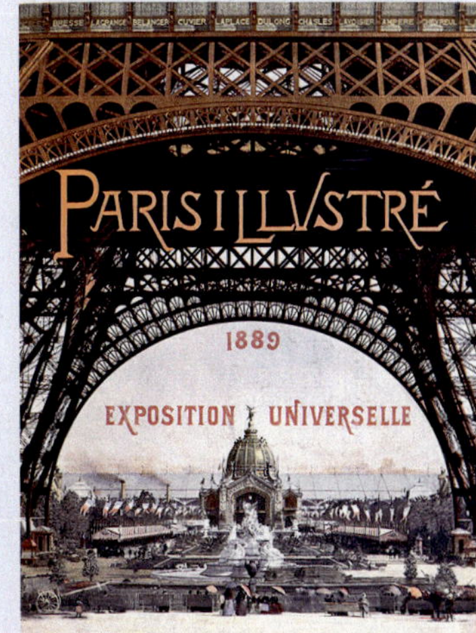

1 **l'Exposition Universelle** *f.* die Weltausstellung
2 **le Bois de Boulogne** *Wald/Park im Westen von Paris*

Bilan 1

Compréhension écrite

DELF **1** **Qu'est-ce que les jeunes cherchent? Lis les descriptions et trouve la bonne annonce pour chaque personne. Attention: il y a une annonce en trop.**

Arbeitsblatt und Hörtext unter: www.cornelsen.de/webcodes ATOI-3-62

1. Nadja, 13 ans, Allemande, veut avoir des meilleures notes et cherche une fille française pour l'aider en français.
2. Muriel, 15 ans, qui habite à Paris, cherche quelqu'un pour contrôler ses devoirs en allemand.
3. Jana, 17 ans, qui a terminé l'école voudrait passer une année en France.
4. Tom, 16 ans, élève de 2de à Londres (Angleterre) cherche quelqu'un pour échanger des e-mails, mais il n'est pas très bon en français.
5. Thorin, 15 ans, Allemand, apprend le français depuis trois ans et cherche des cours pendant deux semaines pour préparer un examen.

A Jeune Française, 16 ans, élève de 3e, donne cours d'anglais, d'allemand et de français par correspondance (e-mail, Facebook, msn, Skype) à des élèves de la 6e à la 4e; 5 € de l'heure.
Florine: **floritorture2000@rouge.fr**

B esfa/ Échanges Scolaires Franco-Allemands pour jeunes Français(es) et jeunes Allemand(e)s
76, Cours Charlemagne, 75016 Paris
Où? Mer du Nord (mai) et Ardèche (juin)
Niveau: 4 ans (ou plus) d'apprentissage de la langue étrangère
Pour toutes informations, s'adresser à: **esfa1@bleu.fr**

C aev – Apprendre en vacances
38, Place Européenne, 75002 Paris
Pâques: Méditerranée 23/03–07/04
Été: Provence 08/08–22/08
Qui participe? Jeunes Anglais(es) et Allemand(e)s
Quel niveau de langue? Minimum 2 ans d'apprentissage du français
Cela vous intéresse? Alors informez-vous sur: www.aev.fr *ou demandez plus d'informations:* **aev1@internet.com.**

D **Jeune Allemande (15 ans) cherche jeune Française pour s'entraider.** Tu pourrais corriger mes exercices et mes textes. Et moi, je peux t'aider en allemand. On pourrait correspondre par e-mail. *J'attends ta réponse:* **maja.schneider11@wepp.de**

E **Salut, je m'appelle Yann**, j'ai 16 ans et je viens de France. Je voudrais correspondre en anglais avec quelqu'un de mon âge pour préparer mon année aux États-Unis. Donc, des correspondant(e)s américain(e)s ou anglais(es) sont les bienvenu(e)s.
À bientôt peut-être!
Yann222@bleu.fr

F *Quoi?* **Année au pair**
Où? Paris et région parisienne
Quand? D'août à juillet
Qui? Entre 16 et 21 ans, niveau brevet, avec ou sans expérience de baby-sitting
Comment contacter?
Tél: **01.42.22.50.34**, AFJE

Compréhension orale

1 42 DELF **2** **Tu vas entendre un enregistrement. Pour cet exercice, tu vas avoir:**

– *30 secondes pour lire les questions,*
– *une première écoute, puis 30 secondes de pause pour commencer à répondre aux questions,*
– *une deuxième écoute, puis 30 secondes de pause pour compléter tes réponses.*

Il y a un nouveau message sur ta messagerie. Écoute et trouve la bonne réponse.

1. Qui a appelé?
   a Marie b Karine c Sandra
2. Qui ne va pas venir avec vous? C'est ?.
3. Où est-ce que vous allez vous retrouver?
   a
   b 

   c 

4. Quand est-ce que vous allez vous retrouver?
   a À 19 h b À 19 h 20 c À 19 h 30
5. Le film commence à ? heures ?.
6. Au cinéma, il y a un film d'? et un film d'?.

Production écrite

DELF
PF

3 Tu es chez ton/ta corres en France. Ton ami téléphone pour t'inviter au cinéma. Le film commence dans 20 minutes. Avant de sortir, tu écris un message aux parents de ton/ta corres pour les mettre au courant. Dans le message (60 à 80 mots), tu écris:
- à quelle heure tu es sorti/sortie,
- où tu vas,
- ce que tu fais,
- avec qui tu es,
- à quelle heure tu vas rentrer.

Production orale

DELF

4 Entretien dirigé: A se présente. B écoute, pose des questions et prend des notes. Puis vous échangez les rôles. Vous parlez de:
- votre nom/prénom et votre âge,
- votre maison/appartement,
- votre famille / vos amis,
- vos hobbys.

▸ p.126
DELF

5 a Monologue suivi. B va à la page 126. A: Tu dois parler pendant deux minutes sur l'un de ces sujets. Tu as deux minutes pour te préparer. B t'écoute et peut te poser des questions pour t'aider.

La télévision | **Le collège**

DELF

b B choisit un sujet. Il/Elle doit en parler pendant deux minutes. Tu peux lui poser des questions pour l'aider.

Manger en famille
- *Toi et ta famille, quand est-ce que vous mangez ensemble?*
- *Quels sont tes plats et boissons préférés?*
- *Qui est-ce qui fait la cuisine chez vous?*

Les technologies modernes (le portable, l'ordinateur)
- *Pourquoi est-ce que l'ordinateur / le portable est important pour toi?*
- *Quand et pourquoi est-ce que tu les utilises?*
- *Combien de temps est-ce que tu passes sur ton portable/ordinateur?*

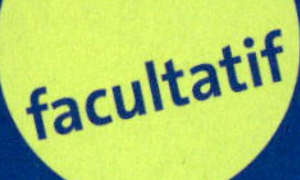

Hier lernst du, ein Buch zu präsentieren.

Mon livre préféré

Mon livre préféré c'est «Virus L.I.V. 3 ou la mort des livres». L'auteur s'appelle Christian Grenier. Il est Français. «Virus L.I.V. 3», c'est une histoire de science-fiction vraiment géniale. L'histoire se passe en 2095. Le gouvernement interdit[1] les jeux vidéo, Internet et la télé. Maintenant, les gens peuvent seulement lire des livres. «Les Zappeurs», un groupe de rebelles, ne sont pas contents parce qu'ils veulent utiliser Internet. Ils ont un virus pour effacer[2] les livres. Le personnage principal s'appelle Allis. C'est une fille sourde[3] et muette[4] qui lit beaucoup de livres. Mais elle doit utiliser Internet pour communiquer. Elle doit donc aider le gouvernement et les rebelles à trouver une solution! Je trouve que «Virus L.I.V. 3» est une histoire très originale! Elle fait beaucoup réfléchir sur Internet, les jeux vidéo et sur l'utilisation des livres. J'adore aussi l'action et le suspense[5] de l'histoire! C'est pour ça que c'est mon livre préféré.

1 **interdire qc** etw. verbieten
2 **effacer qc** etw. löschen
3 **sourd(e)** *adj.* taub
4 **muet/muette** *adj.* stumm
5 **le suspense** die Spannung

Lire et comprendre

1 **Lis la présentation de Bastien. Écris la bonne réponse dans ton cahier. Justifie à l'aide tu texte.**

1. L'histoire du livre se passe — **a** dans le passé. **b** aujourd'hui. **c** dans l'avenir.
2. Le Virus L.I.V. 3 s'attaque — **a** aux jeux vidéo. **b** aux livres. **c** à la télé.
3. L'héroïne du livre communique seulement — **a** par Internet. **b** par téléphone. **c** par lettre.
4. Quand Bastien a lu l'histoire, il a réfléchi sur — **a** les personnages. **b** Internet. **c** la mort.
5. Bastien trouve le livre — **a** passionnant. **b** romantique. **c** triste.

À toi: présente ton livre préféré

Wie kannst du deine Zuhörer dazu motivieren, das Buch zu lesen?
– Besprich Aspekte, die sie interessieren.
– Verrate das Ende der Geschichte nicht.
– Lies einen kurzen Abschnitt laut vor.

2 a **Avant la présentation**

1. Wird deine Präsentation bewertet? Besprecht die Kriterien vorher gemeinsam in der Klasse.
2. Sammle und ordne die Informationen zu deinem Buch: Autor, Thema, Art des Buches, Figuren. Nutze den Text oben als Modell. ▶ **Expression orale, p. 140/D**
3. Schreibe den Text für deinen Vortrag auf. Aus diesem Text formulierst du deine Stichworte.
4. Übe deinen Kurzvortrag vor Freunden oder vor dem Spiegel.

b **Pendant la présentation**

1. Erkläre unbekannte Wörter vor deinem Vortrag.
2. Schau dein Publikum während des Vortrags an. Achte auf Sprechpausen.

c **Après la présentation**

1. Fordere dein Publikum am Ende deines Vortrags auf, Fragen zu stellen und beantworte diese.
2. Du kannst auch selbst Fragen stellen oder ein Quiz zu deinem Vortrag austeilen.
3. Lass dir Rückmeldung zu deinem Vortrag geben. ▶ **Les mots pour le dire, p. 222/28**

Hier lernst du, anhand eines Bildes einen Text zu schreiben.

Écrire un texte à partir d'une photo

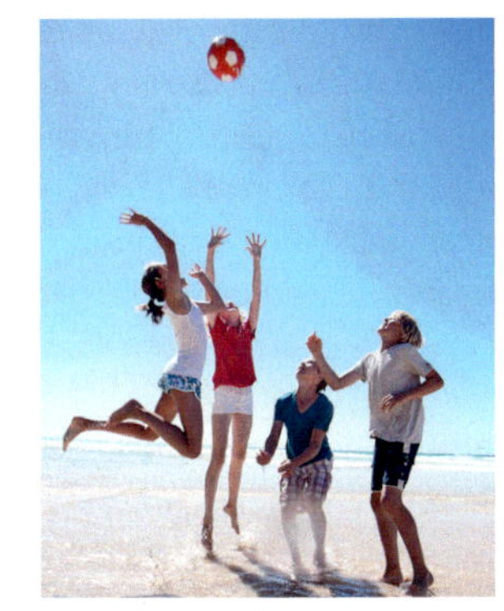

Tu as passé une journée avec ta classe. Tu envoies un e-mail à un ami français avec cette photo. Raconte ce qui s'est passé et imagine les détails:
- Quand?
- Où?
- Avec qui?
- Quoi?

Parle aussi de tes impressions et émotions.

1 **Décris d'abord la photo au présent. Utilise ces expressions:**

Sur la photo, À droite / À gauche, Devant/Derrière ___, À côté de moi,	il y a ___. on voit ___.

2 a **Pour écrire ton histoire, commence par trouver des idées. Imagine l'histoire «derrière» la photo. Qu'est-ce que tu as fait avec ta classe? Prends des notes. Les images peuvent t'aider.**

- *aller au supermarché*
- *acheter ___*

b **Maintenant, raconte ce que vous avez fait. Utilise tes notes de a et fais des phrases. Souligne les verbes dans tes phrases et regarde s'ils sont corrects.**
Exemple: Nous sommes allés au supermarché.

c **Donne une structure à ton texte. Utilise des expressions de temps.**

en juillet	hier	d'abord	puis
après	le matin	à midi	___

3 **Prépare aussi deux phrases sur tes impressions et tes sentiments. Utilise des adjectifs et des adverbes.**

On a beaucoup rigolé. Ça m'a vraiment plu. On s'est bien amusés.
À mon avis, c'était formidable / très drôle / ___. J'ai surtout aimé ___. Je n'ai pas aimé ___.

4 **À toi! Écris maintenant ton e-mail à l'aide de tes phrases préparées de 1–3.** ▶ Méthodes, p. 142

Module C

Hier lernst du, Gedichte zu schreiben und über Musik zu sprechen.

Poèmes et chansons sur Paris

1

L
A
T
O
U
RE
IFF
ELT
OUC
HELE
CIELLA
TOUREIFFEL
BAIGNESESJAM
BES DAN
SLAS EINE

(d'après un poème de Maurice Carême)

2

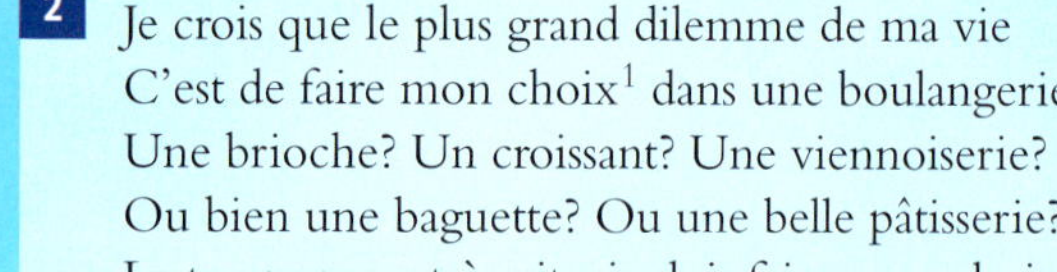

Je crois que le plus grand dilemme de ma vie
C'est de faire mon choix[1] dans une boulangerie.
Une brioche? Un croissant? Une viennoiserie?
Ou bien une baguette? Ou une belle pâtisserie?
Le temps passe très vite; je dois faire mon choix.
Un flan? Un macaron? Ce pain au chocolat?
«Alors? T'as décidé[2]? Tu commandes[3]? C'est fini?»
Me questionne l'employée, pressée[4] et sans merci[5].
«Une minute» je réponds. Je sens que je rougis.
Les gens derrière moi, impatients, poussent des cris,
Parce que le plus grand dilemme de ma vie,
C'est de faire mon choix dans une boulangerie.

1 **le choix** die Wahl
2 **décider qc** etw. entscheiden
3 **commander qc** etw. bestellen
4 **pressé(e)** *adj.* eilig
5 **sans merci** gnadenlos

1 Choisis un thème et écris trois phrases. Trouve une forme qui va avec ton thème et écris tes phrases dans un calligramme.

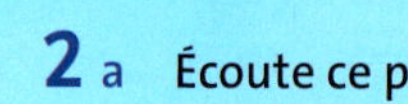

2 a Écoute ce poème. Puis lis le poème à voix haute.

b Choisis un autre magasin et écris ton poème-dilemme.

3

Sous le ciel de Paris
Sous le ciel de Paris
S'envole une chanson
Elle est née d'aujourd'hui
Dans le cœur d'un garçon
Sous le ciel de Paris
Marchent les amoureux
Leur bonheur se construit
Sur un air fait pour eux
Sous le pont de Bercy
Un philosophe assis
Deux musiciens, quelques badauds
Puis des gens par milliers (...)

Édith Piaf

4

Paris
Je marche dans tes rues
Qui me marchent sur les pieds
Je bois dans tes cafés
Je traîne dans tes métros
Tes trottoirs m'aiment un peu trop
Je rêve dans tes bistrots
Je m'assois sur tes bancs
Je regarde tes monuments
Je trinque à la santé de tes amants (…)

Marc Lavoine et Souad Massi

3 a Écoute ces chansons sur Paris. Quelle chanson est-ce que tu préfères? Pourquoi? ► Parler de musique, p. 219/15

b Préparez une présentation sur ordinateur pour la chanson que vous préférez. Pour illustrer la chanson, mettez des images et des photos avec les paroles de la chanson.

Module D

Hier lernst du, wie du dich regelmäßig über Neuigkeiten aus Frankreich informieren und darüber berichten kannst.

L'actualité à la une

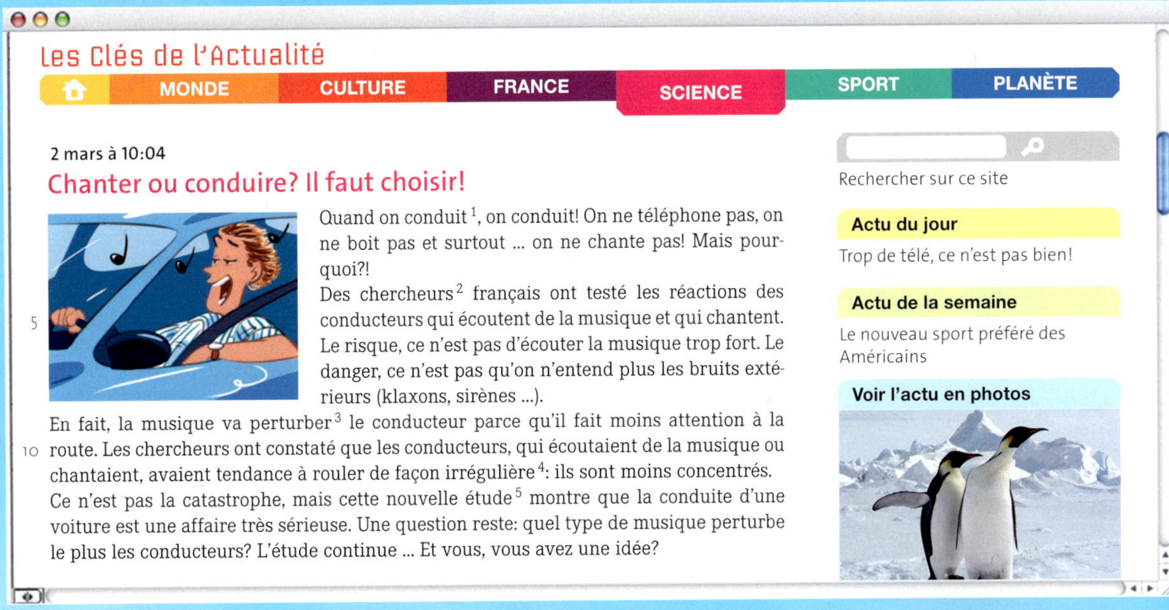

Les Clés de l'Actualité

MONDE | CULTURE | FRANCE | SCIENCE | SPORT | PLANÈTE

2 mars à 10:04

Chanter ou conduire? Il faut choisir!

Quand on conduit[1], on conduit! On ne téléphone pas, on ne boit pas et surtout ... on ne chante pas! Mais pourquoi?!

Des chercheurs[2] français ont testé les réactions des conducteurs qui écoutent de la musique et qui chantent. Le risque, ce n'est pas d'écouter la musique trop fort. Le danger, ce n'est pas qu'on n'entend plus les bruits extérieurs (klaxons, sirènes ...).

En fait, la musique va perturber[3] le conducteur parce qu'il fait moins attention à la route. Les chercheurs ont constaté que les conducteurs, qui écoutaient de la musique ou chantaient, avaient tendance à rouler de façon irrégulière[4]: ils sont moins concentrés. Ce n'est pas la catastrophe, mais cette nouvelle étude[5] montre que la conduite d'une voiture est une affaire très sérieuse. Une question reste: quel type de musique perturbe le plus les conducteurs? L'étude continue ... Et vous, vous avez une idée?

Rechercher sur ce site

Actu du jour

Trop de télé, ce n'est pas bien!

Actu de la semaine

Le nouveau sport préféré des Américains

Voir l'actu en photos

1 **conduire** (Auto) fahren
2 **le chercheur / la chercheuse** der Forscher / die Forscherin
3 **perturber qn** jdn stören
4 **rouler de façon irrégulière** ungleichmäßig fahren
5 **l'étude** *f.* die Studie

1 a Regarde le site Internet. Qu'est-ce qui va ensemble?

1 2 mars	a le titre
2 Les Clés de l'Actualité	b la date
3 Le danger d'écouter de la musique en voiture	c le site
4 Chanter ou conduire? Il faut choisir!	d le thème

b Pour présenter l'article, réponds à ces questions. Complète les phrases à l'aide des informations de a.

1. Où? → J'ai trouvé l'article dans le journal / sur le site ?.
2. Quand? → L'article a paru* le ?.
3. Comment? → Le titre de l'article est ?.
4. Quoi? Dans l'article, on parle de ?.
5. Pourquoi est-ce que c'est intéressant? → L'article (ne) m'intéresse (pas) parce que ___.

* **a paru** ist erschienen

2 a Pour parler de l'actualité, va sur www.cornelsen.de/webcodes ATOI-3-67. Surfe sur le site et trouve trois articles qui t'intéressent.

b Mets les titres et les photos des articles en désordre[1] sur une feuille et imprime[2] cette feuille.

c Échangez vos feuilles. Trouvez les photos et les titres qui vont ensemble.

1 **en désordre** ungeordnet
2 **imprimer qc** etw. ausdrucken

3 a Pour présenter l'actualité de la semaine, surfe sur les sites de l'exercice 2 et choisis un article, une émission ou un clip qui t'intéresse.

b Prends des notes, puis présente l'actualité à ta classe. Utilise les phrases de l'exercice 1b.

Tu es en forme pour l'unité 4?

Arbeitsblatt und Hörtexte unter www.cornelsen.de/webcodes ATOI-3-68

1 a On découvre le monde du travail. Regarde les photos. Quel est leur métier?

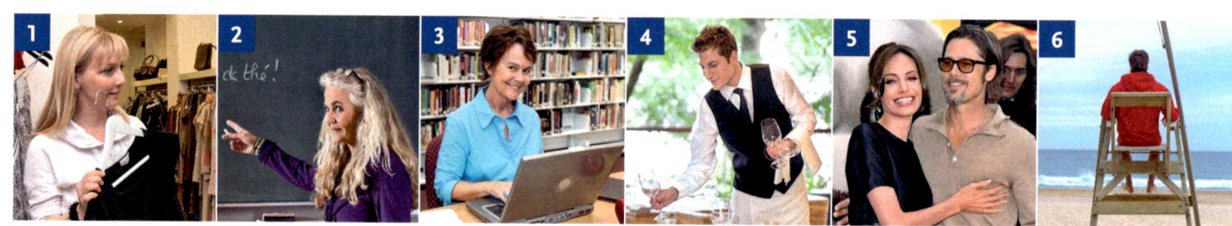

b Où est-ce qu'ils travaillent? A décrit un métier de a. B devine. Puis échangez les rôles.

Exemple: A: Elle travaille au CDI. C'est qui?
B: C'est ____.

2 a Une interview avec le danseur* Robert Verdy. Retrouve les questions du journaliste.

* **le danseur** der Tänzer

1. Pourquoi — est-ce que vous invitez à vos spectacles?
2. Qui — est-ce que vous avez choisi ce métier?
3. Où — est-ce que vous avez déjà dansé?
4. Qu' — est-ce qui est votre danseur préféré?
5. Qui — est-ce que vous commencez l'entraînement pour un spectacle?
6. Quand — est-ce que vous mangez avant le spectacle pour avoir de l'énergie?

b Trouve pour chaque question de a la bonne réponse de Robert Verdy.

A J'ai toujours voulu danser! Le théâtre, c'est ma vie!
B J'ai déjà dansé à Montpellier, à Paris et au Québec.
C Mon héros, c'est Rudolf Noureev! Je l'admire beaucoup.
D Ça dépend. Nous nous entraînons souvent pendant deux mois.
E J'invite toujours ma famille et parfois mes amis.
F Avant le spectacle, je ne mange rien. Je mange toujours après avec toute l'équipe!

c Écoute l'interview et compare avec tes solutions de a et b.

3 Robert Verdy travaille dans un théâtre. Il parle de sa journée de travail. Complète.

▶ Repères, p. 22/2

Danser, c'est ma passion et je ? très bien au théâtre. Mais je travaille toujours le soir. Alors, je ? tard, à 10 heures. Le matin, je fais les courses, je range mon appartement ou je lis un peu. À midi, je mange une salade et je vais au théâtre. Avec les autres danseurs, nous ? de 14 à 17 heures. Après, on prend un café ensemble et on discute un peu. À 18 heures, je ? pour le spectacle. Après, je ?. Pour ça, je prends mon temps. Le spectacle commence à 20 heures et je danse jusqu'à 22 heures. Après, je ? et je mange avec l'équipe. Puis, je ? pour rentrer à la maison. Je ? tard, après minuit.

se coucher
se dépêcher
se doucher
s'entraîner
se lever
se maquiller
se sentir
s'habiller

4 Vingt élèves allemands ont passé une semaine à Strasbourg, en France. Leurs corres français ont écrit un article pour le blog de leur collège. Complète par ces verbes au passé composé.

il/elle a écrit   il/elle est arrivé(e)

arriver   danser   écrire   offrir
organiser   partir   rentrer

«À bientôt à Stuttgart!»

Hier soir, nous ? une fête-surprise pour les élèves allemands. D'abord, nous ?! Puis les élèves allemands nous ? un cadeau formidable: une photo de toute la classe. Sur la photo, les élèves portent des tee-shirts bleus, blancs et rouges ☺. La photo est super! Ce matin nos copains ?: ils ? en Allemagne en train[1]. Ils nous ? un texto[2] quand ils ? à Stuttgart. Aujourd'hui, nous sommes un peu tristes mais en décembre, nous allons passer une semaine à Stuttgart! Et ça, c'est trop cool!

Amel, Sarah, Nicolas et Rachid/4e A

1 **le train** der Zug
2 **le texto** die SMS

2/7

5 a Madame Lagrange a 70 ans. Elle raconte sa vie.
Écoute et lève la main quand elle parle de son enfance*. ▶ Repères, p. 59/4

* **l'enfance** *f.* die Kindheit

Carcassonne autrefois

Carcassonne aujourd'hui

b Madame Lagrange a deux enfants, Laurence et Pascal. Laurence raconte. Complète par ces verbes à l'imparfait.

aimer   avoir (3x)   être (2x)   faire
habiter   jouer   vouloir (2x)

Moi, j'habite à Paris et j'adore habiter ici. Quand j' ? six ans, j' ? à Carcassonne avec ma famille. Je n' ? pas cette ville parce qu'en été, il y ? toujours trop de touristes. Ils ? partout! Mon frère et moi, on ? souvent à la maison. Notre endroit préféré, c' ? le jardin derrière la maison. Moi, je ne ? pas jouer dans la rue parce que là, j' ? peur. Notre grand-mère ? souvent des promenades dans les rues de Carcassonne. Mais nous, nous ne ? jamais aller avec elle.

6 Nathalie rêve. Complète par les formes du verbe *pouvoir* et les infinitifs suivants.

aller   dormir   jouer   manger

* **le rêve** der Traum

Dans mon rêve*, on ? ? jusqu'à midi. Les enfants ? ? toute la journée. Nous ? ? en vacances toute l'année. Je ? ? mon plat préféré tous les jours. C'est génial!

Unité 4
Découvrir le monde professionnel

Tu cherches un job d'été?

2|8

A B C D E

1
Ferme bio en Auvergne cherche jeunes pour la récolte des fruits au mois de juillet. 5 euros de l'heure, repas avec la famille, camping dans la cour.
Contacter M. Mercier: 04.75.49.01.33

2
Famille cherche baby-sitter (fille ou garçon) qui peut partir en vacances avec nous en juillet pour s'occuper d'Émilie (7 ans) et de Marin (5 ans) cinq jours par semaine. Après-midi et week-ends libres. Maison de vacances en Ardèche avec piscine. 250 euros d'argent de poche. aupair@familleduval.fr

Lire et comprendre

DELF 42|1, 2

1 a **Lis les annonces et regarde les photos. Quelle photo correspond à quelle annonce? Justifie ta réponse. Attention: il y a quatre photos en trop.**

2|9 DELF

b **C'est les vacances. Les jeunes ont commencé leurs jobs d'été. Écoute. Quelle situation va avec quelle annonce?**

c **Lis les annonces encore une fois. Complète le tableau dans ton cahier.**

Qui propose[1] le job d'été?	On cherche qui?	Qu'est-ce qu'on doit faire?	L'avantage ou le désavantage[2] de ce job
une ferme bio			

1 **proposer qc** etw. anbieten
2 **le désavantage** der Nachteil

42|3

2 a **Félix et Claire veulent faire un de ces jobs d'été. Lequel? Pourquoi?**
Exemple: Félix veut trouver un job dans ___ parce qu'il ___.

b **Et toi? Quel job d'été est-ce que tu voudrais faire? Justifie ta réponse.**
Exemple: Moi, je voudrais trouver un job dans ___ parce que ___.

Hier lernst du, Annoncen für Schülerjobs zu verstehen und über deren Vor- und Nachteile zu diskutieren.

4

3

Vous avez entre 16 et 18 ans? Vous aimez les animaux? Vous voulez avoir des expériences professionnelles intéressantes cet été? Alors, posez votre candidature pour un stage au

zoo d'Amnéville!

15 euros par jour. zoo@amneville.fr

Aix-en-Provence:

Location de vélos Tour de Provence cherche jeune qui aime les vélos et la mécanique. Ouvert tous les jours de 9 heures à 12 heures et de 13 heures à 18 heures. 400 euros par mois (juillet à août). Candidature à M. Durand: tour@provence.fr

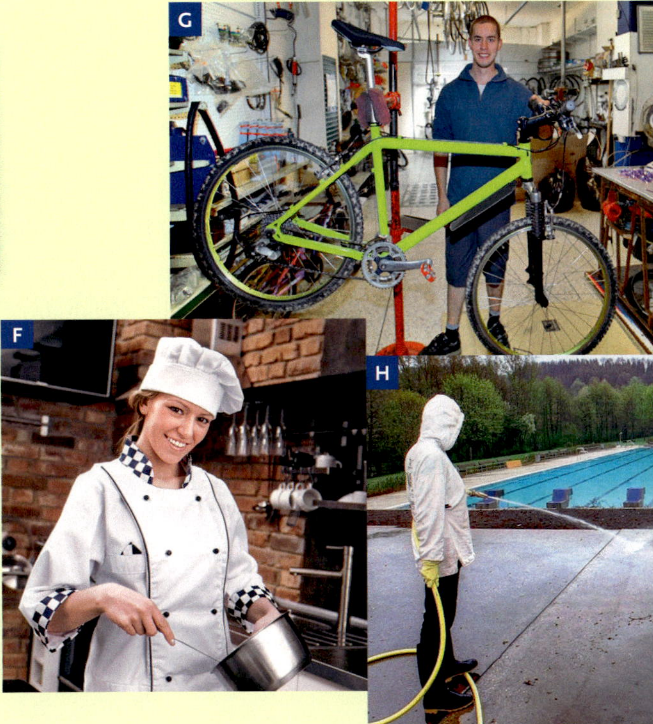

Plus tard, je voudrais devenir mécanicien. Alors une expérience dans une location de vélos, pour moi, c'est génial!

Félix Jeunet

Bof ... Moi, l'été, je préfère être dehors et j'adore les animaux. Donc, un stage dans un zoo, ça me plaît beaucoup. Et l'avantage, c'est que je peux faire ce job d'été avec ma copine! Par contre, 15 euros par jour, ce n'est pas beaucoup ...

Claire Morel

Parler

3 a Trouve au moins trois autres jobs d'été qui t'intéressent. Écris dans ton cahier.

43|4

▶ Liste alphabétique, p. 186

Je voudrais travailler ...	*parce que j'aime ...*	*L'avantage, c'est que/qu' ...*	*Par contre ...*
dans une colonie de vacances	*m'occuper des enfants.*	*je suis à la mer en été.*	*on travaille jour et nuit.*
—	—	—	—

b Faites des devinettes. Utilisez vos phrases de a.

Exemple: **A:** J'aime m'occuper des enfants. L'avantage de mon job, c'est que je suis à la mer en été. Par contre, on travaille jour et nuit.

B: Donc, tu voudrais travailler dans une colonie de vacances.

4A Médiation

Hier lernst du, über ein Praktikum zu berichten.

Vous vous êtes amusés ou ennuyés en stage?

2 10–11

1 J'ai voulu faire mon stage dans un garage près de chez moi. Mais ça n'a pas marché. Alors, j'ai fait mon stage dans le restaurant de ma tante. J'ai aidé à la cuisine ... Au début, je me suis ennuyé parce que j'ai tout le temps coupé des tomates. Une fois, mon prof a mangé au restaurant. Alors, j'ai pu servir en salle, c'était drôle!
Le truc qui m'a plu: Le restaurant ouvre à midi, alors je ne me suis jamais levé avant 9 heures!
C'était une super expérience, mais travailler dans un restaurant, c'est dur parce qu'on travaille toujours le soir et le week-end!

Charles, Avignon

2 ▶ Nous adorons les animaux. C'est pourquoi nous avons écrit une lettre de motivation au zoo d'Amnéville et ils ont dit oui! Malheureusement, nous avons surtout vendu des glaces et nous ne nous sommes pas occupées des animaux, c'était dommage!
Le truc qui nous a plu: On a pu visiter le parc et on a fait plein de photos pour notre rapport de stage. On s'est vraiment bien amusées! C'était génial!

Claire et Julie, Amnéville

Lire et comprendre

DELF

44|1

1 **C'est vrai ou c'est faux? Lisez les rapports de stage et répondez. Justifiez vos réponses.**

Exemple: **A:** Charles a travaillé dans l'hôtel de sa tante.
B: Non, c'est faux. Il a fait son stage dans ___.

1. Charles a travaillé dans l'hôtel de sa tante.
2. Les premiers jours, il a servi en salle.
3. Il s'est levé à 7 heures comme toujours.
4. Claire et Julie ont travaillé avec les animaux.
5. Elles veulent mettre des photos dans leur rapport.
6. Elles ont aimé leur stage.

Vocabulaire

44|2

2 a **Pourquoi faire un stage? Retrouve les six phrases.**

Exemple: J'aime les animaux. C'est pourquoi j'ai travaillé dans un zoo.

1. J'aime les animaux.		j'ai choisi un stage dans un club de foot.
2. J'adore les enfants.		j'ai travaillé dans un zoo.
3. La mécanique, ça m'intéresse.		j'ai fait un stage dans une location de vélos.
4. Je préfère travailler dehors.	C'est pourquoi	j'ai voulu faire mon stage dans un cybercafé.
5. Je suis fan d'Internet.		j'ai cherché un job d'été dans une ferme.
6. J'aime le sport.		j'ai voulu avoir de l'expérience professionnelle dans une école maternelle.

b **Et toi? Où est-ce que tu as fait / voudrais faire un stage? Écris trois phrases sur le modèle de a.**

Exemple: Moi, j'aime les livres. C'est pourquoi ___.

Découvrir

3 a **Trouve dans le texte les formes des verbes pronominaux au passé composé. Écris dans ton cahier.**
Exemple: vous vous êtes amusés

b **Unterstreiche die Hilfsverben und Partizipien. Was musst du beim** *passé composé* **der reflexiven Verben beachten? Formuliere die Regel.**

S'entraîner

4 a **Marion parle de son stage. Complète par les bons verbes au passé composé.**

▶ Repères, p. 82/1

//● ▶ p. 132

44|3
45|4

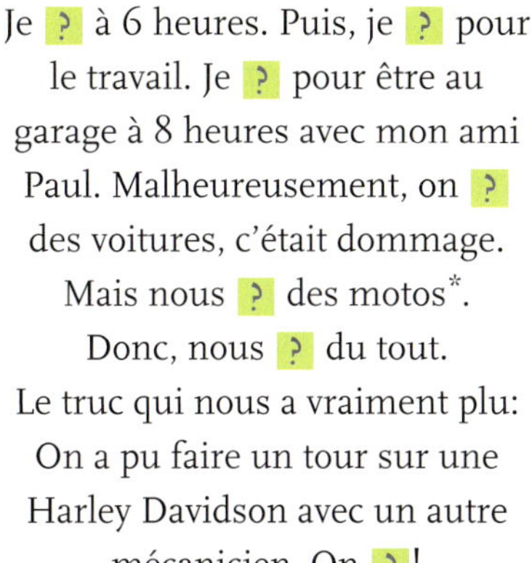

Je ? à 6 heures. Puis, je ? pour le travail. Je ? pour être au garage à 8 heures avec mon ami Paul. Malheureusement, on ? des voitures, c'était dommage. Mais nous ? des motos*. Donc, nous ? du tout. Le truc qui nous a vraiment plu: On a pu faire un tour sur une Harley Davidson avec un autre mécanicien. On ? !

* **la moto** das Motorrad

- s'est amusés/amusées
- nous sommes occupés/occupées
- me suis levé/levée
- ne s'est pas occupés/occupées
- me suis dépêché/dépêchée
- me suis habillé/habillée
- ne nous sommes pas ennuyés/ennuyées

2 12

b **Écoute le rapport de Marion et compare avec ta solution.**

À toi: fais la médiation d'un rapport de stage

45|5

5 **Ta copine Kathy a fait son stage dans un restaurant. Ton corres français regarde les photos dans le blog de Kathy mais il ne comprend pas le texte. Écris un e-mail en français pour lui expliquer. Utilise le discours indirect. Commence par:** *Sur son blog, Kathy raconte que …* ▶ **Méthodes, p. 143**

Während des Praktikums bin ich nie vor 9:00 Uhr aufgestanden. Das war cool!

Dagegen mochte ich die Arbeit in der Küche nicht. An diesem Abend habe ich mich beeilt und … drei Teller und zwei Gläser zerbrochen*. Das war schrecklich!

Wir haben immer alle zusammen gearbeitet. Das war nett! Die Arbeit im Team gefällt mir gut. Deshalb will ich später auch in einem Team arbeiten.

* **etw. zerbrechen** casser qc

Hier lernst du, eine Bewerbung für einen Ferienjob zu schreiben.

Ma lettre de motivation

2|13

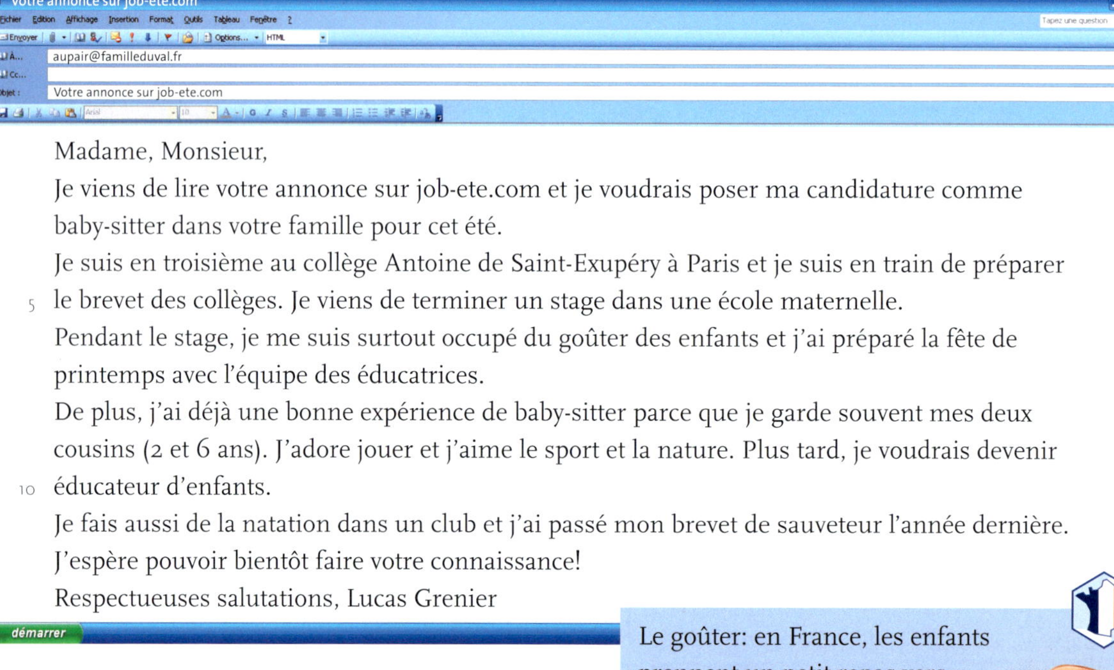

Votre annonce sur job-ete.com

À... aupair@familleduval.fr

Cc...

Objet : Votre annonce sur job-ete.com

Madame, Monsieur,

Je viens de lire votre annonce sur job-ete.com et je voudrais poser ma candidature comme baby-sitter dans votre famille pour cet été.

Je suis en troisième au collège Antoine de Saint-Exupéry à Paris et je suis en train de préparer le brevet des collèges. Je viens de terminer un stage dans une école maternelle.

Pendant le stage, je me suis surtout occupé du goûter des enfants et j'ai préparé la fête de printemps avec l'équipe des éducatrices.

De plus, j'ai déjà une bonne expérience de baby-sitter parce que je garde souvent mes deux cousins (2 et 6 ans). J'adore jouer et j'aime le sport et la nature. Plus tard, je voudrais devenir éducateur d'enfants.

Je fais aussi de la natation dans un club et j'ai passé mon brevet de sauveteur l'année dernière.

J'espère pouvoir bientôt faire votre connaissance!

Respectueuses salutations, Lucas Grenier

démarrer

Le goûter: en France, les enfants prennent un petit repas vers 4 heures de l'après-midi, par exemple un pain au chocolat.

Lire et comprendre

1 a Survole le texte. Une lettre de motivation, qu'est-ce que c'est? Réponds en allemand.

DELF

46|1

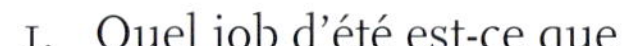

b Lis le texte et réponds aux questions. Justifie tes réponses à l'aide du texte.

1. Quel job d'été est-ce que Lucas veut faire?
2. Quelle annonce, p. 70–71, va avec sa lettre?
3. Pourquoi est-ce qu'il veut faire ce job d'été?
4. Qu'est-ce qu'on apprend* encore sur lui?

* **apprendre qc** *hier:* etwas erfahren

Découvrir

2 a Regarde les images. Que fait Lucas? | Wie sagst du, dass du gleich etwas tun wirst, dass du dabei bist, etwas zu tun und dass du gerade etwas getan hast?

– Qu'est-ce que tu fais?
– Je vais lire des annonces.

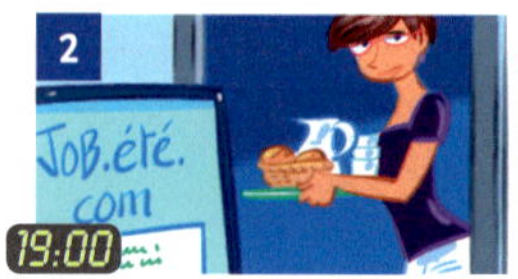

– Lucas! On mange.
– Oh non! Je suis en train de lire des annonces.

– Tu as trouvé quelque chose?
– Oui! Je viens de trouver un job d'été.

2|14

b Écoute les dialogues. Ils parlent du passé ◀, du présent ✖ ou du futur ▶? Note les symboles dans ton cahier.

S'entraîner

3 C'est l'été et tu es baby-sitter dans une famille. Ta mère t'écrit mille textos par jour. Qu'est-ce que tu viens de faire? Qu'est-ce que tu es en train de faire? Réponds. ▶ Repères, p. 82/2  ▶ p. 133

47|3

Exemple: Je viens d'acheter du pain. Maintenant, je suis en train de faire des tartines.

1

2

3

4

5

6

4 Pour une lettre de motivation, il te faut des expressions utiles. Qu'est-ce qui va ensemble? Il y a plusieurs possibilités. Écris dans ton cahier.

aller avoir répondre à
écrire faire devenir
garder lire travailler
passer poser préparer

votre annonce une lettre de motivation sa candidature
le brevet un stage un job d'été à l'école maternelle
éducateur/éducatrice les enfants une bonne expérience
votre connaissance

Apprendre à apprendre: écrire une lettre officielle

5 So schreibst du einen förmlichen Brief ▶ Méthodes, p. 142

In einem förmlichen Brief müssen bestimmte Elemente enthalten sein. Finde in dem Brief, S. 74, wie die nebenstehenden Elemente auf Französisch formuliert werden.

Absender
Empfänger
Ort und Datum
Betreff
Anrede
Schlussformel

46|2

6 a Complète la lettre de motivation d'Élise. Utilise des expressions des exercices 4 et 5.

Objet: job d'été

Je viens de ? sur job-ete.com. Je voudrais ? pour la récolte des fruits au mois de juillet. J'ai 15 ans et je suis en troisième. Je suis en train de ? des collèges. Je viens de ? dans une ferme bio. C'est pourquoi j'ai ? dans la récolte des fruits.
J'espère pouvoir bientôt ?. ? Élise Daniel

b Écoute le dialogue entre Élise et sa mère. Compare sa lettre de motivation avec ta solution.

À toi: écris ta lettre de motivation

47|4

7 Choisis un job d'été à la page 70–71. Écris une lettre de motivation. ▶ Expression écrite, p. 142/E

Hier lernst du, eine Geschichte zu verstehen, die in der Vergangenheit spielt.

Tout était normal quand tout à coup ...

BLOG PERSO DE LUCAS GRENIER

Home | Me contacter

C'était la cata!

Posté le mardi 23 juillet | 3 commentaires

C'est ma deuxième semaine chez les Duval. Tout va bien. Mais hier, il m'est arrivé un truc de fous. Voilà l'histoire:

C'était le matin. Comme tous les matins après le petit-déjeuner, Madame Duval, la mère d'Émilie et Marin, était sur son transat, près de la piscine. Elle écoutait la radio et chattait avec ses copines. Le chien dormait comme d'habitude sous le hamac d'Émilie, et dans le hamac, Émilie lisait une bédé ... Monsieur Duval travaillait dans son bureau et, comme toujours, il téléphonait et parlait très fort avec un client. Donc: tout était normal ...

Moi, je jouais avec Marin: on voulait construire une voiture avec une boîte de fromage et des capsules de coca ... C'était drôle et puis, tout à coup, Marin a eu une idée géniale! Il m'a donné un ballon. Alors, je l'ai gonflé et on l'a mis sur notre voiture. Puis, j'ai lâché le ballon, la voiture a foncé sur le chien. Le chien s'est levé et il a poussé Émilie qui est tombée et a crié. Là, Madame Duval s'est levée très vite, mais elle a glissé et son portable est tombé dans la piscine. C'était la cata! Tout le monde criait et Monsieur Duval était furieux parce qu'il n'entendait plus son client.

Mais Marin et moi, on était super contents parce que notre voiture a surfé jusqu'au milieu de la piscine!

Lire et comprendre

48|1 48|2

1 a C'était comment, tous les matins chez les Duval? Lis le blog et retrouve les phrases.

1 Comme tous les matins, Madame Duval
2 Le chien
3 Émilie
4 Monsieur Duval
5 Moi, je

A dormait sous le hamac.
B jouais avec Marin.
C lisait une bédé.
D était sur son transat.
E travaillait dans son bureau.

b Lucas parle d'une catastrophe. Qu'est-ce qui s'est passé? Trouve pour chaque dessin la bonne phrase dans le texte et raconte.

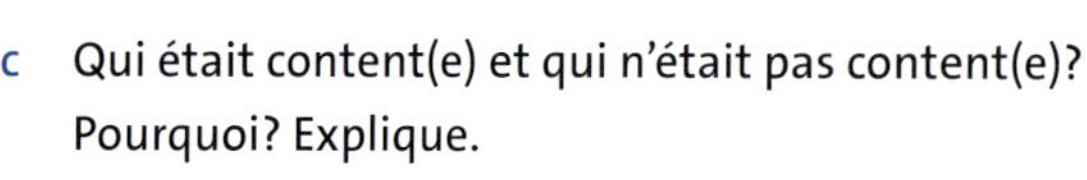

c Qui était content(e) et qui n'était pas content(e)? Pourquoi? Explique.

Découvrir

2 Quand est-ce qu'on utilise l'imparfait et quand est-ce qu'on utilise le passé composé? Explique.

1 Le chien dormait et Émilie lisait une bédé.

2 Le chien s'est levé. Il a poussé Émilie qui est tombée.

S'entraîner

3 Il y a des expressions qu'on utilise avec le passé composé ou l'imparfait. Trouve ces expressions dans le texte, p. 76. Fais un tableau dans ton cahier.

passé composé	imparfait
hier	—

//O **4** Maëva a fait son stage dans un magasin de mode. Complète. Utilise l'imparfait ou le passé composé. ▶ Repères, p. 83/4 //● ▶ p. 133

C 49|4

Hier, Maëva ? au magasin de mode «Richardeau» à 8 heures. D'abord, elle ? bonjour aux deux vendeuses, Carla et Frédérique. Comme tous les matins, elles ? un café au lait. Maëva ? son sac à côté d'une chaise. Puis, elle ? des boîtes de vêtements. Comme toujours, il y ? des vêtements très chers dans les boîtes. Tout à coup, le café de Frédérique ? sur les vêtements. C'? la cata!

a eu / avait
a dit / disait
a été / était
a mis / mettait
a ouvert / ouvrait
ont pris / prenaient
est arrivée / arrivait
est tombé / tombait

À toi: écris une histoire

5 a Tu as fait ton stage dans un restaurant. Regarde les images et écris l'histoire. Utilise l'imparfait ou le passé composé. Tu peux utiliser le texte de l'exercice 4 comme modèle.

PF C 49|5

1 arriver au restaurant / dire bonjour à un serveur

2 prendre un café / une dame arriver

3 être contente / dormir

4 apporter le dessert / marcher sur le chien

5 se lever / tomber

6 le serveur glisser / le dessert tomber / la dame être furieuse

b Échangez vos histoires et lisez. Qui a écrit la meilleure histoire?

Hier lernst du, ein Bewerbungsgespräch am Telefon zu führen.

Félix Jeunet à l'appareil …

Écouter et comprendre

1 Félix appelle dans l'entreprise où il a posé sa candidature. Avec qui est-ce qu'il parle? Écoute une première fois et réponds.

2 Écoute le dialogue encore une fois. Vrai ou faux? Écris dans ton cahier.

DELF

1. Félix veut faire un job d'été dans une location de vélos.
2. Félix a déjà écrit une lettre de motivation à Monsieur Dugrand.
3. Félix a 15 ans.
4. Félix parle quatre langues.
5. Félix est bon en mécanique.
6. Il connaît bien le programme Excel.
7. L'après-midi, Félix doit téléphoner à Monsieur Dugrand.

Vocabulaire

3 Écoute et complète. Écris dans ton cahier. Puis écoute encore une fois et répète.

1. ?, Félix Jeunet à l'appareil.
2. Je ? à Monsieur Dugrand, s'il vous plaît.
3. Monsieur Dugrand ? pour le moment.
4. J'ai ? la semaine dernière.
5. ? et anglais.
6. Je vais laisser ? à Monsieur Dugrand.

4 Lis le dialogue, p. 213. Comment est-ce qu'on dit les phrases et les mots suivants en français? Écris dans ton cahier.

50|2

1. Worum geht es?
2. Es geht um den Sommerjob?
3. Sprechen Sie mehrere Sprachen?
4. Ich kann Fahrräder reparieren.
5. Welche Programme benutzen Sie?
6. Können Sie um 14 Uhr zurückrufen?

5 a Écoute la chanson «Vous pouvez travailler chez nous» et complète. ▶ Transcriptions, p. 214

? -vous changer une roue[1] ou un pneu?
? -vous toujours l'air heureux?
? -vous manipuler les clients?
? -vous toujours des arguments?
Pour vous, les maths, c'est fastoche[2]
Alors, votre stage, c'est dans la poche[3]!

Alors on peut ?!
Alors ? chez nous!
24 ? sur 24
7 ? par semaine,
5 ? par mois
Bien sûr, c'est ? non rémunéré[4]
Il ne faut pas rêver! Il ne faut pas rêver!
Mais non, ce n'est pas ?,
? juste des gens qui ont la niaque[5]!

1 **la roue** das Rad
2 **fastoche** *adj. fam.* einfach
3 **la poche** die Hosentasche
4 **non rémunéré** unbezahlt
5 **avoir la niaque** hochmotiviert sein

b Formule trois autres questions comme en a. ▶ Repères, p. 83/5

Découvrir

6 a Regarde la photo et traduis la phrase. | Wann verwendest du *savoir*, wann *pouvoir*? Formuliere eine Regel.

//● b Invente trois autres situations. //○ ▶ p. 133
Exemple: Je **sais** danser. Mais là, je ne **peux** pas parce qu'il n'y a pas de musique.

parce qu' parce que	il n'y a pas de musique je n'ai pas le temps je n'ai plus de sucre je ne connais personne j'ai perdu ma guitare je n'ai pas encore ___ je n'ai jamais ___ ___

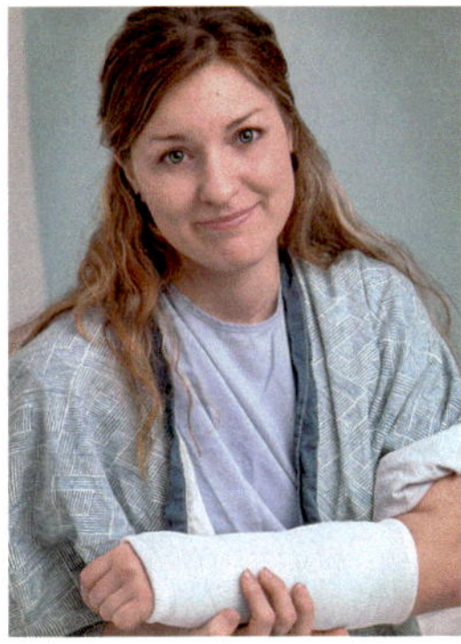

Elle **sait** jouer du piano, mais là, elle ne **peut** pas.

S'entraîner

7 a Qu'est-ce que tu sais faire? B va à la page 126. A: Tu poses des questions à B. ▶ Repères, p. 83/6
▶ p. 126
50|1
Exemple: A: Est-ce que tu sais danser?
B: Oui. / Non, je ne sais pas danser.

1

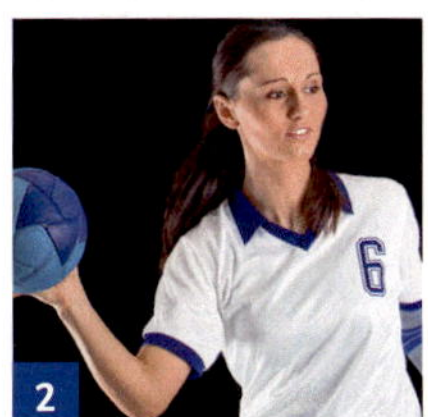
2

3

4

5

b Qu'est-ce que tu sais faire? Réponds aux questions de B.

c Demandez aux autres. Qu'est-ce qu'ils savent faire?

2 20
DELF
51|3

8 Céline appelle dans une entreprise. Écoute ce dialogue au téléphone et résume.

1. Céline veut travailler ___.
2. C'est pourquoi elle ___.
3. Elle sait parler ___.
4. Elle sait utiliser ___.
5. Elle peut commencer ___.
6. Elle va passer dans l'entreprise ___.

À toi: écoute et réponds au téléphone

2 21
51|4
51|5

9 a Tu as posé ta candidature pour un job d'été dans une entreprise française. La patronne* veut te parler au téléphone. Pour te préparer, écoute ses questions deux fois et prends des notes. ▶ Méthodes, p. 137

b Prépare tes réponses. Puis écoute et réponds aux questions.
▶ Les mots pour le dire, p. 219/18

* **le patron / la patronne** der Chef / die Chefin

Le CV[1], c'est ta vie en quelques mots

Nom: Jeunet
Prénom: Félix
Adresse: 32, rue de l'Égalité, 15000 Aurillac
Numéro de téléphone: 04.71.43.41.48
E-mail: felix_jeunet@yahoo.fr
Date et lieu de naissance[2]**:** né le[3] 2 juin 2001 à Tulle

Projet professionnel:	travailler dans la publicité
Formation[4]**:**	2016: brevet des collèges Collège Jules Ferry à Aurillac
Expérience professionnelle:	octobre 2015: stage en entreprise Garage Michelin à Clermont-Ferrand depuis juin 2014: distribution de prospectus
Langues:	français (langue maternelle) allemand (Niveau B1) anglais (Niveau A2)
Connaissances en informatique:	Word, Powerpoint, Picasa
Hobbys:	faire de la photographie, faire du VTT, lire des biographies

1 **le CV = curriculum vitae** der Lebenslauf
2 **date et lieu de naissance** Geburtsdatum und -ort
3 **être né(e) le** geboren sein am
4 **la formation** die Ausbildung

1 **Lis le CV de Félix. Résume en allemand tout ce que tu apprends sur lui.**

2 a **Faites une liste des entreprises françaises qui sont dans votre région / en Allemagne. Que font ces entreprises?**
Exemple: Renault construit des voitures.

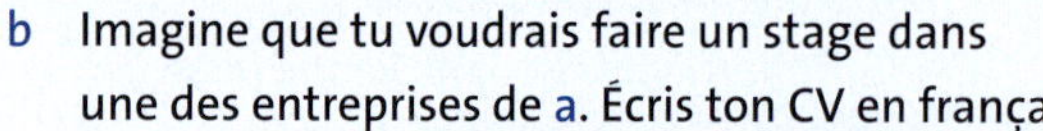

b **Imagine que tu voudrais faire un stage dans une des entreprises de a. Écris ton CV en français.**

André Citroën qui est-ce?

André Citroën[1] est né le 5 février 1878 à Paris. En 1889, quand on construit la tour Eiffel, André a 11 ans. La tour Eiffel le fascine et il rêve de devenir ingénieur.

À l'école, André est un bon élève. Il passe son baccalauréat au lycée Condorcet à Paris en 1896. En 1898, il va dans la meilleure école d'ingénieurs de France: l'école Polytechnique.

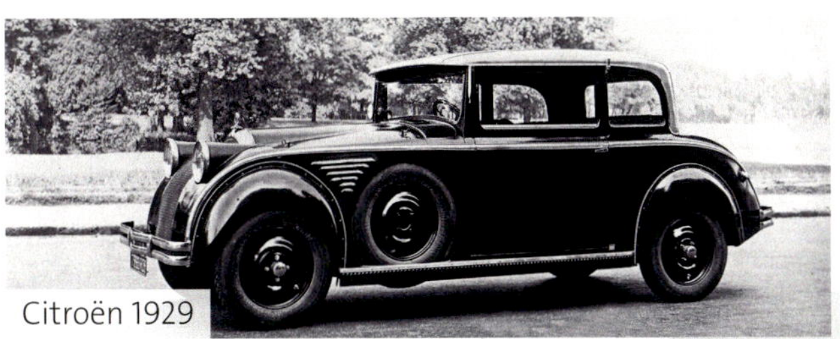
Citroën 1929

En 1906, il fait sa première expérience professionnelle dans une entreprise de voitures. En 1912, il fait un voyage aux États-Unis[2], où il visite l'entreprise d'Henri Ford à Detroit. Cette expérience donne beaucoup de nouvelles idées au jeune ingénieur. Il rentre en France et crée[3] avec deux copains du lycée son entreprise: Citroën, Hinstin et Compagnie. Il construit des voitures.

En 1913, André Citroën rencontre Georgina Bingen qui va devenir sa femme. Ensemble, ils vont avoir quatre enfants, deux filles et deux garçons.

En 1914, c'est la guerre[4]. André et son frère Bernard sont tous les deux soldats. En 1915, Bernard meurt[5] au front. André, choqué, décide de fabriquer des armes[6] dans son entreprise parce qu'il veut absolument que la France gagne cette guerre. Pour être plus productif, il utilise la méthode d'Henri Ford: le travail à la chaîne[7].

Citroën Survolt 2010

En 1919, la vie normale recommence. Paris devient la capitale de l'automobile. Citroën veut fabriquer une voiture pas chère que tout le monde peut acheter. Il construit alors la première voiture à traction avant[8]. Et c'est le succès: en 1929, il fabrique 400 voitures par jour et une voiture sur trois en France est une Citroën! André Citroën s'occupe de tout. Il est très bon en technique mais aussi en publicité. Par exemple en 1925, il met une publicité formidable pour Citroën … sur la tour Eiffel.

Mais il a encore d'autres idées pour faire parler de lui. À partir de 1923, il organise les premières traversées[9] en voiture du Sahara, de l'Afrique, de la Chine et de l'Alaska. Ce sont de grandes aventures. On parle beaucoup de Citroën dans les journaux et tout le monde achète ces voitures qui traversent des continents.

Mais ces aventures coûtent cher et la situation financière de son entreprise n'est pas très bonne.

Citroën DS 1965

En 1934, il doit vendre son entreprise à une autre grande entreprise française, l'entreprise Michelin. André Citroën meurt en 1935 à l'âge de 56 ans. Sa vie n'a pas été très longue, mais il a révolutionné le monde de l'industrie et de la publicité … et la vie de beaucoup de Français.

1 **Citroën** [sitʀɔɛn]
2 **les États-Unis** *m. pl.* die USA
3 **créer qc** *hier:* etw. gründen
4 **la guerre** der Krieg
5 **il meurt** er stirbt
6 **l'arme** *f.* die Waffe
7 **à la chaîne** *hier:* am Fließband
8 **la traction avant** der Vorderradantrieb
9 **la traversée** die Durchquerung

LIRE POUR S'INFORMER
Tu trouves des exercices de compréhension écrite sur www.cornelsen.de/webcodes ATOI-3-81

▶ Liste des mots, p. 174 ▶ Méthodes, p. 140–141

4 Repères

Les mots pour le dire

Parler d'un job d'été / d'un stage (▶ p. 217/9)
Lettre de motivation (▶ p. 142/E)
Parler au téléphone (▶ p. 219/18)

Grammaire

Du sprichst über Vergangenes: | Dazu brauchst du:

L 73|3 73|4 84|3
C 44|3 45|4

1 Sandrine **s'est amusée** à la fête. → **die reflexiven Verben im** *passé composé*

je	**me suis**	dépêché(e)
tu	**t'es**	dépêché(e)
il	**s'est**	dépêché
elle	**s'est**	dépêchée
on	**s'est**	dépêchés
nous	**nous sommes**	dépêché(e)s
vous	**vous êtes**	dépêché(e)s
ils	**se sont**	dépêchés
elles	**se sont**	dépêchées

Ergänzt die Sätze. Verwendet das *passé composé*. Korrigiert euch gegenseitig.
1. *Je ? (s'ennuyer) pendant les vacances.* 2. *Mathilde, à quelle heure est-ce que tu ? (se lever) hier?* 3. *Lundi, Paul ? (se coucher) à 22 heures.* 4. *Samedi, Maria ? (se dépêcher) pour rentrer à la maison.* 5. *À Noël, on ? (se disputer) pendant des heures.* 6. *Paul et Marine, vous ? (s'amuser) à la fête, vendredi?*

Du sagst, dass du gerade etwas getan hast / dabei bist etwas zu tun: | Dazu brauchst du:

L 74|2 75|3
C 47|3

2 **Je viens d'acheter** ce livre.
Je suis en train de lire ce livre.
→ *je viens de* **+ Infinitiv**
je suis en train de **+ Infinitiv**

Du verneinst eine Aussage: | Dazu brauchst du:

L 79|6b
C 49|3

3 Je **n'**ai **pas encore** posé ma candidature. → *ne … pas encore*/*jamais*/*plus*/*rien*/*personne*

Je **n'** ai **pas encore** fait mon stage.
Olga **n'** est **jamais** arrivée en retard.
Mon père **ne** va **plus** travailler au zoo.
Je **n'** ai **rien** compris.
Je **ne** vois **personne**.
! Tu **n'** as vu **personne**.
! Il **ne** veut parler à **personne**.
! Elle **ne** va inviter **personne**.

1 Beschreibe die Stellung der Verneinungswörter in den Sätzen. Was ist bei *ne … personne* anders als bei den anderen Verneinungen?
2 Beantwortet und verneint die Fragen.
a) *Est-ce que tu as compris quelque chose?*
b) *Est-ce que vous connaissez quelqu'un?*
c) *Est-ce que Zoé a invité Loïc?*
d) *Est-ce que Laurent travaille toujours au zoo?*
e) *Est-ce que vous arrivez toujours en retard?*

▶ Solutions, p. 212

Du sprichst über die Vergangenheit: | Dazu brauchst du:

L 77|2 77|3 77|4 77|5 84|4

4

Hier, **je faisais** mes devoirs comme d'habitude. Tout à coup, mon portable **a sonné**.

das *passé composé* und das *imparfait*

C 49|4 49|5

1. Parallel verlaufende Handlungen

Madame Duval était sur sa chaise longue.

Elle écoutait la radio

et elle chattait avec ses copines.

2. Während eine Handlung verläuft, setzt eine andere Handlung ein.

Je jouais avec Marin. Tout à coup, il a eu une idée géniale.

Ergänzt die Geschichte im *passé composé* oder im *imparfait*. Lest die Sätze abwechselnd vor und korrigiert euch gegenseitig. *Comme tous les matins, Jean ? (être) dans son lit. Ses parents ? (être) déjà au travail. Jean ? (écouter) la radio et il ne ? (vouloir) pas se lever. Tout à coup, son portable ? (sonner). Alors, Jean ? (prendre) son portable et il ? (dire): «Allô?» Il ? (entendre) sa copine Marine dire: «Je t'aime». C' ? (être) génial!*

3. Handlungskette: Eine Handlung folgt auf eine andere – bereits abgeschlossene – Handlung.

Madame Duval s'est levée. Elle a glissé. Son portable est tombé dans l'eau.

Du stellst eine höfliche Frage: | Dazu brauchst du:

L 78|5 85|7

5

Parlez-vous français?

die Inversionsfrage

1. Est-ce que tu veux travailler dans un zoo? → Veux-tu travailler dans un zoo?
2. Pourquoi est-ce que tu ne travailles pas? → Pourquoi ne travailles-tu pas?
3. Qu'est-ce qu'il fait? → Que fait-il?
4. C'est qui? → Qui est-ce?
5. Qu'est-ce qu'elle mange? → Que mange-**t**-elle?

Die Inversionsfrage wird vor allem in der geschriebenen Sprache verwendet.

Du sagst, dass jemand etwas kann: | Dazu brauchst du:

L 79|6 79|7 85|6 C 50|1

6

Il sait chanter.
Mais ce soir, il ne peut pas.

das Verb *savoir* (▶ Verbes, p. 149)

Savoir heißt **wissen** und **können** und drückt eine Fähigkeit aus.

Je ne **sais** pas.	Ich **weiß** nicht.
Je ne **sais** pas dessiner.	Ich **kann** nicht zeichnen. (= Fähigkeit)
Aber:	
Je ne **peux** pas dessiner.	Ich **kann** nicht zeichnen. (= Möglichkeit)

Ergänzt die Sätze mit *pouvoir* oder *savoir*. Korrigiert euch gegenseitig.
1. Il ne ? pas écrire de lettres parce qu'il ne sait pas écrire. 2. Aujourd'hui nous ne ? pas travailler dehors parce qu'il fait froid. 3. J'aime aller en France parce que je ? bien parler français. 4. Est- ce que tu ? m'aider s'il te plaît? 5. Dans ce garage, les mécaniciens ? bien réparer les voitures.

▶ Solutions, p. 212

Exercices supplémentaires

1 a Trouve l'intrus. Écris dans ton cahier.

1. lire une annonce – écrire une lettre de motivation – poser sa candidature – passer le brevet
2. le stage – le job d'été – le week-end – le travail
3. l'école maternelle – l'éducatrice – garder les enfants – faire votre connaissance
4. la natation – le goûter – le petit-déjeuner – le dîner
5. la récré – l'entraînement – la cour – la cantine
6. dire – discuter – écrire – parler

b Forme au moins six phrases avec des mots de a.

2/22

2 Écoute. Trouve pour chaque scène le bon commentaire. ▶ Méthodes, p. 137

A C'était la cata!
B C'était sympa.
C C'était drôle!
D C'était dommage!
E C'était génial!
F C'était triste.

3 Note les phrases correctes et trouve le mot caché. Quelle est la solution? ▶ Repères, p. 82/1

Exemple: Je me suis levée avant 7 heures.

1. Je me	**T** es levé	**M** suis levée	**S** est levée	avant 7 heures.
2. Tu t'	**G** êtes occupés	**A** est occupée	**É** es occupé	de ton stage?
3. Il s'	**T** est ennuyé	**H** es ennuyé	**C** sont ennuyés	au théâtre.
4. Nous nous	**F** êtes couchées	**Z** suis couché	**I** sommes couchés	après minuit.
5. Vous ne vous	**E** êtes pas présentées	**S** es pas présenté	**T** est pas présentée	au bureau.
6. Elles ne se	**Y** sommes pas amusés	**R** sont pas amusées	**E** est pas amusée	à la fête.

4 a Qu'est-ce qui était comme toujours? Et qu'est-ce qui s'est passé tout à coup?
Raconte. Utilise l'imparfait ou le passé composé. ▶ Repères, p. 83/4 ▶ Verbes, p. 147

Exemple: Je regardais ma série préférée comme toujours. Tout à coup, j'ai vu ma mère à la télé.

1. *regarder* ma série préférée / *voir* ma mère à la télé
2. *préparer* le dîner / *voir* mon chien sur la table
3. *ranger* ma chambre / *trouver* une vieille photo de ma classe
4. *faire* mes devoirs / *découvrir* dans mon livre une lettre de mon amie
5. *chatter* avec mes copains / *avoir* un message de ma prof
6. *écouter* la radio / *entendre* ma star préférée

b Invente trois autres situations sur le modèle de a.

5 a **Trouve pour chaque expression le contraire. Écris les paires dans ton cahier.**
Exemple: au début ≠ à la fin

au début   une fois   j'adore
c'était drôle   je me suis ennuyé/e
toujours   le soir   je me suis levé/e
malheureusement   c'était moche

≠

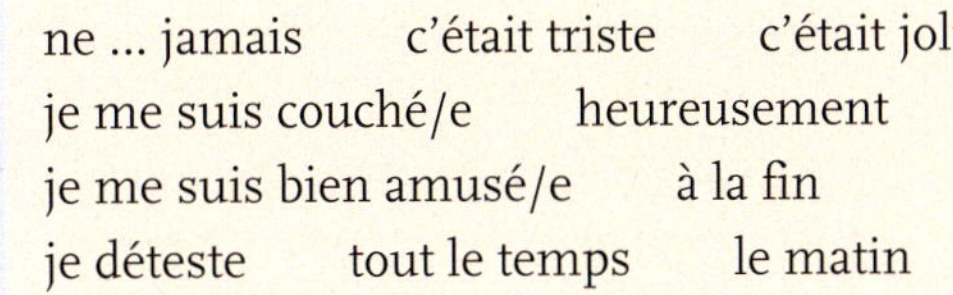
ne ... jamais   c'était triste   c'était joli
je me suis couché/e   heureusement
je me suis bien amusé/e   à la fin
je déteste   tout le temps   le matin

b **Qu'est-ce que tu as fait ce week-end? Écris des phrases avec le plus de mots de a possibles.**

6 **Choisis le verbe correct et complète les phrases.** ▶ Repères, p. 83/6
Exemple: Ma grand-mère habite en Turquie. C'est pourquoi je **sais** bien parler turc[1].

1. Ma grand-mère habite en Turquie. C'est pourquoi je *savoir/pouvoir* bien parler turc.
2. On a encore deux billets[2] pour le concert de Zaz. Vous *savoir/pouvoir* y aller aussi!
3. J'adore tes chansons! Tu *savoir/pouvoir* bien chanter.
4. Je *ne pas savoir / ne pas pouvoir* lire mes e-mails parce que mon ordinateur ne marche pas.
5. Il fait froid. C'est pourquoi nous *ne pas savoir / ne pas pouvoir* prendre le goûter dehors.
6. Ils n'ont pas assez d'argent. Alors, ils *ne pas savoir / ne pas pouvoir* aller au cinéma.
7. Le repas, c'était la cata! Il *ne pas savoir / ne pas pouvoir* faire la cuisine.

1 **le turc** Türkisch
2 **le billet** die Eintrittskarte

7 a **Voici des titres d'articles du magazine *Magajeunes*. Reformule les questions pour interviewer des jeunes dans la rue. Utilise *est-ce que ...*** ▶ Repères, p. 83/5
Exemple: Est-ce que vous connaissez votre région?

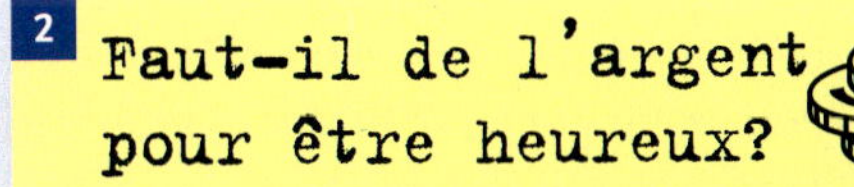

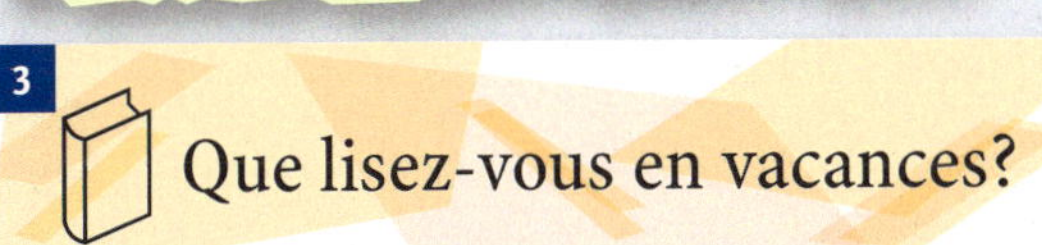

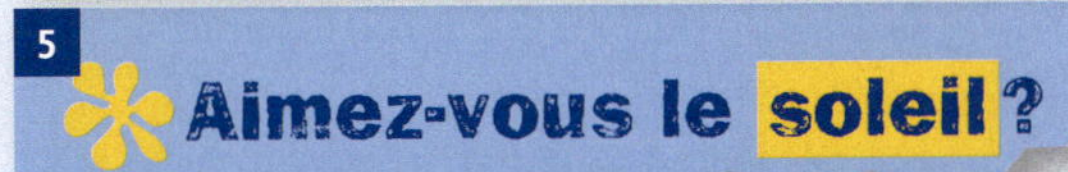

b **Trouve au moins trois autres titres sous forme de question pour le magazine. Utilise l'inversion.**
▶ Repères, p. 83/5

Tu es en forme pour l'unité 5?

Arbeitsblatt und Hörtext unter www.cornelsen.de/webcodes ATOI-3-86

1 a Comment est-ce qu'on décrit une personne? Complète ce tableau avec les mots et les expressions que tu connais déjà. ▶ Liste alphabétique, p. 200

la taille*	les yeux	les cheveux	les vêtements	Il/Elle est comment?
Il/Elle est ___	*Il/Elle a les yeux* ___	*Il/Elle a les cheveux* ___	*Il/Elle porte un/une* ___	*Il/Elle a l'air* ___ *Il/Elle est* ___

* **la taille** die (Körper-)Größe

2/23 DELF

b Ton corres va arriver à l'aéroport* demain. Écoute et regarde le dessin. C'est qui?

* **l'aéroport** *m.* der Flughafen

c Faites des devinettes. A choisit une personne du dessin de b et la décrit. B devine qui c'est. Puis échangez les rôles. Utilisez les expressions de a.

2 a Retrouve les adjectifs et fais une liste. Ajoute aussi les formes féminines. ▶ Liste alphabétique, p. 186

nou heu drô malheu le li cile veau dable
jo li gra joy tuit reux reux bre
di formi hor fa nor mal eux rible rect

b Dans ta liste de a, souligne tous les adjectifs qui vont devant les noms. ▶ Repères, p. 41/5

c A dit un des noms suivants avec l'article indéfini et B choisit un adjectif de a qui va avec ce nom. A traduit. Puis, échangez les rôles. Faites attention à la place et à l'accord des adjectifs. ▶ Liste alphabétique, p. 186

Exemple: A: une journée
B: une journée normale
A: ein normaler Tag

blagues voyage devoirs expérience
questions homme repas chanson
matinée robe film vie journée

3 a Ta corres française est arrivée hier. Elle veut savoir beaucoup de choses sur toi. Complète ces questions par *qu'est-ce que* ou *qu'est-ce qui*. ▶ Repères, p. 40/2

1. ? tu fais le vendredi soir?
2. ? tu ne veux jamais manger?
3. ? t'intéresse au collège?
4. ? tu vas offrir à ton meilleur ami / ta meilleure amie pour son anniversaire?
5. ? te plaît dans ta ville / ton village?
6. ? tu aimerais visiter en France?

b Posez les questions de a et répondez.

4 a **Marion parle du week-end dernier. Qu'est-ce qui s'est passé? Trouve d'abord pour chaque image la bonne phrase. Puis complète par les bons verbes au passé composé.**

je suis (rentré/rentrée)
j'ai (chanté)
je me suis (amusé/amusée)

1 

2 

3 

4 

A Mon copain est toujours en retard. Dimanche, il ? pour arriver au théâtre à 20 heures.
B C'est mon chat Tigre. Il ? à cause du chien des voisins et il ?.
C Au théâtre, on ? des acteurs géniaux! On ? toute la soirée.
D Samedi, nous ne ? pas ? parce que nous ? regarder un film à la télé sur une ONG qui travaille au Tchad.

voir
paniquer
vouloir rigoler
se dépêcher
sortir tomber

b **C'était comment? Trouvez des commentaires pour chaque situation de a.**
Exemple: C'était la cata!

formidable sympa super intéressant
génial le pied fou trop cool ___

dommage horrible l'horreur nul
la cata risqué ___

5 a **Simon parle d'autrefois. Complète par les verbes à l'imparfait.** ▶ **Repères, p. 59/4**

Quand j' ? cinq ans, j' ? dans le sud de la France. On ? une maison très grande et notre jardin ? formidable. Ma sœur et moi, on ? dehors tous les après-midi. C' ? génial! Nous ? souvent des cabanes. Un jour, nous avons entendu un bruit chez les voisins …

avoir (2x)
construire
être (2x) habiter
jouer

b **Louise raconte son matin pas comme les autres. Retrouve l'ordre de son histoire.**

A J'ai posé mon café sur la table. Puis, je suis allée dans le couloir et j'ai ouvert la porte.
B À côté de la clé, il y avait un numéro de téléphone et un message: «Au secours!»
C Il n'y avait personne …
D Mais tout à coup, j'ai vu une clé devant mes pieds.
E Au petit-déjeuner, je prenais un café avec beaucoup de lait comme d'habitude.
F C'était dimanche.
G À 7 heures, on a sonné à la porte.
H Tout le monde dormait encore sauf mon chat qui était avec moi dans la cuisine.

c **Choisis une des histoires (a ou b) et écris la fin. Qu'est-ce qui s'est passé? Utilise des expressions de temps pour structurer ton texte.** ▶ **Repères, p. 83/4**

après puis plus tard tout l'après-midi tout à coup là

La Loire à vélo

2
24–25

En route vers l'ouest!

Châteaubriant
Angers
Saint-Nazaire
Nantes
Saumur
La Baule
Thouars
Loudun

Salut petit frère!
Ça va? Je suis au bord de la Loire où je passe des vacances sportives ! Nous avons aussi vu beaucoup de châteaux! C'est très intéressant. Aujourd'hui, nous sommes à Dry. C'est un joli petit village qui se trouve à l'ouest d'Orléans. Nous sommes super actifs: nous faisons entre 40 et 60 kilomètres de vélo par jour et quand nous arrivons, il faut encore monter la tente, faire les courses …
Je t'embrasse, ta frangine Pauline
Karim Charlotte Jérôme
P.-S.: Regarde mon blog!

Félix Jeunet
32, rue de l'Égalité
15000 Aurillac

Lire et comprendre

1 **Pauline a écrit une carte postale à son petit frère Félix. Qu'est-ce qu'elle écrit dans sa carte? Réponds aux questions.**

1. Avec qui est-ce qu'elle fait son voyage?
2. Où est-ce qu'ils se trouvent?
3. Qu'est-ce qu'ils font?
4. Qu'est-ce que Félix doit faire?

Vocabulaire

55|3

2 a **Trouve sur ces pages tous les mots et les expressions qu'on utilise quand on parle de géographie. Fais une liste.**

b **Comparez vos listes à deux. Complétez vos listes avec des mots que vous connaissez déjà.**

3 **Faites des devinettes. Utilisez la carte de la région à la fin de votre livre.**
Exemple: **A:** Ma ville se trouve à l'ouest de Nantes. **B:** C'est ____?

Hier lernst du, eine Sehenswürdigkeit zu präsentieren.

au nord
à l'ouest
à l'est
au sud
Orléans
Dry
Saint-Laurent-Nouan
Blois
Chambord
Cheverny
Tours
Amboise
Azay-le-Rideau
Chenonceau
Loches
Nevers
Châtellerault
Châteauroux
La Loire est le plus long fleuve de France
On peut faire du vélo au bord de la Loire entre Nevers (à 300 kilomètres au sud de Paris) et Saint-Nazaire (sur la côte atlantique). Ce sont 800 kilomètres qui traversent deux régions et six départements.

À toi: fais des recherches

4 a Il y a beaucoup de châteaux au bord de la Loire. Chaque groupe choisit un château et prépare une fiche d'identité pour le présenter aux autres. ▶ Les mots pour le dire, p. 218/11

Chinon Blois Amboise
Chambord Azay-le-Rideau Cheverny

Nom: ___
se trouve: ___
a été construit* en: ___
___ a habité dans ce château.
On aimerait le visiter parce que:
___

b Vous pouvez organiser une exposition de posters sur les châteaux de la Loire.

* **a été construit** wurde erbaut

5A Parler

Hier lernst du, von einem Ereignis in der Vergangenheit zu berichten und Personen/Gegenstände zu beschreiben.

2
26

On a volé mon sac à dos!

La Loire à vélo

Le 3 juin
Aujourd'hui, nous avons fait 45 kilomètres. On est allés de Dry à Blois, et on a traversé Saint-Laurent-Nouan. Là, ce n'était pas très beau, il y a une grande centrale nucléaire au bord de la Loire. Par contre Blois, c'est une super belle ville. On y a passé la nuit.

Le 5 juin
Hier, il m'est arrivé un truc horrible. Nous sommes partis de Blois vers 15 heures pour aller au château d'Amboise. Nous voulions y regarder les feux d'artifice. La nuit était très belle et il y avait beaucoup de monde. L'ambiance était super et Karim faisait des blagues comme d'habitude.
Nous, on rigolait, quand tout à coup, deux types sont arrivés. Ils avaient l'air bizarre. Ils étaient jeunes, grands et costauds et ils portaient des vêtements noirs. Les deux sont passés derrière moi et ils ont pris mon sac à dos. Puis, ils sont partis très vite. Je n'ai rien pu faire. Il y avait trop de monde!
Dans mon sac à dos, il y avait mon nouveau portable avec toutes les belles photos des vacances, mon pull préféré, ma carte d'identité, mon porte-monnaie et le vieil opinel que mon grand-père m'a donné. J'aimais beaucoup cet opinel.
Alors, ce matin, Charlotte et moi, nous sommes allées au commissariat pour faire une déclaration et j'ai dû décrire les voleurs. J'espère que la police va retrouver mon sac à dos.

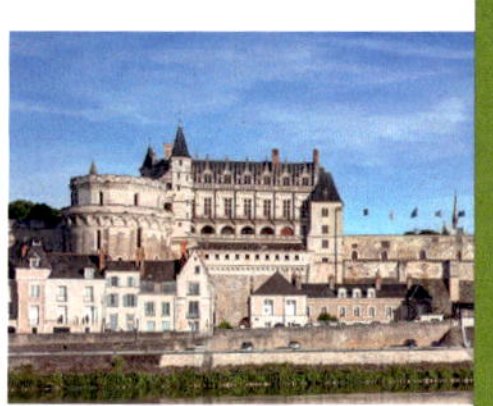

L'opinel: Joseph Opinel avait 18 ans quand il a inventé ce couteau très pratique en 1890. Aujourd'hui, c'est un objet culte pour beaucoup de Français.

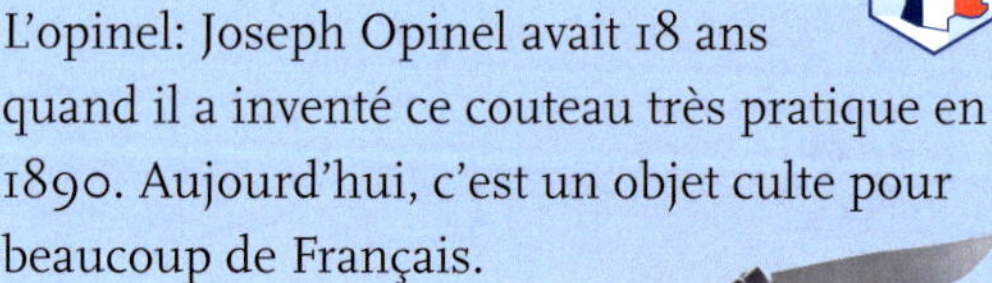

Lire et comprendre

1 a Lis le blog de Pauline. Qu'est-ce que les jeunes ont fait le 3 juin? Où étaient-ils le 4 juin?

b Tu as lu le blog de Pauline sur Internet.
Raconte à un copain allemand / une copine allemande ce qui s'est passé.

Écouter et comprendre

56|2

2 a Lisez le formulaire et traduisez les mots que vous comprenez. Expliquez aussi pourquoi vous les comprenez (mot de la même famille, allemand/anglais, contexte).

2
27

b Lis le blog encore une fois. Puis écoute la conversation entre l'agent de police et Pauline au commissariat. Remplis la fiche de déclaration.

Tu trouves le formulaire à télécharger sur:
www.cornelsen.de/webcodes ATOI-3-90

FICHE DE DÉCLARATION
Nom de la victime: —
Date de naissance: —
Adresse: —
Lieu du vol: —
Date et heure du vol: —
Objet(s) volé(s): —
Description du voleur / de la voleuse *(vêtements, taille, cheveux, yeux, ___)*: —
Date: —
Signature: —

Découvrir

3 a Lies die beiden Sätze und achte auf die Verben. Mit welcher Zeitform beschreibst du in der Vergangenheit a) das Aussehen von Personen oder b) eine Stimmung?

a) Ils étaient jeunes, grands et costauds et ils portaient des vêtements noirs. b) La nuit était très belle.

b Was wisst ihr bereits über diese Zeitform? Wann wird sie noch verwendet? ▶ Repères, p. 59/4; 83/4

S'entraîner

4 a Au voleur! B va à la page 127. A: Tu as vu un vol. Tu décris les voleurs 1 à 4. Utilise l'imparfait. B dessine des portraits-robots*. Compare ses dessins à tes descriptions.

▶ p. 127

54|1 54|2 56|4 57|5 57|6

Exemple: J'ai vu le voleur / la voleuse. Il/Elle était/portait/avait ____.

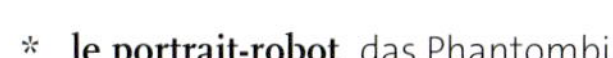

* **le portrait-robot** das Phantombild

1 

2 

3 

4 

b Maintenant, B te décrit des voleurs et tu dessines des portraits-robots.

5 a Au commissariat. Lis les réponses de la victime. Qu'est-ce que l'agent de police a demandé? Imagine. Note ses questions dans ton cahier.

//○ ▶ p. 134

57|7a

Exemple: Où est-ce que vous étiez?

1. – ? – J'étais dans la station de métro Porte d'Orléans.
2. – ? – Il était 20 heures.
3. – ? – Je lisais un livre et je ne faisais pas attention à mon sac à dos.
4. – ? – Un jeune homme a pris mon sac à dos et il est parti vite.
5. – ? – Il était petit et il avait les cheveux blonds. Il portait un jean et une veste grise.
6. – ? – Dans mon sac à dos, il y avait mon porte-monnaie avec ma carte d'identité, 15 € et mes lunettes de soleil.

b Écoutez le dialogue au commissariat. Comparez vos questions avec les questions de l'agent de police.

À toi: fais une déclaration de vol

6 a Pendant tes vacances en France, on t'a volé quelque chose et tu fais une déclaration de vol à la police. À deux, imaginez d'abord l'histoire du vol. Puis écrivez vos textes et jouez le dialogue. Vous pouvez utiliser le dialogue de l'exercice 5 comme modèle. Jouez le dialogue. ▶ Expression orale, p. 139/B

57|7b

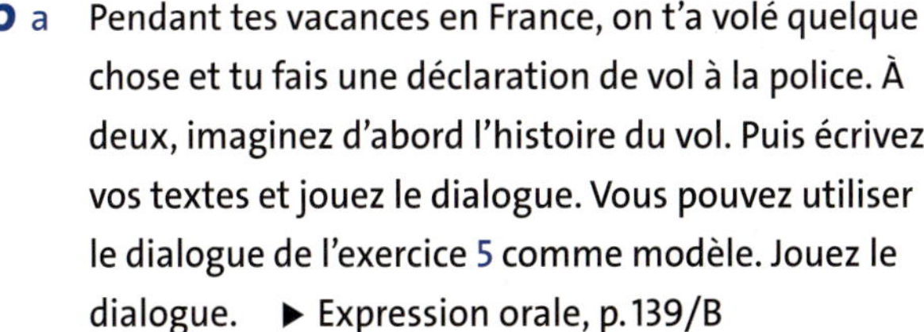

- *nom?*
- *adresse? / numéro de téléphone?*
- *né/e quand?*
- *Qu'est-ce qui s'est passé?*
- *vol: où? à quelle heure?*
- *objet(s) volé(s)?*
- *voleur(s): vêtements? cheveux? âge?*

b Tu veux faire une déclaration de vol. L'agent de police te pose des questions. Écoute et réagis.

5B Médiation

Hier lernst du, für deine Familie ein Zimmer zu reservieren und für sie Fragen zu stellen.

2
30

Ce n'est pas tous les jours la vie de château!

La Loire à vélo

Le 13 juin

Charlotte, Jérôme, Karim et moi, nous sommes dans un cybercafé à Angers. Voilà ce qui s'est passé depuis Amboise: la police n'a pas retrouvé mon sac à dos, on est partis sous la pluie et maintenant, depuis deux jours, il pleut.

J'en ai marre! Je n'ai plus de vêtements secs! Même mon sac de couchage est trempé! On ne sait pas encore ce qu'on va faire! Comment est-ce qu'on va continuer notre tour?! Nous n'avons pas trouvé d'hôtel parce que tout était complet sauf l'Hôtel de France. Là, il y avait encore des chambres mais c'était beaucoup trop cher. Après, nous sommes retournés au camping ... Mais regardez notre tente!

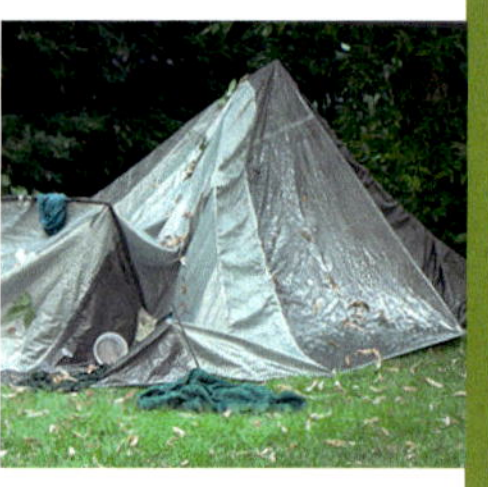

Vous voulez savoir ce que nous sommes en train de faire?
Et bien ... Charlotte et moi, nous buvons un chocolat chaud. Les garçons, eux, téléphonent à l'auberge de jeunesse qui est à 15 kilomètres d'ici.
J'espère que là-bas, ils vont avoir de la place pour nous ...

Lire et comprendre

1 **Lis le texte et réponds aux questions.**

1. Où sont les quatre copains?
2. Quel temps fait-il?
3. Pourquoi est-ce que Pauline n'est pas contente?
4. Pourquoi est-ce que les jeunes ne vont pas dans un hôtel?
5. Où est-ce qu'ils espèrent dormir ce soir?

Apprendre à apprendre: écouter

 59|4

2 **So bereitest du dich auf das Hören eines Gesprächs vor** ▶ Méthodes, p. 137

Informationen, die du bereits kennst, helfen dir, Gespräche besser zu verstehen.
Probiere es gleich aus. Lies noch einmal Paulines Blogeintrag und beantworte folgende Fragen:

1. Wen rufen Karim und Jérôme an?
2. Worum wird es im Telefongespräch gehen?
3. Wie könnte das Telefongespräch ablaufen?

Écouter et comprendre

2
31

3 a **Karim est au téléphone. Écoute et compare avec tes réponses de l'exercice 2.**

DELF

b **Karim veut informer ses copains. Écoute encore une fois et prends des notes.**

lits?	nuits?	euros?	petit-déjeuner?
___	___	___	___

Vocabulaire

4 Écoute le dialogue au téléphone encore une fois. Comment est-ce qu'on dit en français? Écris dans ton cahier.

//○ ▶ p. 134

58|1

Wie wird gefragt …
1. *ob es Platz für vier Personen gibt?*
2. *wie lange die Gäste bleiben wollen?*
3. *wie viel das Zimmer kostet?*
4. *ob das Frühstück im Preis inbegriffen ist?*
5. *wenn man etwas nicht verstanden hat?*

FRAGEN

So wird gesagt …

6. *wie viel die Übernachtung pro Person kostet.*
7. *wann es Frühstück gibt.*
8. *dass die Gäste die Küche benutzen dürfen.*
9. *dass es einen Kühlschrank gibt.*
10. *dass man das Zimmer nimmt.*

S'entraîner

58|3

5 Tes copains et toi, vous êtes dans une auberge de jeunesse en France et vous avez rencontré un groupe de Français. Aide tes copains et pose leurs questions en français.
Utilise *il/elle veut savoir ce qui / ce que.* ▶ Repères, p. 101/3

//○ ▶ p. 135

Exemple: Elle veut savoir ce qu'il y a au petit-déjeuner.

1. Lea: Was gibt es denn zum Frühstück?
2. Max: Was können wir am Sonntag besichtigen?
3. Lea: Was hat euch in Angers gefallen?
4. Max: Was interessiert euch?
5. Lea: Was isst man in dieser Region?
6. Max: Was ist bei der Party in der Jugendherberge gestern passiert?

Was gibt es zum Frühstück?
→ **Qu'est-ce qu'**il y a au petit-déjeuner?
→ **Elle veut savoir ce qu'**il y a au petit-déjeuner.

Parler

▶ p. 127

DELF

59|5

6 Réservez une chambre. B va à la page 127. A: Tu veux réserver une chambre à l'Hôtel de France. B est le/la réceptionniste. Jouez le dialogue. Puis échangez les rôles. Utilisez aussi les expressions de l'exercice 4.

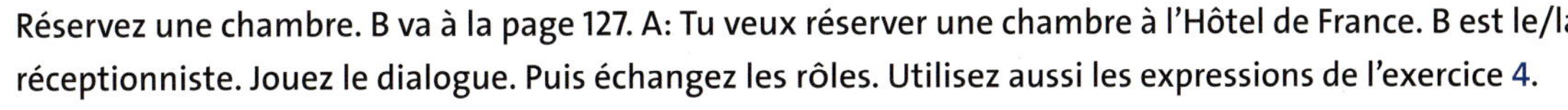

Tu veux:

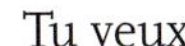

Tu as:

À toi: fais une médiation

7 a Avec tes parents et la famille de ton correspondant, tu fais un tour à vélo en France. La mère de ton correspondant parle avec la réceptionniste d'un hôtel pour réserver des chambres. Écoute et prends des notes.

b Quand vous sortez, tes parents te posent beaucoup de questions. Réponds en allemand.
▶ Expression orale, p. 139/C

1. Haben sie noch drei Zimmer?
2. Was kostet die Übernachtung pro Zimmer?
3. Was ist alles im Preis inbegriffen?
4. Wo können wir denn hier gut essen gehen?
5. Wie lange ist die Rezeption besetzt?

5C Lire

Hier lernst du, eine Geschichte zu verstehen und eine Fortsetzung zu schreiben.

2
33–34

J'ai retrouvé mon opinel!

Préparer la lecture

1 **Lis le titre et regarde les photos. Puis réponds aux questions.**

1. Qui parle?
2. Tu sais encore ce qui s'est passé avec l'opinel? Résume en deux phrases. ▶ **Texte, p. 90**
3. De quoi est-ce que le prochain blog va parler? Imagine et raconte.

La Loire à vélo

Le 20 juin

Nous avons réussi! Nous avons fait 800 kilomètres à vélo. Et nous sommes arrivés hier à La Baule. C'était formidable! La mer était un peu froide, mais on y est allés quand même. Après, on a fait un pique-nique. Et là, il m'est arrivé un truc incroyable! J'ai voulu couper du pain, mais je n'avais plus mon opinel ... Zut! Il y avait un groupe de jeunes qui, eux aussi, faisaient un pique-nique sur un rocher. J'y suis allée pour emprunter un couteau.

▶ Et là, je l'ai vu: mon opinel! 😲 Le garçon qui coupait le fromage l'avait dans la main. Alors, j'ai dit: «Mais, c'est bizarre! C'est mon couteau! Où est-ce que tu as trouvé mon opinel?» Le garçon a raconté: «Cet opinel est à moi. Je l'ai acheté dimanche au marché aux puces de Nantes. Je l'ai payé. Il m'a coûté dix euros!» Je lui ai demandé: «Tu peux décrire le vendeur?»

Il a réfléchi: «Je ne sais plus ... Je crois qu'il était grand et costaud. Et il portait une veste noire.» Là, j'ai tout compris! Le vendeur était le voleur du château d'Amboise! Alors, je lui ai raconté toute l'histoire.

Le garçon ne savait pas ce qu'il devait faire. Il m'a demandé: «Tu n'as pas inventé cette histoire?» J'ai réfléchi. Le prénom de mon grand-père, Henri, était sur l'opinel. Je l'ai dit au garçon. Il a regardé ... et c'était vrai. Le nom était là. Il m'a redonné l'opinel tout de suite. Et moi, je lui ai donné dix euros. Puis, nous avons mangé avec eux et on a passé tout l'après-midi à la plage ensemble. C'était super!

Le garçon s'appelle Loïc et il est très sympa! J'ai fait une photo de lui. Regardez!

Il habite à Nantes, et ça c'est génial, parce qu'on y va demain! 🙂

Lire et comprendre

2 a **Lis la première partie du texte (ligne 1 à 7). Puis retrouve l'ordre des images suivantes.**

C 60|1
60|2

DELF **b Vrai ou faux? Lis la deuxième partie du texte (ligne 8 à 22). Corrige les phrases fausses.**

1. Un garçon de l'autre groupe veut vendre son opinel à Pauline.
2. Le garçon a acheté l'opinel dans un magasin.
3. Le vendeur de l'opinel était comme le voleur de l'opinel.
4. Sur l'opinel, il y avait le nom de Pauline.
5. À la fin, Pauline aime bien Loïc.

c Comment est-ce que Pauline a pu prouver* que c'était son opinel?

* **prouver** beweisen

S'entraîner

3 Pauline continue son blog. Imparfait ou passé composé? Complète par les formes des verbes entre parenthèses. ▶ Repères, p. 100/2

▶ p. 135

Jeudi, nous ? *(arriver)* à La Baule. D'abord, nous ? *(aller)* à la plage. On ? *(faire)* de la planche à voile et puis, on ? *(jouer)* au volley. C' ? *(être)* cool. Mais il ? *(faire)* très chaud.
Vendredi, on ? *(faire)* du bateau. Malheureusement sans Jérôme parce qu'il ? *(être)* malade.
Samedi, Charlotte et Karim ? *(rester)* au camping avec lui et moi, j' ? *(retrouver)* Loïc à Nantes et on ? *(visiter)* la ville ensemble. 😊

4 Regarde les dessins et raconte le dimanche de Pauline et ses copains. Utilise l'imparfait ou le passé composé. ▶ Repères p. 100/2

Exemple: C'était dimanche. Pauline et ses copains ___.

être dimanche / être à la plage / porter des vestes, des foulards / faire froid

tout à coup, bateau chavirer / crier au secours / les sauveteurs arriver

sauver l'homme / lui donner une veste et un foulard / tout le monde être content

À toi: lis et continue l'histoire

5 a Relis le blog de Pauline, p. 94, et écris la suite de l'histoire: est-ce que Loïc et Pauline vont retrouver le voleur à Nantes?

- Quand et où est-ce que Pauline et Loïc se sont retrouvés?
- Comment est-ce qu'ils ont passé la journée?
- Est-ce qu'ils ont fait quelque chose pour retrouver le voleur?
- Est-ce qu'ils se sont bien amusés?

b Lisez vos histoires à votre groupe. Quelle est la fin que vous préférez?

Écrire

Hier lernst du, eine Einladung schriftlich abzusagen und einen neuen Vorschlag zu machen.

2
36

Rendez-vous au café Ubu?

Écouter et comprendre

2
35

DELF

62|1

1 **Écoute les deux messages d'Émilie et réponds aux questions.**

1. Émilie invite sa copine Pauline à quelle fête? Quel jour? À quelle heure? Où?
2. Qu'est-ce que Pauline doit apporter?

De: Pauline Jeunet — Lundi 24 juin
À: Emilie@yahoo.fr
Objet: invitation à ta fête

Chère Émilie,

Merci pour ton invitation. J'ai longuement réfléchi mais je ne peux pas venir à ta fête. Je suis désolée! Samedi, je vais encore être à Nantes. C'est vraiment dommage!

Pendant notre tour au bord de la Loire, nous avons eu plein d'aventures! Nous avons fait 800 kilomètres à vélo et nous sommes arrivés à la mer il y a deux jours. C'était un long voyage et je suis complètement crevée. Heureusement, le soleil est revenu après une semaine de pluie.

Maintenant, je suis à Nantes, et ça va super bien parce que j'ai rencontré un garçon! Il s'appelle Loïc ... Normalement, je devais revenir le mercredi 26 juin à Paris, mais je vais probablement rester encore quelques jours 😉!

On pourrait peut-être se retrouver le mardi 2 juillet au café Ubu. Tu as le temps?

J'espère que ta fête va être super! Joyeux anniversaire!

Je t'embrasse, Pauline

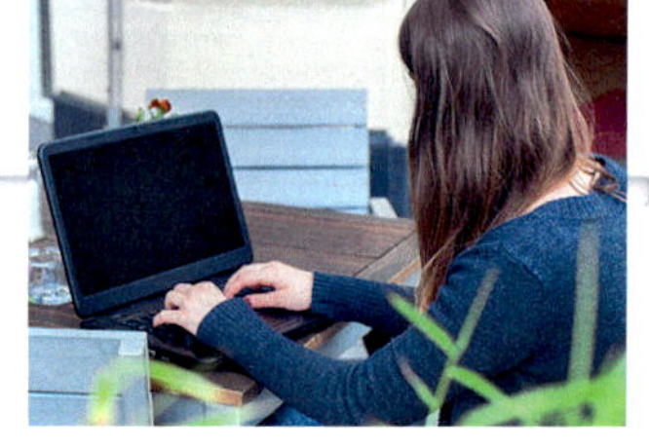

Lire et comprendre

2 **Pauline ne peut pas venir à la fête d'Émilie. Lis sa réponse et réponds aux questions.**

1. Pourquoi est-ce que Pauline ne peut pas venir à la fête?
2. Quand est-ce qu'elle va rentrer à Paris?
3. Qu'est-ce que Pauline propose à Émilie pour le 2 juillet?

Vocabulaire

3 **Qu'est-ce qu'on dit en français? Relisez la réponse de Pauline. Retrouvez dans le message les phrases qui correspondent aux sujets suivants.**

1 Begrüßung **2** Gratulation **3** Reaktion auf die Einladung **4** Erklärung der Absage **5** neuer Vorschlag **6** Verabschiedung

S'entraîner

4 Mardi, au café Ubu, Émilie raconte à Pauline comment s'est passée sa fête d'anniversaire. Complète son histoire par les adverbes suivants. ▶ Repères, p. 101/4

62|2 62|3 //● ▶ p. 135

gratuitement   heureusement   horriblement   longuement
malheureusement   probablement   vraiment

1. ?, tu n'as pas pu venir à ma fête. C'est ? dommage.
2. Il y avait plein de monde: tous nos copains ont chanté ?. C'était l'horreur!
3. J'ai eu un super cadeau: un bon* pour aller ? au cinéma pendant un mois.
4. La fête était géniale: tout le monde s'est amusé, on a rigolé et dansé. Mais on a fait trop de bruit et quelqu'un a appelé la police. C'étaient ? les voisins du troisième étage.
5. J'ai parlé ? avec la police et on a baissé la musique. ?, ils sont partis et on a pu continuer la fête.

* **le bon** der Gutschein

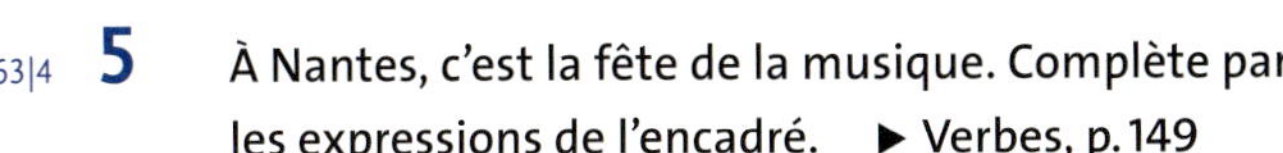

63|4

5 À Nantes, c'est la fête de la musique. Complète par les expressions de l'encadré. ▶ Verbes, p. 149

1. venir chez moi samedi   2. venir / venir d'Orléans   3. pouvoir venir   4. venir toujours ensemble   5. revenir dans cinq minutes   6. venir de ranger les chaises

1. – Tu ?? On pourrait aller ensemble à la fête.
   – Oui, bonne idée. À quelle heure?
2. – D'où est-ce que tu ??
   – Je ?. Et toi?
3. – Quand est-ce que vous ?? Le concert commence à 17 heures.
   – À 17 heures? Déjà?!
4. – Tu as vu Selma?
   – Non, pas encore. Mais Marin et elle ?.
5. – Je ?. – D'accord, je t'attends ici.
6. – Une fête, c'est aussi du travail …
   – Oui, c'est vrai. Nous ?.

Écrire

63|5

6 Loïc a invité son ami Yvon à un pique-nique. Yvon ne peut pas venir. Qu'est-ce qu'il répond? Retrouve l'ordre du texte et écris sa réponse dans ton cahier.

A Tu sais, je suis vraiment nul en maths et vendredi, on a une interro que je dois préparer.
B Mais j'ai une autre idée: on pourrait se retrouver vendredi soir pour aller au cinéma.
C À plus! Yvon
D Merci pour ton invitation.
E Salut Loïc,
F Tu es d'accord?
G Je suis désolé mais, malheureusement, je ne peux pas venir au pique-nique. C'est dommage, mais je n'ai pas le temps.

À toi: réponds à une invitation

2 37 DELF P|F 63|6

7 Tu as reçu une invitation de Léo. Écoute son message et réponds par e-mail. ▶ Expression écrite, p. 143/F

Dans ta réponse
– tu t'excuses et tu expliques pourquoi tu ne peux pas venir.
– tu lui proposes un autre rendez-vous.

Prêt pour le Tour de France?

1 Le fleuve le plus long de France, c'est
- a la Seine.
- b la Loire.
- c le Rhône.

2 Dans combien de pays voisins de la France est-ce qu'on parle français?
- a 1
- b 3
- c 6

3 Quelle ville se trouve dans la région Pays de la Loire?
- a Nantes
- b Orléans
- c Blois

4 Quelles régions est-ce que la Loire traverse?
- a Provence-Alpes-Côte d'Azur, Rhône-Alpes, Auvergne, Bourgogne, Pays de la Loire
- b Auvergne, Languedoc-Roussillon, Bourgogne, Centre, Pays de la Loire
- c Rhône-Alpes, Auvergne, Bourgogne, Centre, Pays de la Loire

5 Un film français célèbre avec Louis de Funès se passe dans un commissariat au bord de la mer. C'est:
- a Le voleur de Saint-Nazaire.
- b Le gendarme de Saint-Tropez.
- c Le commissaire de Palavas-les-Flots.

6 Quelle ville sur la Loire n'a pas de château?
- a Blois
- b Dry
- c Chambord

7 Deux de ces personnes sont des chanteurs. C'est qui?
- a Johnny Hallyday
- b Sylvie Vartan
- c Zabou Breitman

8 Les studios d'Arte, la télévision franco-allemande, sont à
- a Montpellier.
- b Strasbourg.
- c Paris.

9 Qu'est-ce qui ne se trouve pas à Paris?
- a les Champs-Élysées
- b les Catacombes
- c le château d'Amboise

10 Nantes est près
- a de la mer Méditerranée.
- b de l'océan Atlantique.
- c de La Manche.

1 À toi! Fais le quiz! Pour trouver des informations, tu peux feuilleter* ton livre.
▶ Civilisation, p. 144 ▶ Cartes

* **feuilleter qc** in etw. blättern

Nantes et ses inventeurs de machines fantastiques

Jules Verne, l'écrivain voyageur de Nantes

Né à Nantes en 1828, Jules Verne est un écrivain qui a écrit plus de 80 livres. Tous ses livres parlent de voyages. Quand il était jeune, Jules Verne regardait la Loire, le port de Nantes avec ses grands bateaux et il rêvait d'aventures. À 40 ans, il a acheté un très grand bateau, le Saint-Michel, et il est allé au Portugal, en Algérie, en Écosse, mais aussi à Kiel en Allemagne, et au Danemark. Jules Verne s'est beaucoup intéressé à la science[1] de son époque et à la géographie. Des inventions comme la voiture, le train ou l'avion le fascinaient. Pour ce grand voyageur, les machines étaient très importantes parce qu'elles lui permettaient de découvrir le monde.

Dans les livres de Jules Verne, les héros voyagent souvent avec des machines fantastiques: ils traversent l'Afrique en ballon, vont sur la lune[2], font le tour du monde en bateau, en train ou même en sous-marin[3], et découvrent l'Inde sur un éléphant à vapeur[4].

«Royal de Luxe», la troupe de théâtre de rue la plus célèbre de France

«Royal de Luxe» est une troupe de théâtre de rue qui est installée à Nantes depuis 1989. Elle fait des spectacles dans le monde entier[5]. Sa spécialité sont des marionnettes géantes[6] qui traversent les villes et racontent des histoires.

Comme «Royal de Luxe» aime les surprises, le public n'est pas toujours au courant: tout à coup, la troupe arrive dans un endroit de la ville et commence son spectacle.

En 2005, pour le 100e anniversaire de la mort de Jules Verne, «Royal de Luxe» a fait un grand spectacle avec un éléphant, une géante[7] et une fusée[8] devant la cathédrale Saint-Pierre à Nantes.

«Les machines de l'île» à Nantes

«Les machines de l'île» est un musée célèbre à Nantes où on trouve beaucoup de machines fantastiques. Des membres de la troupe de théâtre «Royal de Luxe» ont inventé ces machines qui mélangent la mécanique et la poésie: c'est leur hommage au monde fantastique de Jules Verne.

Chaque année, le musée a plus de 200 000 visiteurs dont beaucoup de touristes qui viennent exprès à Nantes pour y visiter «Les machines de l'île». On peut admirer par exemple un crabe immense ou le Grand Éléphant qui

mesure douze mètres de haut. 52 personnes peuvent monter sur son dos pour une petite promenade dans la ville de Nantes!

1 **la science** die Wissenschaft
2 **la lune** der Mond
3 **le sous-marin** das U-Boot
4 **l'éléphant** *m.* **à vapeur** von einer Dampfmaschine angetriebener Stahlelefant
5 **le monde entier** die ganze Welt
6 **géant/géante** *adj.* riesig
7 **le géant / la géante** der Riese / die Riesin
8 **la fusée** die Rakete

LIRE POUR S'INFORMER
Tu trouves des exercices de compréhension écrite sur www.cornelsen.de/webcodes ATOI-3-99

▶ Liste des mots, p. 179 ▶ Méthodes, p. 140–141

5 Repères

Les mots pour le dire

Présenter un monument (▶ p. 218/11)
Présenter sa ville / sa région (▶ p. 217/10)
Au commissariat (▶ p. 139/B)
À la réception (▶ p. 139/C)
Parler du temps (▶ p. 219/19)
Raconter une histoire au passé (▶ p. 218/14)
Répondre à une invitation (▶ p. 143/F)

Grammaire

Du beschreibst Personen und Dinge näher: Dazu brauchst du:

102|1
55|4

1 Je passe des vacances **sportives**.  **die Adjektive auf *-if/-ive***

Karim est sportif.
Karim et Jérôme sont sportifs.
Pauline est sportive.
Pauline et Charlotte sont sportives.

1 Diese Adjektive auf *-if/-ive* kannst du verstehen: *agressif, passif, naïf, pensif.* Schreibe ihre deutsche Bedeutung auf.
2 Schreibe alle vier Formen (m./f. im Sg./Pl.) der Adjektive auf und bilde Sätze. Vergleicht eure Ergebnisse zu zweit.

Du erzählst ein Ereignis in der Vergangenheit: Dazu brauchst du:

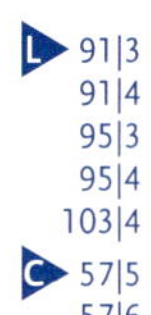
91|3
91|4
95|3
95|4
103|4
57|5
57|6
60|3
61|4

2 Nous, on **rigolait**, quand tout à coup, deux types **sont arrivés**. Ils **avaient** l'air bizarre.  ***imparfait* und *passé composé***

imparfait *(Wie war es?)*
Du erzählst die Hintergrundhandlung:

Karim faisait des blagues, quand …

- Du erzählst von früher:
  Autrefois, on faisait du volley ensemble.
- Du kommentierst ein Ereignis:
  C'était sympa.
- Du beschreibst die Umstände:
  L'ambiance était super. La nuit était belle.
- Du beschreibst eine Person / einen Gegenstand:
  Le voleur portait une veste marron. / Mon sac à dos était beau. Il y avait ma carte d'identité.

passé composé *(Was ist passiert?)*
Du erzählst eine neu einsetzende Handlung:

… tout à coup, le feu d'artifice a commencé.

- Du schilderst ein Ereignis / eine Aktion:
  Ils ont pris mon sac à dos.
- Du berichtest von einer Kette von Ereignissen:
  D'abord, on a acheté du fromage et du pain.
  Après, on a appelé les copains.
  Puis, on a fait un pique-nique sur la plage.

Imparfait oder *passé composé*? Vervollständigt die Sätze. Korrigiert eure Ergebnisse zu zweit.
1. *Mardi, ils ? (aller) à la piscine parce qu'il ? (faire) chaud.* 2. *Nous ? (regarder) des photos quand Marc ? (appeler).* 3. *Autrefois, on ? (s'appeler) tous les après-midi.* 4. *Je / J' ? (mélanger) le beurre et la farine, puis je/j' ? (mettre) la pâte au frigo.*

▶ Solutions, p. 212

Weitere Relativpronomen:

L 93|5
C 58|3

3 Voilà **ce qui** s'est passé.
Je ne sais pas encore **ce que** je vais faire.

die Relativpronomen *ce qui*, *ce que*

– Qu'est-ce qui t'intéresse à Nantes?
– Je ne sais pas encore **ce qui** m'intéresse.

– Qu'est-ce que vous n'avez pas compris?
– Je n'ai pas compris **ce que** Marc a dit / **ce qu'**il a dit.

... **ce qui** m'intéresse.
ce qui + (Objektpronomen) + Verb
... **ce que** nous pensons.
ce que + Subjekt + Verb
Du übersetzt *ce qui* und *ce que* mit *was*.

1 Vervollständigt die Sätze mit *ce qui* oder *ce que/qu'*.
1. *Il faut manger* ? *est bon.* 2. *Pardon? Je n'ai pas entendu* ? *vous avez dit.* 3. *Est-ce que vous pouvez répéter* ? *il a dit? Merci.* 4. *Elle sait* ? *est intéressant pour nous.*

2 Übersetzt und korrigiert euch gegenseitig.
1. *Ich weiß nicht, was er gesehen hat.*
2. *Anna versteht, was uns gefällt.*
3. *Ich verstehe nicht, was Sie sagen.*
4. *Sie wissen, was mich interessiert.*

Du beschreibst Handlungen näher:

Dazu brauchst du:

L 97|4
C 62|2
62|3

4 Je suis **complètement** crevé.

die Adverbien auf *-ment*

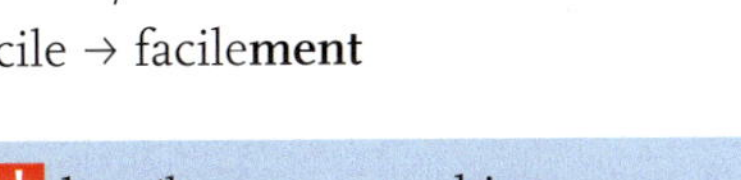

heureux/heureu**se** → heureu**sement**
normal/normal**e** → normal**ement**
facile → facile**ment**

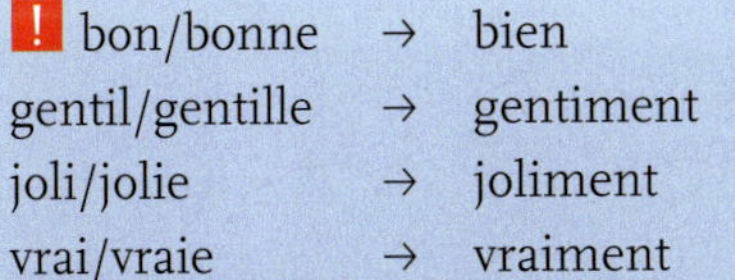

! bon/bonne → bien
gentil/gentille → gentiment
joli/jolie → joliment
vrai/vraie → vraiment

! Unterscheide Adjektive und Adverbien:
C'est une interro **facile.** *(Das ist ein leichter Test.)*
Wie ist der Test? → Hier verwendest du ein Adjektiv.
Elle apprend **facilement.** *(Sie lernt leicht.)*
Wie tut sie das? Wie lernt sie? → Hier verwendest du ein Adverb.

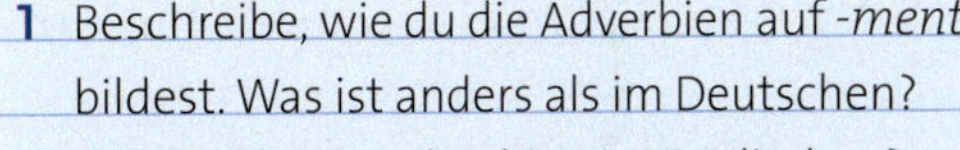

1 Beschreibe, wie du die Adverbien auf *-ment* bildest. Was ist anders als im Deutschen?
2 Wie bildest du Adverbien im Englischen?
3 Adjektiv oder Adverb? Wähle aus und schreibe die Sätze in dein Heft. Besprecht und begründet eure Ergebnisse zu zweit.
1. *Elle chante (horrible/horriblement).*
2. *C'est une chanson (horrible/horriblement).*
3. *Vous pouvez entrer (gratuit/gratuitement)?*
4. *J'ai deux places (gratuites/gratuitement).*

L 97|5
103|5
C 58|2
63|4

5 boire
venir

Verbes, **p. 148–149**

▶ Solutions, p. 212

Exercices supplémentaires

facultatif

55|4 **1** **Dans un forum, on parle de stages. Complète la réponse de Lisa par les adjectifs** *actif* (a) **ou** *sportif* (s) **. Fais attention à l'accord.** ▶ Repères, p. 100/1

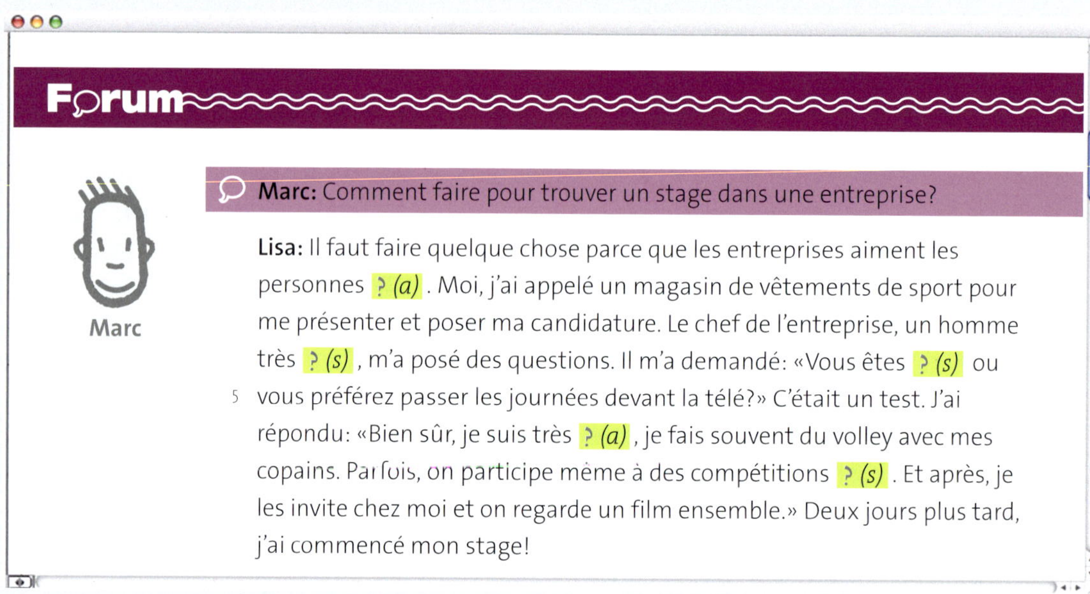

Forum

Marc

Marc: Comment faire pour trouver un stage dans une entreprise?

Lisa: Il faut faire quelque chose parce que les entreprises aiment les personnes ? (a) . Moi, j'ai appelé un magasin de vêtements de sport pour me présenter et poser ma candidature. Le chef de l'entreprise, un homme très ? (s) , m'a posé des questions. Il m'a demandé: «Vous êtes ? (s) ou vous préférez passer les journées devant la télé?» C'était un test. J'ai répondu: «Bien sûr, je suis très ? (a) , je fais souvent du volley avec mes copains. Parfois, on participe même à des compétitions ? (s) . Et après, je les invite chez moi et on regarde un film ensemble.» Deux jours plus tard, j'ai commencé mon stage!

2 a **Où se trouve Saint-Nazaire? B va à la page 127. A: Tu veux savoir où se trouvent ces endroits. Tu poses des questions à B.**

B ▶ p. 127

Exemple: **A:** Où se trouve Saint-Nazaire?
B: Saint-Nazaire est une ville qui se trouve à l'ouest de Nantes.

1 Saint-Nazaire
2 la Loire-Atlantique
3 la Seine
4 la Bretagne

b **Maintenant, B te pose des questions. Tu réponds à l'aide des cartes.** ▶ p. 175

montagne

ville

région

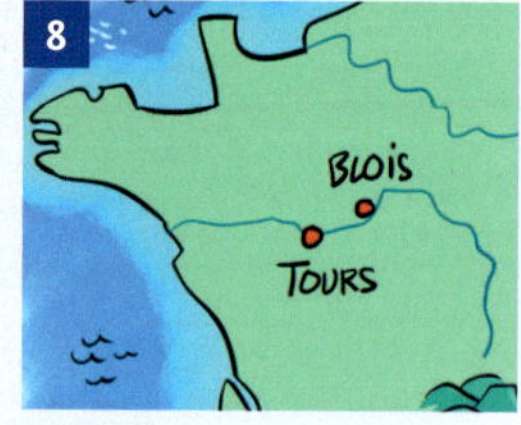

ville

3 **On a volé un sac à dos! A choisit un dessin et décrit les objets qui étaient dans le sac à dos volé. B devine. Puis échangez les rôles.**

55|1
55|3

On m'a volé mon sac à dos. Dans mon sac à dos, il y avait ____.

4 a **Félix a observé un vol au collège. Il raconte. Complète par les formes des verbes. Utilise le passé composé et l'imparfait.** ▶ **Repères, p. 100/2**

Il était 10 heures du matin et c' ? *(être)* la récréation. Comme tous les matins, je/j' ? *(prendre)* un jus d'orange dans la cafétéria. Dans la cour, un groupe d'élèves ? *(jouer)* au basket, un autre groupe d'élèves ? *(regarder)* les joueurs.

Tout à coup, deux jeunes ? *(arriver)*. Ils ? *(avoir)* l'air plus vieux que nous. Ils ? *(traverser)* la cour. Les deux jeunes ? *(passer)* près d'un groupe de filles, et un des garçons ? *(pousser)* une jeune fille. C' ? *(être)* Léa, la petite sœur de Maxime. Les garçons ? *(prendre)* son portable, puis, ils ? *(partir)* très vite et Léa ? *(crier)*. C' ? *(être)* horrible.

Moi, j' ? *(appeler)* la surveillante. Elle ? *(rester)* avec Léa et je ? *(aller)* chez le principal.

2 38

b **Écoute et compare avec ta solution de a.**

58|2 **5** 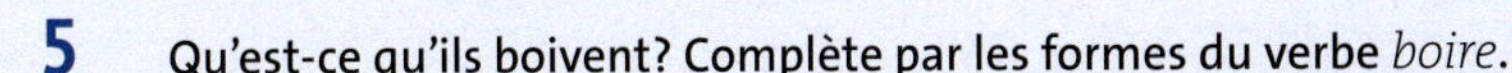 **Qu'est-ce qu'ils boivent? Complète par les formes du verbe *boire*.**
▶ **Verbes, p. 148**

1. **Le garçon de café:** Qu'est-ce que vous ??
2. **Lisa:** Qu'est-ce que tu ?, Arthur?
3. **Arthur:** Moi, je ? un chocolat chaud.
4. **Les parents:** Nous ? toujours du café! Et nos enfants ? du jus de pommes.
5. **Hugo:** Ah non, moi, je ? un jus d'orange et Manon ? un coca.

DELF **6** **C'est lundi. Tu es à Nantes et tu envoies un paquet de 1,2 kg à ta mère, à Hambourg. Quand est-ce que le paquet va arriver chez elle? Combien est-ce qu'il faut payer?**

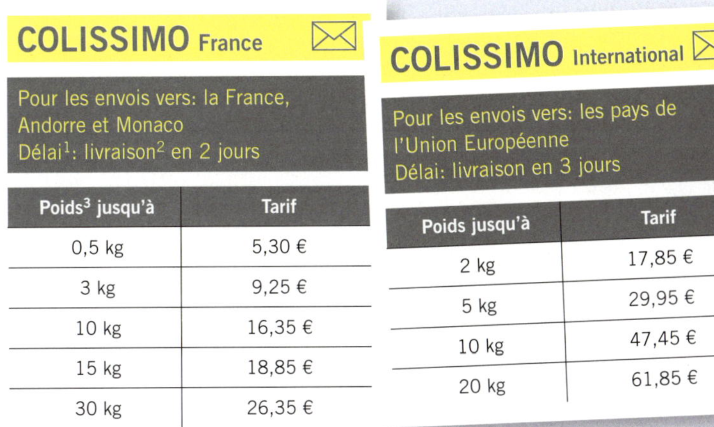

COLISSIMO France

Pour les envois vers: la France, Andorre et Monaco
Délai[1]: livraison[2] en 2 jours

Poids[3] jusqu'à	Tarif
0,5 kg	5,30 €
3 kg	9,25 €
10 kg	16,35 €
15 kg	18,85 €
30 kg	26,35 €

COLISSIMO International

Pour les envois vers: les pays de l'Union Européenne
Délai: livraison en 3 jours

Poids jusqu'à	Tarif
2 kg	17,85 €
5 kg	29,95 €
10 kg	47,45 €
20 kg	61,85 €

1 **le délai** die Frist
2 **la livraison** die Lieferung
3 **le poids** das Gewicht

DVD

www.cornelsen.de/webcodes ATOI-3-FILM

7 **Pourquoi vient-on à Nantes? Qu'est-ce qu'on peut y faire? Regarde le film et note trois exemples.**

Tu trouves une cyberenquête sur Nantes sur www.cornelsen.de/webcodes ATOI-3-103

Tu es en forme pour l'unité 6?

Arbeitsblatt und Hörtext unter www.cornelsen.de/webcodes ATOI-3-104

1 a **Pose des questions à ton/ta partenaire. Il/Elle répond.**

Exemple: **A:** À qui est-ce que tu racontes ta journée?
B: À ma copine Carla.

écrire qc **à** qn penser **à** qn/qc raconter qc **à** qn téléphoner **à** qn parler **à** qn	**à qui / à quoi**
parler **de** qn/qc	**de qui / de quoi**

À qui À quoi De qui De quoi Avec qui	est-ce que tu	racontes ta journée? pars en vacances? fais des photos? écris beaucoup d'e-mails / de messages? penses à 7 heures du matin? vas au cinéma / à la piscine / ___? téléphones le weekend / le soir? parles souvent avec tes copains/copines?

b **À qui ou à quoi est-ce que tu penses quand tu entends le mot «vacances»? Posez des questions et répondez.**

Exemples: **A:** À qui est-ce que tu penses quand tu entends le mot «vacances»?
B: Je pense à mes parents, à mes cousins ___
A: À quoi est-ce que tu penses quand tu entends le mot «vacances»?
B: Je pense au soleil, à la mer ___

vacances copain famille France fête musique ___

2 a **Qu'est-ce que Louis doit faire aujourd'hui? Écris sept phrases dans ton cahier. Utilise l'impératif.**

Mange.	Iss!
Mangeons.	Lasst uns essen!
Mangez.	Esst! / Essen Sie!

1. manger avec nous ce soir
2. ranger sa chambre
3. boire assez au collège
4. préparer le dîner
5. ne pas oublier son portable
6. acheter deux litres de lait
7. ___

b **La mère parle à Louis et à sa sœur Marie. Qu'est-ce qu'elle dit à ses deux enfants? Utilise les phrases de a.**

3 **Natalie et sa corres française Manon parlent de leurs familles. Complète par les pronoms *le*, *la*, *les* ou *y*.**
▶ **Repères, p. 23/4**

Natalie: Moi, j'habite à Hambourg avec mes parents et mon frère. Mais mes grands-parents habitent en Angleterre*. Ma tante, mon oncle et mes cousins ? habitent aussi. Je ne ? vois pas souvent. C'est triste parce que je ? aime beaucoup. Mais heureusement, mon cousin Alex passe une année à Kiel. Ce n'est pas loin et je vais ? voir la semaine prochaine: il va venir quelques jours chez nous.

Manon: Chez nous, toute la famille habite ici, à Paris. Mais mon père part souvent à Bordeaux parce qu'il ? travaille. Ma mère travaille beaucoup et je ? vois seulement le soir.

* **l'Angleterre** *f.* England

2 39

4 a Theo a passé deux semaines chez son correspondant Marc en Bretagne. Il raconte ce qu'il a mangé et bu au petit-déjeuner et à midi. Écoute et complète le tableau dans ton cahier.

	à manger	à boire
au petit-déjeuner		
à midi – entrée		
à midi – plat principal*		
à midi – dessert		

* **le plat principal** das Hauptgericht

b Et vous? Qu'est-ce que vous mangez au petit-déjeuner, à midi et au dîner? Et qu'est-ce que vous buvez? Posez les questions et répondez.
▶ Liste alphabétique, p. 186

5 a Lis les devinettes. Complète par *qui*, *que/qu'*, *où*. Puis devine. ▶ Repères, p. 40/1

Exemple: C'est un endroit **où** on peut acheter des vieilles choses. → C'est un marché aux puces.

1. C'est un endroit ? on peut acheter des vieilles choses.
2. C'est une chose ? on trouve sur les campings.
3. C'est un animal ? sait parler.
4. C'est un plat ? beaucoup d'enfants aiment bien.
5. C'est une personne ? travaille au CDI.
6. C'est un magasin ? on peut acheter des croissants.

Wörter, die du nicht kennst oder die dir nicht einfallen, kannst du mit *qui, que, où* umschreiben.

b Fais deux devinettes sur le modèle de a. Ton/Ta partenaire devine.
▶ Liste alphabétique, p. 186

6 a Fais le quiz! Puis comparez vos solutions en classe. ▶ Liste alphabétique, p. 186

1. C'est un peu comme la télé mais en plus grand.
2. C'est la même chose qu'une route. Mais ça porte un autre nom en ville.
3. C'est plus grand qu'une ville mais moins grand qu'un pays.
4. C'est un peu comme un piano, mais on le porte quand on joue.
5. C'est comme un hôtel, mais c'est moins cher.
6. C'est comme «Erdkunde» et «Geschichte» en Allemagne, mais en France, c'est seulement une matière.
7. C'est moins long qu'une heure mais plus long qu'une seconde.

b Écrivez trois phrases sur le modèle de a pour décrire quelque chose.

Notez chaque phrase sur une petite carte. Notez la solution au dos* de la carte.

* **le dos** der Rücken

c Formez des groupes. Un/Une élève lit les phrases. Les autres devinent.

La France et la francophonie

Nous parlons tous français!

1 Bonjour ou bien Bondjoû comme on dit en wallon! Je m'appelle Lore, et je viens de Liège, en Belgique. Ici, on parle français, néerlandais, allemand et bien sûr notre dialecte wallon. Et à Liège, on fait les meilleurs chocolats du monde!

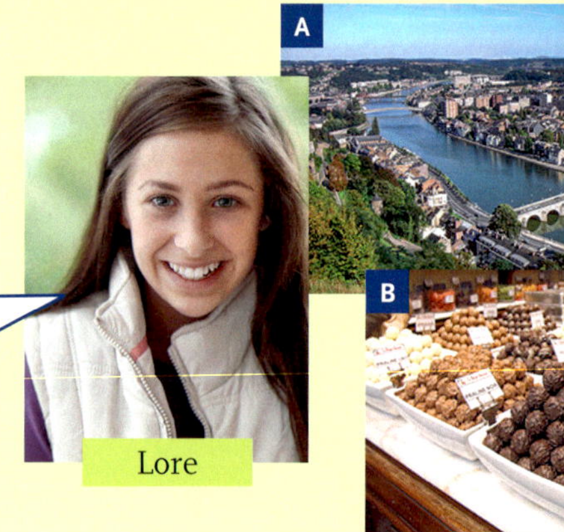

2 Salut, je m'appelle Charles et j'habite à Montréal au Québec. C'est une région du Canada où on parle français. Ici, tout est grand: les lacs, les forêts, les gratte-ciels ... En été, il fait très chaud et en hiver, il neige beaucoup et il fait très froid (jusqu'à moins 40 degrés)! Heureusement, on peut magasiner dans les centres commerciaux souterrains. J'adore y aller pour manger une poutine. Ce sont des frites avec une sauce et du fromage ... C'est bon!

Lire et comprendre

67|4 67|5

1 a **De quel pays / quelle région viennent les quatre jeunes? Lis les textes et réponds. Puis trouve les pays sur la carte à la fin de ton livre.**

Lore vient ___

du Sénégal | de Tunisie | de Belgique | du Québec

b **C'est où? Réponds.**
Exemple: Liège se trouve ___

Liège | Montréal | Dakar | Kairouan

au Québec | en Tunisie | en Belgique | au Sénégal

c **D'où est-ce que tu viens? Et tes parents? Travaillez à quatre. Posez les questions et répondez. Utilisez l'encadré avec les prépositions et les pays sur la carte à la fin de votre livre.** ▶ Repères, p. 118/1

DELF **2** **Lis les quatre textes encore une fois. Complète le tableau dans ton cahier.**

67|6

	Lore	Charles	Alassane	Halima
ville/pays	*Liège/Belgique*			
langues				
spécialités				
autres informations (temps, ...)				

3 Bonjour, je m'appelle Alassane, j'ai 14 ans et j'habite à Dakar. C'est la capitale du Sénégal, en Afrique. Notre quartier n'est pas très loin de la plage. À la maison, nous sommes sept enfants, et nous parlons wolof. Au collège, par contre, les cours sont en français. À Dakar, il ne fait jamais froid: il fait entre 20 et 30 degrés ... Chez mes cousins qui habitent en Casamance, il fait même 40 degrés pendant la saison des pluies!

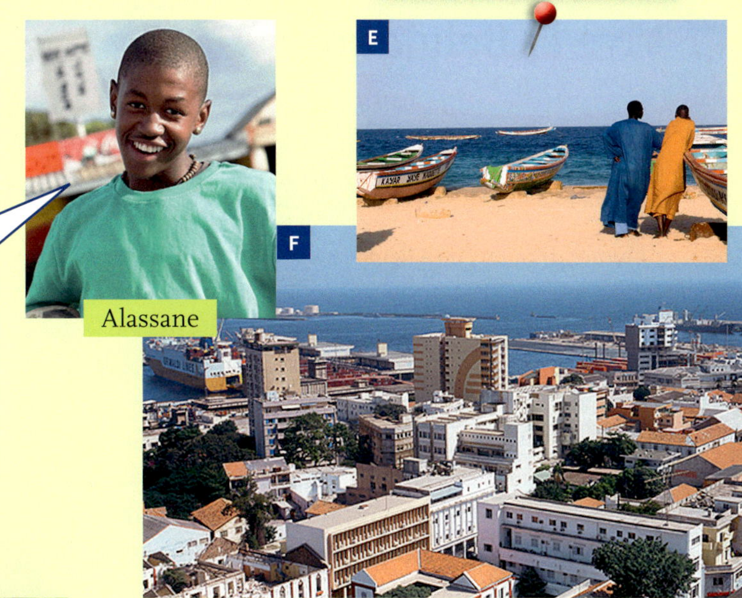

G

Halima

4 Moi, c'est Halima et je viens de Tunisie. En Tunisie, on parle arabe, mais aussi français. Chez nous, il y a toujours du soleil! J'habite à Kairouan, pas loin de la grande mosquée et je connais les petites rues de la médina comme ma poche! Mes hobbys: regarder des séries comme «Casting» ou préparer des briks aux œufs avec ma mère. Et toi, tu viens d'où?

H

La francophonie, c'est l'ensemble des pays et régions où on parle français. 57 pays ont pour langue officielle le français. La plupart des pays et régions francophones sont d'anciennes colonies françaises, par exemple le Sénégal ou le Québec.
À toi: trouve sur la carte à la fin de ton livre au moins cinq autres pays ou régions où on parle français.

Parler

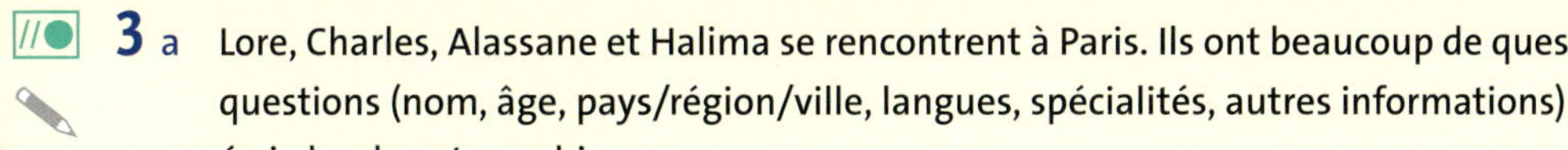

3 a Lore, Charles, Alassane et Halima se rencontrent à Paris. Ils ont beaucoup de questions. Imagine ces questions (nom, âge, pays/région/ville, langues, spécialités, autres informations) et écris-les dans ton cahier. C 67|7 //○ ▶ p. 136

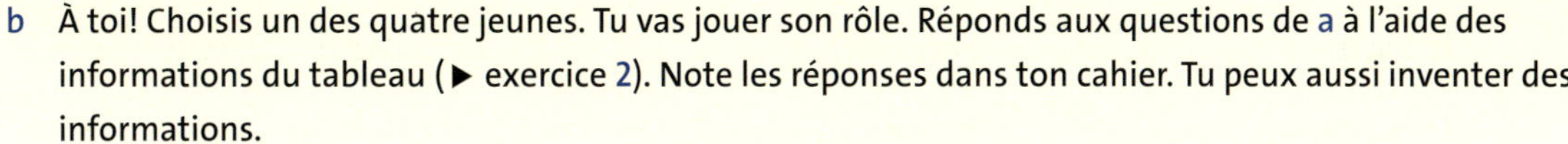

b À toi! Choisis un des quatre jeunes. Tu vas jouer son rôle. Réponds aux questions de a à l'aide des informations du tableau (▶ exercice 2). Note les réponses dans ton cahier. Tu peux aussi inventer des informations.

c Jouez les dialogues.

6A Parler

Hier lernst du, deine Stadt und ihre Besonderheiten zu präsentieren und diese zu umschreiben, um sie Freunden zu erklären.

2 41

Vive la Belgique!

Lettre de lecteur

Vous habitez dans un pays de la Francophonie? Écrivez à MAGAJEUNES et parlez de vos expériences personnelles!

L'année dernière, on a déménagé en Belgique, à Liège. Pour moi, la Belgique, c'était les frites, les moules et les blagues nulles. C'est pourquoi je n'avais pas envie d'habiter là-bas! Mais voilà, nous y habitons depuis six mois … et j'ai découvert un pays formidable!
À Liège, il y a un joli centre-ville, avec la cathédrale Saint-Paul et le Perron, en face de la mairie. Il s'agit d'une fontaine qui se trouve au milieu de la place et qui est le symbole de la ville. On s'y retrouve souvent.
Le dimanche matin, j'aime bien aller à la Batte. C'est un marché où on peut acheter plein de spécialités, le sirop de Liège par exemple. J'adore ce sirop, c'est presque comme de la confiture: on le fait avec des pommes et des poires. C'est délicieux mais très sucré! On peut aussi y goûter la fricassée liégeoise, ce sont des saucisses avec des œufs … Ce n'est pas mon truc!
La Belgique, c'est aussi le pays de la bédé. À Louvain, à 75 kilomètres de Liège, il y a le musée Hergé. Vous connaissez Hergé? C'est l'auteur de Tintin! Le musée ressemble à un bateau. C'est très beau!
Les Belges savent vraiment faire la fête! Moi, j'adore la fête de Sainte-Marie, le 15 août, à Liège. Tout le monde est dans la rue avec des marionnettes géantes: la marionnette la plus célèbre s'appelle le Tchantchès. Regardez son look!
Bon, allez, je vous envoie plein de «betchs» … ce sont des bises en wallon!

Amandine

En France, on aime raconter des blagues sur les Belges. En Belgique, on connaît plein de clichés sur les Français. C'est une chose typique entre deux pays voisins. C'est comment dans votre région?

Lire et comprendre

DELF **1** a Lis la lettre d'Amandine. Était-elle contente de devoir déménager en Belgique? Pourquoi (pas)?

b Et maintenant, est-ce qu'elle est contente d'y habiter? Pourquoi (pas)? Note quatre arguments différents.

c Et toi, tu aimerais visiter la Belgique et la ville de Liège? Pourquoi (pas)? Répondez.

68|1, 2

Vocabulaire

69|3 **2** Amandine a passé une journée à Bruxelles. Elle y a pris des photos qu'elle montre à une copine allemande. Complète par les expressions qui manquent.

le symbole de	qu'on fait avec
qui se trouve	ça ressemble à
un peu comme	il s'agit de/d'
le mot français pour	

1

La Grand' Place, c'est un endroit formidable ? dans le centre de Bruxelles.

2
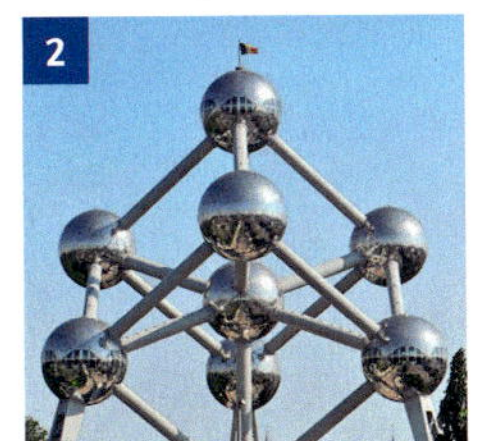

L'Atomium, c'est ? Bruxelles. ? une grande molécule[1].

3
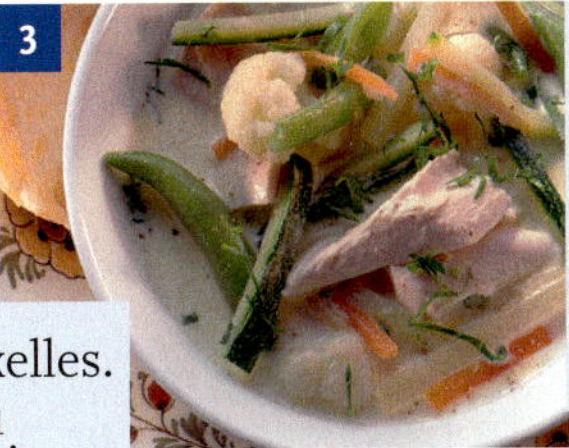

Le Waterzooi, c'est une spécialité belge: c'est une soupe ? des légumes et du poisson.

4

«Mauve», c'est ? «lila», mais à Bruxelles, c'est un club de foot: le RSC Anderlecht.

5

Ça, c'est Mini-Europe. ? une ville en miniature[2] où on peut voir par exemple la tour Eiffel, Big Ben ...

6

Les Galeries Royales Saint-Hubert, c'est ? les Champs-Élysées à Paris: il y a beaucoup de magasins chics.

1 **une molécule** ein Molekül
2 **en miniature** im Miniaturformat

Parler

3 a B va à la page 128. A: Tu expliques ces monuments/endroits/spécialités à B. B devine de quoi tu parles. Utilise aussi les expressions de l'exercice 2.

▸ p.128

Exemple: **A:** C'est le symbole de l'Allemagne.
B: C'est le «Brandenburger Tor»?

une avenue	une spécialité
une cathédrale	un symbole

1. Brandenburger Tor 2. Kölner Dom 3. Spätzle 4. Kurfürstendamm

b Maintenant B t'explique ses monuments/endroits/spécialités. Tu devines de quoi B parle.

Fernsehturm Berlin | Currywurst | Schloss Sanssouci | Münchener Oktoberfest

À toi: présente ta ville ou une ville de ta région

4 a Vous voulez présenter votre ville ou une ville de votre région à vos corres français. Discutez. Quels aspects est-ce que vous allez présenter?

69|4

b Écrivez des textes sur les monuments/endroits/spécialités. Illustrez vos textes avec des photos ou des dessins. Prenez les textes d'Amandine comme modèle. ▸ Textes, p. 108 et p. 109/2

c Faites votre présentation. Les autres évaluent votre travail. ▸ Les mots pour le dire, p. 217/10, 222/28

6B Écouter

Hier lernst du, eine Filmkritik im Radio zu verstehen und zu begründen, warum du einen Film (nicht) sehen möchtest.

2 42

«Rien à déclarer»

Un film sur l'amitié entre les Belges et les Français

Ruben Vandervoorde est un douanier belge qui déteste les Français. Il apprend à son fils que tous les Français sont des abrutis. Il est très dur avec eux quand il contrôle leurs voitures à la frontière. De plus, il pense que le douanier français Mathias Ducatel est son pire ennemi. Ducatel, lui, ne déteste pas les Belges mais il adore imiter leur accent. Et puis, il a un secret: il est amoureux de la sœur de Ruben, la belle Louise Vandervoorde.

Le premier janvier 1993, on ouvre les frontières en Europe et les douaniers doivent travailler ensemble. Mathias Ducatel fait équipe avec Ruben Vandervoorde. Il veut devenir son ami parce qu'il veut se marier avec sa sœur.

«Rien à déclarer» est une comédie sur les préjugés et sur la tolérance en général. Mais c'est surtout un film romantique et drôle avec de l'action et beaucoup de très bons acteurs. Dany Boon, qui est aussi le réalisateur du film, est parfait dans le rôle de Mathias Ducatel. On ne s'ennuie pas une seconde!

genre: comédie
réalisateur: Dany Boon
acteurs: Dany Boon, Benoît Poelvoorde, Julie Bernard
1h48
★★★☆

Lire, écouter et comprendre

2 42
70|1

1 Qu'est-ce qu'on apprend sur Ruben et Mathias? Écoute et lis la critique et prends des notes.

2 a Toto parle du film «Rien à déclarer» mais il l'a mal compris. A dit ce que pense Toto, B répond et corrige à l'aide de la critique du film. Échangez les rôles à chaque phrase.

Exemple: A: Je pense que Ruben Vandervoorde aime bien les Français.
B: Mais non, Toto, Ruben Vandervoorde ___

Toto pense …

1. … que Ruben Vandervoorde aime bien les Français.
2. … que Ruben Vandervoorde est un douanier sympa.
3. … que Mathias Ducatel déteste Ruben Vandervoorde et toute sa famille.
4. … qu'après 1993, il n'y a plus de douaniers.

b Faites d'autres phrases comme en a et corrigez-les.

Vocabulaire

3 Lis encore une fois la critique du film «Rien à déclarer». Prépare un tableau dans ton cahier. Note tous les arguments pour le film (+) dans la colonne de gauche. La colonne de droite reste encore vide*.

arguments pour le film (+)	arguments contre le film (–)
C'est une comédie sur les préjugés et sur la tolérance.	

* **vide** *adj.* leer

Écouter et comprendre

2 43

4 a Écoute l'émission de radio. Qu'est-ce que Norbert, l'expert du cinéma, pense du film? Prends des notes.

DELF

70|2

b Écoute l'émission de radio encore une fois et lis les phrases suivantes. Puis complète.

1. Norbert est l'expert d'une ? de radio qui s'appelle «Télé toujours».
2. Norbert trouve que dans le film, les ? sont nulles.
3. Dany Boon lui plaît comme ? , mais comme ? , il ne lui plaît pas.
4. Pour Norbert, il n'y a pas assez de ? .
5. L'histoire se passe en 1993. Norbert trouve qu'elle est un peu ? .
6. Norbert préfère regarder «Taxi 7», un ? avec des effets spéciaux super.

c Écoute encore une fois l'émission de radio. Note les arguments contre le film (–) à côté de l'argument correspondant (+) dans ton tableau de l'exercice 3. ▶ Transcriptions, p. 214

Regarder et comprendre

DVD
www.cornelsen.de/webcodes
ATOI-3-FILM

5 Regarde la bande-annonce du film «Rien à déclarer». Est-ce que tu as envie de regarder le film? Pourquoi (pas)?

À toi: écoute l'avis des autres et discute avec eux

6 a Est-ce que tu veux regarder le film «Rien à déclarer»? Formez des groupes A et B. Les groupes A sont pour le film, les groupes B sont contre. Préparez vos arguments. ▶ Exercices 3 et 4 c

71|3

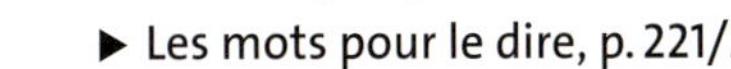
▶ Les mots pour le dire, p. 221/24

b Formez des groupes de quatre élèves (deux +, deux –). Discutez et puis votez si vous voulez voir le film ou non. Choisissez les trois arguments les plus forts et présentez-les à la classe.

> Nous, on voudrait voir «Rien à déclarer» parce qu'on pense ___. En plus ___. Et ___.

> Notre groupe ne veut pas regarder le film parce que ___.

6C Lire

Hier lernst du, den Klappentext eines Romans zu verstehen und eine mögliche Fortsetzung zu schreiben.

2
44

«Sarcelles Dakar»

Préparer la lecture

1 Trouve le Sénégal sur la carte à la fin de ton livre. Puis lis les informations sur ce pays.
▶ Civilisation, p. 144

Photo	Livres	Musique	DVD	Jeux vidéo	Jouets

★★★★★ (25 avis)

17 commentaires

Écrire un commentaire

Djiraël a 20 ans. Il habite avec ses parents à Sarcelles, près de Paris. Il aime se balader dans sa banlieue, draguer les filles, mettre des vêtements de marque. Djiraël ne s'entend pas très bien avec son père qui fait souvent des voyages en Afrique. Un jour, le père part au Sénégal et n'en revient plus. Djiraël apprend qu'il est mort là-bas.

La mère veut aller avec toute la famille au Sénégal. Elle pense qu'en Afrique, ses enfants vont mieux comprendre leur père. Mais Djiraël ne veut pas faire ce voyage. Il n'en a pas envie parce qu'il est encore furieux contre son père. Djiraël pense que son père ne l'aimait pas: il ne s'est pas beaucoup occupé de lui quand Djiraël était petit. À Noël, il y avait des livres mais pas de jouets sous le sapin. À l'école, tous les copains en avaient, sauf Djiraël. Le père détestait aussi les vêtements de marque. Il n'en a jamais offert à son fils.

Finalement, toute la famille part à Dakar. Djiraël découvre la capitale avec ses quartiers riches et ses quartiers pauvres. Ensuite, la famille traverse le Sénégal en bus. Djiraël adore les paysages. Après des heures et des heures de voyage, ils arrivent au village du père en Casamance. Là, une surprise attend Djiraël. Il apprend que son père est un héros pour les gens du village: il a réparé une école, donné de l'argent pour des médicaments, envoyé des livres de France … Son père, qui n'avait jamais d'argent pour sa famille, en donnait beaucoup aux pauvres. Djiraël est à la fois fier et malheureux.

Un vieil homme du village dit à Djiraël qu'il doit aller dans la forêt et écouter le vent «l'Harmattan». Ce vent peut porter les questions des vivants aux morts et des morts aux vivants. Est-ce que Djiraël va pouvoir parler à son père?

Lire et comprendre

DELF **2 a** Lis le texte et réponds aux questions. Justifie tes réponses à l'aide du texte.

 72|1

1. Où est-ce que Djiraël habite?
2. Qu'est-ce qu'il aime faire?
3. Qu'est-ce que Djiraël pense de son père en France?
4. Qu'est-ce que Djiraël apprend sur son père au Sénégal?
5. Dans le village en Casamance, Djiraël est à la fois fier et malheureux. Pourquoi?

b Est-ce que tu aimerais lire ce livre? Pourquoi (pas)? Donne ton avis. ▶ Les mots pour le dire, p. 221/23

Découvrir

72|3 **3 a** **Wofür steht das Pronomen *en* jeweils in den Sätzen? Schreibe die Sätze neu und verwende die Ergänzungen im Kasten.**

Exemple: Le père de Djiraël n'**en** revient plus. → Le père de Djiraël ne revient plus **du Sénégal**.

1. Le père de Djiraël n'**en** revient plus.
2. Il n'**en** a pas envie.
3. Il n'**en** a jamais offert à son fils.
4. Il **en** donnait aux pauvres.

de vêtements de marque — de l'argent — de faire ce voyage — du Sénégal

b **Was haben alle Ergänzungen in a gemeinsam? Ergänze die Regel im Kasten.**

Das Pronomen *en* ersetzt Ergänzungen, die mit ? beginnen.

S'entraîner

72|2 **4** **Vous parlez du livre «Sarcelles Dakar». Pose des questions à ton/ta partenaire. Il/Elle répond. Puis échangez les rôles.** ▶ Repères, p. 119/3

Exemples:
– Tu as envie de partir au Sénégal? – Oui, j'en ai envie. / Non, je n'en ai pas envie.
– Tu veux des livres pour Noël? – Oui, j'en veux trois. / Non, je n'en veux pas.

Pour les questions, utilise:

avoir envie	de partir au Sénégal? de lire «Sarcelles-Dakar»?
vouloir	des vêtements de marque? des livres pour Noël / ___? plus d'infos sur Djiraël?
faire	des voyages en Afrique?

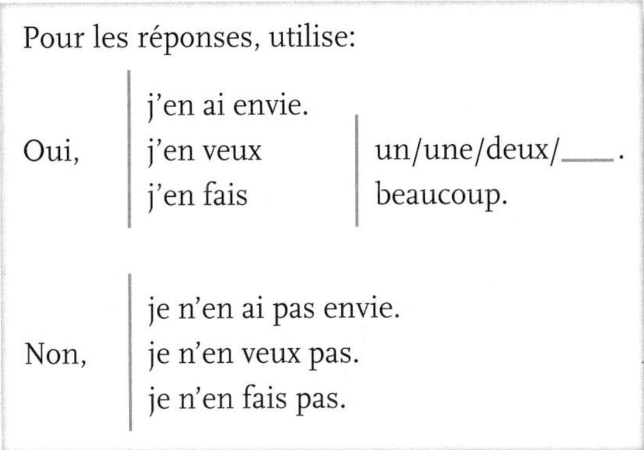

Pour les réponses, utilise:

Oui,	j'en ai envie. j'en veux j'en fais	un/une/deux/___. beaucoup.
Non,	je n'en ai pas envie. je n'en veux pas. je n'en fais pas.	

Vocabulaire

73|4 **5 a** **Quels adjectifs est-ce que tu connais pour parler d'émotions? Note-les dans ton cahier et dessine un symbole (☺, 😫, 😲 ...) derrière chaque adjectif.** ▶ Texte, p. 112 ▶ Liste alphabétique, p. 186

b **Choisis six adjectifs de a. Écris six phrases et explique quand ou pourquoi tu te sens comme ça.**
Exemple: Je suis furieux quand mon frère prend mon portable.

À toi: lis l'histoire et imagine la suite

6 **Djiraël va dans la forêt. Il parle au vent «l'Harmattan» qui porte ses questions à son père. Imagine et raconte ce que Djiraël dit et demande à son père. Parle aussi de ses émotions.**
▶ Les mots pour le dire, p. 216/4
Exemple: Papa, pourquoi est-ce que tu ___

P F

73|5

//O ▶ p. 136

Hier lernst du, Freunde für deine Region / dein Land zu interessieren, indem du Werbeslogans schreibst.

Dépêche-toi! Le Québec t'attend!

2|45

Préparer la lecture

74|1 **1** Où se trouve le Québec? Regarde sur la carte à la fin de ton livre et réponds.

Tu aimes les animaux et la nature? Très tôt le matin, on peut voir les baleines dans la baie du Saint-Laurent. Alors, ne te lève pas trop tard.

La forêt est magnifique en automne. Découvre-la à 15 mètres au-dessus du sol.

Le Québec est encore plus beau quand il neige. Visite-le en hiver! Avec une motoneige, tu vas découvrir des paysages formidables! … et peut-être des caribous!

Photographiez-moi! Mais attention … ne me ratez pas!

Office de tourisme

Vous aimez «Cœur de pirate» ou «Les Cowboys fringants»? Profitez-en! Écoutez-les ici pendant le festival des «Francofolies de Montréal»!

Fan de sport? Alors, tu vas adorer l'équipe de hockey sur glace des «Canadiens de Montréal». Applaudis-les au Centre Bell!

Vous préférez les grandes villes? Montréal va vous plaire. Allez-y! Ça vaut aussi la peine de monter sur le mont Royal. La vue est géniale!

Lire et comprendre

DELF **2 a** Jeanne, Moussa et Nicolas veulent aller au Québec. Qu'est-ce qu'ils peuvent y faire? Lis leurs portraits et trouve dans le prospectus au moins deux activités pour chacun. Justifie tes réponses.

1 Moussa va bientôt avoir 16 ans. Il aime bien la nature et les animaux: il a déjà fait un stage dans un zoo à Nantes. Le week-end, Moussa va souvent dans la forêt ou au stade pour s'entraîner. Les sports d'hiver et les sports qu'on peut faire dans la nature, c'est sa passion!

2 Jeanne a 15 ans et elle adore la musique. Elle joue de la guitare et du piano depuis huit ans. De plus, elle est fan de photo. Elle photographie tout ce qu'elle trouve intéressant, beau, bizarre …

3 Nicolas a 15 ans. En été, il fait souvent de l'escalade avec ses copains. Quand il visite une ville, il aime surtout aller aux musées parce qu'il adore l'histoire. Nicolas préfère découvrir les villes à pied.

74|2

b Et toi? Est-ce que tu as envie d'aller au Québec? Pourquoi? Trouvez trois raisons d'y aller. Échangez vos raisons.

J'aimerais	aller au Québec visiter le Québec	parce que j'aime / j'adore ___. pour voir / visiter / photographier ___. pour faire / profiter ___.

Et toi?

Vocabulaire

66|3 75|5

3 Note les mots et les expressions du prospectus, p. 114, dans le tableau. Puis complète-le par les mots que tu connais déjà.
▶ Liste alphabétique, p. 186

le paysage	les animaux	la ville	la musique/le sport
la baie	*la baleine*	*la vue du mont Royal*	*le festival*

Découvrir

4 a Finde alle bejahten und verneinten Aufforderungssätze im Prospekt, S. 114. Schreibe sie in dein Heft.
Exemple: Alors, ne te lève pas trop tard.

b Wo stehen die Pronomen im bejahten Aufforderungssatz? Wo stehen sie im verneinten Aufforderungssatz?

c Schreibe das Gegenteil der Aufforderungen von a auf. Achtung: Zwei Pronomen verändern sich.
Exemple: Ne **te** lève pas. → Lève-**toi**.

S'entraîner

74|3 75|4

5 À l'office de tourisme de Montréal, les touristes ont beaucoup de questions. Complète les réponses. Utilise l'impératif et les pronoms *le*, *la*, *les*, *y* ou *en*. ▶ Repères, p. 119/4  //○ ▶ p. 136

Exemple: Ça vaut la peine de monter **sur le mont Royal**? → Oui. Montez-y. La vue est super!

1. Ça vaut la peine de monter **sur le mont Royal**? → Oui. ?. La vue est super! *(monter)*
2. Est-ce qu'on peut photographier **les caribous**? → Bien sûr. ? très tôt le matin. *(photographier qc/qn)*
3. Est-ce qu'il faut rester à Montréal pour **le festival des Francofolies**? → Oui, ?. Ça vaut la peine! *(profiter de qc/qn)*
4. Est-ce qu'on peut voir des baleines **dans la baie**? → Oui, mais n'? pas trop tard! *(aller)*
5. Quand est-ce que **la forêt** est plus belle: au printemps ou en automne? → ? en automne. C'est magnifique. *(découvrir qc/qn)*

À toi: fais de la publicité pour ta région ou ton pays

75|5

6 Choisissez au moins quatre aspects typiques de votre région ou de votre pays (paysages, villes, monuments, spécialités, musique, traditions, festivals ...). Pourquoi est-ce qu'il faut y aller? Qu'est-ce qu'il faut faire dans votre région/pays? Trouvez/Faites des photos et écrivez un petit texte pour chaque photo. Formulez des slogans comme dans le prospectus, p. 114.

Joue à l'Awalé

Le jeu de l'Awalé est un des jeux les plus vieux du monde. On y jouait déjà dans l'Égypte des pharaons! Aujourd'hui, c'est un jeu populaire dans toute l'Afrique et dans la région des Caraïbes. Les boîtes de l'Awalé sont souvent très belles!

Fabrique ce super jeu africain où l'on doit gagner le plus de graines possibles. Tu vas t'amuser!

Tu as besoin de deux boîtes de six œufs en carton sans décor (ou bien peintes et décorées si tu es plutôt artiste).

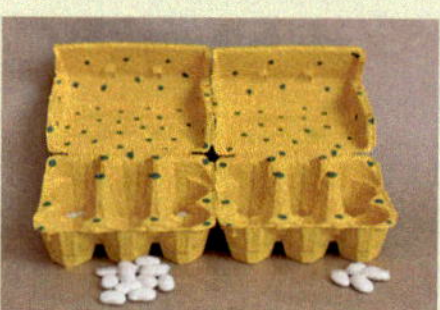

Pour les graines, tu peux prendre des cailloux ou des haricots secs ou des centimes. Il en faut 48!

1

On met quatre graines dans chaque trou. Chaque joueur est devant une rangée de six trous. C'est son camp pendant la partie.

2

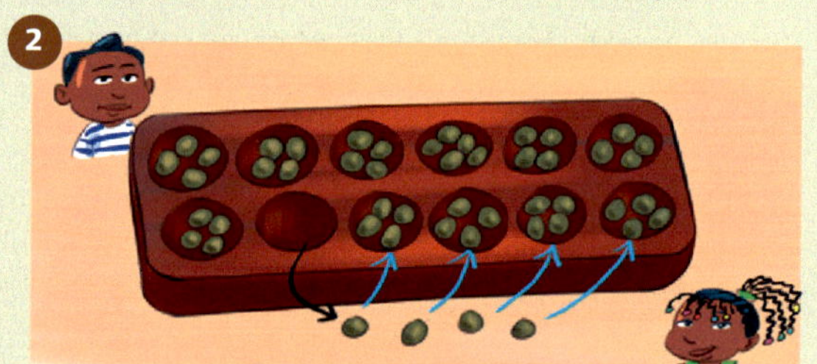

À tour de rôle, chaque joueur prend toutes les graines d'un trou de son camp. Il en pose une dans chacun des trous suivants. Attention: on avance vers la droite!

3

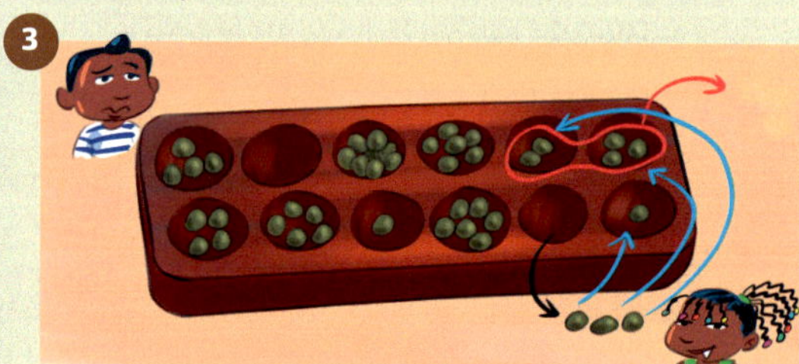

Quand un joueur pose une graine dans le camp de l'adversaire et dans un trou où il y a déjà deux ou trois graines, il prend toutes les graines de ces trous. Elles sont maintenant à lui et il les garde.

4

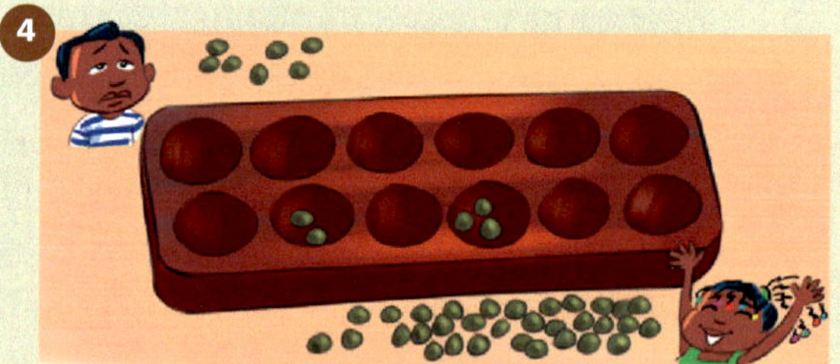

Le jeu est fini quand un joueur n'a plus de graines dans son camp. La personne qui a pris le plus de graines à l'adversaire a gagné!

D'après: Astrapi Spécial Vacances (n° 753, juillet 2011)

1 a Lis les règles du jeu. Qu'est-ce que tu comprends?

b Comment est-ce qu'on joue à ce jeu? Expliquez en allemand.

2 Fabriquez un jeu de l'Awalé et jouez. Vous pouvez faire un tournoi de l'Awalé en classe ou pendant la journée portes ouvertes de votre école.

Le québécois: «Une langue de France aux accents d'Amérique»

Une personne qui parle français et qui arrive au Québec peut avoir des problèmes avec l'accent québécois ou avec certaines expressions québécoises. Vous vous demandez pourquoi? Eh bien, c'est une longue histoire et la réponse, se trouve dans le passé[1].

Les premiers colons[2] qui sont arrivés au Canada étaient des gens qui venaient de toutes les régions de France. Ils sont venus pour commencer une nouvelle vie sur le nouveau continent.
Depuis le début, les colons ont mélangé le français avec les mots des Indiens qui habitaient là. Le mot «kanata», par exemple, voulait dire dans la langue des Indiens «village». Quand l'explorateur[3] Jacques Cartier est arrivé au Canada en 1534, les Indiens lui ont montré la route pour aller au village «kanata, kanata!». Jacques Cartier a compris que tout le pays s'appelait «kanata», et il a repris ce mot: «Canada».

Entre 1689 et 1763, plusieurs guerres[4] ont eu lieu entre les Anglais et les Français parce que les deux pays voulaient contrôler le Canada. En 1763, la France a perdu la dernière guerre et a dû donner le Québec aux Anglais. Alors, l'anglais est devenu la langue de la politique, de la justice et des affaires[5]. Il y a même beaucoup de mots de la vie de tous les jours qui viennent de l'anglais. Par exemple, aujourd'hui, au Québec, on ne dit pas «le repas» mais «le lunch».

Les Québécois parlaient de plus en plus anglais … Mais au milieu du XXème siècle, la situation a changé à nouveau et les Québécois ont redécouvert leur langue: le français québécois. Un poète l'a appelée «cette langue de France aux accents d'Amérique». Des artistes ont commencé à écrire et à chanter en français. Des hommes politiques[6] se sont engagés, et en 1977, le français est redevenu la langue officielle[7] du Québec.

Aujourd'hui, 81 % des Québécois parlent le français comme langue maternelle[8] et 40% sont bilingues[9] français-anglais.

Petit dico

québécois	***français***
le char	*la voiture*
le chien chaud	*le hot dog*
cleaner	*nettoyer*
le lunch	*le repas*
magasiner	*faire les courses*

1 **le passé** die Vergangenheit
2 **le colon** der Siedler / die Siedlerin
3 **l'explorateur / l'exploratrice** der Erforscher / die Erforscherin
4 **la guerre** der Krieg
5 **les affaires** *f. pl. hier:* das Geschäft
6 **l'homme / la femme politique** der Politiker / die Politikerin
7 **la langue officielle** die Amtssprache
8 **la langue maternelle** die Muttersprache
9 **bilingue** *m./f. adj.* zweisprachig

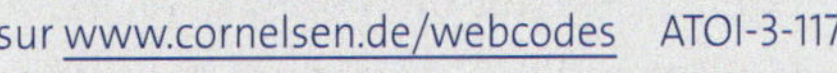

LIRE POUR S'INFORMER
Tu trouves des exercices de compréhension écrite sur www.cornelsen.de/webcodes ATOI-3-117

▶ Liste des mots, p. 185 ▶ Méthodes, p. 140–141

6 Repères

Les mots pour le dire

Se présenter (▶ p. 215/1)
Présenter sa ville / sa région (▶ p. 217/10)
Expliquer de quoi il s'agit (▶ p. 218/12)
Discuter d'un film / d'une émission (▶ p. 221/24)
Parler de ses émotions (▶ p. 216/4)

Grammaire

Du sagst, wo du wohnst oder woher du kommst: Dazu brauchst du:

106|1
120|1

1 J'habite **au Québec**.
Je viens **du Québec**.

die Präpositionen vor Ländernamen mit bestimmtem Artikel

Wo?/Wohin?	en	au	aux
Je suis J'habite Je vais C'est	France Allemagne Belgique Tunisie	Canada Québec Sénégal	Seychelles États-Unis

Woher?	de/d'	du	des
Je viens	France Allemagne Belgique Tunisie	Canada Québec Sénégal	Seychelles États-Unis

Erzählt euch abwechselnd, dass ...
1. ... *Jérémy in Belgien wohnt, aber aus Kanada kommt.* 2. ... *Laure in Deutschland wohnt, aber aus Frankreich kommt.* 3. ... *Abdou in Québec wohnt, aber aus dem Senegal kommt.* 4. ... *Anna in Frankreich wohnt, aber aus den Vereinigten Staaten kommt.*

Du drückst eine Absicht aus oder sagst, wozu etwas dient: Dazu brauchst du:

2 Il va au Sénégal **pour** connaître son père.

pour **+ Infinitiv**

Lisa et Karim vont en ville **pour aller** au cinéma.
Un couteau, c'est un truc **pour couper** quelque chose.

▶ Solutions, p. 212

Du möchtest Wiederholungen vermeiden: | Dazu brauchst du:

113|3 113|4 120|3 121|4 72|2 72|3

3

Il n'**en** revient plus.
Tous les copains **en** avaient.

das Pronomen *en*

– Quand est-ce que tu sors **de l'école**?
– Il n'est pas revenu **du Sénégal**?
– Tu as envie **d'aller au cinéma**?
– Tu prends **du lait**?
– Il y a encore **des pommes**?
– Tu as acheté **du café**?
– Est-ce que tu as **un frère**?

– J'**en** sors à 4 heures.
– Non, il n'**en** est pas revenu.
– Non, je n'**en** ai pas envie.
– Oui. J'**en** prends. Merci.
– Oui, il y **en** a beaucoup.
– Oui, j'**en** ai acheté un kilo.
– Oui, j'**en** ai un.

Lerne auswendig:

Tu **en** veux?	Möchtest du (etwas davon)?
J'**en** ai marre.	Ich habe die Nase voll.
Il n'**en** a pas envie.	Er hat keine Lust (darauf).

Stellt euch die folgenden Fragen und antwortet. Verwendet das Pronomen *en*.
1. *Tu as envie de jouer au basket?* 2. *Tu bois du café le matin?* 3. *Quand est-ce que tu sors de l'école aujourd'hui?* 4. *Tu as beaucoup de livres?* 5. *Vous avez des animaux à la maison?*
Informationen zum Pronomen *y* (▶ p. 23/4)

Du forderst jemanden auf, etwas zu tun oder zu unterlassen: | Dazu brauchst du:

115|4 115|5 74|3 75|4

4

Regarde-le.
Ne le regarde pas

den Imperativ mit Objektpronomen

bejahter Imperativ	**verneinter Imperativ**
Regardez-**moi**.	Ne **me** regardez pas.
Lève-**toi**.	Ne **te** lève pas.
Écoutez-**le**.	Ne **l'**écoutez pas.
Paie-**la**.	Ne **la** paie pas.
Parle-**lui**.	Ne **lui** parle pas.
Écris-**nous**.	Ne **nous** écris pas.
Dépêchez-**vous**.	Ne **vous** dépêchez pas.
Applaudis-**les**.	Ne **les** applaudis pas.
Donne-**leur** les photos.	Ne **leur** donne pas les photos.
Vas-**y**. [vazi]	N'**y** va pas.
Allez-**y**. [alezi]	N'**y** allez pas.
Prends-**en**. [pʀɑ̃zɑ̃]	N'**en** prends pas.
Profitez-**en**. [pʀɔfitezɑ̃]	N'**en** profitez pas.

1 a Lest euch die Beispielsätze gegenseitig vor und übersetzt sie gemeinsam.
b Wo stehen die Pronomen beim bejahten Imperativ? Und wo beim verneinten? Wann setzt ihr einen Bindestrich? Formuliert eine Regel.
2 Verneint die folgenden Aufforderungen. Vergleicht eure Ergebnisse zu zweit.
1. *Donne-lui le livre.* 2. *Écris-moi.* 3. *Prenez-en.* 4. *Dépêche-toi.* 5. *Attendez-la.* 6. *Retournez-vous.*

Denke beim bejahten Imperativ mit *y* und *en* an die Bindung, z. B. *Vas-y.* / *Profitez-en.*

Exercices supplémentaires

1 a Note au moins quatre pays francophones que tu connais. Prépare le tableau dans ton cahier. Complète les colonnes de gauche.
▶ Repères, p. 118/1

nom du pays	Il/Elle habite/va	Il/Elle vient
la Belgique	*en Belgique*	*de Belgique*

b Puis regarde la carte à la fin de ton livre et choisis cinq autres pays. Complète le tableau.

c Posez des questions et répondez.

1. De quel pays viens-tu?
2. De quel pays vient ton acteur/actrice / ton groupe préféré(e)? Il/Elle habite où? C'est qui?
3. Dans quel pays aimerais-tu aller en vacances?

2/46

2 De quels endroits et de quelles choses est-ce qu'ils parlent? Écoute d'abord. Puis note le bon mot.

la forêt — le centre-ville — le musée — le sirop — le marché aux puces — le cinéma — la banane

3 Pose des questions à ton/ta partenaire. Il/Elle répond. ▶ Repères, p. 119/3

Exemples: – Tu as un portable? – Oui, j'en ai un. / Non, je n'en ai pas.
– Tu veux des bonbons? – Oui, j'en veux. / Non, je n'en veux pas.

Pour les questions, utilise:

vouloir *avoir*	un ordinateur? un portable? un vélo? un animal? des bonbons?
faire	du sport? de la musique? ___?
jouer	d'un instrument?

Pour les réponses, utilise:

Oui,	j'en ai j'en veux j'en fais. j'en joue.	un/une/deux/___. beaucoup/trop/___.
Non,	je n'en ai je n'en veux je n'en fais je n'en joue	pas. plus.

66|2 **4** **La grand-mère de Lili n'entend plus très bien, elle pose beaucoup de questions. Réponds. Utilise *y* et *en*.** ▶ Repères, p. 23/4, 119/3

1. Qui va **à Nantes**? → *(Marc, trois jours)*
2. Qui revient **du Sénégal**? → *(tante Louise, demain)*
3. Qui est-ce qui ne revient plus **du Maroc**? → *(Samir)*
4. Qui habite maintenant **en Allemagne**? → *(Élisabeth, depuis trois mois)*
5. Qui va **au marché** cet après-midi? → *(mon père, pour acheter des légumes)*
6. Qui a mangé **des tartines**? → *(le chien, trois)*

Qui va **à Nantes**?
Marc **y** va pour trois jours.

5 a **Forme des verbes avec *re-/r-* et note-les avec leur traduction dans ton cahier.**
▶ Liste alphabétique, p. 186

Um auszudrücken, dass jemand etwas wieder(holt) tut, verwendest du die Vorsilbe ***re-/r-***, z. B.:
re + lire = relire

re- r-	appeler faire lire monter trouver venir

b **Ce n'est pas son jour. Qu'est-ce que Samir raconte? Complète par les formes des verbes de a.**

1. Aujourd'hui, je suis monté dans le métro à la station «Palais Royal» et je suis descendu à «Concorde», mais ce n'était pas la bonne station. Alors, je suis tout de suite ? dans le métro pour aller aux Champs-Élysées.
2. Puis, j'ai perdu mon porte-monnaie mais heureusement, je l'ai ?.
3. J'ai lu le message de Tarik mais je ne l'ai pas compris. J'ai dû le ?.
4. Je crois que mes parents m'ont appelé, mais mon portable ne marche plus et je n'ai pas pu les ?.
5. À l'interro de maths, j'ai fait trop de fautes. Cet après-midi, je dois ? mes devoirs.
6. Mes copains sont partis en vacances et je ne sais pas quand ils ?.

c **Relis ce que Samir raconte en b et retrouve l'ordre des images.**

A

Slt! Rdv
2m1. Bcp
de pbs ac
Léa. T

B

C

D

E

F

Compréhension écrite

DELF **1** **Tu as trouvé cette recette dans un livre. Lis la recette et trouve les bonnes réponses.**

Arbeitsblatt und Hörtext unter: www.cornelsen.de/webcodes ATOI-3-122

1. D'où vient la tarte Tatin?
2. Quelle est l'histoire d'une des sœurs Tatin et de sa tarte Tatin?
   a Elle voulait essayer une nouvelle recette de tarte aux pommes pour son restaurant.
   b Elle voulait faire une tarte aux pommes normale, mais elle a fait une erreur.
   c Elle a trouvé une vieille recette de ses parents pour faire une tarte aux pommes.
3. Combien de temps est-ce qu'il faut pour préparer la tarte Tatin?
4. Pour faire une tarte Tatin, qu'est-ce qu'il faut d'abord mettre au four?
   a 
   b 
   c 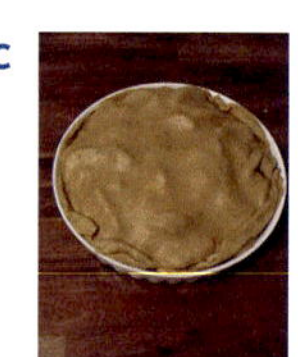
5. Quand la tarte est finie, il vaut mieux la manger ...
   a tout de suite.
   b une heure après.
   c froide.

Tarte Tatin

L'histoire de la tarte Tatin a commencé à la fin du 19e siècle dans un village près d'Orléans, dans l'hôtel-restaurant des sœurs Tatin. Un jour, une des sœurs voulait préparer un gâteau aux pommes. Mais elle rêvait un peu. Elle a mis les pommes avec du sucre dans le four mais elle a oublié la pâte. Quand elle a sorti le moule du four, elle a vu ce qui était arrivé. Elle a rajouté la pâte et a remis le gâteau au four.

Quand elle a sorti le gâteau, sans trop réfléchir, elle a vite retourné le gâteau et l'a servi aux clients qui ont adoré ce nouveau dessert. Le sucre était devenu du caramel. Très vite, cette «tarte Tatin» est devenue célèbre dans toute la région! Les clients venaient d'Orléans, et même de Bourges pour la goûter! Aujourd'hui, c'est un classique des restaurants dans toute la France.

Temps de préparation:	1 h 30
Difficulté:	facile
Recette pour:	6 personnes
Ingrédients:	
170 g de	farine
70 g de	beurre
20 g de	sucre
1 pincée de	sel
1	œuf
1,6 kg de	pommes
80 g de	beurre fondu
130 g de	sucre

Préparation

1. Pour faire la pâte: mélanger le beurre avec la farine, le sucre et le sel. Ajouter l'œuf et un peu d'eau. Mettre au frigo pendant une heure.
2. Pendant ce temps: découper les pommes, mettre le beurre fondu, le sucre et les pommes dans un moule. Mettre le moule dans le four à 200° C pendant 30 minutes.
3. Après 30 minutes, sortir le moule avec les pommes du four. Étaler la pâte, poser la pâte sur les pommes et remettre le gâteau au four pendant 25 minutes.
4. Sortir le moule du four, poser une assiette sur le moule et retourner le gâteau.

La tarte Tatin est meilleure quand elle est encore chaude.

Bon appétit!

Compréhension orale

47
DELF

2 **Tu vas entendre un enregistrement. Pour cet exercice, tu vas avoir:**

- *30 secondes pour lire les questions,*
- *une première écoute, puis 30 secondes de pause pour commencer à répondre aux questions,*
- *une deuxième écoute, puis 30 secondes de pause pour compléter tes réponses.*

Ta classe fait un échange avec un collège à Paris. Au collège, tu entends le message suivant. Écoute et trouve la bonne réponse.

1. C'est un message pour ...
   a les professeurs des élèves allemands.
   b les correspondants français et allemands.
   c les élèves qui ont cours de techno.
2. Pourquoi est-ce que la piscine ferme?
   a 
   b 
   c 

3. Où doivent aller les élèves allemands?
4. Quand est-ce qu'ils doivent y aller?
5. Quand est-ce que les cours finissent aujourd'hui pour les Allemands?
   a 11:00
   b 14:00
   c 16:30

Production écrite

DELF

3 **Sur ton portable, il y a un message de ta copine française Sandra. Elle t'invite à son anniversaire. Tu ne peux pas venir à sa fête et tu lui envoies ton cadeau avec une lettre. Dans ta lettre (60 à 80 mots) ...**

- **tu la remercies,**
- **tu dis pourquoi tu ne peux pas venir et tu t'excuses,**
- **tu proposes un autre rendez-vous (quand? où? que faire ensemble?),**
- **tu dis quel cadeau tu as choisi pour elle et pourquoi.**

> Salut toi! Enfin mes 16 ans! Je t'invite à ma fête d'anniversaire. Quand? Samedi 13 mai. Où? Chez moi. Tu as le temps de venir? Réponds-moi vite, s'il te plaît! Bisous, Sandra

Production orale

▸ p. 128
DELF

4 a **Exercice en interaction: jeu de rôle. B va à la page 128. A: Tu passes une année scolaire au Québec. Tu as perdu ton sac à dos et tu vas au secrétariat. B commence et joue le rôle du/de la secrétaire. Tu réponds à ses questions.**

1 

2 

3 
4 
5 

b **Jeu de rôle: Vous êtes dans un hôtel à Montréal. Tu es le/la réceptionniste. B arrive avec sa famille. Tu commences.**

1. Vous êtes combien de personnes?
2. C'est pour combien de nuits?
3. J'ai deux chambres à deux lits au deuxième étage.
4. C'est 76 euros par chambre.
5. Le petit-déjeuner coûte 5 euros par personne.
6. On sert le petit-déjeuner entre 7 et 10 heures.

Partenaire B

Unité 1

Seite 15

6 a **Tu es à la station de métro «Place d'Italie». A te demande le chemin. Tu lui expliques le chemin et tu le montres sur le plan de métro au début de ton livre.**

Vous prenez / Tu prends Il faut prendre	le métro le RER A/B/C/D la ligne ___	direction ___	jusqu'à ___. jusqu'à la station ___.
Vous changez et vous prenez Tu changes et tu prends			
Vous descendez / Tu descends			à la station ___.

b **Tu es à la station de métro «Place d'Italie» et tu es perdu(e). Demande le chemin à A.**

Pardon, Excusez-moi,	madame, monsieur,	pour aller	**au Louvre,** **à Levallois,** ___	s'il vous plaît? je prends quel métro? il faut prendre quelle ligne?

Merci. Au revoir.

Seite 19

5 a **A te pose des questions sur Paris. Choisis le bon endroit et réponds.** ▶ **Approches, p. 10–11**

1 aux Champs-Élysées

2 sur l'Île Saint-Louis

3 sur le Pont des Arts

4 au Louvre

b **A connaît bien Paris. Tu lui poses ces questions. A répond.** ▶ **Repères, p. 23/4**

1. On y découvre Paris sous terre. C'est où?
2. On y achète les vêtements les moins chers. C'est où?
3. On y fait des promenades en bateau. C'est où?
4. C'est un musée et on y découvre des choses très intéressantes. C'est où?

Unité 2

Seite 33

4 **Qu'est-ce que tu fais cette semaine? A pose la première question. Réponds. Puis tu continues: pose une question à A.**

Exemple: **A:** Qu'est-ce que tu fais lundi après-midi?
B: Rien. Mais le soir, je vais au cinéma avec Anne. Et toi?

	lundi	mardi	mercredi	jeudi	vendredi
après-midi		cours de piano	musée (avec toute la famille)	foot	
soir	cinéma avec Anne			faire la cuisine	fête-surprise pour Clément

Unité 3

Seite 51

3 a **A veut changer beaucoup de choses au collège. Tu es du même avis. Choisis la bonne réponse.**

Exemple: **A:** Il nous manque des médiateurs.
B: Oui, c'est vrai. Il y a trop de violence, ça suffit maintenant.

Oui, c'est vrai.	Et j'aimerais surfer sur Internet et préparer mes exposés au CDI. J'aimerais acheter des boissons à la récré. Il y a trop de violence, ça suffit maintenant.

b **Qu'est-ce qui manque? Utilise** *Il nous manque* ... **A répond.**

4

5

6

Partenaire B

Bilan 1

Seite 63

5 a A choisit un sujet. Il/Elle doit parler pendant deux minutes. Tu peux lui poser des questions pour l'aider.

DELF

la télévision

- *Combien de temps est-ce que tu passes devant la télé?*
- *Quand est-ce que tu regardes la télé et avec qui?*
- *Quelle émission est-ce que tu adores/détestes et pourquoi?*

le collège

- *Qu'est-ce que tu aimes dans ton école (ta classe, tes profs)? Pourquoi?*
- *Qu'est-ce que tu aimerais changer dans ton école (devoirs, emploi du temps, cantine ...)? Pourquoi?*
- *Quelles matières est-ce que tu préfères? Pourquoi?*

DELF b Monologue suivi: Tu dois parler pendant deux minutes sur l'un de ces sujets. Tu as deux minutes pour te préparer. A t'écoute et peut te poser des questions pour t'aider.

Manger en famille

Les technologies modernes (le portable, l'ordinateur)

Unité 4

Seite 79

7 a Qu'est-ce que tu sais faire? Réponds aux questions de A.

Exemple: A: Est-ce que tu sais danser?
B: Oui. / Non, je ne sais pas danser.

b Qu'est-ce qu'A sait faire? Pose des questions à A. ▶ Repères, p. 83/6

1

2

3

4

5

Seite 91

4 a Au voleur! A te décrit les voleurs. Tu dessines des portraits-robots*.

* **le portrait-robot** das Phantombild

b Maintenant, tu décris les voleurs 5 à 8 et A dessine des portraits-robots. Compare ses dessins à tes descriptions.
Exemple: J'ai vu le voleur / la voleuse. Il/Elle était/portait/avait ___.

Seite 93

6 Tu es le/la réceptionniste, A est le/la touriste. A commence, tu réagis. Jouez le dialogue. Puis échangez les rôles. Utilisez aussi les expressions de l'exercice 4.

DELF

=
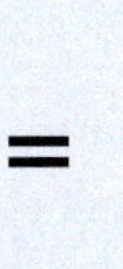

=
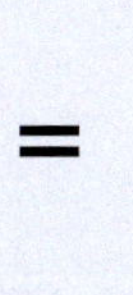

Seite 102

2 a A te pose des questions. Tu réponds à l'aide des cartes. ▶ p. 175
Exemple: A: Où se trouve Saint-Nazaire?
B: Saint-Nazaire est une ville qui se trouve à l'ouest de Nantes.

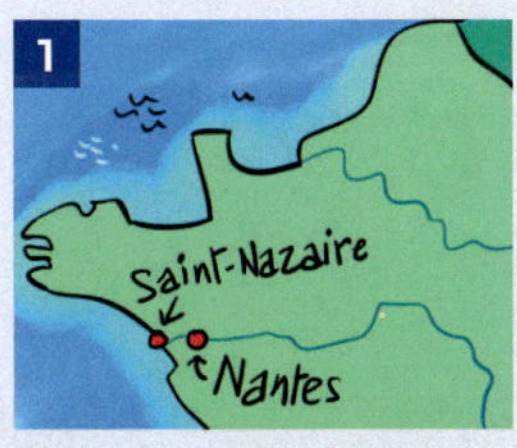

ville

département

fleuve

région

b Tu veux savoir où se trouvent ces endroits. Tu poses des questions à A.

5 le Mont Ventoux
6 Orléans
7 l'Auvergne
8 Blois

Partenaire B

Unité 6

Seite 109

3 a **A t'explique des monuments/endroits/spécialités. Tu devines de quoi A parle.**
Exemple: **A:** C'est le symbole de l'Allemagne.
B: C'est le «Brandenburger Tor»?

Kölner Dom | Spätzle | Kurfürstendamm | Brandenburger Tor

b **Maintenant tu expliques ces monuments/endroits/spécialités à A. A devine de quoi tu parles. Utilise aussi les expressions de l'exercice 109/2.**

1. Schloss Sanssouci à Potsdam
2. Oktoberfest à Munich
3. Currywurst
4. Fernsehturm à Berlin

une fête
une spécialité
une tour
un château

Bilan 2

Seite 123

4 a DELF **Exercice en interaction: jeu de rôle. Tu joues le rôle du/de la secrétaire d'un collège au Québec. A passe une année scolaire au Québec. Il/Elle a perdu son sac à dos et vient au secrétariat. Tu commences par la première question.**

1. Qu'est-ce qu'il y a? Est-ce que tu as un problème?
2. Quand est-ce que tu as vu ton sac à dos la dernière fois? C'était où?
3. Qu'est-ce qu'il y avait dans ton sac à dos?
4. De quelle couleur est ton sac à dos?
5. Est-ce que c'est un sac à dos de marque?

Tu regardes dans l'armoire du secrétariat et tu dis que quelqu'un a apporté ce sac à dos.

b **Jeu de rôle: Vous êtes dans un hôtel. Avec ta famille, tu es à Montréal. A commence et joue le rôle du/de la réceptionniste. Réponds à ses questions et pose, toi aussi, des questions.**

1

2

3

4

5

Unité 1

Seite 13

DELF

3 **Gustave est dans la classe de Laetitia. Il arrive toujours en retard au collège. Il doit expliquer à sa prof ce qu'il fait le matin avant l'école.**
Raconte à sa place. Utilise les verbes pronominaux.
▶ **Repères, p. 22/2**

se coiffer   se dépêcher
se doucher   se lever   s'habiller

1. À sept heures et demie, je ?.
2. À huit heures moins vingt, je ?.
3. À huit heures moins le quart, je ?.
4. À huit heures moins dix, je ?.
5. À huit heures moins cinq, je ? pour ne pas être en retard au collège.

4 **Ibrahim est le voisin de Laetitia. Voilà sa journée. Complète par ces verbes.** ▶ **Repères, p. 22/2**

aller   avoir   détester   être   faire   manger (2x)   prendre   se coucher
se dépêcher   se doucher   se lever   s'habiller

Moi, je ? le lundi! Le lundi, je ? toujours à sept heures. Je ? et je ?. Après, je ? deux tartines avec un peu de confiture et je ? un café avec ma mère. J'aime bien passer le matin comme ça avec elle. À sept heures et demie, je ? à l'école à vélo. J'? cours de huit heures à dix-sept heures. C'? l'horreur! Il faut toujours ? parce qu'il faut ? les devoirs avant le dîner. Toute la famille ? ensemble à vingt heures. À vingt-deux heures, je ?.

Seite 17

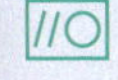

3 a **Tu es dans un café à Paris. Regarde le menu.**
Qu'est ce que tu prends?
Exemple: Je voudrais un coca.

Menu touriste
Entrée: *salade du chef* ***ou*** *salade de tomates*
Plat: *poulet au curry* ***ou*** *poisson grillé* ***ou*** *quiche aux légumes*
Dessert: *gâteau aux pommes* ***ou*** *glace au citron*
Boissons: *jus d'orange, coca, eau minérale*

Pour moi, Je voudrais Je prends	une eau minérale / un coca / un jus d'orange, la salade du chef / la salade de tomates, le poulet au curry / le poisson grillé / la quiche aux légumes, un gâteau aux pommes / une glace au citron,	s'il vous plaît.

b **Écoute et réagis.**
Exemple: – Qu'est-ce que vous prenez comme boisson?
– Moi, je voudrais un coca.

//● Différenciation

Seite 17

4 a **Hannah est dans un restaurant avec ses amis qui ne parlent pas français. Retrouve d'abord pour chaque question/phrase allemande la question/phrase correspondante en français.** ▶ **Repères, p. 23/3**
Exemple: Bedienen sie noch? → Est-ce qu'ils servent encore?

1 **Max:** Bedienen sie noch?
2 **Nora:** Ich nehme Wasser.
3 **Clea:** Haben sie auch Fisch?
4 **Leon:** Gibt es Schnecken als Vorspeise?
5 **Paula:** Gibt es Eis?
6 **Tim und Nadja:** Wir nehmen das Menü für 15 Euro.

A Nous prenons le menu à 15 euros.
B Je prends de l'eau.
C Est-ce qu'ils servent encore?
D Est-ce qu'il y a des glaces?
E Est-ce qu'il y a des escargots en entrée?
F Est-ce qu'ils ont aussi du poisson?

b **Qu'est-ce que Hannah dit au garçon de café?**
Utilise: *Il/Elle dit que* ___. / *Il/Elle demande si* ___.
Exemple: Est-ce qu'**ils servent** encore?
→ Il demande si **vous servez** encore.

Il demande si/s'	? encore.
Elle demande si/s'	? de l'eau.
Il dit que/qu'	? aussi du poisson.
Elle dit que/qu'	? des escargots en entrée.
	? des glaces.
	? le menu à 15 euros.

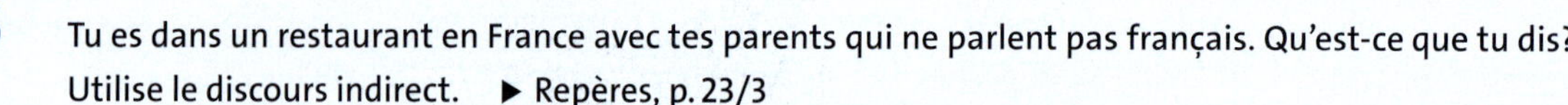

6 **Tu es dans un restaurant en France avec tes parents qui ne parlent pas français. Qu'est-ce que tu dis? Utilise le discours indirect.** ▶ **Repères, p. 23/3**

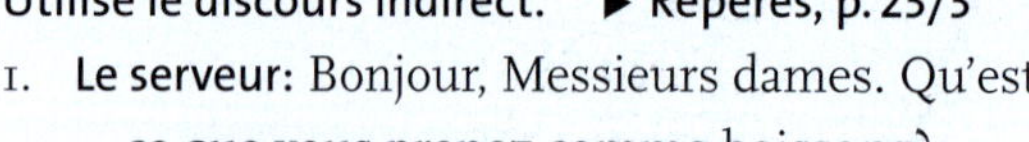

1. **Le serveur:** Bonjour, Messieurs dames. Qu'est-ce que vous prenez comme boissons?
   Toi à tes parents: ?
2. **Ton père:** Mama ist ein bisschen müde und möchte gern einen Kaffee. Ich hätte gern ein Mineralwasser. Und was möchtest du trinken?
   Toi au serveur: ?
3. **Le serveur:** Et voilà le menu. Aujourd'hui, il y a des escargots en entrée. Comme plats, il y a du poulet au citron ou des spaghettis aux fruits de mer*.
   Toi à tes parents: ?
4. **Ton père:** Das Menu ist nicht schlecht. Ich nehme die Schnecken und die Spaghetti.
   Toi au serveur: ?
5. **Le serveur:** D'accord. Et vous, madame, vous prenez aussi des escargots?
   Toi à ta mère: ?
6. **Ta mère:** Schnecken? Igitt! Fragst du bitte, ob sie auch vegetarische Gerichte haben?
   Toi au serveur: ?
7. **Le serveur:** Oui. Vous pouvez prendre une salade verte et une quiche aux légumes.
   Toi à ta mère: ?
8. **Ta mère:** Einverstanden, das klingt gut. Ich nehme dann bitte als Vorspeise den grünen Salat und dann die Gemüse-Quiche.
   Toi au serveur: ?
9. **Le serveur:** Très bien, madame. Merci. Et vous? Qu'est-ce que vous prenez? Je vous écoute.
   Toi au serveur: ?
10. **Ton père:** Frag doch bitte, ob es Eis als Nachtisch gibt.
    Toi au serveur: ?
11. **Le serveur:** On ne sert pas de glaces. Mais il y a du gâteau au citron.
    Toi à tes parents: ?
12. **Ta mère:** Ich nehme den Zitronenkuchen. Papa möchte keinen Nachtisch. Er isst dann später in der Stadt ein Eis. Und du? Nimmst du auch den Kuchen?
    Toi au serveur: ?

* **les fruits de mer** *m. pl.* die Meeresfrüchte

Unité 2

Seite 34

//O **3** **Et vous? Quand est-ce que vous écoutez de la musique?**
Exemple: Moi, j'écoute de la musique quand je range ma chambre.

quand	je suis malheureux/-euse je suis heureux/-euse je fais mes devoirs / du sport ___

Seite 37

//O **3** **Tu veux regarder un film / une émission et tu dois convaincre[1] ton ami(e). Trouve six arguments. Fais attention à la place et à l'accord des adjectifs.** ▶ Repères, p. 41/5
Exemple: Je voudrais regarder «Men in Black» parce qu'il y a des monstres horribles.
Et il y a un bon acteur: Will Smith.

bon(s)/bonne(s)	monstre(s)	célèbre(s)
jeune(s)	personnage(s)[2]	américain(s)/américaine(s)
grand(s)/grande(s)	animal/animaux	drôle(s) triste(s)
joli(s)/jolie(s)	musique	formidable(s) horrible(s)
long(s)/longue(s)	scène(s)	intéressant(s)/intéressante(s)
petit(s)/petite(s)	acteur(s)/actrice(s)	joyeux/joyeuse(s)
		courageux/courageuse(s)

1 **convaincre qn** jdn überzeugen
2 **le personnage** die Figur

//O **4 a** **Qu'est-ce qui va ensemble? Trouve des expressions pour parler de films. Note les adjectifs avec les noms correspondants dans ton cahier.** ▶ Repères, p. 41/4
Exemple: un beau film

un	beau	scènes d'aventure
une	bel	acteur
des	belle	exemple
	beaux	chiens
	belles	femme

un	vieux	bateau
une	vieil	voitures
des	vieille	série
	vieux	film
	vieilles	livres

un	nouveau	ami
une	nouvel	émission
des	nouvelle	effets spéciaux
	nouveaux	histoires
	nouvelles	reporter

b **Complétez d'abord par *beau*, *nouveau*, *vieux*. Utilisez les expressions de a. Faites attention à l'accord de l'adjectif. Puis posez les questions et répondez.**
Exemple: **A:** Comment s'appelle le **vieux** film avec ___? **B:** C'est ___.

1. Comment s'appelle le ? film avec ___?
2. Est-ce que tu trouves que ___ est un ? acteur?
3. Comment s'appelle le ? ami de ___?
4. Quelle ? série est-ce que tu préfères?

//● Différenciation

Unité 3

Seite 49

4 **Noah parle de ses expériences à sa copine. Qu'est-ce qu'il lui raconte? Compare et utilise** *plus*/*moins*/*aussi ... que*/*qu'*. **Fais attention à l'accord des adjectifs.** ▶ Repères, p. 58/1

Exemple: Les journées au collège allemand sont moins longues qu'en France.

1. Les journées au collège allemand sont ? en France. *(long)*
2. Leur prof de physique est ? notre prof. *(sévère)*
3. Je crois que nous sommes ? les élèves allemands. *(stressé)*
4. Je crois qu'ils sont ? pour l'anglais que nous. *(motivé)*
5. Je trouve que notre cours de maths est ? le cours de maths allemand. *(intéressant)*
6. Une chose est pareille: les filles de la 9B sont ? les filles de notre collège. *(joli)*
7. Mais toi, tu es ? et ? toutes les filles du monde ... *(sympathique, drôle)*

Seite 53

4 **Il faut agir! Complète les slogans par les formes des verbes** *agir*, *choisir*, *finir* **ou** *réfléchir*.

▶ Verbes, p. 147

1 *Tu adores la nature? ? pour l'écologie! Il n'est pas encore trop tard ...* *(agir)*

2 *Participez à notre action! Ne ? plus! ? maintenant!* *(réfléchir/agir)*

3 *Nous voulons sauver la Terre: ? ensemble pour la planète.* *(agir)*

4 *Le festival commence. ? vos films préférés!* *(choisir)*

5 *Tu as envie de t'engager dans ton collège? ? ton projet ici!* *(choisir)*

6 *Aidons les taureaux. La corrida, c'est bientôt ?!* *(finir)*

Unité 4

Seite 73

4 **Marion parle de son stage. Complète par les bons verbes au passé composé.**

▶ Repères, p. 82/1

s'amuser
se dépêcher
se lever
s'ennuyer
s'habiller
s'occuper (2x)

Je ? à 6 heures. Puis, je ? pour le travail. Je ? pour être au garage à 8 heures avec mon ami Paul. Malheureusement, on ne ? pas ? des voitures, c'était dommage. Mais nous ? des motos*. Donc, nous ne ? pas ? du tout. Le truc qui nous a vraiment plu: On a pu faire un tour sur une Harley Davidson avec un autre mécanicien. On ?!

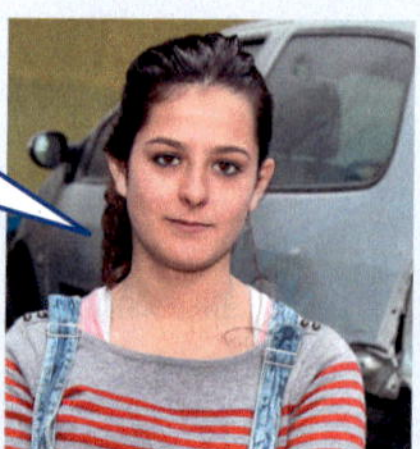

* **la moto** das Motorrad

Seite 75

3 C'est l'été et tu es baby-sitter dans une famille. Ta mère t'écrit mille textos par jour. Qu'est-ce que tu viens de faire? Qu'est-ce que tu es en train de faire? Réponds. ▶ Repères, p. 82/2

Exemple: Je viens d'acheter du pain et je suis en train de faire des tartines.

acheter / faire des tartines

dessiner des monstres / découper les monstres

jouer aux cartes / ranger la chambre

faire la cuisine / manger

regarder la télé / raconter une histoire

chanter / dire «Bonne nuit!»

Seite 77

4 Maëva a fait son stage dans un magasin de mode. Complète. Utilise l'imparfait ou le passé composé.
▶ Repères, p. 83/4

Hier, Maëva ? au magasin de mode «Richardeau» à 8 heures. D'abord, elle ? bonjour aux deux vendeuses, Carla et Frédérique. Comme tous les matins, elles ? un café au lait. Maëva ? son sac à côté d'une chaise. Puis, elle ? des boîtes de vêtements. Comme toujours, il y ? des vêtements très chers dans les boîtes. Tout à coup, le café de Frédérique ? sur les vêtements. C' ? la cata!

avoir	dire
être	ouvrir
mettre	prendre
arriver	tomber

Seite 79

6 b Invente trois autres situations.

Exemple: Je **sais** danser. Mais là, je ne **peux** pas parce qu'il n'y a pas de musique.

 tanzen, Kuchen backen, Fahrrad reparieren, in einer Band spielen, mehrere Sprachen sprechen, mit dem Computer arbeiten, surfen und klettern	 mais là, je ne peux pas	**parce qu' / parce que** il n'y a pas de musique. je n'ai pas le temps. je n'ai plus de sucre. je ne connais personne. j'ai perdu ma guitare. je n'ai pas encore fait mes devoirs. je n'ai jamais utilisé Excel.

//● Différenciation

Unité 5

Seite 91

5 a **Au commissariat, un jeune homme déclare un vol. Retrouve les questions de l'agent de police qui correspondent aux réponses de la victime.**

A Qu'est-ce qu'il y avait dans votre sac à dos?
B Où est-ce que vous étiez?
C Qu'est-ce qui s'est passé?
D Le jeune homme était comment?
E Il était quelle heure?
F Qu'est-ce que vous faisiez?

1 J'étais dans la station de métro Porte d'Orléans.
2 Il était 20 heures.
3 Je lisais un livre et je ne faisais pas attention à mon sac à dos.
4 Un jeune homme a pris mon sac à dos et il est parti vite.
5 Il était petit et il avait les cheveux blonds. Il portait un jean et une veste grise.
6 Dans mon sac à dos, il y avait mon porte-monnaie avec ma carte d'identité, 15 € et mes lunettes de soleil.

b **Écoutez le dialogue au commissariat et comparez avec vos solutions de a.**

Seite 93

4 **Écoute le dialogue encore une fois et lis en même temps. Comment est-ce qu'on dit en français? Écris dans ton cahier.**

La dame de l'auberge de jeunesse: Auberge de jeunesse Angers, bonjour!
Karim: Bonjour madame, est-ce que vous avez encore de la place pour quatre personnes?
La dame: Oui, des garçons ou des filles?
Karim: Deux filles et deux garçons.
La dame: C'est pour combien de nuits?
Karim: Je ne sais pas encore ... une nuit ou peut-être deux!
La dame: Alors, pour cette nuit, ça va. J'ai encore deux places dans une chambre de garçons et trois places dans une chambre de filles. Mais pour demain, c'est complet!
Karim: Alors, nous prenons les chambres pour cette nuit. Ça coûte combien?
La dame: C'est 17 euros par personne.
Karim: C'est avec ou sans le petit-déjeuner?
La dame: ... avec le petit-déjeuner.
Karim: Pardon? Je n'ai pas de réseau. Vous pouvez répéter, s'il vous plaît?
La dame: C'est 17 euros par personne avec le petit-déjeuner. On sert le petit-déjeuner entre 8 et 9 heures. Vous pouvez aussi utiliser la cuisine le soir. Il y a un frigo pour mettre vos courses.
Karim: C'est d'accord! On prend les quatre places. On arrive dans une heure.
La dame: Merci, au revoir!

Wie wird gefragt ...

1. *ob es Platz für vier Personen gibt?*
2. *wie lange die Gäste bleiben wollen?*
3. *wie viel das Zimmer kostet?*
4. *ob das Frühstück im Preis inbegriffen ist?*
5. *wenn man etwas nicht verstanden hat?*

FRAGEN

So wird gesagt ...

6. *wie viel die Übernachtung pro Person kostet.*
7. *wann es Frühstück gibt.*
8. *dass die Gäste die Küche benutzen dürfen.*
9. *dass es einen Kühlschrank gibt.*
10. *dass man das Zimmer nimmt.*

Seite 93

5 a **Tes copains et toi, vous êtes dans une auberge de jeunesse en France et vous avez rencontré un groupe de Français. Vous avez beaucoup de questions. Qu'est-ce qu'il faut dire en français? Retrouve les questions correspondantes.** ▶ Repères, p. 101/3

1. Lea: Was gibt es denn zum Frühstück?
2. Max: Was können wir am Sonntag besichtigen?
3. Lea: Was hat euch in Angers gefallen?
4. Max: Was interessiert euch?
5. Lea: Was isst man in dieser Region?
6. Max: Was ist bei der Party in der Jugendherberge gestern passiert?

A **Qu'est-ce qui** s'est passé à la fête de l'auberge de jeunesse hier?
B **Qu'est-ce qu'**on mange dans cette région?
C **Qu'est-ce qu'**il y a au petit-déjeuner?
D **Qu'est-ce qu'**on peut visiter le dimanche?
E **Qu'est-ce qui** vous a plu à Angers?
F **Qu'est-ce qui** vous intéresse?

b **Pose les questions de a au groupe de Français. Utilise *il/elle veut savoir ce qui/ce que*.**
Exemple: Elle veut savoir ce qu'il y a au petit-déjeuner.

Qu'est-ce qu'il y a au petit-déjeuner?
→ **Elle veut savoir ce qu'**il y a au petit-déjeuner.

Seite 95

3 **Pauline continue son blog. Imparfait ou passé composé? Complète par les formes des verbes.** ▶ Repères, p. 100/2

aller arriver être (2x) faire (3x) jouer rester retrouver visiter

Jeudi, nous ? à La Baule. D'abord, nous ? à la plage. On ? de la planche à voile et puis, on ? au volley. C' ? cool. Mais il ? très chaud.
Vendredi, on ? du bateau. Malheureusement sans Jérôme parce qu'il ? malade. Samedi, Charlotte et Karim ? au camping avec lui et moi, j' ? Loïc à Nantes et on ? la ville ensemble. 😍

Seite 97

4 **Mardi, au café Ubu, Émilie raconte à Pauline comment s'est passée sa fête d'anniversaire. Transforme les adjectifs en adverbes. Puis complète l'histoire d'Émilie.** ▶ Repères, p. 101/4
Exemple: Malheureusement, tu n'as pas pu venir à ma fête.

gratuit heureux horrible long malheureux probable vrai

malheureux → malheureu**se** → malheureu**sement**

1. ?, tu n'as pas pu venir à ma fête. C'est ? dommage.
2. Il y avait plein de monde: tous nos copains étaient là et ils ont chanté ?. C'était l'horreur!
3. J'ai eu un super cadeau: un bon* pour aller ? au cinéma pendant un mois.
4. La fête était géniale: tout le monde s'est amusé, on a rigolé et dansé. Mais on a fait trop de bruit et quelqu'un a appelé la police. C'étaient ? les voisins du troisième étage.
5. J'ai parlé ? avec la police et on a baissé la musique. ?, ils sont partis et on a pu continuer la fête.

* **le bon** der Gutschein

//● Différenciation

Unité 6

Seite 107

//○ **3 a** **Lore, Charles, Alassane et Halima se rencontrent à Paris. Ils ont beaucoup de questions (nom, âge, pays/région/ville, langues, spécialités, autres informations). Écris leurs questions dans ton cahier.**

1 Tu t'appelles	A est-ce qu'on parle dans ton pays?
2 Tu as	B tu viens?
3 Tu habites	C où?
4 D'où est-ce que	D comment?
5 Quelles langues	E on mange chez toi?
6 Qu'est-ce qu'	F quel âge?
7 C'est	G des forêts chez toi?
8 Est-ce qu'il y a	H est-ce que tu parles?
9 Quelles langues	I comment chez toi?

Seite 113

//○ **6** **Djiraël va dans la forêt. Il parle au vent «l'Harmattan» qui porte ses questions à son père. Imagine et raconte ce que Djiraël dit et demande à son père. Parle aussi de ses émotions.** ▶ **Les mots pour le dire, p. 216/4**

Exemple: Papa, pourquoi est-ce que tu ___

Je suis fier parce que ___
J'étais furieux parce que ___
Je n'ai jamais compris pourquoi ___
Pourquoi est-ce que ___?
___

Seite 115

//○ **5** **À l'office de tourisme de Montréal, les touristes ont beaucoup de questions. Complète les réponses par les pronoms** *le, la, les, y* **ou** *en*. ▶ **Repères, p. 119/4**

Exemple: Ça vaut la peine de monter **sur le mont Royal**? → Oui. Montez-**y**. La vue est super!

1. Ça vaut la peine de monter **sur le mont Royal**? → Oui. Montez-?. La vue est super!
2. Est-ce qu'on peut photographier **les caribous**? → Bien sûr. Photographiez-? très tôt le matin.
3. Est-ce qu'il faut rester à Montréal pour **le festival des Francofolies**? → Oui, profitez-?. Ça vaut la peine!
4. Est-ce qu'on peut voir des baleines **dans la baie**? → Oui, mais n'? allez pas trop tard!
5. Quand est-ce que **la forêt** est plus belle: au printemps ou en automne? → Découvrez-? en automne. C'est magnifique.

monter sur qc
photographier qc/qn
profiter de qc/qn
aller à/en/dans/sur qc
découvrir qc/qn

Méthodes

Compréhension orale | Hörverstehen

TIPP Nutze die CD in deinem *Carnet d'activités*. Dort findest du alle Unité-Texte zum Anhören als MP3-Dateien. Hör dir auch französische Lieder an. Du musst nicht alles verstehen, aber je öfter du Französisch hörst, desto mehr wirst du verstehen.

1 Compréhension globale | Hören und verstehen, worum es geht

Es gibt drei Fragen, die dir helfen, Hörtexte grob zu verstehen:

1. **Qui parle?** (Wer?)
2. **C'est où?** (Wo?)
3. **De quoi est-ce qu'ils parlent?** (Was?/Worüber?)

TIPP Achte auf den Klang der Stimmen und auf Geräusche. Dadurch erhältst du zusätzliche Informationen über Stimmungen und Orte.

Probiere es gleich aus:

1 *Écoute le dialogue deux fois et regarde le dessin. Qui parle?*

2 *De quoi est-ce qu'on parle? Réponds.*

3 *Compare tes résultats avec ton/ta partenaire.*

2 Compréhension sélective | Einzelne Informationen heraushören (ab Unité 3/B)

Lies zuerst die Aufgabenstellung: Welche Art von Hörtext (Telefongespräch, Durchsage ...) erwartest du und welche Wörter könnten darin vorkommen? Mache dir klar, wonach gefragt wird.
Beim Hören achtest du nur auf die Informationen, nach denen in der Aufgabe gefragt wird. Bereite dir eine Tabelle vor, in der du die Antworten als Stichworte eintragen kannst.

Probiere es gleich aus:

Ce sont les vacances. Miriam est à Paris et son frère Thierry est en colonie de vacances. Ils parlent au téléphone. Réponds aux questions:
1. *Quelles activités est-ce qu'ils font?* 2. *Qu'est-ce qu'ils trouvent bien?* 3. *Qu'est-ce qu'ils ne trouvent pas bien?*
4. *Qu'est-ce qu'ils voudraient changer?*

1 Lies die Aufgabe und sammle Wörter, die du im Gespräch erwartest, in einer Mindmap.

2 Bereite eine Tabelle passend zur Aufgabenstellung vor. Hör zu und notiere die Antworten in der Tabelle.

3 Écouter en détail et prendre des notes | Das Gehörte genau verstehen und Notizen machen (ab Unité 1/B)

Bei einigen Höraufgaben musst du Texte im Detail verstehen. Dann ist es besonders hilfreich, wenn du dir beim Hören Notizen machst. Wenn du etwas nicht verstehst, höre trotzdem weiter zu und lass an dieser Stelle eine Lücke. Beim nächsten Hördurchgang ergänzt du, was du beim ersten Hören nicht genau verstanden hast.
Da beim Hören alles sehr schnell geht:

- Notiere nur einzelne Wörter, keine ganzen Sätze.
- Lass Artikel, Präpositionen und andere unnötige Wörter weg, z. B. *3 équipes + joueurs* (= *les trois équipes avec tous les joueurs*).
- Verwende Abkürzungen, z. B. *km* (= *kilomètres*).
- Verwende statt Wörtern Symbole, z. B.
  = → ! ☼ ♪ – + > ☺ ♀ ♥

Probiere es gleich aus:

1 A liest vor. B hört zu und macht sich Notizen. Am Ende fasst B zusammen und A vergleicht.
Pour aller au Louvre, tu tournes à droite au bout de la rue. Puis, tu continues tout droit jusqu'à la station de métro. Tu prends la ligne 8 jusqu'à «Concorde». Là, tu changes et tu prends la ligne 1. Tu descends à «Palais Royal Musée du Louvre».

2 Tauscht die Rollen.
Pour aller à la Fnac, tu vas en bus. Tu prends la ligne 2 direction «Place de France» et tu descends à «Comédie». Là, tu traverses La Place de la Comédie et tu tournes à gauche. Tu continues jusqu'au Polygone. C'est là.

Expression orale | Sprechen

4 Avant | Vor dem Sprechen ▶ Fiches d'expression orale A, B, C et D, p. 138–140

Verwende die *Fiches* und die *Mots pour le dire* zur Vorbereitung für Dialoge, Rollenspiele und Präsentationen. Sie enthalten nützliche Redemittel und Strukturhilfen zu bestimmten Themen. Schreibe deinen Text auf und lerne ihn auswendig. Um deine Aussprache zu trainieren, trage ihn deinen Eltern oder Freunden vor oder sprich ihn laut vor dem Spiegel.

5 Pendant | Während des Sprechens

Deine Mitschüler und Mitschülerinnen hören dir besser zu, wenn du langsam, laut und deutlich sprichst. Halte Blickkontakt und versuche, möglichst frei zu sprechen.

TIPP Vor deinem Vortrag erklärst du deinen Mitschülern und Mitschülerinnen unbekannte Wörter, die du verwendest, und schreibst sie an die Tafel oder auf eine Folie.

6 Après | Nach dem Sprechen

Lass dir Rückmeldung zu deinem Vortrag/Dialog/Rollenspiel geben. Vorschläge für die Bewertung von mündlichen Vorträgen findest du in ▸ Les mots pour le dire, p. 222/28.

TIPP Am Ende deines Vortrags bedankst du dich für die Aufmerksamkeit und forderst dein Publikum auf, dir Fragen zu stellen.

7 Fiches d'expression orale

A Au restaurant (Unité 1/C)

Ankommen, Bestellen, Nachfragen	Est-ce que vous avez une table pour (deux) personnes? Est-ce que vous servez encore? Je voudrais (un coca) et (des frites). Je prends le menu à (10) euros. En entrée, je prends (la salade verte). Comme plat, je prends (les spaghettis). Comme dessert, je prends (le gâteau à la pomme). Est-ce que vous avez aussi des plats végétariens? Qu'est-ce que vous avez comme (dessert)? Excusez-moi, (la salade du chef), qu'est-ce que c'est? Moi, je prends (la salade) mais sans (tomates), c'est possible? Pardon, est-ce que vous pouvez nous apporter (une salade), s'il vous plaît?
Sich über das Essen austauschen	Le menu est très cher / n'est pas mal. C'est bon. Je n'aime pas (la viande). J'aime bien manger (du poisson).
Reklamieren oder loben	Excusez-moi, mais (mon plat) n'est pas chaud. J'ai pris une (salade végétarienne) mais il y a du (poulet) dans (cette salade). C'était très bon, merci.
Bezahlen	L'addition, s'il vous plaît.
Fragen und Auskünfte des Kellners / der Kellnerin	C'est pour combien de personnes? Est-ce que c'est pour manger? Qu'est-ce que vous prenez comme (boisson)? On ne sert pas de glace mais comme dessert, il y a du gâteau au citron. Je vous apporte tout de suite (votre salade).

B Au commissariat (Unité 5/A)

Eine Anzeige aufgeben	Bonjour, monsieur/madame. Je voudrais faire une déclaration de vol.
Angaben zur eigenen Person machen	Je m'appelle ____. / Je suis né(e) le ____. / Mon adresse, c'est ____. / Mon numéro de téléphone, c'est le ____.
Beschreibung des Gegenstandes (Was wurde gestohlen)?	On m'a volé mon (sac à dos). Il est (rouge). Dans mon sac à dos, il y avait (mon nouveau portable), (de l'argent), (des lunettes de soleil) et (ma carte d'identité).
Beschreibung des Tathergangs (Was ist passiert?)	Il était (20 heures). J'étais dans la rue (du marché) quand deux types sont arrivés. Je n'ai pas vu le voleur. / J'ai vu la voleuse. Il/Elle était (jeune/grand(e)/petit(e)/costaud). Il/Elle avait les cheveux (bruns/noirs/blonds). Il/Elle portait (des vêtements noirs / une veste grise). Je crois qu'il/elle avait (20) ans. Ils sont passés derrière moi. Ils ont pris mon (sac à dos). Ils sont partis très vite vers le centre-ville. Je n'ai rien pu faire. Il y avait trop de monde. / Il n'y avait personne.

C À la réception (Unité 5/B)

Sich nach einem Platz / einem Zimmer erkundigen	Bonjour, je voudrais une chambre simple[1] / double[2] / pour (quatre) personnes. Est-ce que vous avez encore une place / deux places pour une nuit?
Den Preis erfragen	Ça coûte combien par nuit/personne/tente? Ça coûte combien avec le petit-déjeuner? Est-ce que vous avez une chambre moins chère?
Weitere Informationen erfragen und Wünsche äußern	Je voudrais une chambre avec salle de bains. Est-ce qu'il y a une cuisine/télé? À quelle heure est-ce que vous servez le petit-déjeuner? Est-ce que je peux utiliser mon sac de couchage? Est-ce que vous avez la WIFI? Ça coûte combien (10 minutes) sur Internet? Quand est-ce que vous fermez le soir?
Informationen zur Umgebung einholen	Est-ce qu'il y a (un supermarché) près d'ici? Est-ce qu'il y a une station de métro / un arrêt de bus près d'ici? Avez-vous un plan de la ville? Où est-ce qu'on peut aller (manger/danser)?
Sich entscheiden	On prend la chambre pour deux nuits avec le petit-déjeuner. D'accord. Je suis désolé(e) mais c'est trop cher.
Auskünfte an der Rezeption	J'ai deux places/chambres. Je suis désolé(e), on est complet. C'est (17) euros la tente / la chambre / par personne. On sert le petit-déjeuner entre (7) heures et (10) heures. Vous pouvez utiliser la cuisine / le frigo / l'ordinateur / la télé. La réception est fermée entre (23) heures et (6) heures du matin.

1 **une chambre simple** ein Einzelzimmer
2 **une chambre double** ein Doppelzimmer

D Faire une présentation (Unités 1, 2, 5, 6 et Module A)

Einleitung

Aujourd'hui, je vais vous parler de (mon film préféré / d'un livre que j'ai lu).
Je vous explique d'abord les nouveaux mots que je vais utiliser.

Buchvorstellung

Mon livre préféré, c'est ____.
J'ai choisi ____ parce que ____.

Autor

L'auteur s'appelle ____. Ses livres sont très célèbres.
Il/Elle est Allemand(e)/Anglais(e)/____.

Thema, Genre

C'est un livre d'amour / d'horreur / d'aventure / de science-fiction formidable / très intéressant / vraiment cool.

Handlung, Figuren

C'est l'histoire de ____. / L'histoire se passe en ____.
Mon personnage[1] préféré, c'est ____. Il/Elle est petit(e)/grand(e)/courageux/courageuse/malheureux/malheureuse/____.
Je vais vous lire un extrait[2] du livre.

Filmvorstellung

Le film que je vous présente s'appelle ____.
Mon film préféré, c'est ____.

Regie, Schauspieler

Le réalisateur / la réalisatrice s'appelle ____.
____ joue le rôle principal.
Les acteurs sont très connus: ce sont ____ et ____.
Les acteurs sont bons/nuls/beaux. / Les acteurs jouent bien.

Thema, Genre

C'est un film d'animation / d'action / d'amour.
C'est une comédie.

Handlung, Figuren

Le film raconte l'histoire de____. Il y a des scènes géniales qui sont très drôles/intéressantes/____.
Mon personnage[1] préféré, c'est ____.
Je vais vous montrer ma scène préférée / la bande-annonce.

Meinung

En général, les histoires de / d'____ ne me plaisent pas trop.
Je préfère les livres/films ____ mais je trouve que (cette comédie) est drôle/intéressante et j'ai bien rigolé.
En plus, je trouve que le message du livre/film est important: ____.
Ce film/livre me plaît parce que ____. J'adore le personnage[1] de ____.

Schluss

Merci de votre attention.
J'espère que vous avez bien aimé la présentation.
Est-ce que vous avez des questions?
Je vous ai préparé un quiz.

1 **le personnage** die Figur
2 **l'extrait** *m.* der Auszug

Compréhension écrite | Leseverstehen

8 Lire le texte | Lesen und verstehen, worum es geht

Gehe beim Lesen schrittweise vor:

1. Schau dir zuerst den Text an und überlege, um was für eine Textsorte (Zeitungsartikel, Blog ...) es sich handelt. Stelle Vermutungen an, worum es in dem Text geht. Überschriften und Bilder liefern dir zusätzliche Informationen.
2. Überfliege den Text, um dir einen Überblick über das Thema zu verschaffen. Achte dabei auf Schlüsselwörter, die du verstehst.
3. Lies jetzt den Text genau. Stelle die „W"-Fragen (► 10/3, p. 141).

TIPP Beim Lesen musst du nicht jedes Wort verstehen. Wenn du unbekannten Wörtern begegnest, lies einfach weiter!

9 Repérer les informations recherchées | Einzelne Informationen herauslesen

Lies die Aufgabenstellung immer genau, bevor du die Aufgabe löst. Welche Informationen werden gesucht? „Scanne“ den Text nur nach diesen Informationen ab.

Probiere es gleich aus:

1 Lies die vier Anzeigen S. 70–71. Wie viel kann man bei den einzelnen Ferienjobs verdienen?

TIPP Halte nur nach Zahlen Ausschau. Alles andere kannst du überlesen.

10 Comprendre un texte en détail | Einen Lesetext im Detail verstehen

Du hast nach dem ersten Lesen grob verstanden, worum es in einem Text geht. Um den Text ganz zu „knacken“, kannst du verschiedene Methoden ausprobieren:

1. Einen Text in Sinnabschnitte gliedern
Besonders bei schwierigen und längeren Texten kann es dir helfen, den Text für dich zu gliedern. Teile den Text in Abschnitte ein, z. B. nach Einleitung, Themen, Schluss.

Probiere es gleich aus:

Unter www.cornelsen.de/webcodes ATOI-3-141 findest du einen Text auf einem Arbeitsblatt.

1 Teile den Text durch Markierungen in Sinnabschnitte ein.

2 Gib jedem Sinnabschnitt eine Überschrift. Diese kannst du für dich auf Deutsch formulieren.

2. Mit „Verstehensinseln“ arbeiten
Markiere im Text, was du schon verstanden hast und was du noch „knacken“ musst:
- Lies jeden Abschnitt und markiere darin alles, was du verstehst. Das sind deine „Verstehensinseln“.
- Schau dir diese „Verstehensinseln“ genauer an. Welche Wörter und Informationen kannst du dir nun um sie herum erschließen? Nutze dazu auch Worterschließungstechniken (Kennst du Wörter aus anderen Sprachen oder der Wortfamilie?).

3. Die „W“-Fragen beantworten

	Abschnitt 1	Abschnitt 2	
wer? (qui?)			
wo? (où?)			
wann? (quand?)			
was? (quoi?)			
wie? (comment?)			
warum? (pourquoi?)			

Probiere es gleich aus:

1 Lies den Text (ATOI-3-141) genau und fülle die Felder deiner Tabelle mit den Informationen aus, die du verstehst. Gib die Zeilen an, in denen du die Informationen gefunden hast.

Expression écrite | Schreiben

11 Avant | Vor dem Schreiben

Mach dir vor dem Schreiben klar,
- was dein Schreibziel ist: Sollst du z. B. eine Bewerbung, eine E-Mail oder eine Geschichte schreiben?
- wer dein Adressat ist: Wem oder für wen schreibst du?
- welche inhaltlichen Punkte die Aufgabe fordert.

TIPP Weitere Tipps zum Schreiben findest du in ▸ Module B, p. 65.

12 Pendant | Während des Schreibens ▶ Fiches d'expression écrite E et F, p. 142–143

Beim Schreiben kannst du dich an den *fiches d'expression écrite* orientieren. Sie bieten dir Ideen für den Inhalt und helfen dir, deinen Text zu strukturieren.

13 Après | Nach dem Schreiben

Beim Überarbeiten deines Textes achtest du auf Inhalt, Stil und Sprache:
- Hast du zu allen Punkten der Aufgabe etwas geschrieben?
- Hast du deinen Text sinnvoll gegliedert?
- Hast du Wiederholungen vermieden? (*le copain → il, lui, le; le livre de mon copain → son livre*)
- Hast du mit Hilfe des Fehlerfahnders deinen Text auf Fehler überprüft? Unter www.cornelsen.de/webcodes ATOI-3-142 findest du den Fehlerfahnder als Arbeitsblatt zum Downloaden.

14 Fiches d'expression écrite

E Lettre de motivation (Unité 4/B)

Absender	Max Meier Wilhelmstraße 12 D-72072 Tübingen
Empfänger	Monsieur/Madame Durand 10 rue de la fontaine F-13100 Aix-en-Provence
Datum	Tübingen, le 2 mars 2016
Anliegen/Betreff	Objet: (Stage d'été dans votre magasin)
Anrede	Madame,/Monsieur, (wenn du die Person nicht kennst) Madame la Directrice, / Monsieur le Directeur, (wenn du die Funktion der Person kennst) Chère madame, / Cher monsieur, (wenn du die Person schon kennst)
Einleitung	Je viens de lire votre annonce du (3 mars) sur (le stage / le job d'été).
Bewerbung	Je voudrais poser ma candidature comme (vendeur dans votre magasin).
Vorstellung (Ausbildung, Abschlüsse, Erfahrung)	Je suis en (classe 9) au collège (Uhland-Schule). J'ai déjà une bonne expérience (en informatique). J'ai passé mon brevet (des collèges / de sauveteur) l'année dernière. Je suis bon/ne en maths et en langues. Je parle allemand, français et anglais.
Hobbys	De plus, j'adore (les sports d'équipe). / Je joue (du piano) depuis (trois) ans.
Berufswunsch	Plus tard, j'aimerais devenir (ingénieur).
Schluss	Dans l'attente de votre réponse, (+ Schlussformel) J'espère pouvoir bientôt faire votre connaissance, (+ Schlussformel)
Schlussformel	Respectueuses salutations, Meilleures salutations, Cordialement, (wenn du die Person besser kennst) (Max Meier)
Anlagen	Pièce(s) jointe(s): CV, Brevet de sauveteur, Diplôme: DELF A2

F Répondre à une invitation (Unité 5/D)

Begrüßung	Salut!/Bonjour! Coucou! Cher/Chère (Name),
Reaktion auf die Einladung	Merci pour ton invitation. ☺ J'ai très envie de venir à ta fête et (samedi), j'ai le temps. Super! ☹ Je suis désolé(e) mais je ne peux pas venir (vendredi soir). Malheureusement, je n'ai pas le temps. C'est dommage, mais je ne peux pas (venir chez toi lundi).
Erklärung	Je ne peux pas venir parce que (je suis malade). Je ne suis pas là pour (ta fête). Je suis chez (ma tante). C'est pourquoi je ne peux pas (fêter avec toi/vous.) Je ne peux pas participer à ton/votre action à cause de mon stage.
Neuer Vorschlag	Mais j'ai une autre idée: on pourrait peut-être (se retrouver vendredi soir pour aller au cinéma). Est-ce que tu as envie de (venir chez moi samedi)? Pourquoi est-ce qu'on (ne se voit pas lundi)?
Meinung erfragen	Tu as le temps? / Tu as envie? / Tu es d'accord?
Verabschiedung	Je te rappelle (ce soir). J'espère que ta fête va être super. Je t'embrasse, (Name) Bises, (Name) À plus! / À bientôt! / À demain!

Faire une médiation | Sprachmittlung

15 Communiquer les informations importantes | Wichtige Informationen übertragen

Falls deine Familie oder deine Freunde kein Französisch sprechen, bist du als Expertin/Experte gefordert. Umgekehrt musst du französischen Gästen deutsche Informationen auf Französisch erklären.
Übersetze nicht Wort für Wort und Satz für Satz, sondern übermittle nur das, was der/die andere wissen will oder muss. Wörter, die du nicht kennst, umschreibst du oder du erklärst sie anhand von Beispielen.

16 Décrire des mots | Wörter umschreiben (ab Unité 2)

- Umschreibe Wörter, die du vergessen hast oder nicht kennst, mit Hilfe eines Relativsatzes:
  ein Tennisplatz → *un endroit **où** on peut faire du tennis*
  ein Verkäufer → *une personne **qui** vend des choses dans un magasin*
  ein Eis → *quelque chose **qu'**on mange souvent en été*
- Beschreibe die Verwendung des Wortes mit *pour* + Infinitiv: eine Luftmatratze → *quelque chose **pour** dormir dans une tente*
- Verwende das Gegenteil und verneine:
  schlecht → *Ce n'est pas bon. / C'est le contraire* de bon.*
- Erkläre das Wort mit Wörtern der gleichen Familie:
  Spiel → *C'est quand on joue.*
- Erkläre über Beispiele: Schauspieler → *Ce sont des gens comme Zac Efron ou Emma Watson.*

Probiere es gleich aus:

1 Welche Wörter werden hier umschrieben?
1. *C'est quand on mange le soir.* 2. *C'est le contraire* de beau.* 3. *C'est une personne qui habite à côté de chez toi.* 4. *C'est un endroit où le métro s'arrête.* 5. *C'est quelque chose pour ouvrir une porte.*

2 Wie diese Wörter auf Französisch heißen, weißt du noch nicht. Umschreibe sie.
1. Tierliebhaber 2. DVD-Player 3. Elefant 4. Keller 5. Kuchenform

* **le contraire** das Gegenteil

Petit dictionnaire de civilisation

Personen

Boon, Dany [danibun] (geb. 1966)
Französischer Schauspieler, Komiker und Regisseur. Sein Vater ist algerischer Abstammung und seine Mutter Französin. 2008 war Dany Boon der höchstbezahlte Schauspieler Europas. Seine Filme „Willkommen bei den Sch'tis" („Bienvenue chez les Ch'tis") und „Nichts zu verzollen" („Rien à déclarer") waren besonders beliebt. (→ U6/B)

Cœur de Pirate [kœʀdəpiʀat] (geb. 1989)
Kanadische Singer-Songwriterin, eigentlich Béatrice Martin. Sie wurde über die Internetplattform MySpace bekannt. Ihr Debütalbum erschien im Herbst 2008 und stieg sofort in die kanadischen Albumcharts ein. (→ U6/D)

Les Cowboys Fringants [lekobɔjfʀɛ̃gɑ̃]
Band aus → Québec. Ihre Musik ist eine Mischung aus Rock und Folk. Sie singen auf Französisch. (→ U6/D)

Funès, Louis de [lwidəfynɛs] (1914–1983)
Französischer Schauspieler, Regisseur und Komiker. Ab Mitte der 1960er Jahre war de Funès der populärste Filmkomiker Frankreichs. Er hat in über 150 Filmen mitgespielt, wie z. B. „Der Gendarm von Saint Tropez" („Le Gendarme de Saint-Tropez"). (→ U3/D)

Piaf, Édith [editpjaf] (1916–1963)
Französische Sängerin aus armen Verhältnissen, die im Laufe ihrer Karriere auf der ganzen Welt berühmt wurde. Sie wird bis heute als Legende des französischen Chansons betrachtet. (→ Module B)

Tal [tal] (geb. 1989)
Französische Sängerin mit israelischen Wurzeln. Ihren ersten Plattenvertrag bekam sie mit 19 Jahren, nachdem sie beim Auftritt in einer Pianobar von einer Produzentin entdeckt wurde. Mit ihrer Single „On avance" stürmte sie 2011 die französischen Charts. (→ U2 / La France en direct)

Tiken Jah Fakoly [tikɛndʒafakoli] (geb. 1968)
Reggae-Musiker aus der Elfenbeinküste. Er singt politische Lieder auf Französisch und Dioula (afrikanische Sprache). (→ U1 / La France en direct)

Geographisches

la Belgique [labɛlʒik]
Staat in Westeuropa mit ca. 11 Mio. Einwohnern. Belgien hat drei Amtssprachen: Niederländisch (Flämisch), Französisch und Deutsch. Die Hauptstadt *Bruxelles* (Brüssel) ist Sitz der EU und des ständigen NATO-Rates. (→ U6 / Approches)

les Châteaux de la Loire [leʃɑtodəlalwaʀ]
Ensemble von über 400 Schlössern entlang der Loire und ihrer Nebenflüsse. Ende des 15. / Anfang des 16. Jahrhunderts residierten hier mehrere Könige in ihren Prunkschlössern, so dass das Loiretal für einige Zeit zum politischen Zentrum Frankreichs wurde. Die bekanntesten Schlösser sind: Amboise, Blois, Chambord und Chenonceau. (→ U5 / Approches)

la Loire [lalwaʀ]
Längster Fluss in Frankreich. Die Loire hat ihren Ursprung im *département* Ardèche und fließt durch fünf Regionen und insgesamt zwölf *départements*, bevor sie in Loire-Atlantique in den Atlantik mündet. (→ U5 / Approches)

Nantes [nɑ̃t]
Stadt im *département* Loire-Atlantique mit ca. 290 000 Einwohnern. Stadt der Kunst, wichtiges Industriezentrum, Universitäts- und Hafenstadt. Seit 2013 ist Nantes eine der Umwelthauptstädte Europas. (→ U5/C)

Paris [paʀi]
Hauptstadt Frankreichs und größte Stadt des Landes mit über 2 Mio. Einwohnern. Politisches, wirtschaftliches und kulturelles Zentrum. Die Stadt liegt an der Seine. Paris besteht aus 20 Stadtbezirken *(arrondissements)*. Das meistbesuchte Museum der Welt, der Louvre, war früher ein Königspalast. (→ U1 / Approches)

le Québec [ləkebɛk]
Provinz im Osten Kanadas mit ca. 8 Mio. Einwohnern. Die Hauptstadt ist Québec, die größte Stadt ist Montréal. Der Franzose Samuel de Champlain gründete die Stadt Québec im Jahr 1603. Québec war zunächst französische Kolonie, wurde 1763 britische Kolonie und gehört seit 1867 zu Kanada. Etwa 80 % der Bevölkerung spricht als erste Sprache Französisch, die restliche Bevölkerung ist englischsprachig. (→ U6 / Approches)

le Sénégal [ləsenegal]
Westafrikanischer Staat mit ca. 13 Mio. Einwohnern. Die Hauptstadt ist Dakar. Die Amtssprache ist Französisch, die Verkehrssprache unter anderem auch Wolof. Der Senegal ist eine ehemalige französische Kolonie, die 1960 unabhängig wurde. (→ U6 / Approches)

la Tunisie [latynizi]
Nordafrikanischer Staat am Mittelmeer mit ca. 10 Mio. Einwohnern. Die Hauptstadt ist Tunis. Seit 1956 ist die ehemalige französische Kolonie Tunesien unabhängig. Amtssprache ist Arabisch, Französisch spielt allerdings noch eine wichtige Rolle in den Schulen und bei Handelsbeziehungen.
(→ U6 / Approches)

Sonstiges

Action contre la faim [aksjɔ̃kɔ̃tʀəlafɛ̃]
Nichtregierungsorganisation, die 1979 in Frankreich gegründet wurde. Ihr Ziel ist der Kampf gegen den Hunger in Krisengebieten. Am Sponsorenlauf „Course contre la faim" beteiligen sich jährlich viele Schulen in Frankreich. (→ U3/C)

Les Aventures de Tintin [lezavɑ̃tyʀdətɛ̃tɛ̃]
Comicserie des belgischen Zeichners und Autors Hergé (1907–1983). Der Held der Geschichten, der Reporter Tintin, und sein Hund Milou, reisen um die Welt und erleben viele Abenteuer. In Deutschland sind sie als Tim und Struppi bekannt. Ca. 200 Mio. Exemplare der Comicalben wurden bis heute weltweit verkauft. (→ U2/D)

Les Francofolies de Montréal [lefʀɑ̃kofɔlidəmɔ̃ʀeal]
Musikfestival in Montréal mit jährlich ca. 500 000 Besuchern und 1 000 französischsprachigen Musikern. (→ U6/D)

le Parkour [ləpaʀkuʀ]
Sportart, die ihren Ursprung in französischen Städten hat. Parkour wurde von dem Franzosen David Belle erfunden. Das Ziel ist, den kürzesten Weg durch eine Stadt zu wählen und dabei Hindernisse durch springen oder klettern zu überwinden. (→ U1/A)

la télévision [latelevizjɔ̃] (→ U2/D)
Arte [aʀte] Deutsch-französischer Fernsehsender, der seit 1992 sowohl auf Deutsch als auch auf Französisch ausgestrahlt wird. Der Hauptsitz ist in Straßburg. Arte wurde durch einen Staatsvertrag zwischen Frankreich und Deutschland gegründet.
TV5 [tevesɛ̃k] Internationaler französischsprachiger Fernsehsender, der 1984 gegründet wurde. TV5 ist einer der drei größten Fernsehsender der Welt.
TF1 [teɛfɛ̃] Größter privater französischer Fernsehsender.
France2 [fʀɑ̃sdø] Größter öffentlich-rechtlicher französischer Fernsehsender.

Les nombres

Les nombres cardinaux de 1 à 2000000

0	zéro	[zeʀo]
1	un/une	[ɛ̃] *m.* [yn] *f.*
2	deux	[dø]
3	trois	[tʀwa]
4	quatre	[katʀ]
5	cinq	[sɛ̃k]
6	six	[sis]
7	sept	[sɛt]
8	huit	['ɥit]
9	neuf	[nœf]
10	dix	[dis]
11	onze	['ɔ̃z]
12	douze	[duz]
13	treize	[tʀɛz]
14	quatorze	[katɔʀz]
15	quinze	[kɛ̃z]
16	seize	[sɛz]
17	dix-sept	[disɛt]
18	dix-huit	[dizɥit]
19	dix-neuf	[diznœf]
20	vingt	[vɛ̃]
21	vingt et un	[vɛ̃teɛ̃] *m.*
	vingt et une	[vɛ̃teyn] *f.*
22	vingt-deux	[vɛ̃tdø]
30	trente	[tʀɑ̃t]
40	quarante	[kaʀɑ̃t]
50	cinquante	[sɛ̃kɑ̃t]
60	soixante	[swasɑ̃t]
70	soixante-dix	[swasɑ̃tdis]
71	soixante et onze	[swasɑ̃teɔ̃z]
72	soixante-douze	[swasɑ̃tduz]
73	soixante-treize	[swasɑ̃ttʀɛz]
74	soixante-quatorze	[swasɑ̃tkatɔʀz]
75	soixante-quinze	[swasɑ̃tkɛ̃z]
76	soixante-seize	[swasɑ̃tsɛz]
77	soixante-dix-sept	[swasɑ̃tdisɛt]
78	soixante-dix-huit	[swasɑ̃tdizɥit]
79	soixante-dix-neuf	[swasɑ̃tdiznœf]
80	quatre-vingts	[katʀəvɛ̃]
81	quatre-vingt-un	[katʀəvɛ̃ɛ̃] *m.*
	quatre-vingt-une	[katʀəvɛ̃yn] *f.*
82	quatre-vingt-deux	[katʀəvɛ̃dø]
90	quatre-vingt-dix	[katʀəvɛ̃dis]
91	quatre-vingt-onze	[katʀəvɛ̃ɔ̃z]
100	cent	[sɑ̃]
101	cent un	[sɑ̃ɛ̃]
102	cent deux	[sɑ̃dø]
110	cent dix	[sɑ̃dis]
200	deux cents	[døsɑ̃]
201	deux cent un	[døsɑ̃ɛ̃]
1 000	mille	[mil]
2 000	deux mille	[dømil]
1 000 000	un million	[ɛ̃miljɔ̃]
2 000 000	deux millions	[dømiljɔ̃]

Les nombres ordinaux de 1 à 21

le 1er / la 1ère	le premier / la première	[ləpʀəmje/lapʀəmjɛʀ]
le/la 2e, le 2^{d} / la 2^{de}	le/la deuxième / le/la second(e)	[lə/ladøzjɛm] [ləsəgɔ̃/lasəgɔ̃d]
le/la 3^{e}	le/la troisième	[lə/latʀwazjɛm]
le/la 4^{e}	le/la quatrième	[lə/lakatʀjɛm]
le/la 5^{e}	le/la cinquième	[lə/lasɛ̃kjɛm]
le/la 6^{e}	le/la sixième	[lə/lasizjɛm]
le/la 7^{e}	le/la septième	[lə/lasɛtjɛm]
le/la 8^{e}	le/la huitième	[lə/laɥitjɛm]
le/la 9^{e}	le/la neuvième	[lə/lanœvjɛm]
le/la 10^{e}	le/la dixième	[lə/ladizjɛm]
le/la 20^{e}	le/la vingtième	[lə/lavɛ̃tjɛm]
le/la 21^{e}	le/la vingt et unième	[lə/lavɛ̃teynjɛm]

Die Schreibung mit Bindestrich ist nach den Empfehlungen zur französischen Rechtschreibung bei allen zusammengesetzten Zahlwörtern möglich. Du kannst also auch schreiben: *vingt-et-un, soixante-et-onze, deux-cents.*

le premier mai / le 1er mai
aber: le deux mai / le 2 mai
Bei Datumsangaben verwendest du die Ordnungszahl nur beim ersten Tag des Monats.

Les verbes

Übersicht aller Verben aus À toi: www.cornelsen.de/webcodes ATOI-3-147

Les verbes auxiliaires *avoir* et *être*

infinitif		**avoir**
présent	j'	ai
	tu	as
	il/elle/on	a
	nous	avons
	vous	avez
	ils/elles	ont
impératif		Aie. Ayons. Ayez.
passé composé	j'	ai eu
imparfait	j'	avais

infinitif		**être**
présent	je	suis
	tu	es
	il/elle/on	est
	nous	sommes
	vous	êtes
	ils/elles	sont
impératif		Sois. Soyons. Soyez.
passé composé	j'	**ai** été
imparfait	! j'	**étais**

Les verbes réguliers en *-er*

infinitif		**rentrer**
présent	je	rentre
	tu	rentres
	il/elle/on	rentre
	nous	rentrons
	vous	rentrez
	ils/elles	rentrent
impératif		Rentre. Rentrons. Rentrez.
passé composé	je	suis rentré(e)
imparfait	je	rentrais

Die folgenden Verben auf *-er* haben eine Besonderheit in der Schreibung:

-cer → nous commen**ç**ons
-ger → nous chang**e**ons
! Schreibung der 1. Person Plural

acheter → j'ach**è**te
emmener → j'emm**è**ne
se lever → je me l**è**ve
préférer → je préf**è**re
répéter → je rép**è**te
appeler → j'appe**ll**e
jeter → je je**tt**e
essayer → j'essa**i**e / j'essaye
payer → je pa**i**e / je paye
! Schreibung und Aussprache im Singular und in der 3. Person Plural

Les verbes en *-ir (sortir)*

infinitif		**sortir**
présent	je	sors
	tu	sors
	il/elle/on	sort
	nous	sortons
	vous	sortez
	ils/elles	sortent
impératif		Sors. Sortons. Sortez.
passé composé	je	suis sorti(e)
imparfait	je	sortais

ebenso: **dormir**, **partir**, **se sentir**, **servir**

Les verbes en *-ir (finir)*

infinitif		**finir**
présent	je	finis
	tu	finis
	il/elle/on	finit
	nous	finissons
	vous	finissez
	ils/elles	finissent
impératif		Finis. Finissons. Finissez.
passé composé	j'	ai fini
imparfait	je	finissais

ebenso: **agir**, **applaudir**, **choisir**, **réfléchir**, **réussir**

Les verbes en *-dre*

infinitif		**attendre**
présent	j'	attends
	tu	attends
	il/elle/on	attend
	nous	attendons
	vous	attendez
	ils/elles	attendent
impératif		Attends. Attendons. Attendez.
passé composé	j'	ai attendu
imparfait	j'	attendais

ebenso: **descendre**, **entendre**, **perdre**, **répondre**, **vendre**

Les verbes pronominaux

infinitif		**se coucher**
présent	je	**me** couche
	tu	**te** couches
	il/elle/on	**se** couche
	nous	**nous** couchons
	vous	**vous** couchez
	ils/elles	**se** couchent
impératif		Couche-**toi**. Couchons-**nous**. Couchez-**vous**.
passé composé	je	**me** suis couché(e)
imparfait	je	**me** couchais

! Die reflexiven Verben bilden das *passé composé* mit *être*.

Les verbes irréguliers

infinitif		**aller**		**boire**		**conduire**
présent	je	vais	je	bois	je	conduis
	tu	vas	tu	bois	tu	conduis
	il/elle/on	va	il/elle/on	boit	il/elle/on	conduit
	nous	allons	nous	buvons	nous	conduisons
	vous	allez	vous	buvez	vous	conduisez
	ils/elles	vont	ils/elles	boivent	ils/elles	conduisent
impératif		Va. Allons. Allez.		Bois. Buvons. Buvez.		Conduis. Conduisons. Conduisez.
passé composé	je	suis allé(e)	j'	ai bu	j'	**ai** conduit
					ebenso:	**construire**

infinitif		**connaître**		**croire**		**devoir**
présent	je	connais	je	crois	je	dois
	tu	connais	tu	crois	tu	dois
	il/elle/on	connaît	il/elle/on	croit	il/elle/on	doit
	nous	connaissons	nous	croyons	nous	devons
	vous	connaissez	vous	croyez	vous	devez
	ils/elles	connaissent	ils/elles	croient	ils/elles	doivent
impératif				Crois. Croyons. Croyez.		
passé composé	j'	ai connu	j'	ai cru	j'	ai dû

infinitif		**dire**		**écrire**		**faire**
présent	je	dis	j'	écris	je	fais
	tu	dis	tu	écris	tu	fais
	il/elle/on	dit	il/elle/on	écrit	il/elle/on	fait
	nous	disons	nous	écrivons	nous	faisons
	vous	**dites**	vous	écrivez	vous	**faites**
	ils/elles	disent	ils/elles	écrivent	ils/elles	font
impératif		Dis. Disons. Dites.		Écris. Écrivons. Écrivez.		Fais. Faisons. Faites.
passé composé	j'	ai dit	j'	ai écrit	j'	ai fait
			ebenso:	**décrire**		

infinitif		**lire**		**mettre**		**ouvrir**
présent	je	lis	je	mets	j'	ouvre
	tu	lis	tu	mets	tu	ouvres
	il/elle/on	lit	il/elle/on	met	il/elle/on	ouvre
	nous	lisons	nous	mettons	nous	ouvrons
	vous	lisez	vous	mettez	vous	ouvrez
	ils/elles	lisent	ils/elles	mettent	ils/elles	ouvrent
impératif		Lis. Lisons. Lisez.		Mets. Mettons. Mettez.		Ouvre. Ouvrons. Ouvrez.
passé composé	j'	ai lu	j'	ai mis	j'	ai ouvert
			ebenso:	**permettre**	*ebenso:*	**découvrir**, **offrir**

infinitif		**plaire**		**pouvoir**		**prendre**
présent	je	plais	je	peux	je	prends
	tu	plais	tu	peux	tu	prends
	il/elle/on	plaît	il/elle/on	peut	il/elle/on	prend
	nous	plaisons	nous	pouvons	nous	prenons
	vous	plaisez	vous	pouvez	vous	prenez
	ils/elles	plaisent	ils/elles	peuvent	ils/elles	prennent
impératif		Plais. Plaisons. Plaisez.				Prends. Prenons. Prenez.
passé composé	j'	ai plu	j'	ai pu	j'	ai pris
					ebenso:	**apprendre**, **comprendre**

infinitif		**savoir**		**venir**		**voir**
présent	je	sais	je	viens		vois
	tu	sais	tu	viens		vois
	il/elle/on	sait	il/elle/on	vient		voit
	nous	savons	nous	venons		voyons
	vous	savez	vous	venez		voyez
	ils/elles	savent	ils/elles	viennent		voient
impératif				Viens. Venons. Venez.		Vois. Voyons. Voyez.
passé composé	j'	ai su	je	suis venu(e)	j'	ai vu
			ebenso:	**devenir**, **revenir**		

infinitif		**vouloir**
présent	je	veux
	tu	veux
	il/elle/on	veut
	nous	voulons
	vous	voulez
	ils/elles	veulent
impératif		
passé composé	j'	ai voulu

! Bei einigen Verben verwendest du im deutschen Perfekt das Hilfsverb *sein*, bildest aber im Französischen das *passé composé* mit *avoir*. Lerne sie auswendig.
z. B. **être**: J'**ai** eté. Ich **bin** gewesen.
ebenso: **changer**, **chavirer**, **conduire**, **déménager**, **foncer**, **glisser**, **ressembler**, **surfer**

Glossaire

A	**à tour de rôle**	abwechselnd
	accord, l' *m.*	die Angleichung
	Affiche/Affichez ...	Hänge/Hängt ... auf.
	affiche, l' *f.*	das Plakat
	Ajoute/Ajoutez ...	Füge/Fügt ... hinzu.
	Apprends/Apprenez par cœur.	Lerne/Lernt auswendig.
	argument, l' *m.* **(le plus fort)**	das (stärkste) Argument
	associogramme, l' *f.*	die Mindmap
C	**Chante/Chantez la chanson.**	Sing/Singt das Lied.
	Choisis/Choisissez ...	Wähle/Wählt ...
	colonne, la	die Spalte
	Compare/Comparez ...	Vergleiche/Vergleicht ...
	Complète/Complétez la liste par ...	Ergänze/Ergänzt die Liste mit ...
	contraire, le	das Gegenteil
	correspondre à qc	zu etw. passen
	Corrige/Corrigez les phrases fausses.	Korrigiere/Korrigiert die falschen Sätze.
	convaincre qn	jdn überzeugen
D	**au début de qc**	am Anfang von etw.
	Décris/Décrivez ...	Beschreibe/Beschreibt ...
	description, la	die Beschreibung
	dessin, le	die Zeichnung
	devinette, la	das Rätsel
	Devine/Devinez ...	Rate/Ratet ...
	dialogue, le	der Dialog
	différence, la	der Unterschied
	discussion, la	die Diskussion
	Donne ton avis.	Gib deine Meinung.
E	**Échangez vos résultats / les rôles.**	Tauscht eure Ergebnisse / die Rollen aus.
	Écoute/Écoutez encore une fois.	Hör/Hört noch einmal zu.
	Écoute et réagis.	Hör zu und reagiere.
	Écris/Écrivez la suite de l'histoire.	Schreibe/Schreibt wie die Geschichte weitergeht.
	encadré, l' *m.*	der Kasten
	en trop	zu viel, übrig
	Explique à un ami / une amie qui ne comprend pas le français ...	Erkläre einem Freund / einer Freundin, der/die kein Französisch versteht ...
	exemple, l' *m.*	das Beispiel
	exposition de posters, l' *f.*	die Posterausstellung
	expression, l' *f.*	die Wendung, der Ausdruck
F	**Fais/Faites attention à l'accord.**	Achte/Achtet auf die Angleichung.
	Ferme/Fermez le livre.	Schließe/Schließt das Buch.
	former qc	etw. bilden
	Formule une règle.	Formuliere eine Regel.
I	**Illustrez vos textes avec des photos.**	Bebildert eure Texte mit Fotos.
	image, l' *f.*	das Bild
	Imagine/Imaginez.	Stell dir vor. / Stellt euch vor.
	Invente/Inventez.	Denk dir etwas aus. / Denkt euch etwas aus.
	Interviewe/Interviewez ...	Interviewe/Interviewt ...
	intrus, l' *m.*	der „Eindringling"
J	**Justifie ta réponse (à l'aide du texte).**	Begründe deine Antwort (mit Hilfe des Textes).

L	**lettre**, la	der Buchstabe
	Lève la main.	Melde dich.
	ligne, la	die Zeile
	Lis/Lisez le texte.	Lies/Lest den Text.
M	**Mettez-vous d'accord sur ...**	Einigt euch auf ...
	(comme) modèle	(als) Modell
	(sur le) modèle de l'exercice 1	(nach dem) Modell von Übung 1
	mot (correspondant), le	das (passende) Wort
	mot-clé, le	das Schlüsselwort
N	**Nomme/Nommez ...**	Nenne/Nennt ...
	Note les informations dans ton cahier.	Notiere die Informationen in dein Heft.
P	**(entre) parenthèses**	(in) Klammern
	Parle/Parlez de ...	Sprich/Sprecht über ...
	paroles, les *f. pl.*	der Liedtext
	partenaire, le/la	der Partner, die Partnerin
	phrase, la	der Satz
	(Il y a) plusieurs possibilités.	(Es gibt) mehrere Möglichkeiten.
	Posez des questions et répondez.	Stellt Fragen und antwortet.
	Prends/Prenez des notes.	Mache dir / Macht euch Notizen.
	Présente/Présentez ...	Stelle/Stellt ... vor.
	proposer qc à qn	jdm etw. vorschlagen
Q	**Qu'est-ce qui manque?**	Was fehlt?
	quiz, le	das Quiz
R	**Raconte à sa place.**	Erzähle an seiner/ihrer Stelle.
	refrain, le	der Refrain
	Regarde/Regardez ...	Schau/Schaut ... an.
	Relis/Relisez ...	Lies/Lest ... noch einmal.
	Remplis le formulaire.	Fülle das Formular aus.
	Répète phrase par phrase.	Wiederhole Satz für Satz.
	résultat, le	das Ergebnis
	Résume/Résumez ...	Fasse/Fasst ... zusammen.
	Retrouve/Retrouvez l'ordre.	Finde/Findet die Reihenfolge wieder.
	rôle, le	die Rolle
S	**schéma**, le	das Schema
	sens d'un mot, le	die Bedeutung eines Wortes
	solution, la	die Lösung
	sondage, le	die Umfrage
	Souligne/Soulignez ...	Unterstreiche/Unterstreicht ...
	suivant/suivante	folgende/n/s
	Survole/Survolez ...	Überfliege/Überfliegt ...
	symbole, le	das Symbol
T	**tableau**, le	die Tabelle
	thème, le	das Thema
	titre, le	die Überschrift, der Titel
	Trouve/Trouvez ...	Finde/Findet ...
	traduction, la	die Übersetzung
	Traduis pour eux.	Übersetze für sie.
U	**Utilise/Utilisez ...**	Verwende/Verwendet ...
V	**(à) voix haute**	laut
	Votez.	Stimmt ab.
	Vrai, faux ou pas dans le texte?	Richtig, falsch oder nicht im Text?

Liste des mots

p. 10	Hier stehen die Vokabeln zum Text auf Seite 10.
~	bezeichnet die Lücke, in die du das neue Wort einsetzt.
~[1]	Die Fußnote zeigt dir an, dass du auf die Angleichung des Wortes achten musst. Die richtige Lösung findest du in dem weißen Streifen nach jedem Abschnitt.
!	Achtung! Pass hier besonders gut auf.
(UK-Flagge)	Hier findest du ein englisches Wort, das dem französischen Wort ähnlich ist.
→	Hinter diesem Pfeil findest du ein Wort, das zur gleichen Familie gehört und das du schon gelernt hast.
=	Hier findest du ein Wort mit gleicher Bedeutung.
≠	Hier findest du das Gegenteil des Wortes.

Verb auf -ir *wie* **finir**, *p. 147:* Dieses Verb gehört zu den Verben auf **-ir**, die wie **finir** konjugiert werden. Die Konjugation aller Verben findest du auf den Seiten 147–149.

▶ Civilisation, p. 144, zeigt dir an, dass du im *Petit dictionnaire de civilisation* (Kleines landeskundliches Wörterbuch) ab Seite 144 weitere Informationen zu dem Eintrag findest.

l'article *m.* Blau sind alle männlichen Nomen, deren Genus (Geschlecht) du nicht am Artikel erkennen kannst.

l'entreprise *f.* Rot sind alle weiblichen Nomen, deren Genus (Geschlecht) du nicht am Artikel erkennen kannst.

adj.	*adjectif* (Adjektiv)	*qc*	*quelque chose* (etwas)
adv.	*adverbe* (Adverb)	*qn*	*quelqu'un* (jemand)
f.	*féminin* (weiblich)	*etw.*	etwas
fam.	*familier* (umgangssprachlich)	*jdm*	jemandem
inv.	*invariable* (unveränderlich)	*jdn*	jemanden
m.	*masculin* (männlich)	*wörtl.*	wörtlich
pl.	*pluriel* (Plural)		

Les signes dans la phrase | Die Zeichen im Satz

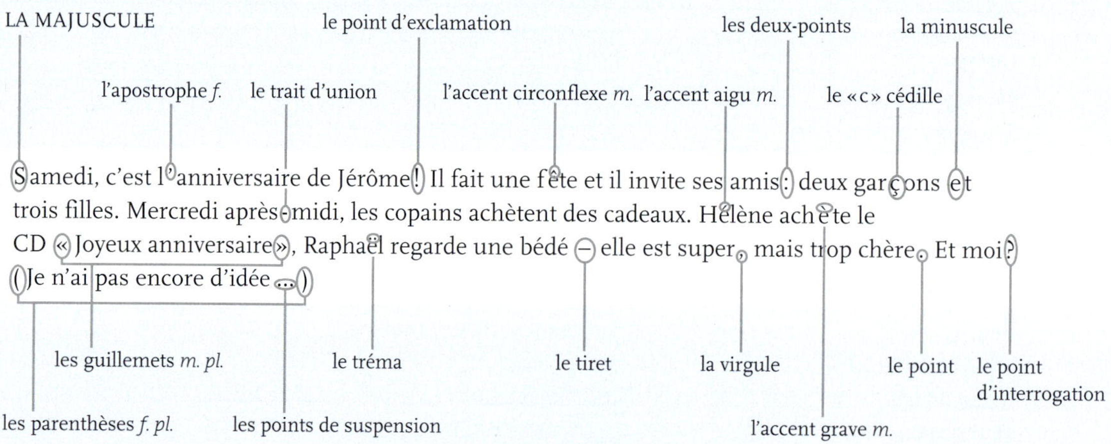

L'alphabet phonétique | Die Lautschrift

Les consonnes | Die Konsonanten

[b] banane, bonjour
[d] décembre, ordinateur
[f] photo, soif
[g] garçon, grand-mère, frigo
[k] classe, cadeau
[l] là, aller
[m] mardi, aimer
[n] non, anniversaire
[ŋ] shopping
[ɲ] Allemagne, Bretagne
[p] père, réponse
[ʀ] rue, livre
[s] *scharfes „s" wie in Kuss:* ça, merci, sonner, piscine
[z] *summendes „s" wie in Rasen:* maison, les‿enfants, six‿heures, zéro
[ʃ] *„sch" wie in Tasche:* chercher, chat
[ʒ] *wie „g" in Garage:* argent, bonjour
[t] tour, baguette
[v] vendredi, livre, élève

Les voyelles | Die Vokale

[a] *kurzes „a" wie in Ball:* ami, nature
[ɑ] *langes „a" wie in Bahn:* ne ... pas, gâteau, âge
[ɛ] *offenes „e" wie in Ende:* mais, chaise, c'est, chercher, collège
[e] *geschlossenes „e" wie in See:* école, ranger
[ə] *stummes „e" wie in Kabel:* le, de, cheval
[i] idée, ici
[o] *geschlossenes „o" wie in Floh:* trop, gâteau
[ɔ] *offenes „o" wie in doch:* fromage, encore, pomme
[ø] *geschlossenes „ö" wie in böse:* jeudi, monsieur
[œ] *offenes „ö" wie in öffnen:* sœur, neuf
[u] *„u" wie in Mut:* où, bonjour, sous
[y] *„ü" wie in müde:* unité, minute, légumes

Les semi-voyelles | Die Gleitlaute

[ɥ] cuisine, huit, fruit
[j] quartier, surveillant
[w] oui ['wi], toi [twa], armoire [aʀmwaʀ]

Les voyelles nasales | Die nasalierten Vokale

[ɑ̃] enfant, cantine, chambre
[ɔ̃] pardon, combien
[ɛ̃] un, inviter, faim, copain, plein de

Unité 1 | Approches

p. 10 **mettre le cap sur qc** [mɛtʀləkapsyʀ]	etw. ansteuern	On ~[1] sur New York!
la capitale [lakapital] 🇬🇧 capital	die Hauptstadt	Paris, c'est la ~ de la France.
tu aimerais faire qc [tyɛməʀɛ]	du würdest gerne etw. tun	~ partir en vacances avec moi?
le tableau / ! les tableaux [lətablo/letablo]	das Gemälde	Éliane adore les ~[2] de ce musée.
célèbre [selɛbʀ] *m./f. adj.*	berühmt	C'est un acteur très ~.
la visite [lavizit] 🇬🇧 visit → visiter	der Besuch, die Besichtigung	La ~ de la ville commence à 9 heures.
gratuit/gratuite [gʀatɥi/gʀatɥit] *adj.*	kostenlos, gratis	Cool! J'achète un tee-shirt et le deuxième est ~[3].

Der Eintritt in alle *musées nationaux* in Paris ist am ersten Sonntag im Monat gratis.

le mois [ləmwa]	der Monat	Je vais au cinéma tous les ~.
haut/haute ['o/'ot] *adj.*	hoch	Cette tour est très ~[4]!

	romantique [ʀɔmɑ̃tik] *m./f. adj.*	romantisch	«Chez Pierre» est un café très ~.
	l'amoureux *m.* / **l'amoureuse** *f.* [lamuʀø/lamuʀøz]	der Verliebte / die Verliebte	Beaucoup d'~[5] vont au restaurant le 14 février.
	amoureux/amoureuse (de qn) [amuʀø/amuʀøz] *adj.*	verliebt (in jdn)	Coralie est ~[6] d'André.
	le cadenas [ləkadna]	das Vorhängeschloss	Tu peux mettre le ~ sur la porte?
p. 11	**chic** [ʃik] *adj. inv.*	schick	Eugénie est très ~ aujourd'hui.
	le magasin [ləmagazɛ̃]	das Geschäft, der Laden	Tu connais le ~ dans la rue Paul?
	la glace [laglas]	das (Speise-)Eis	La ~ au citron est bonne.
	l'adulte [ladylt] *m./f.* 🇬🇧 adult	der Erwachsene / die Erwachsene	Dans le groupe, il y a 6 ~[7] et 40 enfants.
	moins de [mwɛ̃də]	weniger als, *hier:* jünger als	Ses enfants ont ~ 18 ans.
	intéressant/intéressante [ɛ̃teʀɛsɑ̃/ɛ̃teʀɛsɑ̃t] *adj.*	interessant	Ce livre est très ~[8].
	la promenade [lapʀɔmnad]	der Spaziergang, die Spazierfahrt	Nous avons fait une ~ dans le parc.
	le bateau-mouche / ! les bateaux-mouches [ləbatomuʃ/lebatomuʃ]	*Ausflugsschiff auf der Seine*	Le ~ est super pour visiter Paris.

Paris

la Joconde [laʒɔkɔ̃d] die Mona Lisa *berühmtes Gemälde von Leonardo da Vinci im Louvre*
Léonard de Vinci [leɔnaʀdəvɛ̃si] Leonardo da Vinci *italienischer Maler, der im 15./16. Jahrhundert gelebt hat*
le musée du Louvre [ləmyzedyluvʀ] der Louvre *Kunstmuseum*
le Pont des Arts [ləpɔ̃dezaʀ] *wörtl.: die Brücke der Künste*
les Champs-Élysées [leʃɑ̃zelize] *f. pl. Prachtstraße in Paris*
Berthillon [bɛʀtijɔ̃] *berühmtes Eiscafé*
l'Île Saint-Louis [lilsɛ̃lwi] *f. Insel in der Seine*
les Catacombes [lekatakɔ̃b] *f. pl.* die Katakomben *unterirdische Gewölbe, in denen früher Tote beigesetzt wurden*
Denfert-Rochereau [dɑ̃fɛʀʀɔʃʀo] *Metrostation*
le boulevard Barbès [ləbulvaʀbaʀbɛs] *Straße in Paris*
la Cité des sciences et de l'industrie de la Villette [lasitedesjɑ̃sedəlɛ̃dystʀidəlavilɛt] *naturwissenschaftliches Museum*

1 met le cap 2 tableaux 3 gratuit 4 haute 5 amoureux 6 amoureuse 7 adultes 8 intéressant

Unité 1 | A

p. 12	**se sentir** [səsɑ̃tiʀ] ! je me **suis** senti(e)	sich fühlen *Verb auf* -ir, *wie* sortir, *reflexives Verb, p. 147–148*	Léo ~[1] bien dans sa classe.
	le Parisien / la Parisienne [ləpaʀizjɛ̃/lapaʀizjɛn]	der Pariser / die Pariserin	Marc est ~[2].
	le touriste / la touriste [ləturist/laturist]	der Tourist / die Touristin	Il y a beaucoup de ~[3] à Berlin.

le restaurant [ləʀɛstɔʀɑ̃] *ou* **le resto** [ləʀɛsto] *fam.*	das Restaurant	On va manger au ~ ce soir?
participer à qc [paʀtisipe] 🇬🇧 (to) participate	an etw. teilnehmen	Léon va ~ au concert.
la course [lakuʀs]	das Rennen, der Lauf *z. B. (Rad-)Rennen*	Nesrine a fait une ~ de cinq kilomètres.
le garçon de café [ləgaʀsɔ̃dəkafe]	der Kellner	Le ~ apporte les boissons.
la course des garçons [lakuʀsdegaʀsɔ̃]	der Kellnerwettlauf *Wettrennen, bei dem Kellner/innen mit einem vollen Tablett laufen*	Sonia et Walid vont participer à la ~.
se dépêcher [sədepɛʃe]	sich beeilen *reflexives Verb, p. 148*	Ils ~[4] parce qu'ils sont en retard.
le fou / la folle [ləfu/lafɔl]	der Verrückte / die Verrückte	Je n'aime pas cette ville de ~[5]!
Antoine de Saint-Exupéry [ɑ̃twandəsɛ̃tɛksypeʀi]	*französischer Autor von z. B. „Der kleine Prinz"*	~ a écrit un livre super.
l'arrondissement [laʀɔ̃dismɑ̃] *m.*	*Bezeichnung für die Pariser Stadtbezirke* ▶ Nombres, p. 146	À mon avis, la meilleure boulangerie de Paris est dans le cinquième ~.
le quatorzième arrondissement [ləkatɔʀzjɛmaʀɔ̃dismɑ̃]	das 14. Arrondissement *Stadtbezirk im Süden von Paris*	La place Denfert-Rochereau est dans le ~.
le matin [ləmatɛ̃] ≠ le soir	der Morgen, morgens	Le musée ouvre ~ à 9 heures.
se lever [sələve] ! je me lève	aufstehen *reflexives Verb, p. 148*	Alexis n'aime pas ~ le matin.
se doucher [sənduʃe]	duschen *reflexives Verb, p. 148*	Elle ~[6] toujours le soir.
s'habiller [sabije]	sich anziehen *reflexives Verb, p. 148*	Elle déteste ~ en vêtements chic.
se coiffer [səkwafe]	sich kämmen *reflexives Verb, p. 148*	Karim ne ~[7] jamais pour l'école.
se maquiller [səmakije]	sich schminken *reflexives Verb, p. 148*	Je trouve que tu ~[8] bien.
être content/contente de faire qc [ɛtʀkɔ̃tɑ̃/kɔ̃tɑ̃tdə]	zufrieden/froh sein, etw. zu tun	Lily ~[9] rentrer à la maison.
les gens [leʒɑ̃] *m. pl.*	die Leute	Ici, les ~ sont sympa.
stressé/stressée [stʀese] *adj.*	gestresst	Lucie a trop de devoirs et elle est ~[10].
normal/normale/ ! normaux/ normales [nɔʀmal/nɔʀmo]	normal	Tu as toujours faim, ce n'est pas ~[11]!
la journée [laʒuʀne]	der Tag *in seinem Verlauf*	J'adore passer la ~ à la plage.
tôt [to] *adv.* ≠ tard	früh	7 heures, c'est trop ~!
se coucher [səkuʃe] ≠ se lever	schlafen gehen, sich hinlegen *reflexives Verb, p. 148*	Le soir, je ~[12] à 22 heures.
s'amuser [samyze]	sich amüsieren, Spaß haben *reflexives Verb, p. 148*	On ~[13] bien avec Véro et Élisa!

conduire [kɔ̃dɥiʀ]	(Auto) fahren *Konjugation, p. 148*	Mon père n'aime pas ~ la nuit.
le Parkour [ləpaʀkuʀ]	*Sportart* ▶ Civilisation, p. 145	J'adore faire du ~ dans ma ville.
s'entraîner [sɑ̃tʀene]	trainieren, üben *reflexives Verb, p. 148*	Mélissa ~[14] à la piscine.

Einige französische Verben, die du kennst, kannst du auch mit *se* (sich) verwenden.

écrire → **s'écrire** (sich etw. schreiben)

regarder → **se** regarder (sich anschauen)

le terrain de jeux [lətɛʀɛ̃dəʒø]	der Spielplatz	On va au ~ après l'école.

1 se sent 2 Parisien 3 touristes 4 se dépêchent 5 fous 6 se douche 7 se coiffe 8 te maquilles 9 est contente de 10 stressée 11 normal 12 me couche 13 s'amuse 14 s'entraîne

Unité 1 | B

p. 14	**il vaut mieux faire qc** [ilvomjø]	es ist besser, etw. zu tun	~ prendre le métro.
	le chemin [ləʃəmɛ̃]	der Weg	Est-ce que tu connais le ~?
	l'arrêt [laʀɛ] *m.*	die Haltestelle	Jéhan attend devant l'~ de bus.
	le plan [ləplɑ̃]	der Plan	Je te montre le collège sur le ~ de la ville.
	Je suis perdu/perdue. [ʒəsɥipɛʀdy]	Ich weiß nicht mehr, wo ich bin.	Où est la salle de classe? ~!
	la ligne [laliɲ]	die Linie	Il faut prendre la ~ 3 ou 4?
	la direction [ladiʀɛksjɔ̃] 🇬🇧 direction	die Richtung	Prends la ligne 6 ~ «Nation».
	changer [ʃɑ̃ʒe] ! nous change**ons** ! j'**ai** changé 🇬🇧 (to) change	wechseln, *hier:* umsteigen	On ~[1] ici et on prend la ligne 6.
	le RER [ləɛʀəɛʀ] *(le réseau express régional)*	die S-Bahn *in Paris*	Erwan prend le ~ pour aller au collège.
	aller en (métro/RER/bus) [aleɑ̃metʀo/ɛʀəɛʀ/bys]	mit (der U-Bahn / der S-Bahn / dem Bus) fahren	Annaïck ~[2] métro au concert.
	direct/directe [diʀɛkt] *adj.*	direkt	On peut prendre une ligne ~[3]?
	descendre [desɑ̃dʀ]	hinabsteigen, *hier:* aussteigen *Verb auf* -dre, *p. 148*	Je ~[4] toujours à «Châtelet».
	la station [lastasjɔ̃]	die Station	J'habite près de la ~ de métro «Saint-Michel».

1 change 2 va en 3 directe 4 descends

p. 16 **C'est de l'arnaque!** [sɛdəlaʀnak] *fam.*	Das ist Abzocke!	Cinq euros le café?! ~!
le menu [ləməny]	das Menü, die Speisekarte	Dans le ~ à 15 euros, est-ce qu'il y a une boisson?
le poisson [ləpwasɔ̃]	der Fisch	Je préfère le ~ avec des frites.
la viande [lavjɑ̃d]	das Fleisch	Sabrina ne mange pas de ~.
l'escargot [lɛskaʀgo] *m.*	die Schnecke	J'ai trouvé un ~ dans ma salade!
l'entrée [lɑ̃tʀe] *f.* → entrer	die Vorspeise	En ~, je voudrais une salade.
Beurk! [bœʀk]	Igitt!, Pfui!	~! Il y a un escargot dans ma salade!
végétarien/végétarienne [veʒetaʀjɛ̃/veʒetaʀjɛn] *adj.*	vegetarisch	Maxime préfère les plats ~[1].
servir qc à qn [sɛʀviʀ]	jdm etw. servieren, jdn bedienen *Verb auf* -ir, *wie* sortir, *p. 147*	Monsieur, qu'est-ce que je vous ~[2]?
le serveur / la serveuse [ləsɛʀvœʀ/lasɛʀvøz] → servir	der Kellner / die Kellnerin	Georges est ~[3] dans un café.

Un kangourou entre dans un café.
Le kangourou: Un coca, s'il vous plaît.
Le serveur: Oui. Voilà, ça fait 15 euros.
Le kangourou: D'accord, merci.
Le serveur: On ne voit pas souvent des kangourous dans ce café.
Le kangourou: Oui, mais avec le coca à 15 euros, ce n'est pas une surprise ...

Je suis désolé/désolée. [ʒəsɥidezɔle]	Es tut mir leid.	~, nous n'avons pas de gâteau.
la terrasse [lateʀas]	die Terrasse	On peut manger à la ~, c'est sympa.
le coca / ! les coca [ləkɔka/lekɔka]	die Cola	J'ai soif. Je voudrais un ~.
la femme [lafam]	die (Ehe-)Frau	La ~ de Marc s'appelle Nathalie.
l'homme [lɔm] *m.*	der Mann, der Mensch	L'~ là-bas, c'est le père d'Isa.
l'addition [ladisjɔ̃] *f.*	die Rechnung	Le serveur apporte l'~.
la sandwicherie [lasɑ̃dwitʃəʀi]	der Imbissstand	On peut acheter une salade à la ~?
le kébab [ləkebab]	der Döner Kebab	Miam, ce ~ est très bon!
la pizza [lapidza]	die Pizza	J'adore les ~[4] Margherita.
Bon appétit! [bɔnapeti]	Guten Appetit!	«Voilà vos plats. ~!»

1 végétariens 2 sers 3 serveur 4 pizzas

p. 18 **le monument** [ləmɔnymɑ̃]	die Sehenswürdigkeit, das Denkmal	La tour Eiffel est un ~ à Paris.
l'exposition [lɛkspozisjɔ̃] *f.*	die Ausstellung	L'~ de tableaux est magnifique.
l'Exposition Universelle [lɛkspozisjɔ̃ynivɛʀsɛl] *f.*	die Weltausstellung *zu Technik, Architektur und Kunsthandwerk*	Ils ont visité l'~ de Hanovre en 2000.
l'architecte [laʀʃitɛkt] *m./f.*	der Architekt / die Architektin	Ma mère est ~.
construire qc [kɔ̃stʀɥiʀ]	etw. bauen, etw. konstruieren *wie* conduire, *p. 148*	Mon oncle va ~ notre maison.
au centre de qc [osɑ̃tʀdə]	im Zentrum von etw.	Berthillon est ~ l'Île Saint-Louis.
à l'époque [alepɔk]	damals, früher	~, Notre-Dame est la plus haute église de France.
mesurer [məzyʀe]	hoch sein, groß sein, messen	La tour ~[1] 200 mètres.
le million [ləmiljɔ̃]	die Million	2,3 ~[2] de personnes habitent à Paris.
moderne [mɔdɛʀn] *m./f. adj.*	modern	Cet appartement est très ~.
écologique [ekɔlɔʒik] *m./f. adj.* *ou* **écolo** [ekɔlo] *adj. inv. fam.*	umweltfreundlich	Notre maison est ~.
l'énergie [lenɛʀʒi] *f.*	die Energie	Léo mange beaucoup pour avoir de l'~.
le soleil [ləsɔlɛj]	die Sonne	À Montpellier, il y a souvent du ~.
le vent [ləvɑ̃]	der Wind	Il y a beaucoup de ~ près de la mer.
le bureau / ! les bureaux [ləbyʀo/lebyʀo]	*hier:* das Büro, *auch:* der Schreibtisch	Le ~ de mon père est dans la rue Martin.
l'étage [letaʒ] *m.*	das Stockwerk, die Etage	J'habite au cinquième ~.
André Citroën [ɑ̃dʀesitʀoɛn]	*französischer Automobilhersteller*	~ est né à Paris.
l'entreprise [lɑ̃tʀəpʀiz] *f.*	das Unternehmen, die Firma	Ma mère est chef d'une ~.
la publicité [lapyblisite] *ou* **la pub** [lapyb] *fam.*	die Werbung	Je déteste les ~[3] à la télé.
la voiture [lavwatyʀ]	das Auto	Anne a acheté une ~.
installer qc [ɛ̃stale]	etw. einrichten, etw. installieren	Hier, mon père a ~[4] l'ordinateur.
Philippe Petit [filippəti]	*französischer Hochseilartist*	~ s'entraîne souvent.
le fil [ləfil]	der Faden, *hier:* das Seil	Elle marche sur un ~.
la Révolution Française [laʀevɔlysjɔ̃fʀɑ̃sɛz]	*die Französische Revolution (1789–1795)*	La ~ a commencé en 1789.
le Palais du Trocadéro [ləpalɛdytʀɔkadeʀo]	*Ausstellungspalast in Paris, der für die Weltausstellung 1878 errichtet wurde*	Le ~ est à Paris.

1 mesure 2 millions 3 publicités 4 installé

Unité 1 | Lecture

Der Wortschatz der *Lecture* ist fakultativ. Er wird im Folgenden nicht als bekannt vorausgesetzt.

p. 21	**être né/née** [ɛtʀne]	geboren sein	Emma ~[1] le 15 juillet.
	la langue [lalɑ̃g] 🇬🇧 language	die Sprache, die Zunge	Quelles ~[2] est-ce que tu parles?
	tricher [tʀiʃe]	schummeln	Hier, Alain ~[3] à l'interro de maths.
	les États-Unis [lezetazyni] *m. pl.*	die Vereinigten Staaten	On va aux ~ pendant les vacances.
	se passer [səpɑse]	geschehen, passieren *reflexives Verb, p. 148*	Beaucoup de choses ~[4] hier.
	le journal / ! les journaux [ləʒuʀnal/leʒuʀno]	die Zeitung	Ma mère lit le ~ tous les jours.
	l'article [laʀtikl] *m.*	der (Zeitungs-)Artikel	J'ai lu un ~ intéressant sur ce film.
	la mission [lamisjɔ̃]	der Auftrag	On m'a donné une ~ importante.
	secret/secrète [səkʀɛ/səkʀɛt] *adj.* 🇬🇧 secret	geheim	Le mot de passe est ~[5].
	le document [lədɔkymɑ̃]	das Dokument, die Unterlagen	Il a apporté les ~[6] importants.
	l'entrée [lɑ̃tʀe] *f.* → entrer	*hier:* der Eingang	L'~ du cinéma est dans la rue Charles.
	l'invité *m.* / **l'invitée** *f.* [lɛ̃vite] → inviter	der Gast	Les ~[7] arrivent chez nous à 20 heures.
	calculer [kalkyle] 🇬🇧 (to) calculate	rechnen, ausrechnen	Adrien ~[8] combien vont coûter les courses.
	naïf/naïve [naif/naiv] *adj.*	naiv	Axel est très ~[9].
	comme [kɔm]	da, weil *Konjunktion am Anfang eines Satzes*	~ je n'ai pas d'argent, je ne sors pas.

1 est née 2 langues 3 a triché 4 se sont passées 5 secret 6 documents 7 invités 8 calcule 9 naïf

Unité 2 | Approches

p. 28	**l'amour** [lamuʀ] *m.* → amoureux/amoureuse	die Liebe	Mélanie lit des histoires d'~.
	l'amitié [lamitje] *f.* → l'ami / l'amie	die Freundschaft	L'~ est une chose très importante.
	le/la pote [lə/lapɔt] *fam.*	der Freund / die Freundin, der Kumpel	Robert est mon meilleur ~.
	le rendez-vous [ləʀɑ̃devu]	die Verabredung, der Termin	Nico a un ~ avec le chef.
	la paille [lapaj]	der Strohhalm	Je voudrais mon coca avec une ~.
	la tente [latɑ̃t]	das Zelt	Richard aime dormir sous la ~.
	où [u]	wo, *hier:* in dem, in der *Relativpronomen*	C'est un restaurant ~ on mange bien.

	le délire [lədeliʀ]	der Wahnsinn	Faire du Parkour, c'est le ~!
	froid/froide [fʀwa/fʀwad] *adj.* ≠ chaud/chaude	kalt	Beurk! Les spaghettis sont ~[1]!
	Il fait froid. [ilfɛfʀwa] ≠ Il fait chaud.	Es ist kalt.	~ dans ta chambre!
p. 29	**le petit copain / la petite copine** [ləpətikɔpɛ̃/lapətitkɔpin]	der (feste) Freund / die (feste) Freundin	Juliette, c'est ma ~[2].
	J'en ai déjà un/une. [ʒɑ̃nɛdeʒaɛ̃/yn]	Ich habe schon einen/eine.	Je ne veux pas ton lecteur mp3. ~[3]!
	il me reste encore qn/qc [ilməʀɛstɑ̃kɔʀ]	mir bleibt noch jd/etw., ich habe noch jdn/etw.	Ça va. ~ un peu de mon argent de poche.
	le mode d'emploi [ləmɔddɑ̃plwa]	die Gebrauchsanweisung	Je ne comprends pas ce ~.
	rigoler [ʀigɔle] *fam.*	lachen, Spaß haben	On ~[4] souvent en classe.
	se remonter le moral [səʀəmɔ̃teləmɔʀal]	sich die schlechte Laune vertreiben, sich aufmuntern	Pour ~, on danse.
	tout [tu]	alles *Indefinitpronomen*	Tu as vraiment ~ compris?
	s'entraider [sɑ̃tʀede] → aider	sich gegenseitig helfen *reflexives Verb, p. 148*	Julie et Max ~[5] pour les devoirs.

1 froids 2 petite copine 3 J'en ai déjà un 4 rigole 5 s'entraident

Unité 2 | A

p. 30	**que** [kə]	den/die/das *Relativpronomen (Objekt des Nebensatzes)*	Le gâteau au citron, c'est un dessert ~ j'adore.
	qui [ki]	der/die/das *Relativpronomen (Subjekt des Nebensatzes)*	J'ai un ami ~ est toujours content.
	pareil/pareille [paʀɛj] *adj.*	gleich	Abel et moi, on n'est pas ~[1].
	j'ai connu qn [ʒekɔny]	ich habe jdn kennengelernt	~ Eva au collège.
	la maternelle [lamatɛʀnɛl] *ou* **l'école maternelle** [lekɔlmatɛʀnɛl] *f.*	der Kindergarten	Mon petit frère est à la ~.
	déménager [demenaʒe] ! nous déménageons ! j'ai déménagé	umziehen *von einem Ort an einen anderen*	Ma famille va ~ à Munich.
	partager qc [paʀtaʒe] ! nous partageons	etw. teilen	Azélie ~[2] sa chambre avec son frère.
	le/la même [lə/lamɛm]	der-/die-/dasselbe, der/die/das gleiche	Cool! On a ~[3] portable.
	le secret [ləsəkʀɛ] 🇬🇧 secret	das Geheimnis	Je dis tous mes ~[4] à ma copine.
	l'un / l'une pour l'autre [lɛ̃/lynpuʀlotʀ]	füreinander, *hier:* voreinander	Zac et Tom n'ont pas de secrets ~[5].
	la confiance [lakɔ̃fjɑ̃s]	das Vertrauen	La ~, c'est important.

avoir confiance en qn [avwaʀkɔ̃fjɑ̃sɑ̃]	Vertrauen in jdn haben	Malo ~[6] son prof.
différent/différente [difeʀɑ̃/difeʀɑ̃t] *adj.* different ≠ pareil/pareille	verschieden, anders	Chez nous, c'est ~[7]. On ouvre les cadeaux de Noël le 25.
le défaut [lədefo]	der Fehler, die Schwäche	Il parle trop: c'est son ~.
ne ... pas du tout [nəpɑdytu]	überhaupt nicht	Je ~ suis ~ d'accord avec toi.
surtout [syʀtu]	vor allem	Djénaé aime ~ aller à la mer.
la qualité [lakalite] ≠ le défaut	die Qualität, die positive Eigenschaft	La ~ de ce pantalon est bonne.
intello [ɛ̃tɛlo] *adj. inv. fam.*	intellektuell, *hier:* strebsam	Maëva est un peu ~.
raconter qc à qn [ʀakɔ̃te]	jdm etw. erzählen	Armel ~[8] une histoire à son frère.
plein de [plɛ̃də] *fam.* ≠ peu de	viel/viele	Maël a acheté ~ cadeaux.
la blague [lablag]	der Witz	Cette ~ est très drôle.

La mère de Toto lui demande:
– Qu'est-ce que tu fais?
– Rien.
– Et ton frère?
– Il m'aide!

1 pareils 2 partage 3 le même 4 secrets 5 l'un pour l'autre 6 a confiance en 7 différent 8 raconte

Unité 2 | B

p. 32	**plutôt** [plyto] *adv.*	eher	Je ne vais pas au cinéma. Je vais ~ rester chez moi.
	avoir le moral [avwaʀləmɔʀal]	gut drauf sein	Aaron n'~ pas ~[1] parce qu'il a plein de devoirs.
	qu'est-ce qui [kɛski]	was *Fragewort als Subjekt*	~ ne va pas?
	discuter de qc avec qn [diskytedə]	etw. mit jdm besprechen	Tu as ~[2] ton projet avec Victor?
	l'été [lete] *m.*	der Sommer	Cet ~, je vais aller à la plage.
	la bande de copains [labɑ̃ddəkɔpɛ̃]	die Gruppe von Freunden	Thibault part en vacances avec sa ~.
	qui est-ce qui [kiɛski]	wer *Fragewort als Subjekt*	~ veut jouer au foot avec moi?
	la chance [laʃɑ̃s]	das Glück	Sandrine a de la ~: elle a trouvé 5 euros dans la rue!
	intéresser qn [ɛ̃teʀɛse] → intéressant/intéressante	jdn interessieren	Ce jeu vidéo ~[3] Clément.

1 n'a pas le moral 2 discuté de 3 intéresse

Unité 2 | C

p. 34 Transcription p. 213	**la tête** [latɛt]	der Kopf	J'ai cette chanson dans la ~ depuis hier!
	le refrain [ləʀəfʀɛ̃]	der Refrain	J'adore le ~ de cette chanson.
	amuser qn [amyze]	jdn unterhalten, jdn amüsieren	Le chat ~[1] beaucoup Simon.
	la muse [lamyz]	die Muse *Inspirationsquelle*	Tu es formidable, tu es ma ~!
	emmener qn [ɑ̃məne] ! j'emmène	jdn mitnehmen	Rébecca ~[2] son frère a l'école.
	le cœur [ləkœʀ]	das Herz	Mon tatouage, c'est un ~ rouge.
	quand [kɑ̃]	wenn, immer wenn	~ j'ai faim, je mange un fruit.
	malheureux/malheureuse [maløʀø/maløʀøz] *adj.*	unglücklich	Quentin est ~[3] parce qu'il a perdu son chat.
	à deux [adø]	zu zweit	On fait toujours du canoë ~.
	joyeux/joyeuse [ʒwajø/ʒwajøz] *adj.*	fröhlich	Ma cousine est toujours ~[4].
	triste [tʀist] *m./f. adj.* ≠ joyeux/joyeuse	traurig	Pourquoi est-ce que tu es ~?
	à fond [afɔ̃]	*hier:* auf voller Lautstärke	Il écoute toujours du métal ~.
	heureux/heureuse [øʀø/øʀøz] *adj.* ≠ malheureux/malheureuse	glücklich	Nadège et Olivier sont très ~[5] ensemble.

1 amuse 2 emmène 3 malheureux 4 joyeuse 5 heureux

Unité 2 | D

p. 36	**tu voudrais** [tyvudʀɛ]	du möchtest	Qu'est-ce que ~ manger?
	mini- [mini] *adj. inv.*	Mini- *+ Nomen*	J'ai préparé des ~-gâteaux.
	le thème [lətɛm]	das Thema	Tu aimes le ~ de ce livre?
	Les Aventures de Tintin [lezavɑ̃tyʀdətɛ̃tɛ̃]	Die Abenteuer von Tim und Struppi ▶ Civilisation, p. 145	J'ai vu ~ au cinéma.
	Tintin [tɛ̃tɛ̃]	Tim *belgischer Comic-Held*	Elle adore les bédés avec ~.
	le reporter [ləʀəpɔʀtɛʀ]	der Reporter	Mon oncle est ~ pour la télé.
	courageux/courageuse [kuʀaʒø/kuʀaʒøz] *adj.*	mutig	Sa mère n'a pas peur, elle est très ~[1]!
	Milou [milu]	Struppi	~, c'est le chien de Tintin.
	vieux *m.* / **vieil** *m.* / **vieille** *f.* [vjø/vjɛj] *adj.*	alt	Mon lecteur mp3 a 5 ans: il est ~[2]!
	la licorne [lalikɔʀn]	das Einhorn	Une ~, c'est un peu comme un cheval.

long *m.* / ! **longue** *f.* [lɔ̃/lɔ̃g] *adj.*	lang	Hélène a les cheveux ~[3].
le voyage [ləvwajaʒ]	die Reise	J'ai fait des photos pendant le ~.
nouveau *m.* / **nouvel** *m.* / **nouvelle** *f.* [nuvo/nuvɛl] *adj.* ≠ vieux/vieil/vieille	neu	Margot, c'est la ~[4] copine de Damien.
le/la capitaine [lə/lakapitɛn]	der Kapitän / die Kapitänin	Mon père est le ~ de ce bateau.
l'alcool [lalkɔl] *m.*	der Alkohol	Corentin ne prend jamais des boissons avec de l'~.
beau *m.* / **bel** *m.* / **belle** *f.* [bo/bɛl] *adj.* ≠ moche	schön	Célia est très ~[5].
la scène [lasɛn]	die Szene	C'est la ~ du film que je préfère.
les effets spéciaux [lezefɛspesjo] *m. pl.*	die Spezialeffekte	Les ~ de ce film sont super!
le film d'animation [ləfilmdanimasjɔ̃]	der Animationsfilm	Je trouve que les ~[6] sont pour les enfants.
à voir [avwaʀ]	*hier:* den man sehen muss	C'est un film ~ en français.
la bande-annonce [labɑ̃danɔ̃s]	der Film-Trailer, die Vorschau	Tu as déjà vu la ~ de Spiderman 5?
plaire à qn [plɛʀ]	jdm gefallen *Konjugation, p. 149*	Mon jean me ~[7] beaucoup.

Il me plaît. Er gefällt mir.

Elles ne me plaisent pas. Sie gefallen mir nicht.

No et moi [noemwa]	No & ich *französischer Roman und Film*	J'ai acheté ~ en DVD.
jeune [ʒœn] *m./f. adj.* → le/la jeune ≠ vieux/vieil/vieille	jung	Tu es encore ~!
avoir envie de faire qc [avwaʀɑ̃vidə]	auf etw. Lust haben, Lust haben, etw. zu tun	J'~[8] faire une promenade.
Zabou Breitman [zabubʀajtman]	*französische Regisseurin und Schauspielerin*	Il regarde tous les films de ~.
ça m'intéresse [samɛ̃teʀɛs] → intéressant/intéressante	das interessiert mich	Les bédés, ~ beaucoup.
en général [ɑ̃ʒeneʀal] 🇬🇧 in general	im Allgemeinen	~, je n'aime pas faire du foot.
l'émission [lemisjɔ̃] *f.*	die Sendung	Tu as regardé l'~ à la télé, hier?

1 courageuse 2 vieux 3 longs 4 nouvelle 5 belle 6 films d'animation 7 plaît 8 ai envie de

3

Unité 2 | Lecture

Der Wortschatz der *Lecture* ist fakultativ. Er wird im Folgenden nicht als bekannt vorausgesetzt.

p. 39	**embrasser qn** [ɑ̃bʀase]	jdn küssen	Hier, j'ai ~[1] Élina!
	garder qc [gaʀde]	etw. behalten, etw. aufbewahren	Je ~[2] ce secret pour moi.
	seul/seule [sœl] *adj.*	allein	Léa doit rester ~[3] à la maison.
	avoir honte de qn/qc [avwaʀ'ɔ̃t]	sich wegen jdm/etw. schämen	J'~[4] mon père quand il danse!
	le rêve [ləʀɛv] → rêver	der Traum	Des vacances à la mer, c'est le ~!
	magique [maʒik] *m./f. adj.*	magisch	Paris, c'est un endroit ~.
	s'éloigner de qn/qc [selwaɲe] → loin	sich von jdm/etw. entfernen *reflexives Verb, p. 148*	Clara, tu ne ~ pas ~[5] la maison, d'accord?
	le coup de foudre [ləkudəfudʀ]	die Liebe auf den ersten Blick	Je ne crois pas au ~.
	compter pour qn [kɔ̃tepuʀ]	jdm etw. bedeuten	Lucie ~ beaucoup ~[6] moi.
	avoir confiance en soi [avwaʀkɔ̃fjɑ̃sɑ̃swa]	Selbstvertrauen haben	Il faut ~.

1 embrassé **2** garde **3** seule **4** ai honte de **5** t'éloignes … de **6** compte … pour

Unité 3 | Approches

p. 46	**c'est la même chose que** [sɛlamɛmʃozkə]	das ist das Gleiche wie	La cinquième, ~ la «7. Klasse».
	bosser [bɔse] *fam.* = travailler	arbeiten, schuften	Je ~[1] au restaurant cet été.
	le brevet [ləbʀəvɛ]	*Abschluss nach dem Collège*	En troisième, Elsa prépare le ~.
	l'examen [lɛgzamɛ̃] *m.*	die (Abschluss-)Prüfung	Le brevet est l'~ en troisième.
	passer (un examen) [pase]	(eine Prüfung) machen	On est stressés parce qu'on ~[2] un examen.
	la fin [lafɛ̃]	das Ende	Nous sommes tristes parce que c'est la ~ des vacances.
	prochain/prochaine [pʀɔʃɛ̃/pʀɔʃɛn] *adj.*	nächster/nächste/nächstes	L'année ~[3], Marco va passer le brevet.
	le lycée [ləlise]	die gymnasiale Oberstufe, das Gymnasium	À 15 ans, Isa va au ~.

Die Klassen im *collège* und im *lycée* werden rückwärts gezählt.

le collège:
la sixième (= 6. Klasse)
la cinquième (= 7. Klasse)
la quatrième (= 8. Klasse)
la troisième (= 9. Klasse)

le lycée:
la seconde (= 10. Klasse)
la première (= 11. Klasse)
la terminale *(= die Abschlussklasse)*

le lycée professionnel [ləlisepʀɔfesjɔnɛl] *ou* **le lycée pro** [ləlisepʀo] *fam.*	das berufliche Gymnasium	Après le brevet, Martin va en ~.
l'apprentissage [lapʀɑ̃tisaʒ] *m.* → apprendre	die Lehre, die Ausbildung	Jérôme fait un ~ pendant 3 ans.
vite [vit] *adv.*	schnell	~! Les filles attendent déjà.
l'école primaire [lekɔlpʀimɛʀ] *f.*	die Grundschule	Ma sœur a 8 ans et elle va à l'~.
le baccalauréat [ləbakalɔʀea] *ou* **le bac** [ləbak] *fam.*	das Abitur	Noah passe son ~ cet été.

le bac général das allgemeine Abitur
le bac techno(logique) das Abitur *mit technischem Schwerpunkt*
le bac pro(fessionnel) das Fachabitur
le CAP (le certificat d'aptitude professionnelle) *Abschluss nach einer zweijährigen Facharbeiterausbildung*

le CFA *(le Centre de Formation d'Apprentis)* [ləseɛfa]	die Berufsschule	Je fais mon apprentissage au ~ de Montpellier.

1 bosse **2** passe **3** prochaine

Unité 3 | A

p. 48	**C'est le pied!** [sɛləpje]	Das ist total cool!	La mer et la plage, ~!
	l'échange [leʃɑ̃ʒ] *m.* → changer	der Austausch	Notre classe fait un ~ avec un collège en France.
	la rédaction [laʀedaksjɔ̃]	die Redaktion	Paul travaille à la ~ de Magajeunes.
	autre [otʀ] *m./f. adj.*	anderer/andere/anderes	Je préfère l'~ acteur.
	terminer qc [tɛʀmine] ≠ commencer	etw. beenden, *hier:* Schluss haben	On ~[1] l'école à 17 heures: c'est tard!
	sévère [sevɛʀ] *m./f. adj.*	streng	Ma grand-mère est ~.
	sauf [sof]	außer	J'aime tous les fruits ~ les pommes.
	la physique [lafizik]	die Physik	Ma matière préférée, c'est la ~.
	l'exception [lɛksɛpsjɔ̃] *f.* 🇬🇧 exception	die Ausnahme	Charlie peut se lever à 11 heures le dimanche, mais c'est l'~.
	croire qn/qc [kʀwaʀ]	jdm/etw. glauben *Konjugation, p. 148*	Il ~[2] qu'il n'a pas fait de fautes.
	que [kə]	dass	Je crois ~ ma tante habite à Gap.
	le correspondant / la correspondante [ləkɔʀɛspɔ̃dɑ̃/lakɔʀɛspɔ̃dɑ̃t] *ou* **le/la corres** [lə/lakɔʀɛs] *fam.*	der Austauschpartner / die Austauschpartnerin	Mon ~[3] français s'appelle Félix.
	libre [libʀ] *m./f. adj.*	frei	On a beaucoup de temps ~ aujourd'hui.
	le niveau [lənivo]	das Niveau	Bachar a un bon ~ en maths.

l'Allemand *m.* / **l'Allemande** *f.* [lalmɑ̃/lalmɑ̃d]	der/die Deutsche	Je trouve que les ~[4] sont bons en anglais.
meilleur/meilleure [mɛjœʀ] *adj.*	besser	Ton gâteau est ~[5] que le gâteau de Luc.
le Français / la Française [ləfʀɑ̃sɛ/lafʀɑ̃sɛz]	der Franzose / die Französin	Les ~[6] arrivent demain.
j'espère que [ʒɛspɛʀkə]	ich hoffe, dass	~ mon copain va m'inviter au cinéma.
interroger qn [ɛ̃teʀɔʒe] ! nous interrogeons	*hier:* jdn abfragen, jdn prüfen	Bastien n'aime pas quand le prof l'~[7].
le pain [ləpɛ̃]	das Brot	Le ~ est bon dans ta boulangerie!
le repas [ləʀəpa]	das Essen, die Mahlzeit	On mange nos ~ à la cuisine.
l'expérience [lɛkspeʀjɑ̃s] *f.* experience	die Erfahrung	Antoine n'a pas encore d'~ dans le monde du travail.
l'actualité [laktɥalite] *f.*	die aktuellen Nachrichten	Tu es au courant des ~[8] en France?
la jeunesse [laʒœnɛs] → jeune	die Jugend	Ma grand-mère parle souvent de sa ~.
franco-allemand/franco-allemande [fʀɑ̃koalmɑ̃/fʀɑ̃koalmɑ̃d] *adj.*	deutsch-französisch	C'est une école ~[9].

1 termine 2 croit 3 correspondant 4 Allemands 5 meilleur 6 Français 7 interroge 8 actualités 9 franco-allemande

Unité 3 | B

p. 50 **plus de qc** [plysdə]	mehr von etw.	Je voudrais avoir ~ vacances.
la cafétéria [lakafeteʀja] *ou* **la cafèt'** [lakafɛt] *fam.*	die Cafeteria	On va manger à la ~ à midi?
moins de qc [mwɛ̃də]	weniger von etw.	Lucas veut manger ~ viande.

Il y a peu d'ordinateurs. — Je voudrais **plus d'**ordinateurs.
On a beaucoup de devoirs. — Je voudrais **moins de** devoirs.

il nous manque [ilnumɑ̃k]	uns fehlt/fehlen	Zut! ~ 3 euros pour acheter le cadeau!
j'aimerais [ʒɛməʀɛ]	ich hätte gerne, ich würde gerne	~ avoir un chien.
par exemple [paʀɛgzɑ̃pl]	zum Beispiel	Il faut des boissons, ~ du coca.
le distributeur de boissons [lədistʀibytœʀdəbwasɔ̃]	der Getränkeautomat	Il y a du jus d'orange dans le ~?
poster qc [pɔste]	etw. posten *im Internet*	Hier, Arif a ~[1] un commentaire.
le programme [ləpʀɔgʀam]	das Programm	Guya effacé le ~ de son ordinateur.
la violence [lavjɔlɑ̃s] violence	die Gewalt	Est-ce qu'il y a de la ~ dans ton école?

le médiateur / la médiatrice [ləmedjatœʀ/lamedjatʀis]	der Streitschlichter / die Streitschlichterin	~ a aidé Laurent.
le conflit [ləkɔ̃fli]	der Konflikt	Je déteste les ~[2] à la maison.
fermé/fermée [fɛʀme] *adj.* ≠ ouvert/ouverte	geschlossen	La boulangerie est ~[3] aujourd'hui.
le/la documentaliste [lə/ladɔkymɑ̃talist]	der Bibliothekar / die Bibliothekarin *Person, die in der Schulbibliothek arbeitet*	~ du CDI est très sympa.
malade [malad] *m./f. adj.*	krank	Dalila est ~ et elle reste au lit.
la technologie [latɛknɔlɔʒi] *ou* **la techno** [latɛkno] *fam.*	der Werk- und Informatikunterricht *Schulfach*	J'adore les cours de ~.
avoir la possibilité de faire qc [avwaʀlapɔsibilitedə] possibility	die Möglichkeit haben, etw. zu tun	Tu as la ~ faire de l'escalade cet été?
la récréation [laʀekʀeasjɔ̃] *ou* **la récré** [laʀekʀe] *fam.*	die Pause	Je mange toujours une tartine à la ~.
ça suffit [sasyfi]	das genügt, das reicht	Ne fait pas l'idiot! ~!
il suffit de (faire) qc [ilsyfidəfɛʀ]	es reicht, etw. (zu tun)	Souvent, ~ demander.

1 posté **2** conflits **3** fermée

Unité 3 | C

p. 52 **agir** [aʒiʀ]	handeln, etw. unternehmen *Verb auf* -ir, *wie* finir, *p. 147*	Il faut ~ contre la violence!
l'action [laksjɔ̃] *f.*	die Aktion	On organise une ~ pour l'écologie.
la réunion [laʀeynjɔ̃]	das Treffen, die Sitzung	La ~ est à 9 heures.
l'écologie [lekɔlɔʒi] *f.* → écologique	die Ökologie	Il y a des cours d'~ au lycée?
jeter qc [ʒəte] ! je jette	etw. (weg)werfen	Je ne ~[1] jamais mes fringues.
le stylo [ləstilo]	der Kugelschreiber	Est-ce que tu as un ~ pour moi?
la poubelle [lapubɛl]	der Mülleimer	Quoi?! Tu mets ton portable à la ~?
le théâtre [ləteɑtʀ]	das Theater	Mes parents vont au ~ ce soir.
finir qc [finiʀ] ≠ commencer	etw. beenden *Konjugation, p. 147*	Anne ~[2] ses devoirs avant le dîner.
la phrase [lafʀɑz]	der Satz	Écris cinq ~[3] au passé composé.
Charles Péguy [ʃaʀlpegi]	*französischer Schriftsteller (1873–1914)*	Je vais au collège ~.
le sponsor [ləspɔ̃nsɔʀ]	der Sponsor / die Sponsorin	Qui est le ~ de notre équipe?
chaque [ʃak] *+ nom*	jeder/jede *+ Nomen*	La prof a corrigé ~ interro.
le pays [ləpei]	das Land	La France, c'est un ~ formidable!

l'ONG *(l'Organisation Non Gouvernementale)* [loɛnʒe] *f.*	die Nichtregierungsorganisation (NRO *oder* NGO)	Ma tante travaille pour une ~.
choisir qc [ʃwaziʀ] 🇬🇧 (to) choose	etw. wählen, etw. auswählen *Verb auf* -ir, *wie* finir, *p. 147*	Rouge ou orange? Il faut ~.
le Tchad [lətʃad]	der Tschad *Binnenstaat in Zentralafrika, in dem auch Französisch gesprochen wird*	Mon cousin habite au ~.
le slogan [ləslɔgɑ̃]	der Slogan	Le ~ de cette publicité est nul.
le logo [lələgo]	das Logo	Qui a dessiné le ~ de cette entreprise?
chacun/chacune (d'entre vous) [ʃakɛ̃/ʃakyndɑ̃tʀvu]	jeder/jede (von euch)	~[4] doit apporter des boissons.
s'engager [sɑ̃gaʒe] **!** nous nous engag**e**ons	sich engagieren *reflexives Verb, p. 148*	Rafik ~[5] contre la violence au collège.
réfléchir [ʀefleʃiʀ]	nachdenken, überlegen *Verb auf* -ir, *wie* finir, *p. 147*	Joséphine ~[6] d'abord, puis elle répond.

1 jette 2 finit 3 phrases 4 Chacun/Chacune 5 s'engage 6 réfléchit

Unité 3 | D

p. 54 **le papy** [ləpapi] *fam.*	der Opa	Je vais chez mon ~ aujourd'hui.
la mamie [lamami] *fam.*	die Oma	Ma ~ fait des gâteaux super.
quand [kɑ̃]	wenn, *hier:* als	~ j'étais petit, je n'aimais pas les bédés.
autrefois [otʀəfwa] = à l'époque ≠ aujourd'hui	früher, damals	~, il n'y avait pas de voitures.
l'informatique [lɛ̃fɔʀmatik] *f.*	die Informatik	Dans la salle d'~, il y a 17 ordinateurs.
par contre [paʀkɔ̃tʀ]	jedoch, allerdings	Je déteste danser. ~, j'adore chanter.
la menuiserie [lamənɥizʀi]	das Tischlern, das Schreinern	Nolwenn apprend la ~.
la gymnastique [laʒimnastik]	die Gymnastik	Tu fais de la ~ tous les matins?
l'hiver [livɛʀ] *m.*	der Winter	Il fait très froid cet ~.
la balle aux prisonniers [labalopʀizɔnje]	Völkerball	Vous voulez jouer à la ~?

jouer **à** la balle aux prisonniers

jouer **du** piano

Weißt du noch? Du verwendest *jouer à* bei Spielen und Sportarten, *jouer de* bei Instrumenten.

le scoubidou [ləskubidu]	*bunte, geknüpfte Plastikbänder*	Azra a fait un ~ rouge et vert.

parfois [paʀfwa]	manchmal	~, je vais à la piscine.
fumer [fyme]	rauchen	Sophie ne ~[1] plus.
en cachette [ɑ̃kaʃɛt]	heimlich	Je suis sortie ~ avec mes copains.
risqué/risquée [ʀiske] *adj.*	riskant	Ne va pas dans la mer ici. C'est trop ~[2]!
partout [paʀtu]	überall	C'est horrible! Il y a des voitures ~!
la radio [laʀadjo]	das Radio	J'écoute la ~ sous la douche.
Salut les copains [salylekɔpɛ̃]	*ehemaliges französisches Jugendmagazin*	Tu lisais ~?
le magazine [ləmagazin]	das Magazin, die Zeitschrift	Dilek lisait ce ~ tous les mois.
de l'époque [dəlepɔk]	von früher	Les robes ~ étaient moches!
Johnny Hallyday [dʒonialide]	*französischer Rocksänger (geb. 1943) einer der größten Stars des französischen Show-Business*	Je déteste la musique de ~.
Sylvie Vartan [silvivaʀtɑ̃]	*französische Popsängerin (geb. 1944) Teenage-Idol in den 1960er Jahren in Frankreich*	~ est une chanteuse sympa.
Louis de Funès [lwidəfynɛs]	*französischer Schauspieler (1914-1983)* ▶ Civilisation, p. 144	J'ai vu un film avec ~.
le flipper [ləflipœʀ]	der Flipper *Spielautomat*	Tu veux jouer au ~ avec moi?
seulement [sœlmɑ̃] *adv.*	nur, erst	~ 5 personnes étaient à la fête.
le franc [ləfʀɑ̃]	der Franc *ehemalige Währung in Frankreich*	Avant l'euro, un croissant coûtait 3 ~[3].

1 fume 2 risqué 3 francs

Unité 3 | Lecture

Der Wortschatz der *Lecture* ist fakultativ. Er wird im Folgenden nicht als bekannt vorausgesetzt.

p. 57	**se présenter comme** [səpʀezɑ̃tekɔm] + *nom*	*hier:* kandidieren als *reflexives Verb, p. 148*	Il ~[1] principal.
	le délégué / la déléguée [lədelege/ladelege]	*hier:* der Klassensprecher / die Klassensprecherin	Amandine est la ~[2] de notre classe.
	le représentant / la représentante [ləʀəpʀezɑ̃tɑ̃/laʀəpʀezɑ̃tɑ̃t]	der Vertreter / die Vertreterin	Madame N'Diaye est la ~[3] des parents d'élèves.
	voter pour qn/qc [vɔtepuʀ]	jdn/etw. wählen	Je ~[4] Mathis.
	sérieux/sérieuse [seʀjø/seʀjøz] *adj.*	ernst	Le prof de sport est toujours ~[5].
	la discussion [ladiskysjɔ̃] → discuter de qc	die Diskussion	Hier, j'ai eu une ~ avec mon père.
	donner la parole à qn [dɔnelapaʀɔl]	jdm das Wort erteilen	Le prof ~[6] à Souleymane.

prendre des notes [pʀɑ̃dʀdenɔt]	sich Notizen machen, mitschreiben	Il faut ~ en cours d'histoire-géo.
informer qn de qc [ɛ̃fɔʀme] → l'information *f.*	jdm etw. mitteilen	Le délégué ~[7] la classe des devoirs de français.
le résultat [ləʀezylta] 🇬🇧 result	das Ergebnis	Est-ce que tu as eu les ~[8] de l'examen?
demander à qn de faire qc [dəmɑ̃de]	jdn bitten, etw. zu tun	Ma mère ~[9] à mon frère d'acheter du pain.
le résumé [ləʀezyme]	die Zusammenfassung	Tu as lu le ~ du film?
la responsabilité [laʀɛspɔ̃sabilite] 🇬🇧 responsability	die Verantwortung	Les délégués ont beaucoup de ~[10].
décider [deside] 🇬🇧 (to) decide	entscheiden	Le principal aime ~.

1 se présente comme **2** déléguée **3** représentante **4** vote pour **5** sérieux **6** donne la parole **7** informe **8** résultats **9** demande **10** responsabilités

Unité 4 | Approches

p. 70 **professionnel/professionnelle** [pʀɔfesjɔnɛl] *adj.*	beruflich, Berufs-	J'ai déjà de l'expérience ~[1].
le job d'été [lədʒɔbdete]	der Ferienjob	J'ai un ~ dans une boulangerie.
la ferme [lafɛʀm]	der Bauernhof	La ~ de mon oncle est en Camargue.
bio [bjo] *fam.*	Bio-	Baptiste a acheté des fruits ~.
l'Auvergne [lovɛʀɲ] *f.*	*Region in Zentralfrankreich* ▶ Carte, p. 145	La colonie de vacances est en ~.
la récolte [laʀekɔlt]	die Ernte	On va faire la ~ des pommes.
au mois de (juillet) [omwadəʒɥijɛ]	im Monat (Juli)	Je vais chez mes cousins ~ juin.
(5 euros) de l'heure [sɛ̃køʀodəlœʀ]	(5 Euro) pro Stunde	Ils me donnent 6 euros ~.

À la boulangerie, ils me donnent 7 euros **de** l'heure.
In der Bäckerei bekomme ich 7 Euro pro Stunde.
aber:
Mon père me donne 50 euros **par** mois.
Mein Vater gibt mir 50 Euro im Monat.

contacter qn [kɔ̃takte]	jdn kontaktieren	Tu crois qu'ils vont me ~?
le/la baby-sitter [lə/labebisitœʀ]	der Babysitter / die Babysitterin	Je suis la ~ des enfants des voisins.
s'occuper de qn/qc [sɔkypedə]	sich um jdn/etw. kümmern *reflexives Verb, p. 148*	Audrey ~[2] mon chien ce week-end.
l'Ardèche [laʀdɛʃ] *f.*	*Département im Süden Frankreichs* ▶ Carte, p. 145	Nous passons les vacances en ~.

	l'argent de poche [laʀʒɑ̃dəpɔʃ] *m.*	das Taschengeld	J'ai 15 euros d'~ par mois.
	le garçon / la fille au pair [ləgaʀsɔ̃/lafijopɛʀ]	der Au-pair-Junge / das Au-pair-Mädchen *arbeitet gegen Verpflegung, Unterkunft und Taschengeld bei einer Gastfamilie*	Nos voisins ont une ~[3] française.
p. 71	**la candidature** [lakɑ̃didatyʀ]	die Bewerbung	Il y avait beaucoup de ~[4] pour ce travail.
	poser sa candidature [pozesakɑ̃didatyʀ]	sich bewerben	Arnaud a ~[5] dans l'entreprise de son oncle.
	le stage [ləstaʒ]	der Kurs, *hier:* das Praktikum	Je fais un ~ dans un magasin.
	le zoo [ləzo]	der Zoo	Il y a des nouveaux animaux au ~.
	Amnéville [amnevil]	*Stadt im Osten Frankreichs*	Astrid habite à ~.
	Aix-en-Provence [ɛksɑ̃pʀɔvɑ̃s]	*Stadt im Süden Frankreichs*	~ est une jolie ville.
	la location [lalɔkasjɔ̃]	der Verleih	Est-ce qu'il y a une ~ de bateaux?
	! **le tour** [ləturʀ]	die Tour, der Ausflug	Adèle fait le ~ de l'Europe à vélo.
	la Provence [lapʀɔvɑ̃s]	*Landschaft im Süden Frankreichs*	La ~, c'est mon endroit préféré.
	la mécanique [lamekanik]	die Mechanik	La ~ m'intéresse.
	je voudrais devenir [ʒəvudʀɛdəvəniʀ]	ich möchte werden	Plus tard, ~ professeur de sport.
	le mécanicien / la mécanicienne [ləmekanisjɛ̃/lamekanisjɛn] → la mécanique	der Mechaniker / die Mechanikerin	Tu connais un bon ~[6] à Paris?
	dehors [dəɔʀ]	draußen	Le chien doit attendre ~.
	donc [dɔ̃k]	also, folglich	Je déteste le métal, ~ je ne vais pas au concert d'Eyeless.
	l'avantage [lavɑ̃taʒ] *m.* 🇬🇧 advantage	der Vorteil	L'~ de mon collège, c'est qu'il est petit.

1 professionnelle 2 s'occupe de 3 fille au pair 4 candidatures 5 posé sa candidature 6 mécanicien

Unité 4 | A

p. 72	**s'ennuyer** [sɑ̃nɥije] ! *nur* je m'ennuie	sich langweilen *reflexives Verb, p. 148*	Hier, Samuel ~[1] en arts plastiques.
	le garage [ləgaʀaʒ]	die (Auto-)Werkstatt, *auch:* die Garage	La voiture est au ~.
	près de chez moi [pʀɛdəʃemwa]	bei mir in der Nähe	C'est pratique, le collège est ~.
	le début [lədeby]	der Anfang	Le ~ du film est super.
	une fois [ynfwa]	einmal	~, j'ai vu mon acteur préféré!

la salle [lasal]	der Raum, der Saal	La fête est dans la ~ à côté de la cantine.
servir en salle [sɛʀviʀɑ̃sal]	im Speisesaal servieren	Je préfère ~.
c'est pourquoi [sɛpuʀkwa]	deshalb	Elle fait du volley depuis 5 ans. ~ elle joue bien.
la lettre [lalɛtʀ] letter	der Brief	Ta ~ est arrivée hier. Merci!
la lettre de motivation [lalɛtʀdəmɔtivasjɔ̃]	das Bewerbungsschreiben	Je veux travailler, alors j'ai écrit beaucoup de ~[2].
malheureusement [maløʀøzmɑ̃] *adv.*	leider	~, on ne peut pas manger avec vous.
c'est dommage [sɛdɔmaʒ]	das ist schade	Vous n'avez pas le temps? ~!
le rapport de stage [ləʀapɔʀdəstaʒ]	der Praktikumsbericht	Nico a écrit son ~.

1 s'est ennuyé 2 lettres de motivation

Unité 4 | B

p. 74 **je viens de faire qc** [ʒəvjɛ̃də]	ich habe gerade etw. getan	Je ~ téléphoner à Cécile.
l'annonce [lanɔ̃s] *f.*	die Anzeige, das Inserat	J'ai lu l'~ dans le magazine.
être en train de faire qc [ɛtʀɑ̃tʀɛ̃də]	gerade dabei sein, etw. zu tun	Pas maintenant, je ~[1] écrire à mon copain!
le goûter [ləgute]	*kleine Mahlzeit gegen 16 Uhr oder nach der Schule*	Maman, qu'est-ce que tu as acheté pour le ~?
le printemps [ləpʀɛ̃tɑ̃]	der Frühling	Ce ~, nous allons en France.
l'éducateur *m.* / **l'éducatrice** *f.* [ledykatœʀ/ledykatʀis]	der Erzieher / die Erzieherin	Dimitri est ~[2] dans une école maternelle.
de plus [dəplys]	außerdem *in schriftlichen Texten*	J'aime les enfants. ~, j'ai déjà fait un stage dans une école.
garder qn/qc [gaʀde]	etw. behalten, *hier:* auf jdn/etw. aufpassen	Tu peux ~ mon chat en juillet?
le brevet de sauveteur [ləbʀəvɛdəsovtœʀ]	die Rettungsschwimmerprüfung	Pour travailler à la piscine, il faut le ~.
dernier/dernière [dɛʀnje/dɛʀnjɛʀ] *adj.* ≠ premier/première	letzter/letzte/letztes	Esther a visité Paris l'année ~[3].
j'espère pouvoir faire qc [ʒɛspɛʀpuvwaʀ]	ich hoffe, etw. tun zu können	~ aller à la fête d'Henri demain.
respectueuses salutations [ʀɛspɛktɥøzsalytasjɔ̃] *f. pl.*	*etwa:* mit freundlichen Grüßen *förmliches Ende eines offiziellen Briefes*	~, Julien Bernard

1 suis en train d' 2 éducateur 3 dernière

p. 76 **personnel/personnelle** [pɛʀsɔnɛl] *adj.* *ou* **perso** [pɛʀso] *fam.* → la personne	persönlich	Je raconte mes expériences ~[1].
la catastrophe [lakatastʀɔf] *ou* **la cata** [lakata] *fam.*	die Katastrophe	C'est la ~! Je ne trouve pas mes clés!
l'article [laʀtikl] *m.*	der Artikel	L'~ de ce magazine est intéressant.
le petit-déjeuner [ləpətideʒœne]	das Frühstück	Je prends mon ~ à 7 heures.

07:00 — 7 h: le petit-déjeuner

12:30 — 12 h 30: le déjeuner

16:00 — 16 h: le goûter

20:00 — 20 h: le dîner

le transat [lətʀɑ̃zat]	der Liegestuhl	L'été, je suis toujours sur mon ~.
comme d'habitude [kɔmdabityd]	wie gewöhnlich	J'ai mis mon livre dans mon sac, ~.
le hamac [lə'amak]	die Hängematte	J'adore me coucher dans mon ~.
le client / la cliente [ləklijɑ̃/laklijɑ̃t]	der Kunde / die Kundin	Il y a beaucoup de ~[2] dans le magasin.
la capsule [lakapsyl]	der Kronkorken, der Deckel	Je veux fermer mon coca: où est la ~?
le ballon [ləbalɔ̃]	der Luftballon, *auch:* der Ball	Francis a apporté son ~ de basket.
gonfler qc [gɔ̃fle]	etw. aufblasen	Papa, tu peux ~ mon ballon, s'il te plaît?
lâcher qc [lɑʃe]	etw. loslassen	Tu ne ~[3] pas la bouteille, d'accord?
foncer sur qn/qc [fɔ̃sesyʀ] ! nous fonçons ! j'ai foncé	auf jdn/etw. zurasen	La voiture ~[4] sur les gens.
pousser qn/qc [puse]	jdn/etw. stoßen	Il a ~[5] les gens pour monter dans le bus.
crier [kʀije]	schreien	Pourquoi est-ce que tu ~[6] comme ça?
glisser [glise] ! j'ai glissé	rutschen, ausrutschen	Elle a ~[7] dans la salle de bains et elle est tombée.
furieux/furieuse (contre qn) [fyʀjø/fyʀjøz] *adj.* 🇬🇧 furious	wütend (auf jdn)	Mon père est ~[8] parce que j'ai regardé la télé jusqu'à minuit.
au milieu de qc [omiljødə]	in der Mitte von etw.	Le toboggan est ~[9] parc.

1 personnelles 2 clients 3 lâches 4 fonce 5 poussé 6 cries 7 glissé 8 furieux 9 au milieu du

Unité 4 | D

p. 78 Transcription p. 213	**à l'appareil** [alapaʀɛj]	am Apparat	Bonjour, c'est Marion Roi ~.
	pour le moment [puʀləmɔmɑ̃]	im Augenblick	Je n'ai pas de portable ~.
	C'est à quel sujet? [sɛtakɛlsyʒɛ]	Worum geht es?	– Je voudrais parler à Madame Ali. – Oui, bien sûr. ~?
	c'est pour … [sɛpuʀ]	es ist wegen …	Je peux parler à Jessica? ~ la fête de ce soir.
	le CV *(le curriculum vitae)* [ləseve]	der Lebenslauf	J'ai donné mon ~ au chef.
	plusieurs [plyzjœʀ] *m./f. pl.*	mehrere	Nous restons pendant ~ jours.
	la langue [lalɑ̃g] 🇬🇧 language	die Sprache, *auch:* die Zunge	Je parle plusieurs ~[1].
	pas mal de [pɑmaldə] *fam.*	nicht wenige, einige	Lucien a gagné ~ matchs.
	louer qc [lwe] → la location	etw. mieten	On va ~ un bateau cet après-midi.
	savoir qc [savwaʀ]	etw. wissen, etw. können *Konjugation, p. 149*	Madame Lac ~[3] parler anglais.

Je **sais** jouer au volley mais aujourd'hui je ne **peux** pas.

réparer qc [ʀepaʀe]	etw. reparieren	Papy, tu peux ~ la radio?
le pneu [ləpnø]	der Reifen	Il faut changer le ~ du vélo.
crevé/crevée [kʀəve] *adj.*	geplatzt	Je répare un pneu ~[2].
laisser qc [lese]	etw. lassen, *hier:* (eine Nachricht) hinterlassen	Je peux ~ un message?
rappeler qn [ʀapəle] ! je rappelle	jdn zurückrufen	Élina va ~ à midi.

1 langues 2 crevé 3 sait

Unité 4 | Lecture

Der Wortschatz der *Lecture* ist fakultativ. Er wird im Folgenden nicht als bekannt vorausgesetzt.

p. 81	**être né/née** [ɛtʀne]	geboren sein	Citroën est ~[1] en 1878.
	fasciner qn [fasine]	jdn faszinieren	André Citroën a ~[2] beaucoup de gens.
	l'ingénieur *m.* / **l'ingénieure** *f.* [lɛ̃ʒenjœʀ]	der Ingenieur / die Ingenieurin	Ma mère est ~[3] dans une entreprise.
	créer qc [kʀee] 🇬🇧 (to) create	*hier:* etw. gründen	On va ~ une ONG pour aider les gens au Tchad.
	la guerre [lagɛʀ]	der Krieg	Heureusement, il n'y a plus de ~.

le soldat / la soldate [ləsɔlda/lasɔldat]	der Soldat / die Soldatin	Mon frère veut devenir ~[4].
mourir [muʀiʀ] ! il/elle meurt ! il/elle est mort(e)	sterben	Mon grand-père est ~[5] pendant la guerre.
choqué/choquée [ʃɔke] *adj.*	schockiert	Tu as vu ce film? Moi, j'étais ~.
fabriquer qc [fabʀike]	etw. produzieren	L'entreprise ~[6] des voitures.

1 né 2 fasciné 3 ingénieure 4 soldat 5 mort 6 fabrique

Unité 5 | Approches

p. 88 **la Loire** [lalwaʀ]	*Fluss in Frankreich* ▶ Civilisation, p. 144	On habite près de la ~.
à vélo [avelo]	mit dem Fahrrad	Maud va au collège ~.
en route [ɑ̃rut]	*hier:* auf dem Weg	On va à la fête! On peut acheter les boissons ~.
vers [vɛʀ]	in Richtung, nach *(Ort)*	Nous allons ~ Paris.
l'ouest [lwɛst] *m.*	der Westen	Paris est à l'~ de Strasbourg.
le sud [ləsyd]	der Süden	Orléans se trouve au ~ de Paris.
le nord [lənɔʀ]	der Norden	L'Auvergne se trouve au ~ de Montpellier.
l'est [lɛst] *m.*	der Osten	Le Louvre est à l'~ de la tour Eiffel.
au bord de qc [obɔʀdə]	am Ufer von etw.	Ils font une promenade ~ la Loire.
sportif/sportive [spɔʀtif/spɔʀtiv] *adj.* → le sport	sportlich	Létitia fait du foot: elle est très ~[1].
le château / ! les châteaux [ləʃɑto/leʃɑto]	das Schloss ▶ Civilisation, p. 144	Les ~[2] de la Loire sont très célèbres.
Dry [dʀi]	*kleine Stadt an der Loire bei Orléans*	Mes cousins habitent à ~.
se trouver [sətʀuve]	sich befinden, liegen *reflexives Verb, p. 148*	La boulangerie ~[3] à côté du café.

se trouver

au nord
à l'ouest ✦ à l'est
au sud

le village [ləvilaʒ]	das Dorf	Ils habitent dans un ~ près de Nantes.
Orléans [ɔʀleɑ̃]	*Stadt an der Loire*	Les musées à ~ sont intéressants.
actif/active [aktif/aktiv] *adj.*	aktiv	C'est un week-end ~[4]: on fait du VTT.
monter qc [mɔ̃te]	*hier:* etw. aufbauen	Je ne sais pas ~ une tente.

J'**ai** monté la tente.
Ich **habe** das Zelt aufgebaut.

Maëva **est** montée dans le bus.
Maëva **ist** in den Bus eingestiegen.

	Je t'embrasse. [ʒətɑ̃bʀas]	Liebe Grüße *am Briefende*	~, Maman.
	la frangine [lafʀɑ̃ʒin] *fam.* = la sœur	die Schwester	Ophélie, c'est ma ~.
p. 89	**le fleuve** [ləflœv]	der Fluss	La Seine est le ~ qui traverse Paris.
	Nevers [nəvɛʀ]	*Stadt an der Loire*	~ est à 300 kilomètres de Paris.
	Saint-Nazaire [sɛ̃nazɛʀ]	*Hafenstadt an der Loiremündung*	On a fait du vélo jusqu'à ~.
	la côte atlantique [lakotatlɑ̃tik]	die Atlantikküste	On passe nos vacances sur la ~.
	le département [lədepaʀtəmɑ̃]	das Département *Es gibt 101* départements *in Frankreich und in Übersee.* ▶ Carte, p. 145	J'habite dans le ~ de l'Ardèche.

1 sportive 2 châteaux 3 se trouve 4 actif

Unité 5 | A

p. 90	**voler qc** [vɔle]	etw. stehlen	Quelqu'un a ~[1] le vélo d'Agnès.
	le sac à dos [ləsakado]	der Rucksack	Tu as fait ton ~ pour le voyage?
	Blois [blwa]	*Stadt an der Loire*	Le château de ~ est très joli.
	Saint-Laurent-Nouan [sɛ̃loʀɑ̃nuɑ̃]	*kleine Stadt an der Loire bei Orléans*	~ est une petite ville.
	la centrale nucléaire [lasɑ̃tʀalnykleɛʀ]	das Atomkraftwerk	Le club Écologie s'engage contre les ~[2].
	vers [vɛʀ]	*hier:* gegen *bei Zeitangaben*	J'arrive chez toi ~ 18 heures.
	Amboise [ɑ̃bwaz]	*Stadt an der Loire*	Nous avons visité le château d'~.
	le feu d'artifice / ❗ **les feux d'artifice** [ləfødaʀtifis/lefødaʀtifis]	das Feuerwerk	Le ~ du 14 juillet était formidable!
	beaucoup de monde [bokudəmɔ̃d]	viele Leute	Il y a ~ à la fête.
	l'ambiance [lɑ̃bjɑ̃s] *f.*	die Stimmung	L'~ de la fête est un peu nulle.
	le type [lətip]	der Typ	Tu connais le ~ avec le pull bleu?
	bizarre [bizaʀ] *m./f. adj.*	merkwürdig	C'est ~, je ne trouve plus mon sac.
	costaud [kɔsto] *m./f. adj.*	kräftig	Mon frère est sportif et ~.
	la carte d'identité [lakaʀtdidɑ̃tite]	der Personalausweis	Il faut ta ~ pour aller en France.

le porte-monnaie [ləpɔʀtmɔnɛ]	das Portemonnaie	J'ai 50 euros dans mon ~.
l'opinel [lɔpinɛl] *m.*	das Opinel-Klappmesser	J'adore mon nouvel ~.
le commissariat [ləkɔmisaʀja]	das Polizeirevier	Où se trouve le ~?

Wenn du nach Frankreich fährst, musst du dir diese Notrufnummern merken: la police **17**
les pompiers (= die Feuerwehr) **18** le SAMU (*le Service d'Aide Médicale Urgente* = der medizinische Notdienst) **15**

faire une déclaration [fɛʀyndeklaʀasjɔ̃]	eine Anzeige erstatten	J'ai dû ~ parce qu'on a volé mon sac.
décrire qn/qc [dekʀiʀ]	jdn/etw. beschreiben *wie* écrire, *p. 148*	Zélie ~[3] son copain dans son e-mail.
le voleur / la voleuse [ləvɔlœʀ/lavɔløz] → voler	der Dieb / die Diebin	Attention! Il y a souvent des ~[4] dans le métro.

1 volé 2 centrales nucléaires 3 décrit 4 voleurs

Unité 5 | B

p. 92 **Angers** [ɑ̃ʒe]	*Stadt an der Loire*	Tu es déjà allé à ~?
la pluie [laplɥi]	der Regen	On a fait une promenade sous la ~.
il pleut / il a plu / il pleuvait [ilplø/ilaply/ilpløvɛ]	es regnet / es hat geregnet / es regnete	~[1] souvent ici en hiver.

Quel temps fait-il? Wie ist das Wetter?

Il fait beau.

Il fait chaud.

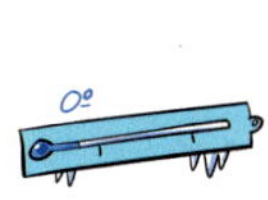

Il fait froid.

Il fait 20 degrés.

Il neige.

Il pleut.

Il y a du soleil.

Il y a du vent.

J'en ai marre. [ʒɑ̃nɛmaʀ] *fam.*	Mir reicht's. / Ich habe echt genug.	On a toujours plein de devoirs. ~!
sec/sèche [sɛk/sɛʃ] *adj.*	trocken	Le jardin est très ~[2] en août.
le sac de couchage [ləsakdəkuʃaʒ]	der Schlafsack	Tu as ton ~ pour le camping?
trempé/trempée [tʀɑ̃pe] *adj.*	durchnässt	Sam est ~[3] parce qu'il pleut.
complet/complète [kɔ̃plɛ/kɔ̃plɛt] *adj.*	*hier:* ausgebucht, voll	Zut! L'hôtel est ~[4] pour ce soir.
boire qc [bwaʀ] → la boisson	etw. trinken *Konjugation, p. 148*	Mon frère ~[5] du jus d'orange.
le chocolat (chaud) [ləʃɔkɔlaʃo]	die (heiße) Schokolade	J'adore boire du ~.
l'auberge de jeunesse [lobɛʀʒdəʒœnɛs] *f.*	die Jugendherberge	On fait du camping ou on va à l'~?

1 Il pleut 2 sec 3 trempé 4 complet 5 boit

5

Unité 5 | C

p. 94	**réussir qc** [ʀeysiʀ]	etw. schaffen *Verb auf* -ir, *wie* finir, *p. 147*	Hier, j'ai ~[1] mon examen.
	le pique-nique [ləpiknik]	das Picknick	Noé a fait une salade pour le ~.
	incroyable [ɛ̃kʀwajabl] *m./f. adj.* → croire	unglaublich	Tu as gagné la course? ~!
	emprunter qc [ɑ̃pʀɛ̃te]	etw. ausleihen	J'~[2] des livres à la médiathèque.
	le couteau / ! les couteaux [ləkuto/lekuto]	das Messer	Amir a mis les ~[3] sur la table.
	la main [lamɛ̃]	die Hand	Prend ma ~ pour traverser la rue.
	Il/Elle est à (moi). [il/ɛlɛtamwa]	Er/Sie/Es gehört (mir).	Le sac à dos, ~[4].
	le marché (aux puces) [ləmaʀʃeopys]	der (Floh-)Markt	J'ai acheté cette jolie table au ~.
	Nantes [nɑ̃t]	*Stadt an der Loiremündung*	~ se trouve près de la côte atlantique.
	payer qc [peje] ! je paie / je paye 🇬🇧 (to) pay	etw. bezahlen, etw. zahlen	Lucie ~[5] 35 euros par mois pour son cours de danse.

Un homme demande à un chauffeur de taxi:
– Combien ça coûte pour aller à l'aéroport?
– 45 euros.
– Et il faut payer pour le sac à dos?
– Non, c'est gratuit.
– Très bien, je vais aller en bus. Apportez le sac à dos à l'aéroport à 14 heures.

	inventer qc [ɛ̃vɑ̃te] 🇬🇧 (to) invent	etw. erfinden	Les frères Lumière ont ~[6] le cinéma.
	vrai/vraie [vʀɛ] *adj.*	wahr, richtig, echt	C'est ~[7]: je n'ai pas fait mes devoirs.
	redonner qc à qn [ʀədɔne]	jdm etw. zurückgeben	Hier, Enora a ~[8] la bédé à Max.

Um „wieder-" oder „zurück-" auszudrücken, haben einige Verben die Vorsilbe *re-/r-*:

– Qu'est-ce que tu as trouvé?
– J'ai **re**trouvé ma clé.
Ich habe meinen Schlüssel wiedergefunden.

– Est-ce que Olivier a appelé?
– Oui, je le **r**appelle plus tard.
Ich rufe ihn später zurück.

	tout de suite [tudsɥit]	sofort	Tu rentres ~?

1 réussi 2 emprunte 3 couteaux 4 Il est à moi 5 paie/paye 6 inventé 7 vrai 8 redonné

Unité 5 | D

p. 96	**l'objet** [lɔbʒɛ] *m.*	das Objekt, *hier:* der Betreff *E-Mail*	Pour l'~ de l'e-mail, tu peux écrire «Écologie».

l'invitation [lɛ̃vitasjɔ̃] *f.* invitation → inviter	die Einladung	Clara prépare les ~[1] pour sa fête.
longuement [lɔ̃gmɑ̃] *adv.*	lange	Hier, Irène m'a ~ parlé au téléphone.
venir [vəniʀ]	kommen *Konjugation, p. 149*	Je ne peux pas ~ à ta fête.
il y a [ilja]	vor *zeitlich*	Mon frère est arrivé ~ dix jours.
complètement [kɔ̃plɛtmɑ̃] *adv.* → complet/complète	ganz, komplett	Il a plu et je suis ~ trempé!
crevé/crevée [kʀəve] *adj. fam.*	*hier:* erschöpft	Après ce match, Zoé est ~[2].
heureusement [øʀøzmɑ̃] *adv.* → heureux/heureuse ≠ malheureusement	glücklicherweise	~, les devoirs sont faciles.
normalement [nɔʀmalmɑ̃] *adv.* → normal/normale	normalerweise	~, l'entraînement est le samedi.
probablement [pʀɔbabləmɑ̃] *adv.*	wahrscheinlich	Je ne vais ~ pas partir en vacances.
quelques [kɛlkə] *m./f. pl. + nom*	einige, ein paar *+ Nomen*	J'ai invité ~ amis à la fête.
on pourrait [ɔ̃puʀɛ]	wir könnten, man könnte	~ préparer une salade de fruits.

1 invitations 2 crevée

Unité 5 | Lecture

Der Wortschatz der *Lecture* ist fakultativ. Er wird im Folgenden nicht als bekannt vorausgesetzt.

p. 99	**l'écrivain** [lekʀivɛ̃] *m./f.* → écrire qc	der Schriftsteller / die Schriftstellerin	Victor Hugo était un ~ célèbre.
	le port [ləpɔʀ]	der Hafen	Le bateau retourne au ~.
	la science [lasjɑ̃s]	die Wissenschaft	Le musée de la ~ est très intéressant.
	l'invention [lɛ̃vɑ̃sjɔ̃] *f.*	die Erfindung	Internet est une ~ qui a changé nos vies.
	le train [lətʀɛ̃]	der Zug	Je préfère prendre le ~.
	la lune [lalyn]	der Mond	La ~ est belle ce soir!
	le monde entier [ləmɔ̃dɑ̃tje]	die ganze Welt	Ce groupe fait des concerts dans le ~.
	la fusée [lafyze]	die Rakete	La ~ va sur la lune.
	l'hommage [lɔmaʒ] *m.*	die Ehrung	Ce monument est un ~ à Saint-Exupéry.
	dont [dɔ̃]	darunter *Relativpronomen*	Il y avait beaucoup de plats, ~ un couscous et un tajine.
	le dos [ledo]	der Rücken	Le joueur de foot est tombé sur le ~.

Unité 6 | Approches

p. 106	**la francophonie** [lafʀɑ̃kɔfɔni]	die Frankophonie *bezeichnet die Gemeinschaft der Länder, in denen Französisch gesprochen wird*	Dans les pays de la ~, on parle français.
	tous/toutes [tus/tut]	alle	Les garçons viennent ~[1] à la fête.
	la Belgique [labɛlʒik]	Belgien ▶ Civilisation, p. 144	La ~ se trouve à l'est de la France.
	le néerlandais [ləneɛʀlɑ̃dɛ]	Niederländisch	Mon cousin apprend le ~.
	le dialecte [lədjalɛkt]	der Dialekt	Dans ma région, on parle un ~.
	le Québec [ləkebɛk]	Québec *französischsprachige Provinz in Kanada* ▶ Civilisation, p. 144	Au ~, on parle français et anglais.
	le Canada [ləkanada]	Kanada	Le Québec est une région du ~.
	le lac [ləlak]	der See	On peut faire du bateau sur ce ~.
	la forêt [lafɔʀɛ] forest	der Wald	Demain, nous allons dans la ~.
	le gratte-ciel / ! les gratte-ciel [ləgʀatsjɛl] *inv.*	der Wolkenkratzer	Les ~ de Montréal sont super!
	neiger [neʒe]	schneien	Regarde dehors, il ~[2]!
	le degré [lədəgʀe]	das Grad *Temperaturangabe*	À Montréal, il fait -20 ~[3] en hiver.
	souterrain/souterraine [suteʀɛ̃/suteʀɛn] *adj.* → la terre	unterirdisch	Au Québec, il y a des supermarchés ~[4].
	la sauce [lasos]	die Sauce	Ariane préfère la viande sans ~.
p. 107	**le Sénégal** [ləsenegal]	Senegal ▶ Civilisation, p. 144	Nous partons en vacances au ~.
	l'Afrique [lafʀik] *f.*	Afrika	Le Sénégal se trouve en ~.
	la saison [lasɛzɔ̃]	die Jahreszeit	C'est la ~ des pluies.
	la Tunisie [latynizi]	Tunesien ▶ Civilisation, p. 145	On a fêté l'Aïd-el-Fitr en ~.
	l'arabe [laʀab] *m.*	Arabisch	J'apprends l'~ depuis septembre.
	Il y a du soleil. [iljadysɔlɛj]	Die Sonne scheint.	J'adore quand ~.
	la mosquée [lamɔske]	die Moschee	Hier, Hamid est allé à la ~.
	connaître qc comme sa poche [kɔnɛtʀkɛlkəʃozkɔmsapɔʃ]	etw. wie seine Westentasche kennen	Je ~ la ville ~[5].

La francophonie

la Belgique
le wallon [ləwalɔ̃] Wallonisch *Dialekt in Belgien*
Liège [ljɛʒ] Lüttich *Stadt in Belgien*

le Sénégal
Dakar [dakaʀ] *Hauptstadt vom Senegal*
le wolof [ləwɔlɔf] Wolof *Sprache im Senegal, in Gambia und Mauretanien*
la Casamance [lakazamɑ̃s] *Region im Süden vom Senegal*

le Québec
Montréal [mɔ̃ʀeal] *größte Stadt Québecs*
magasiner [magazine] einkaufen gehen, shoppen *frankokanadisches Wort*
la poutine [laputin] Pommes mit Sauce und Käse *kanadisches Gericht*

la Tunisie
Kairouan [keʀuɑ̃] *Stadt in Tunesien*
la médina [lamedina] die Medina *alter Teil der Stadt*
la brik aux œufs [labʀikozø] gefüllte Teigtasche *nordafrikanisches Gericht*
Casting [kastiŋ] *tunesische Fernsehserie*

1 tous 2 neige 3 degrés 4 souterrains 5 je connais ... comme ma poche

Unité 6 | A

p.108	**le lecteur / la lectrice** [ləlɛktœʀ/lalɛktʀis] → lire	der Leser / die Leserin	Les ~[1] ont écrit au magazine.
	la moule [lamul]	die Miesmuschel	Les ~[2], c'est mon plat préféré.
	le centre-ville [ləsɑ̃tʀvil]	die Innenstadt, das Stadtzentrum	Est-ce que le collège est dans le ~?
	la cathédrale [lakatedʀal]	die Kathedrale, der Dom	Les élèves ont visité la ~ de Nantes.
	la mairie [lameʀi]	das Rathaus	Liam va changer sa carte d'identité à la ~.
	il s'agit de qc [ilsaʒidə]	es handelt sich um etw.	~[3] une chanson de Stromae.
	la fontaine [lafɔ̃tɛn] 🇬🇧 fountain	der Brunnen	Il y a une belle ~ dans le parc.
	le symbole [ləsɛ̃bɔl]	das Symbol	La mosquée est le ~ de ma ville.
	presque [pʀɛsk]	fast	J'ai ~ fini mes devoirs.
	la poire [lapwaʀ]	die Birne	J'ai acheté des pommes et des ~[4].
	délicieux/délicieuse [delisjø/delisjøz] *adj.*	köstlich	Ce gâteau est ~[5]!
	sucré/sucrée [sykʀe] *adj.* → le sucre	süß *Essen*	Ce gâteau est trop ~[6].
	goûter qc [gute] → le goûter	etw. probieren, etw. kosten *Essen*	Je n'ai jamais ~[7] un tajine.
	la saucisse [lasosis]	die Wurst, das Würstchen	Je mange toujours une ~ au marché.
	l'auteur [lotœʀ] *m./f.*	der Schriftsteller / die Schriftstellerin	Maëlle est ~ de livres pour enfants.
	ressembler à qn/qc [ʀəsɑ̃ble] ! j'ai ressemblé	jdm/etw. ähnlich sein, jdm/etw. ähneln	Je ~[8] à ma sœur.

le/la Belge [lə/labɛlʒ] → la Belgique	der Belgier / die Belgierin	J'ai rencontré des ~[9] en vacances.
la marionnette [lamaʀjɔnɛt]	die Marionette	Il y a un spectacle de ~[10].
géant/géante [ʒeɑ̃/ʒeɑ̃t] *adj.* 🇬🇧 giant	riesig, gigantisch	On a construit une marionnette ~[11].
envoyer qc à qn [ɑ̃vwaje] ! j'envoie/j'envoye	jdm etw. schicken	Je t'~[12] la lettre aujourd'hui.
la bise [labiz]	der Kuss *auf die Wange*	En France, on fait la ~ pour dire bonjour.

La Belgique
la cathédrale Saint-Paul [lakatedʀalsɛ̃pɔl] *Dom in Liège*
le Perron [ləpeʀɔ̃] *Brunnen auf dem Marktplatz in Liège, Symbol der Gerechtigkeit*
la Batte [labat] *Markt in Liège*
le sirop de Liège [ləsiʀodəljɛʒ] Birnen-Apfelkraut *Spezialität aus Liège*
la fricassée liégeoise [lafʀikaseljɛʒwaz] Wurst mit Eiern *belgisches Gericht*
Louvain [luvɛ̃] *Stadt in Belgien*
Hergé [ɛʀʒe] *Zeichner und Autor von Tintin* ▶ Civilisation, p. 145
la fête de Sainte-Marie [lafɛtdəsɛ̃tmaʀi] *Fest in Liège am 15. August*
le Tchantchès [lətʃɑ̃tʃɛs] *Marionette aus Liège*
le betch [ləbɛtʃ] der Kuss *auf Wallonisch*

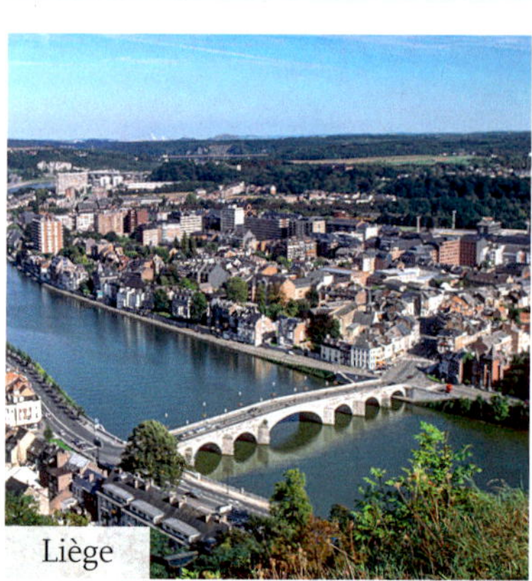
Liège

1 lecteurs 2 moules 3 Il s'agit d' 4 poires 5 délicieux 6 sucré 7 goûté 8 ressemble à 9 Belges 10 marionnettes 11 géante 12 envoie/envoye

Unité 6 | B

p. 110	**Rien à déclarer** [ʀjɛ̃nadeklaʀe]	Nichts zu verzollen *Kinofilm von Dany Boon*	Je vais voir ~ au cinéma.
	le douanier / la douanière [lədwanje/ladwanjɛʀ]	der Zollbeamte / die Zollbeamtin	Autrefois, mon père était ~[1].
	belge [bɛlʒ] *m./f. adj.*	belgisch	Ma corres ~ parle français.
	apprendre qc à qn [apʀɑ̃dʀ]	jdm etw. beibringen *wie* prendre, *p. 149*	J'~[2] le français à ma cousine.
	l'abruti *m.* / **l'abrutie** *f.* [labʀyti] *fam.*	der Idiot / die Idiotin	Le copain de ma sœur est un ~[3].
	contrôler qc [kɔ̃tʀole]	etw. kontrollieren	Au concert, la police ~[4] les sacs.
	la frontière [lafʀɔ̃tjɛʀ]	die Grenze	J'habite près de la ~ allemande.
	le/la pire [lə/lapiʀ] *m./f. adj.*	der/die/das schlechteste, der/die/das schlimmste	C'était horrible, la ~ semaine de ma vie.
	imiter qn/qc [imite]	jdn/etw. imitieren	Tristan ~[5] toujours son frère.
	l'accent [laksɑ̃] *m.*	der Akzent	J'ai un ~ quand je parle français.
	faire équipe avec qn [fɛʀekipavɛk]	mit jdm ein Team bilden	Jade ~[6] Isaac pour le match.
	devenir qc [dəvəniʀ]	etw. werden *wie* venir, *p. 149*	Ils sont vite ~[7] amis.

se marier avec qn [səmaʀjeavɛk]	jdn heiraten *reflexives Verb, p. 148*	Eve va ~ Cédric.
la comédie [lakɔmedi]	die Komödie	Je préfère les ~[8].
le préjugé [ləpʀeʒyʒe]	das Vorurteil	Il a des ~[9] sur les filles.
la tolérance [latɔleʀɑ̃s]	die Toleranz	On s'engage pour la ~ au collège.
l'action [laksjɔ̃] *f.*	*hier:* die Action *im Film*	Il y a beaucoup d'~ dans ce film!
le réalisateur / la réalisatrice [ləʀealizatœʀ/laʀealizatʀis]	der Regisseur / die Regisseurin	Le ~[10] de ce film est très bon.
parfait/parfaite [paʀfɛ/paʀfɛt] *adj.*	perfekt	Nous avons passé des vacances ~[11].
le rôle [ləʀol]	die Rolle	Maya joue un ~ important au théâtre.
la seconde [lasgɔ̃d]	die Sekunde	Il a fait 100 mètres en 10 ~[12]!
le genre [ləʒɑ̃ʀ]	das Genre	Quel ~ de film préfères-tu?

1 douanier 2 apprends 3 abruti 4 contrôle 5 imite 6 fait équipe avec 7 devenus 8 comédies 9 préjugés 10 réalisateur 11 parfaites 12 secondes

Unité 6 | C

p. 112 **Sarcelles** [saʀsɛl]	*Hochhaussiedlung nördlich von Paris*	~ se trouve au nord de Paris.
le jouet [ləʒwɛ] → jouer	das Spielzeug	Mon cousin veut des ~[1] pour Noël.
se balader [səbalade] *fam.* = faire une promenade	herumlaufen, spazieren gehen *reflexives Verb, p. 148*	On adore ~ à la plage.
la banlieue [labɑ̃ljø]	der Vorort	On habite dans une ~ de Marseille.
draguer qn [dʀage] *fam.*	jdn anmachen	Olivia aime ~ les garçons.
la marque [lamaʀk]	die Marke	Léo porte des vêtements de ~.
s'entendre avec qn [sɑ̃tɑ̃dʀavɛk]	sich mit jdm verstehen *Verb auf* -dre, *reflexives Verb, p. 148*	Je ~ bien ~[2] mes parents.
en [ɑ̃]	*ungefähr:* davon, von dort *meist unübersetzbar*	– Il est en Afrique? – Oui, mais il ~ revient demain.

– Est-ce que vous aviez **une radio** à la maison autrefois?
Hattet ihr damals ein Radio zu Hause?
– Oui, tout le monde **en** avait une.
Ja, alle hatten eins.

– Est-ce que tu veux encore **des spaghettis**?
Möchtest du noch Spaghetti?
– Non merci, je n'**en** veux plus.
Nein danke, ich möchte keine mehr.

Il est parti à **Paris** pour les vacances et il n'**en** est jamais revenu.
Er ist nach Paris gefahren, um dort Urlaub zu machen, und er ist nie zurückgekommen.

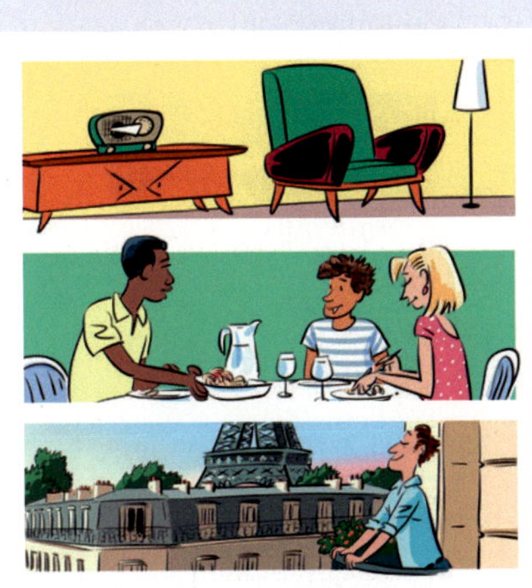

apprendre que [apʀɑ̃dʀkə]	lernen, *hier:* erfahren *wie* prendre, *p. 149*	Hier, j'ai ~[3] notre prof va partir.
mort/morte [mɔʀ/mɔʀt] *adj.*	tot, gestorben	Mon chien est ~[4] il y a trois ans.
mieux [mjø] *adv.*	besser	Ça va ~, je ne me sens plus malade.
finalement [finalmɑ̃] *adv.* finally → finir	schließlich	~, on est restés à la maison.
riche [ʀiʃ] *m./f. adj.* rich	reich	Nos voisins sont très ~[5].
pauvre [povʀ] *m./f. adj.* ≠ riche	arm	La famille d'Eliah est assez ~[6].
ensuite [ɑ̃sɥit] *adv.*	dann	Tu ajoutes du sucre. ~ tu mélanges.
le paysage [ləpeizaʒ]	die Landschaft	Le ~ en Provence est très beau.
le médicament [ləmedikamɑ̃]	das Medikament	Tamsir prend des ~[7].
le/la pauvre [lə/lapovʀ]	der/die Arme	Bakari organise une cantine pour les ~[8].
à la fois [alafwa]	zugleich	Je suis ~ heureux et triste.
fier/fière (de qc) [fjɛʀ] *adj.*	stolz (auf etw.)	Mes parents sont ~[9] de moi.
les morts *m. pl.* / **les mortes** *f. pl.* [lemɔʀ/lemɔʀt]	die Toten	Lissah dit qu'elle parle avec les ~.
les vivants *m. pl.* / **les vivantes** *f. pl.* [levivɑ̃/levivɑ̃t]	die Lebenden	Les ~[10] parlent souvent des morts.

1 jouets 2 m'entends … avec 3 appris que 4 mort 5 riches 6 pauvre 7 médicaments 8 pauvres 9 fiers 10 vivants

Unité 6 | D

p. 114 **la baleine** [labalɛn]	der Wal	Incroyable! On a vu des ~[1]!
la baie [labɛ]	die Bucht	Je fais du bateau dans la ~.
magnifique [maɲifik] *m./f. adj.* magnificent	wunderschön	J'adore cette chanson, elle est ~!
l'automne [lɔtɔn] *m.*	der Herbst	L'~, c'est ma saison préférée.

le printemps l'été l'automne l'hiver

au-dessus de [odəsydə]	über	Maya habite ~ chez nous.
le sol [ləsɔl]	der Boden	On a dormi sur le ~.
la motoneige [lamotonɛʒ]	das Schneemobil	Cet hiver, on va louer une ~.
le caribou [ləkaʀibu]	das Karibu, das Ren(tier)	Tu as déjà vu un ~, toi?

photographier qn/qc [fɔtɔgʀafje] → la photo	jdn/etw. fotografieren	Nadine aime ~ les animaux.
rater qc [ʀate]	etw. verpassen	Zut! Je viens de ~ mon bus!
profiter de qc [pʀɔfitedə]	etw. genießen, von etw. profitieren	Il faut ~ [2] soleil.
l'office de tourisme [lɔfisdətuʀism] *m.*	die Touristeninformation	Je prends un plan de la ville à l'~.
le hockey sur glace [lə'ɔkɛsyʀglas]	das Eishockey	Le ~ est un sport super.
le Canadien / la Canadienne [ləkanadjɛ̃/lakanadjɛn]	der Kanadier / die Kanadierin	Les ~[3] sont fans de hockey sur glace.
applaudir (qn) [aplodiʀ]	jdm applaudieren, klatschen *Verb auf* -ir, *wie* finir, *p. 147*	Le concert était génial: on a beaucoup ~[4].
ça vaut la peine de faire qc [savolapɛndə]	es lohnt sich, etw. zu tun	~ visiter le Louvre!
il vaut la peine de faire qc [ilvolapɛndə]	es lohnt sich, etw. zu tun	~ monter sur le mont Royal.
la vue [lavy] → voir qn/qc	die Aussicht	La ~ de la montagne est formidable.

Le Québec
le Saint-Laurent [ləsɛ̃lɔʀɑ̃] der Sankt-Lorenz-Strom *Fluss in Kanada*
Cœur de Pirate [kœʀdəpiʀat] *Sängerin aus Québec* ▶ Civilisation, p. 144
Les Cowboys Fringants [lekobɔjfʀɛ̃gɑ̃] *Musikgruppe aus Québec* ▶ Civilisation, p. 144
les Francofolies de Montréal [lefʀɑ̃kofɔlidəmɔ̃ʀeal] *Musikfestival in Montréal*
le Centre Bell [ləsɑ̃tʀbɛl] *große Sporthalle in Montréal*
le mont Royal [ləmɔ̃ʀwajal] *Berg in Montréal*

Blick auf Montréal vom *mont Royal*

1 baleines 2 profiter du 3 Canadiens 4 applaudi

Unité 6 | Lecture

Der Wortschatz der *Lecture* ist fakultativ. Er wird im Folgenden nicht als bekannt vorausgesetzt.

p. 117	**l'expression** [lɛkspʀɛsjɔ̃] *f.* 🇬🇧 expression	der Ausdruck, die Wendung	Tu connais cette ~ en arabe?
	le passé [ləpase]	die Vergangenheit	Notre prof d'histoire nous explique très bien le ~.
	le/la poète [lə/lapɔɛt]	der Dichter / die Dichterin	Baudelaire était un grand ~.
	l'artiste [laʀtist] *m./f.* 🇬🇧 artist	der Künstler / die Künstlerin	Chakib dessine comme un ~.
	l'homme politique / la femme politique [lɔmpɔlitik/lafampɔlitik]	der Politiker / die Politikerin	François Hollande est un ~[1].
	la langue maternelle [lalɑ̃gmatɛʀnɛl]	die Muttersprache	L'anglais est la ~ de Laura.
	bilingue [bilɛ̃g] *m./f. adj.*	zweisprachig	La famille Bassari est ~.

1 homme politique

Liste alphabétique français-allemand

Hier findest du alle Wörter, die du in À toi! 3 neu lernst, sowie alle Wörter, die du aus *À toi! 1* bzw. *À toi! 1A/1B* und *À toi! 2* bereits kennst. Die Angabe hinter dem Pfeil (→) verweist auf die Unité, in der die Vokabel zum ersten Mal vorkommt: → 3/App = Unité 3/Approches, → 3/A = Unité 3/A.
Verben mit unregelmäßiger oder besonderer Konjugation sind rot hervorgehoben. Die Konjugation der Verben findest du ab Seite 147.

A

à [a] in; **à (douze) ans** [aduzɑ̃] mit (zwölf) Jahren
à cause de qc [akozdə] wegen etw.
à côté [akote] nebenan; **à côté de qc** [akotedə] neben etw.
à deux [adø] zu zweit → 2/C
à droite (de qc) [adʀwatdə] rechts (von etw.)
à fond [afɔ̃] auf voller Lautstärke → 2/C
à gauche (de qc) [agoʃdə] links (von etw.)
à l'époque [alepɔk] damals, früher → 1/D
À plus! [aplys] Bis bald!
à (ton) avis [atɔnavi] deiner Meinung nach
l' **abruti** *m.* / l'**abrutie** *f.* [labʀyti] der/die Idiot/in → 6/B
l' **accent** [laksɑ̃] *m.* der Akzent → 6/B
l' **accordéon** [lakɔʀdeɔ̃] *m.* das Akkordeon
acheter qc [aʃte] etw. kaufen
l' **acteur** *m.* / l'**actrice** *f.* [laktœʀ/laktʀis] der/die Schauspieler/in
actif/active [aktif/aktiv] *adj.* aktiv → 5/App
l' **action** [laksjɔ̃] *f.* die Aktion → 3/C
l' **actualité** [laktɥalite] *f.* die aktuellen Nachrichten → 3/A
l' **addition** [ladisjɔ̃] *f.* die Rechnung → 1/C
admirer qn/qc [admiʀe] jdn/etw. bewundern
l' **adolescent** *m.* / l'**adolescente** *f.* [ladɔlɛsɑ̃/ladɔlɛsɑ̃t], l'**ado** [lado] *m./f. fam.* der/die Jugendliche
adorer qc [adɔʀe] etw. sehr mögen
l' **adresse** [ladʀɛs] *f.* die Adresse
l' **adulte** [ladylt] *m./f.* der/die Erwachsene → 1/App
l' **Afrique** [lafʀik] *f.* Afrika → 6/App
l' **âge** [lɑʒ] *m.* das Alter; **Tu as quel âge?** [tyakɛlɑʒ] Wie alt bist du?
agir [aʒiʀ] handeln, etw. unternehmen → 3/C
aider qn [ede] jdm helfen
aimer qn/qc [eme] jdn/etw. mögen; **aimer bien qn/qc** [emebjɛ̃] jdn/etw. gern mögen; **j'aimerais** [ʒɛməʀɛ] ich hätte gern, ich würde gern → 3/B; **tu aimerais** [tyɛməʀɛ] du würdest gerne → 1/App
l' **alcool** [lalkɔl] *m.* der Alkohol → 2/D
l' **Allemagne** [lalmaɲ] *f.* Deutschland; **en Allemagne** [ɑ̃nalmaɲ] in Deutschland
allemand/allemande [almɑ̃/almɑ̃d] *adj.* deutsch
l' **allemand** [lalmɑ̃] *m.* Deutsch
l' **Allemand** *m.* / l'**Allemande** *f.* [lalmɑ̃/lalmɑ̃d] der/die Deutsche → 3/A
aller [ale] gehen, fahren; **aller chez qn** [aleʃe] zu jdm gehen; **aller en (métro/RER/bus)** [aleɑ̃metʀo/ɛʀəɛʀ/bys] mit (der U-Bahn/S-Bahn / dem Bus) fahren → 1/B; **il/elle te va bien** [il/ɛltəvabjɛ̃] er/sie/es steht dir gut
Allez! [ale] Los!
Allô? [alo] Hallo? *am Telefon*
alors [alɔʀ] also
l' **ambiance** [lɑ̃bjɑ̃s] *f.* die Stimmung → 5/A
américain/américaine [ameʀikɛ̃/ameʀikɛn] *adj.* amerikanisch
l' **ami** *m.* / l'**amie** *f.* [lami] der/die Freund/in
l' **amitié** [lamitje] *f.* die Freundschaft → 2/App
l' **amour** [lamuʀ] *m.* die Liebe → 2/App
amoureux/amoureuse (de qn) [amuʀø/amuʀøz] *adj.* verliebt (in jdn) → 1/App
l' **amoureux** *m.* / l'**amoureuse** *f.* [lamuʀø/lamuʀøz] der/die Verliebte → 1/App
amuser qn [amyze] jdn unterhalten, jdn amüsieren → 2/C; **s'amuser** [samyze] sich amüsieren, Spaß haben → 1/A
l' **an** [lɑ̃] *m.* das Jahr; **avoir (quatorze) ans** [avwaʀkatɔʀzɑ̃] (vierzehn) Jahre alt sein; le **nouvel an** [lənuvɛlɑ̃] Neujahr
l' **anglais** [lɑ̃glɛ] *m.* Englisch, die englische Sprache
l' **animal** / les **animaux** *m.* [lanimal/lezanimo] das Tier
l' **année** [lane] *f.* das Jahr
l' **anniversaire** [laniveʀsɛʀ] *m.* der Geburtstag; **Joyeux anniversaire!** [ʒwajøzaniveʀsɛʀ] Alles Gute zum Geburtstag!
l' **annonce** [lanɔ̃s] *f.* die Anzeige, das Inserat → 4/B
août [ut] *m.* August
à l'appareil [alapaʀɛj] am Apparat → 4/D
l' **appartement** [lapaʀtəmɑ̃] *m.* die Wohnung
appeler qn [apəle] jdn (an)rufen; **appeler au secours** [apəleosəkuʀ] um Hilfe rufen; **je m'appelle** [ʒəmapɛl] ich heiße
applaudir qn [aplodiʀ] jdm applaudieren, klatschen → 6/D
apporter qc [apɔʀte] etw. mitbringen
apprendre qc [apʀɑ̃dʀ] etw. lernen; **apprendre qc à qn** [apʀɑ̃dʀ] jdm etw. beibringen → 6/B; **apprendre que** [apʀɑ̃dʀkə] lernen, dass, erfahren, dass → 6/C
l' **apprentissage** [lapʀɑ̃tisaʒ] *m.* die Lehre, die Ausbildung → 3/App
après [apʀɛ] danach, nach *zeitlich*

l' **après-midi** [lapʀɛmidi] *m.* der Nachmittag
l' **arabe** [laʀab] *m.* Arabisch → 6/App
l' **architecte** [laʀʃitɛkt] *m./f.* der Architekt / die Architektin → 1/D
l' **arène** [laʀɛn] *f.* die (Stierkampf-) Arena
l' **argent** [laʀʒɑ̃] *m.* das Geld; **l'argent de poche** [laʀʒɑ̃dəpɔʃ] *m.* das Taschengeld → 4/App
l' **argument** [laʀgymɑ̃] *m.* das Argument
l' **armoire** [laʀmwaʀ] *f.* der Schrank
@ = l'arobase [laʀɔbaz] *f.* @, at
l' **arrêt** [laʀɛ] *m.* die Haltestelle → 1/B
arrêter [aʀete] aufhören
arriver [aʀive] (an)kommen, passieren; **il m'est arrivé qc** [ilmɛtaʀive] mir ist etw. passiert
l' **arrondissement** [laʀɔ̃dismɑ̃] *m.* der Stadtbezirk → 1/A
l' **article** [laʀtikl] *m.* der Artikel → 4/C
les **arts plastiques** [lezaʀplastik] *m. pl.* Kunst *Schulfach*
assez de qc [asedə] genügend (von etw.)
l' **atlas** [latlɑs] *m.* der Atlas
attendre qn/qc [atɑ̃dʀ] auf jdn/etw. warten
Attention! [atɑ̃sjɔ̃] Achtung!; **faire attention à qc** [fɛʀatɑ̃sjɔ̃a] auf etw. aufpassen
au bord de qc [obɔʀdə] am Ufer von etw. → 5/App
au bout de qc [obudə] am Ende von etw.
au centre de qc [osɑ̃tʀdə] im Zentrum von etw. → 1/D
au milieu de qc [omiljødə] in der Mitte von etw. → 4/C
Au revoir. [ɔʀəvwaʀ] Auf Wiedersehen.
l' **auberge de jeunesse** [lobɛʀʒdəʒœnɛs] *f.* die Jugendherberge → 5/B
au-dessus de [odəsydə] *adv.* über → 6/D
aujourd'hui [oʒuʀdɥi] heute
aussi [osi] auch; **moi aussi** [mwa'osi] ich auch
l' **auteur** [lotœʀ] *m./f.* der/die Schriftsteller/in → 6/A
l' **automne** [lɔtɔn] *m.* der Herbst → 6/D; **en automne** [ɑ̃nɔtɔn] im Herbst → 6/D
autre [otʀ] *m./f. adj.* anderer/andere/anderes → 3/A; **l'un / l'une pour l'autre** [lɛ̃/lynpuʀlotʀ] füreinander, voreinander → 2/A
autrefois [otʀəfwa] früher, damals → 3/D
avant [avɑ̃] vor *zeitlich*
l' **avantage** [lavɑ̃taʒ] *m.* der Vorteil → 4/App
avec [avɛk] mit
l' **avenir** [lavniʀ] *m.* die Zukunft
l' **aventure** [lavɑ̃tyʀ] *f.* das Abenteuer
l' **avenue** [lavny] *f.* die Allee
l' **avis** [lavi] *m.* die Meinung; **à (ton) avis** [atɔnavi] deiner Meinung nach; **donner son avis** [dɔnesɔnavi] seine Meinung sagen
avoir qc [avwaʀ] etw. haben; **avoir envie de (faire) qc** [avwaʀɑ̃vidəfɛʀ] auf etw. Lust haben, Lust haben (etw. zu tun) → 2/D; **avoir l'air de qn/qc** [avwaʀlɛʀdə] wie jd/etw. aussehen; **avoir le moral** [avwaʀləmɔʀal] gut drauf sein → 2/B
avril [avʀil] *m.* April

B

le/la **baby-sitter** [lə/labebisitœʀ] der/die Babysitter/in → 4/App
le **baccalauréat** [ləbakalɔʀea], le **bac** [ləbak] *fam.* das Abitur → 3/App
la **baie** [labɛ] die Bucht → 6/D
baisser qc [bese] etw. senken
se balader [səbalade] *fam.* herumlaufen, spazieren gehen → 6/C
la **baleine** [labalɛn] der Wal → 6/D
la **balle aux prisonniers** [labalopʀizɔnje] Völkerball → 3/D
le **ballon** [ləbalɔ̃] der Luftballon, der Ball → 4/C
la **banane** [labanan] die Banane
la **bande de copains** [labɑ̃ddəkopɛ̃] die Gruppe von Freunden → 2/B
la **bande-annonce** [labɑ̃danɔ̃s] der Film-Trailer, die Vorschau → 2/D
la **banlieue** [labɑ̃ljø] der Vorort → 6/C
le **basket** [ləbaskɛt] Basketball
les **baskets** [lebaskɛt] *f. pl.* die Turnschuhe
le **bateau / les bateaux** [ləbato/lebato] das Schiff, das Boot
beau *m.* / **bel** *m.* / **belle** *f.* [bo/bɛl] *adj.* schön → 2/D
beaucoup [boku] *adv.* sehr, viel; **beaucoup de monde** [bokudəmɔ̃d] viele Leute → 5/A; **beaucoup de qc** [bokudə] viel/viele von etw.
la **bédé** [labede] der Comic
belge [bɛlʒ] *m./f. adj.* belgisch → 6/B
le/la **Belge** [lə/labɛlʒ] der/die Belgier/in → 6/A
la **Belgique** [labɛlʒik] Belgien → 6/App
Beurk! [bœʀk] Igitt! / Pfui! → 1/C
le **beurre** [ləbœʀ] die Butter
bien [bjɛ̃] *adv.* gut, wirklich; **bien sûr** [bjɛ̃syʀ] klar, natürlich
bientôt [bjɛ̃to] bald; **À bientôt!** [abjɛ̃to] Bis bald!
Bienvenue! [bjɛ̃vəny] Willkommen!
bio [bjo] *fam.* Bio- → 4/App
la **bise** [labiz] der Kuss *auf die Wange* → 6/A
bizarre [bizaʀ] *m./f. adj.* merkwürdig → 5/A
la **blague** [lablag] der Witz → 2/A
blanc/blanche [blɑ̃/blɑ̃ʃ] *adj.* weiß
bleu/bleue [blø] *adj.* blau
le **blog** [ləblɔg] das Blog
blond/blonde [blɔ̃/blɔ̃d] *adj.* blond
Bof. [bɔf] *fam.* Na ja.
boire qc [bwaʀ] etw. trinken → 5/B
la **boisson** [labwasɔ̃] das Getränk
la **boîte** [labwat] die Schachtel
bon/bonne [bɔ̃/bɔn] *adj.* gut
Bon appétit! [bɔnapeti] Guten Appetit! → 1/C
le **bonbon** [ləbɔ̃bɔ̃] das Bonbon
Bonjour! [bɔ̃ʒuʀ] Guten Tag!, Guten Morgen!
Bonne chance! [bɔnʃɑ̃s] Viel Glück!
bosser [bɔse] *fam.* arbeiten, schuften → 3/App
la **bouée** [labwe] die Boje
la **bougie** [labuʒi] die Kerze
la **boulangerie** [labulɑ̃ʒʀi] die Bäckerei
la **bouteille** [labutɛj] die Flasche
le **bracelet** [ləbʀaslɛ] das Armband
le **bras** / les **bras** [ləbʀɑ/lebʀɑ] der Arm; **baisser les bras** [beselebʀɑ] aufgeben
Bravo! [bʀavo] Bravo!
le **brevet** [ləbʀəvɛ] *Abschluss nach dem Collège* → 3/App; le **brevet de sauveteur** [ləbʀəvɛdəsovtœʀ] die

Rettungsschwimmerprüfung → 4/B

le **bruit** [ləbʀɥi] der Lärm, der Krach

brun/brune [bʀɛ̃/bʀyn] *adj.* braun, braunhaarig

le **bureau** / les **bureaux** [ləbyʀo/lebyʀo] das Büro, der Schreibtisch → 1/D

le **bus** [ləbys] der Bus

C

ça [sa] das; **Ça dépend.** [sadepɑ̃] Das kommt darauf an.; **Ça fait combien?** [safɛkɔ̃bjɛ̃] Wie viel kostet das?; **Ça m'est égal.** [samɛtegal] Das ist mir egal.; **ça m'intéresse** [samɛ̃terɛs] das interessiert mich → 2/D; **ça suffit** [sasyfi] das genügt, das reicht → 3/B; **Ça va.** [sava] Gut.; **Ça va?** [sava] Wie geht's?; **ça vaut la peine de (faire) qc** [savolapɛndə] es lohnt sich, etw. zu (tun) → 6/D

la **cabane** [lakaban] die Hütte

le **cadeau** / les **cadeaux** [ləkado/lekado] das Geschenk

le **cadenas** [ləkadna] das Vorhängeschloss → 1/App

le **café** [ləkafe] das Café, der Kaffee

la **cafétéria** [lakafeteʀja], la **cafèt'** [lakafɛt] *fam.* die Cafeteria → 3/B

la **campagne** [lakɑ̃paɲ] das Land *ländliche Gegend*

le **camping** [ləkɑ̃piŋ] der Campingplatz, das Zelten; **faire du camping** [fɛʀdykɑ̃piŋ] zelten, campen

le **Canada** [ləkanada] Kanada → 6/App

le **Canadien** / la **Canadienne** [ləkanadjɛ̃/lakanadjɛn] der/die Kanadier/in → 6/D

la **candidature** [lakɑ̃didatyʀ] die Bewerbung → 4/App; **poser sa candidature** [pozesakɑ̃didatyʀ] sich bewerben → 4/App

le **canoë** [ləkanoe] das Kanu

la **cantine** [lakɑ̃tin] die Kantine

le/la **capitaine** [lə/lakapitɛn] der/die Kapitän/in → 2/D

la **capitale** [lakapital] die Hauptstadt → 1/App

la **capsule** [lakapsyl] der Kronkorken, der Deckel → 4/C

le **caribou** [ləkaʀibu] der Karibu → 6/D

le **carré** [ləkaʀe] das Viereck

le **carrefour** [ləkaʀfuʀ] die Kreuzung

la **carte** [lakaʀt] die (Land-)Karte

la **carte d'identité** [lakaʀtdidɑ̃tite] der Personalausweis → 5/A

la **casquette** [lakaskɛt] die Mütze, die Kappe

la **catastrophe** [lakatastʀɔf], la **cata** [lakata] *fam.* die Katastrophe → 4/C

la **cathédrale** [lakatedʀal] die Kathedrale, der Dom → 6/A

le **CD** / les **CD** [ləsede/lesede] die CD

Ce n'est pas mon truc. [sənɛpɑmɔ̃tʀyk] Das ist nicht mein Ding.

la **ceinture** [lasɛ̃tyʀ] der Gürtel

célèbre [selɛbʀ] *m./f. adj.* berühmt → 1/App

la **centrale nucléaire** [lasɑ̃tʀalnykleɛʀ] das Atomkraftwerk → 5/A

le **centre commercial** [ləsɑ̃tʀkɔmɛʀsjal] das Einkaufszentrum

le **centre-ville** [ləsɑ̃tʀvil] die Innenstadt, das Stadtzentrum → 6/A

c'est [sɛ] es ist, das ist; **C'est à quel sujet?** [sɛtakɛlsyʒɛ] Worum geht es? → 4/D; **C'est bon!** [sɛbɔ̃] Das ist lecker!, Die sind lecker!; **C'est ça qui compte.** [sɛsakikɔ̃t] Das ist es, was zählt.; **C'est de l'arnaque!** [sɛdəlaʀnak] *fam.* Das ist Abzocke! → 1/C; **c'est la même chose que** [sɛlamɛmʃozkə] das ist das Gleiche wie → 3/App; **C'est l'horreur!** [sɛlɔʀœʀ] Das ist furchtbar!; **C'est mardi.** [sɛmɛʀkʀədi] Es ist Dienstag.; **c'est pour ...** [sɛpuʀ] es ist wegen ... → 4/D; **C'est top.** [sɛtɔp] *fam.* Das ist toll.; **C'est trop fort!** [sɛtʀofɔʀ] Unglaublich!, Genial!, *wörtl.:* Das ist zu stark!

chacun/chacune (d'entre vous) [ʃakɛ̃/ʃakyndɑ̃tʀvu] jede/r (von euch) → 3/C

la **chaise** [laʃɛz] der Stuhl

la **chambre** [laʃɑ̃bʀ] das Schlafzimmer

le **champion** / la **championne** [ləʃɑ̃pjɔ̃/laʃɑ̃pjɔn] der/die Meister/in, der/die Sieger/in; la **Ligue des Champions** [laligdeʃɑ̃pjɔ̃] die Champions League

le **championnat** [ləʃɑ̃pjɔna] die Meisterschaft; le **Championnat d'Europe** [ləʃɑ̃pjɔnadøʀɔp] die Europameisterschaft; le **Championnat du Monde** [ləʃɑ̃pjɔnadymɔ̃d] die Weltmeisterschaft

la **chance** [laʃɑ̃s] das Glück → 2/B

changer [ʃɑ̃ʒe] wechseln, umsteigen → 1/B

la **chanson** [laʃɑ̃sɔ̃] das Lied

chanter [ʃɑ̃te] singen

chaque [ʃak] + *nom* jede/r/s → 3/C

le **chat** [ləʃa] die Katze

le **château** / les **châteaux** [ləʃɑto/leʃɑto] das Schloss → 5/App

chatter [tʃate] chatten

chaud/chaude [ʃo/ʃod] *adj.* warm, heiß

chavirer [ʃaviʀe] kentern

le/la **chef** [ləʃɛf/laʃɛf] der/die Chef/in

le **chemin** [ləʃəmɛ̃] der Weg → 1/B

cher/chère [ʃɛʀ] *adj.* teuer, liebe/r; **coûter cher** [kuteʃɛʀ] teuer sein

chercher qc [ʃɛʀʃe] etw. suchen

le **cheval** / les **chevaux** [ləʃəval/leʃəvo] das Pferd, das Reiten

le **cheveu** / les **cheveux** [ləʃəvø/leʃəvø] das Haar

chez [ʃe] bei

chic [ʃik] *adj. inv.* schick → 1/App

le **chien** [ləʃjɛ̃] der Hund

chinois/chinoise [ʃinwa/ʃinwaz] *adj.* chinesisch

les **chips** [leʃips] *f. pl.* die Chips

le **chocolat (chaud)** [ləʃɔkɔlaʃo] die (heiße) Schokolade → 5/B

choisir qc [ʃwaziʀ] etw. wählen, etw. auswählen → 3/C

la **chose** [laʃoz] die Sache, das Ding

le **cinéma** [ləsinema] das Kino

le **citron** [ləsitʀɔ̃] die Zitrone

la **classe** [laklɑs] die Klasse, das Klassenzimmer; la **salle de classe** [lasaldəklɑs] das Klassenzimmer

la **clé** [lakle] der Schlüssel

le **client** / la **cliente** [ləkliɑ̃/lakliɑ̃t] der Kunde / die Kundin → 4/C

cliquer [klike] klicken

le **club** [ləklœb] der Verein, der Klub; le **club de foot** [ləklœbdəfut] der Fußballverein

le **coca** / les **coca** [ləkɔka] die Cola → 1/C

le **cochon d'Inde** [ləkɔʃɔ̃dɛ̃d] das Meerschweinchen

le **cœur** [ləkœʀ] das Herz → 2/C

se coiffer [səkwafe] sich kämmen → 1/A

le **collège** [ləkɔlɛʒ] das Collège

coller [kɔle] kleben

la **colonie de vacances** [lakɔlɔnidəvakɑ̃s] das Ferienlager

la **comédie** [lakɔmedi] die Komödie → 6/B

comme [kɔm] als, wie; **comme ça** [kɔmsa] *fam.* so

comme d'habitude [kɔmdabityd] wie gewöhnlich → 4/C

commencer qc [kɔmɑ̃se] etw. beginnen, etw. anfangen

comment *Fragewort* [kɔmɑ̃] wie

le **commentaire** [ləkɔmɑ̃tɛʀ] der Kommentar

le **commissariat** [ləkɔmisaʀja] das Polizeirevier → 5/A

comparer qn/qc (à qn/qc) [kɔ̃paʀe] jdn/etw. (mit jdm/etw.) vergleichen

la **compétition** [lakɔ̃petisjɔ̃] der Wettbewerb, der Wettkampf

complet/complète [kɔ̃plɛ/kɔ̃plɛt] *adj.* ausgebucht, voll → 5/B

complètement [kɔ̃plɛtmɑ̃] *adv.* ganz, komplett → 5/D

comprendre qn/qc [kɔ̃pʀɑ̃dʀ] jdn/etw. verstehen

le **concert** [ləkɔ̃sɛʀ] das Konzert

conduire [kɔ̃dɥiʀ] (Auto) fahren → 1/A

la **confiance** [lakɔ̃fjɑ̃s] das Vertrauen → 2/A; **avoir confiance en qn** [avwaʀkɔ̃fjɑ̃sɑ̃] Vertrauen in jdn haben → 2/A

la **confiture** [lakɔ̃fityʀ] die Marmelade

le **conflit** [ləkɔ̃fli] der Konflikt → 3/B

faire la connaissance de qn [fɛʀlakɔnɛsɑ̃sdə] jdn kennenlernen

connaître qn/qc [kɔnɛtʀ] jdn/etw. kennen; **connaître qc comme sa poche** [kɔnɛtʀkɛlkəʃozkɔmsapɔʃ] etw. wie seine Westentasche kennen → 6/App

le **conseil** [ləkɔ̃sɛj] der Ratschlag

la **console** [lakɔ̃sɔl] die Konsole, die Spielkonsole

construire qc [kɔ̃stʀɥiʀ] etw. bauen, etw. konstruieren → 1/D

contacter qn [kɔ̃takte] jdn kontaktieren → 4/App

content/contente [kɔ̃tɑ̃/kɔ̃tɑ̃t] *adj.* zufrieden, glücklich; **être content/contente de (faire) qc** [ɛtʀkɔ̃tɑ̃/kɔ̃tɑ̃tdəfɛʀ] zufrieden/froh sein, etw. zu (tun) → 1/A

le **continent** [ləkɔ̃tinɑ̃] der Kontinent

continuer [kɔ̃tinɥe] weitermachen, weitergehen, weiterfahren

contre [kɔ̃tʀ] gegen, dagegen

contrôler qc [kɔ̃tʀole] etw. kontrollieren → 6/B

cool [kul] *adj. inv.* cool

le **copain** / la **copine** [ləkɔpɛ̃/lakɔpin] *fam.* der/die Freund/in; **être copains / copines** [ɛtʀkɔpɛ̃/ɛtʀkɔpin] Freunde/Freundinnen sein; le **petit copain** / la **petite copine** [ləpətikɔpɛ̃/lapətitkɔpin] der/die (feste) Freund/in → 2/App

le **correspondant** / la **correspondante** [ləkɔʀɛspɔ̃dɑ̃/lakɔʀɛspɔ̃dɑ̃t], le/la **corres** [lə/lakɔʀɛs] *fam.* der/die Austauschpartner/in → 3/A

la **corrida** [lakɔʀida] der Stierkampf

corriger qc [kɔʀiʒe] etw. korrigieren

costaud [kɔsto] *m./f. adj.* kräftig → 5/A

la **côte** [lakot] die Küste

la **côte atlantique** [lakotatlɑ̃tik] die Atlantikküste → 5/App

le **cou** [ləku] der Hals, der Nacken

se coucher [səkuʃe] schlafen gehen, sich hinlegen → 1/A

Coucou! [kuku] Kuckuck!

la **couleur** [lakulœʀ] die Farbe

le **couloir** [ləkulwaʀ] der Flur

le/la **coupable** [ləkupabl/lakupabl] der/die Schuldige

la **coupe** [lakup] der Pokal

couper qc [kupe] etw. schneiden

la **cour** [lakuʀ] der Hof, der Schulhof

courageux/courageuse [kuʀaʒø/kuʀaʒøz] *adj.* mutig → 2/D

le **cours** [ləkuʀ] der Unterricht, der Kurs

la **course** [lakuʀs] das Rennen, der Lauf → 1/A

le **cousin** / la **cousine** [ləkuzɛ̃/lakuzin] der Cousin / die Cousine

le **couteau** / les **couteaux** [ləkuto/lekuto] das Messer → 5/C

coûter qc [kute] etw. kosten; **coûter cher** [kuteʃɛʀ] teuer sein

le/la **CPE** [ləsepeə/lasepeə] der/die pädagogische Schulbetreuer/in

crevé/crevée [kʀəve] *adj.* geplatzt → 4/D, *adj. fam.* erschöpft → 5/D

crier [kʀije] schreien → 4/C

criminel/criminelle [kʀiminɛl] *adj.* kriminell, verbrecherisch

croire qn/qc [kʀwaʀ] jdm/etw. glauben → 3/A

le **croissant** [ləkʀwasɑ̃] das Croissant

la **cuisine** [lakɥizin] die Küche; **faire la cuisine** [fɛʀlakɥizin] kochen

le **CV** *(le curriculum vitae)* [ləseve] der Lebenslauf → 4/D

le **cybercafé** [ləsibɛʀkafe] das Internetcafé

D

d'abord [dabɔʀ] vorher, zuerst

(être) d'accord [ɛtʀdakɔʀ] einverstanden (sein)

la **dame** [ladam] die Dame

dans [dɑ̃] in, auf

danser [dɑ̃se] tanzen

de [də] von; **de (deux) mètres** [dədømɛtʀ] (zwei) Meter (hoch, lang, breit, groß); **de ... à** [də...a] von ... bis *bei Uhrzeiten*; **de l'époque** [dəlepɔk] von früher → 3/D; **de l'heure** [dəlœʀ] pro Stunde → 4/App; **de plus** [dəplys] außerdem → 4/B; **du ... au** [dy...o] vom ... bis zum *bei Datumsangaben*

le **début** [lədeby] der Anfang → 4/A

décembre [desɑ̃bʀ] *m.* Dezember

découper qc [dekupe] etw. (aus)schneiden

découvrir qc [dekuvʀiʀ] etw. entdecken

décrire qn/qc [dekʀiʀ] jdn/etw. beschreiben → 5/A

le **défaut** [lədefo] der Fehler, die Schwäche → 2/A

le **degré** [lədəgʀe] das Grad → 6/App

dehors [dəɔʀ] draußen → 4/App

déjà [deʒa] schon, bereits

délicieux/délicieuse [delisjø/delisjøz] *adj.* köstlich → 6/A

le **délire** [lədeliʀ] der Wahnsinn → 2/App; **Délire!** [deliʀ] *fam.* Wahnsinn!

demain [dəmɛ̃] morgen

demander qc à qn [dəmɑ̃de] jdn etw. fragen; **demander si** [dəmɑ̃desi] fragen, ob

déménager [demenaʒe] umziehen

→ 2/A
demi/demie [dəmi] *adj.* halb
se dépêcher [sədepɛʃe] sich beeilen → 1/A
depuis [dəpɥi] seit
dernier/dernière [dɛʀnje/dɛʀnjɛʀ] *adj.* letzter/letzte/letztes → 4/B
derrière [dɛʀjɛʀ] hinter
descendre [desɑ̃dʀ] aussteigen → 1/B; hinabsteigen
le **dessert** [lədesɛʀ] der Nachtisch; **comme dessert** [kɔmdesɛʀ] als Nachtisch
dessiner qc [desine] etw. zeichnen
détester qn/qc [detɛste] jdn/etw. hassen
deuxième [døzjɛm] *m./f. adj.* zweiter/zweite/zweites
devant [dəvɑ̃] vor *räumlich*
devenir [dəvəniʀ] etw. werden → 6/B; **je voudrais devenir** [ʒəvudʀɛdəvəniʀ] ich möchte werden → 4/App
devoir [devwaʀ] müssen
les **devoirs** [ledəvwaʀ] *m. pl.* die Hausaufgaben
le **dialecte** [lədjalɛkt] der Dialekt → 6/App
différent/différente [difeʀɑ̃/difeʀɑ̃t] *adj.* verschieden, anders → 2/A
la **difficulté** [ladifikylte] die Schwierigkeit
dimanche [dimɑ̃ʃ] Sonntag
le **dîner** [lədine] das Abendessen
dire qc à qn [diʀ] jdm etw. sagen
direct/directe [diʀɛkt] *adj.* direkt → 1/B
la **direction** [ladiʀɛksjɔ̃] die Richtung → 1/B
la **discothèque** [ladiskɔtɛk] die Diskothek
discuter de qc avec qn [diskytedə] etw. mit jdm besprechen → 2/B
le **distributeur de boissons** [lədistʀibytœʀdəbwasɔ̃] der Getränkeautomat → 3/B
le/la **documentaliste** [lə/ladɔkymɑ̃talist] der/die Bibliothekar/in → 3/B
c'est dommage [sɛdɔmaʒ] das ist schade → 4/A
donc [dɔ̃k] also, folglich → 4/App
donner qc à qn [dɔne] jdm etw. geben; **donner son avis** [dɔnesɔnavi] seine Meinung sagen
dormir [dɔʀmiʀ] schlafen
le **douanier** / la **douanière** [lədwanje/ladwanjɛʀ] der Zollbeamte / die Zollbeamtin → 6/B
la **douche** [laduʃ] die Dusche
se doucher [səduʃe] duschen → 1/A
draguer qn [dʀage] *fam.* jdn anmachen → 6/C
le **drapeau** / les **drapeaux** [lədʀapo/ledʀapo] die Fahne, die Flagge
drôle [dʀol] *m./f. adj.* lustig
dur/dure [dyʀ] *adj.* hart
le **DVD** / les **DVD** [lədevede/ledevede] die DVD

E

l' **eau** [lo] *f.* das Wasser; **l'eau minérale** [lomineʀal] *f.* das Mineralwasser
l' **échange** [leʃɑ̃ʒ] *m.* der Austausch → 3/A
l' **école** [lekɔl] *f.* die Schule
l' **écologie** [lekɔlɔʒi] *f.* die Ökologie → 3/C
écologique [ekɔlɔʒik] *m./f. adj.*, **écolo** [ekɔlo] *adj. inv. fam.* umweltfreundlich → 1/D
écouter qn/qc [ekute] jdm zuhören, etw. anhören
écrire qc à qn [ekʀiʀ] jdm etw. schreiben
l' **éducateur** *m.* / l'**éducatrice** *f.* [ledykatœʀ/ledykatʀis] der/die Erzieher/in → 4/B
effacer qc [efase] etw. löschen
les **effets spéciaux** [lezefɛspesjo] *m. pl.* die Spezialeffekte → 2/D
l' **église** [legliz] *f.* die Kirche
l' **électro** [lelɛktʀo] *m.* Elektro
l' **élève** [lelɛv] *m./f.* der/die Schüler/in
l' **e-mail** [limɛl] *m.* die E-Mail
l' **émission** [lemisjɔ̃] *f.* die Sendung → 2/D
emmener qn [ɑ̃məne] jdn mitnehmen → 2/C
l' **emploi du temps** [lɑ̃plwadytɑ̃] *m.* der Stundenplan
emprunter qc [ɑ̃pʀɛ̃te] etw. ausleihen → 5/C
en [ɑ̃] in; **en cachette** [ɑ̃kaʃɛt] heimlich → 3/D; **en direct** [ɑ̃diʀɛkt] live übertragen; **en face de qc** [ɑ̃fasdə] gegenüber von etw.; **en général** [ɑ̃ʒeneʀal] im Allgemeinen → 2/D; **en juillet** [ɑ̃ʒɥijɛ] im Juli; **en route** [ɑ̃rut] auf dem Weg → 5/App; **en S/M/L/XL** [ɑ̃ɛs/ɑ̃ɛm/ɑ̃ɛl/ɑ̃iksɛl] in S/M/L/XL
encore [ɑ̃kɔʀ] (auch) noch, (immer) noch; **encore une fois** [ɑ̃kɔʀynfwa] noch einmal; **ne ... pas encore** [nə...pɑzɑ̃kɔʀ] noch nicht
l' **endroit** [lɑ̃dʀwa] *m.* der Ort
l' **énergie** [lenɛʀʒi] *f.* die Energie → 1/D
l' **enfant** [lɑ̃fɑ̃] *m./f.* das Kind
s'engager [sɑ̃gaʒe] sich engagieren → 3/C
l' **ennemi** *m.* / l'**ennemie** *f.* [lenmi] der/die Feind/in
s'ennuyer [sɑ̃nɥije] sich langweilen → 4/A
ensemble [ɑ̃sɑ̃bl] zusammen
ensuite [ɑ̃sɥit] *adv.* dann → 6/C
entendre qn/qc [ɑ̃tɑ̃dʀ] jdn/etw hören; **s'entendre avec qn** [sɑ̃tɑ̃dʀavɛk] sich mit jdm verstehen → 6/C
s'entraider [sɑ̃tʀede] sich gegenseitig helfen → 2/App
l' **entraînement** [lɑ̃tʀɛnmɑ̃] *m.* das Training
s'entraîner [sɑ̃tʀene] trainieren, üben → 1/A
entre [ɑ̃tʀ] zwischen
l' **entrée** [lɑ̃tʀe] *f.* die Vorspeise → 1/C; **en entrée** [ɑ̃nɑ̃tʀe] als Vospeise → 1/C
l' **entreprise** [lɑ̃tʀəpʀiz] *f.* das Unternehmen, die Firma → 1/D
entrer dans qc [ɑ̃tʀe] in etw. hineingehen
envoyer qc à qn [ɑ̃vwaje] jdm etw. schicken → 6/A
l' **EPS** [løpeɛs] *f. (l'Éducation physique et sportive)* der Sportunterricht
l' **équipe** [lekip] *f.* die Mannschaft; **faire équipe avec qn** [fɛʀekipavɛk] mit jdm ein Team bilden → 6/B; le **sport d'équipe** [ləspɔʀdekip] der Mannschaftssport
l' **escalade** [lɛskalad] *f.* das Klettern

l' **escargot** [lɛskaʀgo] *m.* die Schnecke → 1/C

essayer qc [eseje] etw. (an)probieren, etw. versuchen

l' **est** [lɛst] *m.* der Osten → 5/App; **à l'est** [alɛst] östlich von → 5/App

est-ce que [ɛskə] *Fragepartikel*

et [e] und; **Et alors?** [ealɔʀ] Na und?; **Et avec ça?** [eavɛksa] Darf es noch etwas sein?

l' **étage** [letaʒ] *m.* die Etage, das Stockwerk → 1/D

l' **étagère** [letaʒɛʀ] *f.* das Regal

l' **étape** [letap] *f.* die Etappe, die Strecke

l' **été** [lete] *m.* der Sommer → 2/B; **en été** [ɑ̃ete] im Sommer → 2/B

être [ɛtʀ] sein; **être à l'aise** [ɛtʀalɛz] sich wohl fühlen; **être au courant** [ɛtʀokuʀɑ̃] auf dem Laufenden sein, Bescheid wissen; **être de** [ɛtʀdə] aus *(Ortsname)* sein; **être en retard** [ɛtʀɑ̃ʀətaʀ] zu spät sein

être en train de (faire) qc [ɛtʀɑ̃tʀɛ̃də] gerade dabei sein, etw. zu (tun) → 4/B

l' **euro** [løʀo] *m.* der Euro

l' **Europe** [løʀɔp] *f.* Europa

l' **examen** [lɛgzamɛ̃] *m.* die (Abschluss-)Prüfung → 3/App

l' **exception** [lɛksɛpsjɔ̃] *f.* die Ausnahme → 3/A

Excuse-moi. [ɛkskyzmwa] Entschuldige!

Excusez-moi. [ɛkskyzemwa] Entschuldigen Sie! / Entschuldigt!

l' **expérience** [lɛkspeʀjɑ̃s] *f.* die Erfahrung → 3/A

expliquer qc à qn [ɛksplike] jdm etw. erklären

l' **exposé** [lɛkspoze] *m.* das Referat, der Vortrag

l' **exposition** [lɛkspozisjɔ̃] *f.* die Ausstellung → 1/D

F

facile [fasil] *m./f. adj.* einfach

la **faim** [lafɛ̃] der Hunger; **avoir faim** [avwaʀfɛ̃] Hunger haben

faire qc [fɛʀ] etw. machen; **faire du / de la / de l' / des** [fɛʀdy/fɛʀdəla/fɛʀdəl/fɛʀde] + *nom (eine Sportart)* spielen; **faire du shopping** [fɛʀdyʃɔpiŋ] shoppen, einkaufen; **faire les courses** [fɛʀlekuʀs] einkaufen; **faire l'idiot / faire l'idiote** [fɛʀlidjo/fɛʀlidjɔt] sich wie ein Idiot / eine Idiotin aufführen; **faire une déclaration** [fɛʀyndeklaʀasjɔ̃] eine Anzeige erstatten → 5/A

la **famille** [lafamij] die Familie

le/la **fan** [ləfan/lafan] der Fan

la **farine** [lafaʀin] das Mehl

la **faute** [lafot] der Fehler

la **femme** [lafam] die (Ehe-)Frau → 1/C

la **ferme** [lafɛʀm] der Bauernhof → 4/App

fermé/fermée [fɛʀme] *adj.* geschlossen → 3/B

le **festival** [ləfɛstival] das Festival

la **fête** [lafɛt] die Feier, die Party; **faire la fête** [fɛʀlafɛt] feiern; la **fête-surprise** [lafɛtsyʀpʀiz] die Überraschungsparty

fêter qc [fete] etw. feiern

le **feu d'artifice** / les **feux d'artifice** [ləfødaʀtifis/lefødaʀtifis] das Feuerwerk → 5/A

le **feu rouge** [ləføʀuʒ] die Ampel

la **feuille** [lafœj] das Blatt

février [fevʀije] *m.* Februar

fier/fière (de qc) [fjɛʀ] *adj.* stolz (auf etw.) → 6/C

le **fil** [ləfil] das Seil, der Faden → 1/D

la **fille** [lafij] das Mädchen, die Tochter

le **film** [ləfilm] der Film; le **film d'animation** [ləfilmdanimasjɔ̃] der Animationsfilm → 2/D

le **fils** [ləfis] der Sohn

la **fin** [lafɛ̃] das Ende → 3/App

fin/fine [fɛ̃/fin] *adj.* fein

finalement [finalmɑ̃] *adv.* schließlich → 6/C

finir qc [finiʀ] etw. beenden → 3/C

le **fleuve** [ləflœv] der Fluss → 5/App

une fois [ynfwa] einmal → 4/A; **à la fois** [alafwa] zugleich → 6/C

foncer (sur qn/qc) [fɔ̃se] (auf jdn/etw.) zurasen → 4/C

la **fontaine** [lafɔ̃tɛn] der Brunnen → 6/A

le **foot** [ləfut] Fußball

la **forêt** [lafɔʀɛ] der Wald → 6/App

formidable [fɔʀmidabl] *m./f. adj.* toll, großartig

le **fou** / la **folle** [ləfu/lafɔl] der/die Verrückte → 1/A

fou/folle [fu/fɔl] *adj.* verrückt

le **foulard** [ləfulaʀ] der Schal, das Kopftuch

français/française [fʀɑ̃sɛ/fʀɑ̃sɛz] *adj.* französisch

le **français** [ləfʀɑ̃sɛ] Französisch

le **Français** / la **Française** [ləfʀɑ̃sɛ/lafʀɑ̃sɛz] der Franzose / die Französin → 3/A

la **France** [lafʀɑ̃s] Frankreich

franco-allemand/franco-allemande [fʀɑ̃koalmɑ̃/fʀɑ̃koalmɑ̃d] *adj.* deutsch-französisch → 3/A

la **francophonie** [lafʀɑ̃kɔfɔni] die Frankophonie → 6/App

la **frangine** [lafʀɑ̃ʒin] *fam.* die Schwester → 5/App

le **frère** [ləfʀɛʀ] der Bruder

des **frères et sœurs** [defʀɛʀesœʀ] Geschwister

le **frigo** [ləfʀigo] *fam.* der Kühlschrank

frimer (avec qc) [fʀimeavɛk] *fam.* (mit etw.) angeben

les **fringues** [lefʀɛ̃g] *f. pl. fam.* die Klamotten

les **frites** [lefʀit] *f. pl.* die Pommes frites

froid/froide [fʀwa/fʀwad] *adj.* kalt → 2/App; **Il fait froid.** [ilfɛfʀwa] Es ist kalt. → 2/App

le **fromage** [ləfʀɔmaʒ] der Käse

la **frontière** [lafʀɔ̃tjɛʀ] die Grenze → 6/B

le **fruit** [ləfʀɥi] die Frucht; les **fruits** [lefʀɥi] *m. pl.* das Obst

fumer [fyme] rauchen → 3/D

furieux/furieuse (contre qn) [fyʀjø/fyʀjøz] *adj.* wütend (auf jdn) → 4/C

G

gagner qc [gaɲe] etw. gewinnen, etw. verdienen *Geld*

le **garage** [ləgaʀaʒ] die (Auto-)Werkstatt, die Garage → 4/A

le **garçon** [ləgaʀsɔ̃] der Junge

garder qn/qc [gaʀde] etw. behalten, auf jdn/etw. aufpassen → 4/B

le **gâteau** / les **gâteaux** [ləgato/legato] der Kuchen; **faire un gâteau** [fɛʀɛ̃gato] einen Kuchen backen

géant/géante [ʒeɑ̃/ʒeɑ̃t] *adj.* riesig, gigantisch → 6/A
génial/géniale [ʒenjal] *adj.* genial
le **genre** [ləʒɑ̃ʀ] das Genre → 6/B
les **gens** [leʒɑ̃] *m. pl.* die Leute → 1/A
gentil/gentille [ʒɑ̃ti/ʒɑ̃tij] *adj.* nett
la **géographie** [laʒeɔgʀafi] die Geografie, die Erdkunde
la **glace** [laglas] das (Speise-)Eis → 1/App
glisser [glise] rutschen, ausrutschen → 4/C
gonfler qc [gɔ̃fle] etw. aufblasen → 4/C
la **gorge** [lagɔʀʒ] die Schlucht
le **goûter** [ləgute] *kleine Mahlzeit* → 4/B
goûter qc [gute] etw. probieren, etw. kosten → 6/A
le **GPS** [ləʒepeɛs] das GPS, das Navigationsgerät
le **gramme** [ləgʀam] das Gramm
grand/grande [gʀɑ̃/gʀɑ̃d] *adj.* groß
la **grand-mère** / les **grands-mères** [lagʀɑ̃mɛʀ/legʀɑ̃mɛʀ] die Großmutter
le **grand-père** / les **grands-pères** [ləgʀɑ̃pɛʀ/legʀɑ̃pɛʀ] der Großvater
les **grands-parents** [legʀɑ̃paʀɑ̃] *m. pl.* die Großeltern
le **gratte-ciel** / les **gratte-ciel** [ləgʀatsjɛl] der Wolkenkratzer → 6/App
gratuit/gratuite [gʀatɥi/gʀatɥit] *adj.* kostenlos, gratis → 1/App
gris/grise [gʀi/gʀiz] *adj.* grau
le **groupe** [ləgʀup] die Gruppe, die Band
la **guitare** [lagitaʀ] die Gitarre
le **gymnase** [ləʒimnɑz] die Turnhalle
la **gymnastique** [laʒimnastik] die Gymnastik → 3/D

H

s'habiller [sabije] sich anziehen → 1/A
habiter [abite] wohnen
le **hamac** [lə'amak] die Hängematte → 4/C
le **handball** [lə'ɑ̃dbal], le **hand** [lə'ɑ̃d] *fam.* Handball
le **handballeur** / la **handballeuse** [lə'ɑ̃dbalœʀ/la'ɑ̃dbaløz] der/die Handballspieler/in
haut/haute ['o/'ot] *adj.* hoch → 1/App
le **héros** / l'**héroïne** *f.* [lə'eʀo/leʀɔin] der/die Held/in
l' **heure** [lœʀ] *f.* die Stunde; **à dix heures** [adizœʀ] um zehn Uhr; **À quelle heure?** [akɛlœʀ] Um wie viel Uhr?; **deux heures de (maths)** [døzœʀdə] zwei Stunden (Mathe); **Il est huit heures.** [ilɛɥitœʀ] Es ist acht Uhr.; **Il est quelle heure?** [ilɛkɛlœʀ] Wie spät ist es?
heureusement [øʀøzmɑ̃] *adv.* glücklicherweise → 5/D
heureux/heureuse [øʀø/øʀøz] *adj.* glücklich → 2/C
hier [jɛʀ] gestern
le **hip-hop** [lə'ipɔp] Hip Hop
hisser qc ['ise] etw. hissen
l' **histoire** [listwaʀ] *f.* (die) Geschichte
l' **histoire-géo** [listwaʀʒeo] *f. fam.* *Schulfach, etwa Geschichte-Erdkunde*
l' **hiver** [livɛʀ] *m.* der Winter → 3/D; **en hiver** [ɑ̃nivɛʀ] im Winter → 3/D
le **hobby** / les **hobbys** [lə'ɔbi/le'ɔbi] das Hobby
le **hockey sur glace** [lə'ɔkɛsyʀglas] das Eishockey → 6/D
l' **homme** [lɔm] *m.* der Mann, der Mensch → 1/C
horrible [ɔʀibl] *m./f. adj.* schrecklich
l' **hôtel** [lotɛl] *m.* das Hotel
l' **huile** [lɥil] *f.* das Öl

I

ici [isi] hier
l' **idée** [lide] *f.* die Idee; **avoir des idées noires** [avwaʀdezidenwaʀ] trübsinnige Gedanken haben
ignorer qc [iɲɔʀe] etw. ignorieren, etw. nicht beachten
Il/Elle est à (moi). [il/ɛlɛtamwa] Er/Sie/Es gehört (mir). → 5/C
il faut [ilfo] man muss; **il faut du / de la / de l' / des** [ilfody/dəla/dəl/de] + *nom* man braucht; **il ne faut pas** [ilnəfopɑ] man darf nicht; **il nous manque** [ilnumɑ̃k] uns fehlt/fehlen → 3/B; **il s'agit de qc** [ilsaʒidə] es handelt sich um etw. → 6/A; **il suffit de (faire) qc** [ilsyfidəfɛʀ] es reicht, etw. (zu tun) → 3/B; **il vaut la peine de (faire) qc** [ilvolapɛndəfɛʀ] es lohnt sich, etw. (zu tun) → 6/D; **il vaut mieux (faire qc)** [ilvomjøfɛʀ] es ist besser (etw. zu tun) → 1/B
il y a [ilja] es gibt, vor *zeitlich* → 5/D
imiter qn/qc [imite] jdn/etw. imitieren → 6/B
l' **imperméable** [lɛ̃pɛʀmeabl] *m.*, l'**imper** [lɛ̃pɛʀ] *m. fam.* der Regenmantel
important/importante [ɛ̃pɔʀtɑ̃/ɛ̃pɔʀtɑ̃t] *adj.* wichtig
imprimer qc [ɛ̃pʀime] etw. (aus) drucken
incroyable [ɛ̃kʀwajabl] *m./f. adj.* unglaublich → 5/C
l' **information** [lɛ̃fɔʀmasjɔ̃] *f.*, die Information, l'**info** [lɛ̃fo] *f. fam.* die Info
l' **informatique** [lɛ̃fɔʀmatik] *f.* die Informatik → 3/D
installer qc [ɛ̃stale] etw. einrichten, etw. installieren → 1/D
l' **instrument** [lɛ̃stʀymɑ̃] *m.* das Instrument
intello [ɛ̃tɛlo] *adj. inv. fam.* intellektuell, strebsam → 2/A
intéressant/intéressante [ɛ̃teʀɛsɑ̃/ɛ̃teʀɛsɑ̃t] *adj.* interessant → 1/App
intéresser qn [ɛ̃teʀɛse] jdn interessieren → 2/B
l' **internat** [lɛ̃tɛʀna] *m.* das Internat
Internet [ɛ̃tɛʀnɛt] das Internet
l' **interrogation** [lɛ̃teʀɔgasjɔ̃] *f.*, l'**interro** [lɛ̃teʀo] *f. fam.* der Test, die Klassenarbeit; l'**interro-surprise** [lɛ̃teʀosyʀpʀiz] *f. fam.* der unangekündigte Test
interroger qn [ɛ̃teʀɔʒe] jdn abfragen, jdn prüfen → 3/A
l' **interview** [lintɛʀvju] *f.* das Interview
inventer qc [ɛ̃vɑ̃te] etw. erfinden → 5/C
l' **invitation** [lɛ̃vitasjɔ̃] *f.* die Einladung → 5/D
inviter qn [ɛ̃vite] jdn einladen

J

janvier [ʒɑ̃vje] *m.* Januar
le **jardin** [ləʒaʀdɛ̃] der Garten
jaune [ʒon] *m./f. adj.* gelb
Je suis désolé/désolée. [ʒəsɥidezɔle] Es tut mir leid. → 1/C
Je t'embrasse. [ʒətɑ̃bʀas] Liebe Grüße → 5/App
je voudrais [ʒəvudʀɛ] ich möchte, ich würde gern; **je voudrais devenir**

[ʒəvudʀedəvəniʀ] ich möchte werden → 4/App

le **jean** [lədʒin] die Jeans

J'en ai marre. [ʒɑ̃nɛmaʀ] *fam.* Mir reicht's. / Ich habe echt genug. → 5/B

j'espère que [ʒɛspɛʀkə] ich hoffe, dass → 3/A

jeter qc [ʒəte] etw. (weg)werfen → 3/C

le **jeu** / les **jeux** [ləʒø/leʒø] das Spiel; les **Jeux Olympiques** [lejøzɔlɛ̃pik] *m. pl.* die Olympischen Spiele; le **jeu vidéo** / les **jeux vidéo** [ləʒøvideo/leʒøvideo] das Computerspiel

jeudi [ʒødi] Donnerstag

jeune [ʒœn] *m./f. adj.* jung → 2/D

le **jeune** / la **jeune** [ləʒœn/laʒœn] der/die Jugendliche

la **jeunesse** [laʒœnɛs] die Jugend → 3/A

le **job d'été** [lədʒɔbdete] der Ferienjob → 4/App

joli/jolie [ʒɔli] *adj.* hübsch

jouer [ʒwe] spielen; **jouer à** [ʒwea] *einen Mannschaftssport treiben, (ein Spiel)* spielen; **jouer de** [ʒwedə] *(ein Musikinstrument)* spielen

le **jouet** [ləʒwɛ] das Spielzeug → 6/C

le **joueur** / la **joueuse** [ləʒwœʀ/laʒwøz] der/die Spieler/in

le **jour** [ləʒuʀ] der Tag; le **jour J** [ləʒuʀʒi] der Tag X; **quinze jours** [kɛ̃zʒuʀ] vierzehn Tage, zwei Wochen

la **journée** [laʒuʀne] der Tag *in seinem Verlauf* → 1/A

Joyeux anniversaire! [ʒwajøzanivɛʀsɛʀ] Alles Gute zum Geburtstag!; **joyeux/joyeuse** [ʒwajø/ʒwajøz] *adj.* fröhlich → 2/C

juillet [ʒɥijɛ] *m.* Juli

juin [ʒɥɛ̃] *m.* Juni

la **jupe** [laʒyp] der Rock

le **jus d'orange** [ləʒydɔʀɑ̃ʒ] der Orangensaft

jusqu'à [ʒyska] bis

K

le **kébab** [ləkebab] der Döner Kebab → 1/C

le **kilo** [ləkilo] das Kilo

le **kilomètre** [ləkilɔmɛtʀ] der Kilometer

L

là [la] da *räumlich und zeitlich*, in diesem Moment

là-bas [labɑ] dort, da hinten

le **lac** [ləlak] der See → 6/App

lâcher qc [lɑʃe] etw. loslassen → 4/C

laisser qc [lese] etw. lassen, (eine Nachricht) hinterlassen → 4/D

le **lait** [ləlɛ] die Milch

la **langue** [lalɑ̃g] die Sprache, die Zunge → 4/D

le **lecteur** / la **lectrice** [ləlɛktœʀ/lalɛktʀis] der/die Leser/in → 6/A

le **lecteur mp3** [ləlɛktœʀɛmpetʀwa] der MP3-Player

les **légumes** [legym] *m. pl.* das Gemüse

la **lettre** [lalɛtʀ] der Brief → 4/A; la **lettre de motivation** [lalɛtʀdəmɔtivasjɔ̃] das Bewerbungsschreiben → 4/A

se lever [sələve] aufstehen → 1/A

la **levure** [laləvyʀ] das Backpulver

la **librairie** [lalibʀɛʀi] die Buchhandlung

libre [libʀ] *m./f. adj.* frei → 3/A

la **ligne** [laliɲ] die Linie → 1/B

la **ligue** [lalig] die Liga; la **Ligue des Champions** [laligdeʃɑ̃pjɔ̃] die Champions League

lire qc [liʀ] etw. lesen

la **liste** [lalist] die Liste; la **liste des courses** [lalistdekuʀs] die Einkaufsliste

le **lit** [ləli] das Bett

le **litre** [ləlitʀ] der Liter

le **livre** [ləlivʀ] das Buch

la **location** [lalɔkasjɔ̃] der Verleih → 4/App

le **logo** [ləlogo] das Logo → 3/C

loin [lwɛ̃] *adv.* weit, weit entfernt; **aller loin** [alelwɛ̃] weit kommen

long/longue [lɔ̃/lɔ̃g] *adj.* lang → 2/D

longuement [lɔ̃gmɑ̃] *adv.* lange → 5/D

le **look** [ləluk] der Look, das Outfit

louer qc [lwe] etw. mieten → 4/D

lourd/lourde [luʀ/luʀd] *adj.* schwer, voll

lundi [lɛ̃di] Montag

les **lunettes (de soleil)** [lelynɛtdəsɔlɛj] *f. pl.* die (Sonnen-)Brille

le **lycée professionnel** [ləlisepʀɔfesjɔnɛl], le **lycée pro** [ləlisepʀɔ] *fam.* → 3/App; das berufliche Gymnasium; le **lycée** [ləlise] das Gymnasium → 3/App

M

madame [madam] *Anrede für eine Frau*

le **magasin** [ləmagazɛ̃] das Geschäft, der Laden → 1/App

le **magazine** [ləmagazin] das Magazin, die Zeitschrift → 3/D

magnifique [maɲifik] *m./f. adj.* wunderschön → 6/D

mai [mɛ] *m.* Mai

la **main** [lamɛ̃] die Hand → 5/C

maintenant [mɛ̃tənɑ̃] jetzt

la **mairie** [lamɛʀi] das Rathaus → 6/A

mais [mɛ] aber

la **maison** [lamɛzɔ̃] das Haus; **à la maison** [alamɛzɔ̃] zu Hause, nach Hause

mal [mal] *adv.* schlecht; **faire mal** [fɛʀmal] wehtun; **pas mal** [pɑmal] nicht schlecht

malade [malad] *m./f. adj.* krank → 3/B

malheureusement [maløʀøzmɑ̃] *adv.* leider → 4/A

malheureux/malheureuse [maløʀø/maløʀøz] *adj.* unglücklich → 2/C

maman [mamɑ̃] Mama

la **mamie** [lamami] *fam.* die Oma → 3/D

le **manga** [ləmɑ̃ga] das Manga

manger qc [mɑ̃ʒe] etw. essen

manipuler qc [manipyle] etw. manipulieren, etw. verändern

se maquiller [səmakije] sich schminken → 1/A

le **marché (aux puces)** [ləmaʀʃeopys] der (Floh-)Markt → 5/C

marcher [maʀʃe] gehen, funktionieren

mardi [maʀdi] Dienstag

se marier avec qn [səmaʀjeavɛk] jdn heiraten → 6/B

la **marionnette** [lamaʀjɔnɛt] die Marionette → 6/A

la **marque** [lamaʀk] die Marke → 6/C

marron [maʀɔ̃] *adj. inv.* braun

mars [maʀs] *m.* März

le **match** [ləmatʃ] das Match, das Spiel

l' **école maternelle** [lekɔlmatɛʀnɛl] *f.* der Kindergarten → 2/A

les **mathématiques** [lematematik] *f. pl.* Mathematik, les **maths** [lemat] *f. pl. fam.* Mathe
la **matière** [lamatjɛʀ] das Schulfach
le **matin** [ləmatɛ̃] der Morgen, morgens → 1/A
le **mécanicien** / la **mécanicienne** [ləmekanisjɛ̃/lamekanisjɛn] der/die Mechaniker/in → 4/App
la **mécanique** [lamekanik] die Mechanik → 4/App
la **mèche** [lamɛʃ] die Strähne
la **médaille** [lamedaj] die Medaille
le **médiateur** / la **médiatrice** [ləmedjatœʀ/lamedjatʀis] der/die Streitschlichter/in → 3/B
la **médiathèque** [lamedjatɛk] die Mediathek
le **médicament** [ləmedikamɑ̃] das Medikament → 6/C
le **meilleur** / la **meilleure** [ləmɛjœʀ/lamɛjœʀ] *adj.* der/die/das beste
meilleur/meilleure [mɛjœʀ] *adj.* besser/bessere/besseres → 3/A
mélanger qc [melɑ̃ʒe] etw. mischen
même [mɛm] sogar; le/la **même** [lə/lamɛm] der-/die-/dasselbe, der/die/das gleiche + *Nomen* → 2/A; **ne ... même pas** [nə ... mɛmpɑ] nicht einmal
le **menu** [ləmə̃ny] das Menü, die Speisekarte → 1/C
la **menuiserie** [lamənɥizʀi] das Tischlern, das Schreinern → 3/D
la **mer** [lamɛʀ] das Meer
merci [mɛʀsi] danke
mercredi [mɛʀkʀədi] Mittwoch
la **mère** [lamɛʀ] die Mutter
le **message** [ləmesaʒ] die Nachricht
mesurer [məzyʀe] hoch sein, groß sein, messen → 1/D
le **métal** [ləmetal] Metal, das Metall
le **métier** [ləmetje] der Beruf
le **mètre** [ləmɛtʀ] der Meter; **à (cent) mètre(s) de qc** [asɑ̃mɛtʀdə] (hundert) Meter von etw. entfernt; **de (deux) mètres** [dədømɛtʀ] (zwei) Meter (hoch, lang, breit, groß)
le **métro** [ləmetʀo] die U-Bahn
mettre qc [mɛtʀ] etw. setzen, stellen, legen, etw. anziehen; **mettre le cap sur qc** [mɛtʀləkapsyʀ] etw. ansteuern → 1/App; **mettre qn au courant** [mɛtʀkɛlkɛ̃okuʀɑ̃] jdn informieren
midi [midi] 12 Uhr mittags
mieux [mjø] *adv.* besser → 6/C
le **millilitre** [ləmililitʀ] der Milliliter
le **million** [ləmiljɔ̃] die Million → 1/D
mini- + *nom* [mini] Mini- + *Nomen* → 2/D
minuit [minɥi] *m.* Mitternacht
la **minute** [laminyt] die Minute
le **miroir** [ləmiʀwaʀ] der Spiegel
moche [mɔʃ] *m./f. adj. fam.* hässlich
la **mode** [lamɔd] die Mode; **être à la mode** [ɛtʀalamɔd] modische Kleidung tragen
le **mode d'emploi** [ləmɔddɑ̃plwa] die Gebrauchsanweisung → 2/App
moderne [mɔdɛʀn] *m./f. adj.* modern → 1/D
moi [mwa] ich *betont*; **moi aussi** [mwa'osi] ich auch; **moi non plus** [mwanɔ̃ply] ich auch nicht
moins [mwɛ̃] vor *zeitlich*, minus; **moins de** [mwɛ̃də] jünger als → 1/App; **moins de qc** [mwɛ̃də] weniger von etw. → 3/B
le **mois** [ləmwa] der Monat → 1/App; **au mois de (juillet)** [omwadəʒɥijɛ] im Monat (Juli) → 4/App
le **monde** [ləmɔ̃d] die Welt; **tout le monde** [tuləmɔ̃d] alle
monsieur [məsjø] *Anrede für einen Mann*
le **monstre** [ləmɔ̃stʀ] das Monster
la **montagne** [lamɔ̃taɲ] der Berg, das Gebirge
monter dans qc [mɔ̃tedɑ̃] in etw. einsteigen; **monter qc** [mɔ̃te] etw. aufbauen → 5/App
la **montre** [lamɔ̃tʀ] die (Armband-) Uhr
montrer qc à qn [mɔ̃tʀe] jdm etw. zeigen
le **monument** [ləmɔnymɑ̃] die Sehenswürdigkeit, das Denkmal → 1/D
mort/morte [mɔʀ/mɔʀt] *adj.* tot, gestorben → 6/C
les **morts** *m. pl.* / les **mortes** *f. pl.* [lemɔʀ/lemɔʀt] die Toten → 6/C
la **mosquée** [lamɔske] die Moschee → 6/App
le **mot** [ləmo] das Wort; le **mot de passe** [ləmodəpɑs] das Passwort; le **mot d'excuse** [ləmodɛkskyz] der Entschuldigungszettel
motivé/motivée [mɔtive] *adj.* motiviert
la **motoneige** [lamotonɛʒ] das Schneemobil → 6/D
la **mouette** [lamwɛt] die Möwe
la **moule** [lamul] die Miesmuschel → 6/A
le **mur** [ləmyʀ] die Wand, die Mauer; le **mur peint** [ləmyʀpɛ̃] die bemalte Wand
la **muse** [lamyz] die Muse → 2/C
le **musée** [ləmyze] das Museum
la **musique** [lamyzik] die Musik

N

la **natation** [lanatasjɔ̃] das Schwimmen
la **nature** [lanatyʀ] die Natur
le **navigo** [lənavigo] *Monatskarte für die öffentlichen Verkehrsmittel in Paris*
ne ... pas du tout [nəpɑdytu] überhaupt nicht → 2/A
ne ... jamais [nə...ʒamɛ] nie
ne ... pas de [nə...pɑdə] kein/keine;
ne ... pas encore [nə...pɑzɑ̃kɔʀ] noch nicht
ne ... personne [nə...pɛʀsɔn] niemand
ne ... plus [nə...ply] nicht ... mehr
ne ... rien [nə...ʀjɛ̃] nichts
le **néerlandais** [ləneɛʀlɑ̃dɛ] Niederländisch → 6/App
neiger [neʒe] schneien → 6/App
le **niveau** [lənivo] das Niveau → 3/A
noir/noire [nwaʀ] *adj.* schwarz
le **nom** [lənɔ̃] der Name
non [nɔ̃] nein; **Non?** [nɔ̃] Oder?, Nicht?
le **nord** [lənɔʀ] der Norden → 5/App; **au nord** [onɔʀ] nördlich von → 5/App
normal/normale/normaux/normales [nɔʀmal/nɔʀmo] normal → 1/A
normalement [nɔʀmalmɑ̃] *adv.* normalerweise → 5/D
noter qc [nɔte] etw. aufschreiben
nouveau *m.* / **nouvel** *m.* / **nouvelle** *f.* [nuvo/nuvɛl] *adj.* neu → 2/D
le **nouvel an** [lənuvɛlɑ̃] Neujahr
novembre [nɔvɑ̃bʀ] *m.* November

la **nuit** [lanɥi] die Nacht
nul/nulle [nyl] *adj.* schlecht, doof
le **numéro** [lənymeʀo] die Nummer

O

l' **objet** [lɔbʒɛ] *m.* das Objekt, der Gegenstand, der Betreff → 5/D
s'occuper de qn/qc [sɔkypedə] sich um jdn/etw. kümmern → 4/App
octobre [ɔktɔbʀ] *m.* Oktober
l' **œil** *m.* / les **yeux** [lœj/lezjø] das Auge
l' **œuf** *m.* / les **œufs** [lœf/lezø] das Ei
l' **office de tourisme** [lɔfisdətuʀism] *m.* die Touristeninformation → 6/D
olympique [ɔlɛ̃pik] *m./f. adj.* olympisch
on [ɔ̃] man, wir; **On y va!** [ɔ̃niva] Auf geht's!
l' **oncle** [lɔ̃kl] *m.* der Onkel
l' **ONG** *(l'Organisation Non Gouvernementale)* [loɛnʒe] *f.* die Nichtregierungsorganisation (NRO *oder* NGO) → 3/C
l' **orange** [lɔʀɑ̃ʒ] *f.* die Apfelsine, die Orange; le **jus d'orange** [ləʒydɔʀɑ̃ʒ] der Orangensaft
orange [ɔʀɑ̃ʒ] *m./f. adj.* orange
l' **ordinateur** [lɔʀdinatœʀ] *m.* der Computer
organiser qc [ɔʀganize] etw. organisieren
ou [u] oder
où [u] wo, wohin; **d'où?** [du] woher
l' **ouest** [lwɛst] der Westen → 5/App; **à l'ouest** [alwɛst] westlich von → 5/App
oui ['wi] ja
ouvrir qc [uvʀiʀ] etw. öffnen

P

la **paille** [lapaj] der Strohhalm → 2/App
le **pain** [ləpɛ̃] das Brot → 3/A
paniquer [panike] es mit der Angst bekommen
le **pantalon** [ləpɑ̃talɔ̃] die Hose
papa [papa] Papa
le **papy** [ləpapi] *fam.* der Opa → 3/D
par (jour/semaine/année) [paʀʒuʀ/paʀsəmɛn/paʀane] pro (Tag/Woche/Jahr)
par contre [paʀkɔ̃tʀ] jedoch, allerdings → 3/D
par exemple [paʀɛgzɑ̃pl] zum Beispiel → 3/B
le **parc** [ləpaʀk] der Park
parce que [paʀskə] weil
Pardon. [paʀdɔ̃] Verzeihung!, Entschuldigung!
pareil/pareille [paʀɛj] *adj.* gleich → 2/A
les **parents** [lepaʀɑ̃] *m. pl.* die Eltern
parfait/parfaite [paʀfɛ/paʀfɛt] *adj.* perfekt → 6/B
parfois [paʀfwa] manchmal → 3/D
le **Parisien** / la **Parisienne** [ləpaʀizjɛ̃/lapaʀizjɛn] der/die Pariser/in → 1/A
parler [paʀle] reden, sprechen; **Parle plus fort!** [paʀlplyfɔʀ] Sprich lauter!; **parler à qn** [paʀlea] mit jdm sprechen; **parler français** [paʀlefʀɑ̃sɛ] Französisch sprechen
partager qc [paʀtaʒe] etw. teilen → 2/A
participer à qc [paʀtisipea] an etw. teilnehmen → 1/A
partir [paʀtiʀ] fahren, wegfahren
partout [paʀtu] überall → 3/D
pas mal [pɑmal] nicht schlecht; **pas mal de qc** [pɑmaldə] *fam.* nicht wenige, einige → 4/D
passer qc [pɑse] etw. verbringen; **passer chez qn** [pɑseʃe] bei jdm vorbeikommen; **passer par qc** [pɑsepaʀ] bei etw. vorbeigehen; **passer un examen** [pɑse] eine Prüfung machen → 3/App
la **passion** [lapasjɔ̃] die Leidenschaft
la **pâte** [lapɑt] der Teig
pauvre [povʀ] *m./f. adj.* arm → 6/C
le/la **pauvre** [lə/lapovʀ] der/die Arme → 6/C
payer [peje] etw. bezahlen, etw. zahlen → 5/C
le **pays** [ləpei] das Land → 3/C
le **paysage** [ləpeizaʒ] die Landschaft → 6/C
pendant [pɑ̃dɑ̃] während
penser [pɑ̃se] denken
perdre qn/qc [pɛʀdʀ] jdn/etw. verlieren
le **père** [ləpɛʀ] der Vater
permettre qc à qn [pɛʀmɛtʀ] jdm etw. erlauben
le **perroquet** [ləpeʀɔkɛ] der Papagei
la **perruche** [lapɛʀyʃ] der Wellensittich
la **personne** [lapɛʀsɔn] die Person
personnel/personnelle [pɛʀsɔnɛl] *adj.*, **perso** [pɛʀso] *adj. fam.* persönlich → 4/C
petit/petite [pəti/pətit] *adj.* klein; le **petit copain** / la **petite copine** [ləpətikɔpɛ̃/lapətitkɔpin] der/die (feste) Freund/in → 2/App
le **petit-déjeuner** [ləpətideʒœne] das Frühstück → 4/C
un peu [ɛ̃pø] ein wenig; **peu après** [pøapʀɛ] wenig später, kurz (da) nach; **un peu de qc** [ɛ̃pødə] ein wenig + *Nomen*
la **peur** [lapœʀ] die Angst
peut-être [pøtɛtʀ] vielleicht
la **photo** [lafɔto] das Foto
photographier qn/qc [fɔtɔgʀafje] jdn/etw. fotografieren → 6/D
la **phrase** [lafʀɑz] der Satz → 3/C
la **physique** [lafizik] die Physik → 3/A
le **piano** [ləpjano] das Klavier
le **pied** [ləpje] der Fuß; **à pied** [apje] zu Fuß
le **pique-nique** [ləpiknik] das Picknick → 5/C
pirater qc [piʀate] etw. hacken *Computer*
le/la **pire** [lə/lapiʀ] *adj.* der/die/das schlechteste, der/die/das schlimmste → 6/B
pire [piʀ] *m./f. adj.* schlechter, schlimmer → 6/B
la **piscine** [lapisin] das Schwimmbad; la **piscine à vagues** [lapisinavag] das Wellenbad
la **pizza** [lapidza] die Pizza → 1/C
la **place** [laplas] der Platz
la **plage** [laplaʒ] der Strand
plaire à qn [plɛʀa] jdm gefallen → 2/D; **il/elle te plaît** [il/ɛltəplɛ] er/sie gefällt dir
le **plaisir** [ləplezir] das Vergnügen, der Spaß
le **plan** [ləplɑ̃] der Plan → 1/B
la **planche à voile** [laplɑ̃ʃavwal] das Windsurfen, das Surfbrett
la **planète** [laplanɛt] der Planet, die Welt
le **plat** [ləpla] das Gericht, das Hauptgericht *Essen*
plein de qc [plɛ̃də] *fam.* viel/viele + *Nomen* → 2/A

pleuvoir (il pleut / il a plu / il pleuvait) [ilplø/ilaply/ilpløvɛ] regnen (es regnet / es hat geregnet / es regnete) → 5/B

la **pluie** [laplɥi] der Regen → 5/B

plus de qc [plysdə] mehr von etw. → 3/B

plusieurs [plyzjœʀ] *m./f. pl.* mehrere → 4/D

plutôt [plyto] *adv.* eher → 2/B

le **pneu** [ləpnø] der Reifen → 4/D

la **poire** [lapwaʀ] die Birne → 6/A

le **poisson** [ləpwasɔ̃] der Fisch → 1/C

la **police** [lapɔlis] die Polizei

la **pomme** [lapɔm] der Apfel

le **pont** [ləpɔ̃] die Brücke

le **portable** [ləpɔʀtabl] das Handy

la **porte** [lapɔʀt] die Tür

le **porte-monnaie** [ləpɔʀtmɔnɛ] das Portemonnaie → 5/A

porter qn/qc [pɔʀte] jdn/etw. tragen

poser qc [poze] etw. hinstellen, etw. hinlegen; **poser des questions à qn** [pozedekɛstjɔ̃a] jdm Fragen stellen; **poser sa candidature** [pozesakɑ̃didatyʀ] sich bewerben → 4/App

(avoir) la possibilité de (faire) qc [avwaʀlapɔsibilitedəfɛʀ] die Möglichkeit haben, etw. zu (tun) → 3/B

le **poster** [ləpɔstɛʀ] das Poster

poster qc [pɔste] etw. posten → 3/B

le **pot (de confiture)** [ləpodəkɔ̃fityʀ] das Glas (Marmelade)

le/la **pote** [lə/lapɔt] *fam.* der Freund / die Freundin, der Kumpel → 2/App

la **poubelle** [lapubɛl] der Mülleimer → 3/C

le **poulet** [ləpulɛ] das Hähnchen

pour [puʀ] für, dafür, um zu; **pour le moment** [puʀləmɔmɑ̃] zur Zeit, im Augenblick → 4/D

pourquoi [puʀkwa] warum; **c'est pourquoi** [sɛpuʀkwa] deshalb → 4/A

pousser qn/qc [puse] jdn/etw. schieben, jdn/etw. stoßen → 4/C

pouvoir [puvwaʀ] können; **on pourrait** [ɔ̃puʀɛ] wir könnten, man könnte → 5/D; **tu pourrais** [typuʀɛ] du könntest

pratique [pʀatik] *m./f. adj.* praktisch

préférer qc [pʀefeʀe] etw. bevorzugen, lieber mögen; **préféré/préférée** [pʀefeʀe] *adj.* Lieblings-

le **préjugé** [ləpʀeʒyʒe] das Vorurteil → 6/B

premier/première [pʀəmje/pʀəmjɛʀ] *adj.* erster/erste/erstes

prendre qc [pʀɑ̃dʀ] etw. nehmen; **prendre son temps** [pʀɑ̃dʀsɔ̃tɑ̃] sich Zeit lassen

le **prénom** [ləpʀenɔ̃] der Vorname

préparer qc [pʀepaʀe] etw. vorbereiten, zubereiten

près de [pʀɛdə] in der Nähe von; **près de chez moi** [pʀɛdəʃemwa] bei mir in der Nähe → 4/A

présenter qn/qc à qn [pʀezɑ̃te] jdm jdn/etw. präsentieren, vorstellen

presque [pʀɛsk] fast → 6/A

prêt/prête [pʀɛ/pʀɛt] *adj.* fertig, bereit

l' **école primaire** [lekɔlpʀimɛʀ] *f.* die Grundschule → 3/App

le **principal** / la **principale** [ləpʀɛ̃sipal/lapʀɛ̃sipal] der/die Schulleiter/in

le **printemps** [ləpʀɛ̃tɑ̃] der Frühling → 4/B; **au printemps** [opʀɛ̃tɑ̃] im Frühling → 4/B

probablement [pʀɔbabləmɑ̃] *adv.* wahrscheinlich → 5/D

le **problème** [ləpʀɔblɛm] das Problem

prochain/prochaine [pʀɔʃɛ̃/pʀɔʃɛn] *adj.* nächster/nächste/nächstes → 3/App

le **professeur** / la **professeur** [ləpʀɔfɛsœʀ/lapʀɔfɛsœʀ], le/la **prof** *fam.* [ləpʀɔf/lapʀɔf] der/die Lehrer/in; le/la **prof de français** [lə/lapʀɔfdəfʀɑ̃sɛ] der/die Französischlehrer/in

professionnel/professionnelle [pʀɔfesjɔnɛl] *adj.* beruflich, Berufs- → 4/App

le **profil** [ləpʀɔfil] das Profil

profiter de qc [pʀɔfitedə] etw. genießen, von etw. profitieren → 6/D

le **programme** [ləpʀɔgʀam] das Programm → 4/B

le **projet** [ləpʀɔʒɛ] das Projekt, der Plan

la **promenade** [lapʀɔmnad] der Spaziergang, die Spazierfahrt → 1/App

P.-S. [peɛs] PS *Nachtrag in Brief oder E-Mail*

la **publicité** [lapyblisite], la **pub** [lapyb] *fam.* die Werbung → 1/D

puis [pɥi] *adv.* dann

le **pullover** [ləpylɔvɛʀ] der Pullover, le **pull** [ləpyl] *fam.* der Pulli

Q

le **quad** [ləkwad] das Quad *Geländefahrzeug*

la **qualité** [lakalite] die Qualität, die positive Eigenschaft → 2/A

quand [kɑ̃] wenn, als → 3/D, wann, wenn, immer wenn → 2/C

quand même [kɑ̃mɛm] trotzdem

le **quart** [ləkaʀ] das Viertel, die Viertelstunde

le **quartier** [ləkaʀtje] das (Stadt-) Viertel

que [kə] dass → 3/A, den/die/das → 2/A

Quel idiot! / Quelle idiote! [kɛlidjo/kɛlidjɔt] Was für ein Idiot! / Was für eine Idiotin!

quelque chose [kɛlkəʃoz] (irgend) etwas

quelques [kɛlkə] *m./f. pl. + nom* einige, ein paar → 5/D

quelqu'un [kɛlkɛ̃] (irgend)jemand

qu'est-ce que [kɛskə] was; **Qu'est-ce qu'il y a?** [kɛskilja] Was gibt es?

qu'est-ce qui [kɛski] was *Fragewort* → 2/B; **Qu'est-ce qui s'est passé?** [kɛskisepase] Was ist passiert?

la **question** [lakɛstjɔ̃] die Frage; **poser des questions à qn** [pozedekɛstjɔ̃a] jdm Fragen stellen

qui [ki] wer

qui est-ce que [kiɛskə] wen *Fragewort* → 2/B

qui est-ce qui [kiɛski] wer *Fragewort* → 2/B

la **quiche** [lakiʃ] die Quiche; la **quiche aux légumes** [lakiʃolegym] die Gemüse-Quiche

quitter qn/qc [kite] jdn/etw. verlassen

quoi [kwa] *fam.* was *Fragewort*

R

le **R&B** [ləɛʀɛnbi] R&B

le **RER** *(le réseau express régional)* [ləɛʀəɛʀ] die S-Bahn → 1/B

raconter qc à qn [ʀakɔ̃te] jdm etw. erzählen → 2/A

la **radio** [laʀadjo] das Radio → 3/D

rajouter qc (à qc) [ʀaʒute] etw. (einer Sache) hinzufügen

ranger qc [ʀɑ̃ʒe] etw. aufräumen

le **rap** [ləʀap] der Rap

rappeler [ʀapəle] jdn zurückrufen → 4/D

le **rapport de stage** [ləʀapɔʀdəstaʒ] der Praktikumsbericht → 4/A

rater qc [ʀate] etw. verpassen → 6/D

le **réalisateur** / la **réalisatrice** [ləʀealizatœʀ/laʀealizatʀis] der/die Regisseur/in → 6/B

la **recette** [laʀəsɛt] das Rezept

la **récolte** [laʀekɔlt] die Ernte → 4/App

la **récréation** [ʀekʀeasjɔ̃], la **récré** [laʀekʀe] *fam.* die Pause → 3/B

la **rédaction** [laʀedaksjɔ̃] die Redaktion → 3/A

redonner qc à qn [ʀədɔne] jdm etw. zurückgeben → 5/C

réfléchir [ʀefleʃiʀ] nachdenken, überlegen → 3/C

le **refrain** [ləʀəfʀɛ̃] der Refrain → 2/C

regarder [ʀəgaʀde] etw. ansehen, etw. anschauen, nachsehen; **regarder la télé** [ʀəgaʀdelatele] fernsehen

la **région** [laʀeʒjɔ̃] die Region

la **règle** [laʀɛgl] die Regel

remonter dans qc [ʀəmɔ̃tedɑ̃] wieder in etw. einsteigen; **se remonter le moral** [səʀəmɔ̃teləmɔʀal] sich die schlechte Laune vertreiben, sich aufmuntern → 2/App

rencontrer qn [ʀɑ̃kɔ̃tʀe] jdn treffen

le **rendez-vous** [ləʀɑ̃devu] die Verabredung, der Termin → 2/App

la **rentrée** [laʀɑ̃tʀe] der Schulanfang

rentrer [ʀɑ̃tʀe] nach Hause gehen

réparer qc [ʀepaʀe] etw. reparieren → 4/D

le **repas** [ləʀəpa] das Essen, die Mahlzeit → 3/A

répéter qc [ʀepete] etw. wiederholen

répondre qc à qn [ʀepɔ̃dʀ] jdm etw. antworten

la **réponse** [laʀepɔ̃s] die Antwort

le **reporter** [ləʀəpɔʀtɛʀ] der Reporter → 2/D

le **réseau** / les **réseaux** [ləʀezo/leʀezo] das Netz, das Netzwerk; le **réseau social** / les **réseaux sociaux** [ləʀesosɔsjal/leʀesosɔsjo] das soziale Netzwerk

le **respect** [ləʀɛspɛ] der Respekt

respectueuses salutations [ʀɛspɛktɥøzsalytasjɔ̃] *f. pl.* mit freundlichen Grüßen *am Briefende* → 4/B

ressembler à qn/qc [ʀəsɑ̃blea] jdm/etw. ähnlich sein, jdm/etw. ähneln → 6/A

le **restaurant** [ləʀɛstɔʀɑ̃], le **resto** [ləʀɛsto] *fam.* das Restaurant → 1/A

le **reste** [ləʀɛst] der Rest

rester [ʀɛste] bleiben; **il me reste encore qn/qc** [ilməʀɛstɑ̃kɔʀ] mir bleibt noch jd/etw., ich habe noch jdn/etw. → 2/App

retourner (qc) [ʀətuʀne] zurückkehren, etw. umdrehen

retrouver (qn) [ʀətʀuve] wiederfinden, jdn treffen

la **réunion** [laʀeynjɔ̃] das Treffen, die Sitzung → 3/C

réussir qc [ʀeysiʀ] etw. schaffen → 5/C

rêver [ʀeve] träumen

riche [ʀiʃ] *m./f. adj.* reich → 6/C

rigoler [ʀigɔle] *fam.* lachen, Spaß haben → 2/App

le **risque** [ləʀisk] das Risiko

risqué/risquée [ʀiske] *adj.* riskant → 3/D

la **robe** [laʀɔb] das Kleid

le **rocher** [ləʀɔʃe] der Fels

le **rôle** [ləʀol] die Rolle → 6/B

le **roller parc** [ləʀɔlœʀpaʀk] der Skatepark

romantique [ʀɔmɑ̃tik] *m./f. adj.* romantisch → 1/App

rose [ʀoz] *m./f. adj.* rosa

rouge [ʀuʒ] *m./f. adj.* rot

la **route** [laʀut] die Landstraße, die Schnellstraße

la **rue** [laʀy] die Straße

le **rugby** [ləʀygbi] Rugby

S

le **sac** [ləsak] die Tasche; **faire son sac** [fɛʀsɔ̃sak] seine Tasche packen; le **sac à dos** [ləsakado] der Rucksack → 5/A; le **sac de couchage** [ləsakdəkuʃaʒ] der Schlafsack → 5/B; le **sac de sport** [ləsakdəspɔʀ] die Sporttasche

le **sachet** [ləsaʃɛ] der Beutel, die Tüte

la **saison** [lasɛzɔ̃] die Jahreszeit → 6/App

la **salade** [lasalad] der Salat

la **salle** [lasal] der Raum, der Saal → 4/A; la **salle de bains** [lasaldəbɛ̃] das Badezimmer; la **salle de classe** [lasaldəklɑs] das Klassenzimmer; la **salle des professeurs** [lasaldepʀɔfesœʀ] das Lehrerzimmer

le **salon** [ləsalɔ̃] das Wohnzimmer

Salut! [saly] Hallo!, Tschüss!

samedi [samdi] Samstag

la **sandwicherie** [lasɑ̃dwitʃəʀi] der Imbissstand → 1/C

sans [sɑ̃] ohne

le **sapin** [ləsapɛ̃] die Tanne, der Tannenbaum

la **sauce** [lasos] die Sauce → 6/App

la **saucisse** [lasosis] die Wurst, das Würstchen → 6/A

sauf [sof] außer → 3/A

sauver qn/qc [sove] jdn/etw. retten

le **sauveteur** / la **sauveteuse** [ləsovtœʀ/lasovtøz] der/die Rettungsschwimmer/in

savoir [savwaʀ] wissen, können → 4/D

la **scène** [lasɛn] die Szene → 2/D

sec/sèche [sɛk/sɛʃ] *adj.* trocken → 5/B

la **seconde** [lasgɔ̃d] die Sekunde → 6/B

le **secret** [ləsəkʀɛ] das Geheimnis → 2/A

le **secrétariat** [ləsəkʀetaʀja] das Sekretariat

la **sécurité** [lasekyʀite] die Sicherheit

la **semaine** [lasəmɛn] die Woche

le **Sénégal** [ləsenegal] Senegal → 6/App

se sentir [səsɑ̃tiʀ] sich fühlen → 1/A

septembre [sɛptɑ̃bʀ] *m.* September

la **série** [laseʀi] die Serie

le **serveur** / la **serveuse** [ləsɛʀvœʀ/lasɛʀvøz] der/die Kellner/in → 1/C

servir [sɛʀviʀ] jdm etw. servieren, jdn bedienen → 1/C; **servir en salle** [sɛʀviʀɑ̃sal] im Speisesaal servieren → 4/A

seulement [sœlmɑ̃] *adv.* nur, erst → 3/D
sévère [sevɛʀ] *m./f. adj.* streng → 3/A
sexy [sɛksi] *adj. inv.* sexy
s'il te plaît [siltəplɛ] bitte *für Personen, die du duzt*
s'il vous plaît [silvuplɛ] bitte *für mehrere Personen oder eine Person, die du siezt*
le **site** [ləsit] die Internetseite
le **skate** [ləskɛt] das Skateboardfahren, das Skateboard
le **slogan** [ləslɔgɑ̃] der Slogan → 3/C
la **sœur** [lasœʀ] die Schwester
la **soif** [laswaf] der Durst; **avoir soif** [avwaʀswaf] Durst haben
le **soir** [ləswaʀ] der Abend; **ce soir** [səswaʀ] heute Abend
le **sol** [ləsɔl] der Boden → 6/D
le **soleil** [ləsɔlɛj] die Sonne → 1/D; **Il y a du soleil.** [iljadysɔlɛj] Die Sonne scheint. → 6/App
sonner [sɔne] klingeln
sortir [sɔʀtiʀ] ausgehen
sous [su] unter
souterrain/souterraine [suteʀɛ̃/suteʀɛn] *adj.* unterirdisch → 6/App
souvent [suvɑ̃] oft
les **spaghettis** [lespagɛti] *m. pl.* die Spaghetti
le/la **spécialiste** [ləspesjalist/laspesjalist] der/die Spezialist/in
la **spécialité** [laspesjalite] die Spezialität
le **spectacle** [ləspɛktakl] die Vorführung, die Aufführung
la **spéléologie** [laspeleɔlɔʒi], la **spéléo** [laspeleo] *fam.* die Höhlenforschung
le **sponsor** [ləspɔ̃nsɔʀ] der/die Sponsor/in → 3/C
le **sport** [ləspɔʀ] der Sport; le **sport d'équipe** [ləspɔʀdekip] der Mannschaftssport
sportif/sportive [spɔʀtif/spɔʀtiv] *adj.* sportlich → 5/App
le **stade** [ləstad] das Stadion
le **stage** [ləstaʒ] der Kurs, der Workshop, das Praktikum → 4/App
la **star** [lastaʀ] der Star
la **station** [lastasjɔ̃] die Station → 1/B
stressé/stressée [stʀese] *adj.* gestresst → 1/A
le **studio (de tatouage)** [ləstydjodətatwaʒ] das (Tätowier-)Studio
le **style** [ləstil] der Stil
le **stylo** [ləstilo] der Kugelschreiber → 3/C
le **succès** [ləsyksɛ] der Erfolg
le **sucre** [ləsykʀ] der Zucker; le **sucre glace** [ləsykʀglas] der Puderzucker; le **sucre vanillé** [ləsykʀvanije] der Vanillezucker
sucré/sucrée [sykʀe] *adj.* süß → 6/A
le **sud** [ləsyd] der Süden → 5/App; **au sud** [osyd] südlich von → 5/App
Super! [sypɛʀ] *fam.* Super!
le **super-héros** / la **super-héroïne** [ləsypɛʀ'eʀo/lasypɛʀeʀɔin] der/die Superheld/in
le **supermarché** [ləsypɛʀmaʀʃe] der Supermarkt
sur [syʀ] auf; **20 sur 20** [vɛ̃syʀvɛ̃] 20 von 20 (Punkten)
surfer [sœʀfe] surfen
la **surprise** [lasyʀpʀiz] die Überraschung
surtout [syʀtu] vor allem → 2/A
le **surveillant** / la **surveillante** [ləsyʀvɛjɑ̃/lasyʀvɛjɑ̃t] die Aufsichtsperson
le **symbole** [ləsɛ̃bɔl] das Symbol → 6/A
sympathique [sɛ̃patik] *m./f. adj.*, **sympa** *m./f. adj. fam.* [sɛ̃pa] sympathisch, nett

T

la **table** [latabl] der Tisch
le **tableau** / les **tableaux** [lətablo/letablo] das Gemälde → 1/App
le **talent** [lətalɑ̃] das Talent
la **tante** [latɑ̃t] die Tante
taper qc [tape] etw. tippen
tard [taʀ] *adv.* spät; **plus tard** [plytaʀ] später
la **tartine** [lataʀtin] das Butterbrot, das belegte Brot
le **tatouage** [lətatwaʒ] die Tätowierung
le **taureau** / les **taureaux** [lətɔʀo/letɔʀo] der Stier
la **technologie** [latɛknɔlɔʒi], la **techno** [latɛkno] *fam.* der Werk- und Informatikunterricht → 3/B
le **tee-shirt** [lətiʃœʀt] das T-Shirt
télécharger qc [teleʃaʀʒe] etw. downloaden, etw. herunterladen
téléphoner à qn [telefɔnea] mit jdm telefonieren
la **télévision** [latelevizjɔ̃], la **télé** [latele] *fam.* der Fernseher
temporaire [tɑ̃pɔʀɛʀ] *m./f. adj.* vorübergehend, zeitlich begrenzt
le **temps** [lətɑ̃] die Zeit, das Wetter; **avoir le temps** [avwaʀlətɑ̃] Zeit haben; l'**emploi du temps** [lɑ̃plwadytɑ̃] *m.* der Stundenplan; **prendre son temps** [pʀɑ̃dʀsɔ̃tɑ̃] sich Zeit lassen
le **tennis** [lətenis] Tennis
la **tente** [latɑ̃t] das Zelt → 2/App
terminer qc [tɛʀmine] etw. beenden, Schluss haben → 3/A
le **terrain de jeux** [lətɛʀɛ̃dəʒø] der Spielplatz → 1/A
la **terrasse** [lateʀas] die Terrasse → 1/C
la **terre** [latɛʀ] die Erde, die Welt; **sur terre** [syʀtɛʀ] auf der Erde, über der Erde, oberirdisch
le **test** [lətɛst] der Test
la **tête** [latɛt] der Kopf → 2/C
le **théâtre** [ləteɑtʀ] das Theater → 3/C
le **thème** [lətɛm] das Thema → 2/D
timide [timid] *m./f. adj.* schüchtern
le **toboggan** [lətɔbɔgɑ̃] die Rutsche; **faire du toboggan** [fɛʀdytɔbɔgɑ̃] rutschen
toi [twa] du *betont*
les **toilettes** [letwalɛt] *f. pl.* die Toilette
la **tolérance** [latɔleʀɑ̃s] die Toleranz → 6/B
la **tomate** [latɔmat] die Tomate
tomber [tɔ̃be] fallen, stürzen
le **top** [lətɔp] das Top
le **toréro** [lətɔʀeʀo] der Torero, der/die Stierkämpfer/in
tôt [to] *adv.* früh → 1/A
toujours [tuʒuʀ] immer
la **tour** [latuʀ] das Hochhaus, der Turm
le **tour** [lətuʀ] die Tour, der Ausflug → 4/App
le **touriste** / la **touriste** [lətuʀist/latuʀist] der/die Tourist/in → 1/A
tourner (à droite / à gauche) [tuʀne] (nach rechts / nach links) abbiegen
tous/toutes [tus/tut] alle → 6/App
tout [tu] alles → 2/App; **tout/toute/tous/toutes** [tu/tut/tus/tut]

ganze/r/s + *Nomen*
tout à coup [tutaku] plötzlich
tout de suite [tudsɥit] sofort → 5/C
tout droit [tudʀwa] geradeaus
tout le monde [tulәmɔ̃d] alle
traditionnel/traditionnelle [tʀadisjɔnɛl] *adj.* traditionell
le **transat** [lәtʀɑ̃zat] der Liegestuhl → 4/C
le **travail** [lәtʀavaj] die Arbeit
travailler [tʀavaje] arbeiten
traverser qc [tʀavɛʀse] etw. durchqueren, etw. überqueren
trempé/trempée [tʀɑ̃pe] *adj.* durchnässt → 5/B
très [tʀɛ] *adv.* sehr
triste [tʀist] *m./f. adj.* traurig → 2/C
trop [tʀo] zu, zu viel, total; **trop de qc** [tʀodә] zu viel / zu viele
trouver qn/qc [tʀuve] jdn/etw. finden; **se trouver** [sәtʀuve] sich befinden, liegen → 5/App; **trouver que** [tʀuvekә] finden, dass
le **truc** [lәtʀyk] *fam.* das Ding; **le truc de fous** [lәtʀykdәfu] das Wahnsinnsding
tu voudrais [tyvudʀɛ] du möchtest → 2/D
la **Tunisie** [latynizi] Tunesien → 6/App
le **type** [lәtip] der Typ → 5/A

U

utiliser qc [ytilize] etw. benutzen

V

les **vacances** [levakɑ̃s] *f. pl.* die Ferien; **Bonnes vacances!** [bɔnvakɑ̃s] Schöne Ferien!
la **vague** [lavag] die Welle; la **piscine à vagues** [lapisinavag] das Wellenbad
végétarien/végétarienne [veʒetaʀjɛ̃/veʒetaʀjɛn] *adj.* vegetarisch → 1/C
le **vélo** [lәvelo] das Fahrrad; **à vélo** [avelo] mit dem Fahrrad → 5/App; **faire du vélo** [fɛʀdyvelo] Rad fahren
le **vendeur** / la **vendeuse** [lәvɑ̃dœʀ/lavɑ̃døz] der/die Verkäufer/in
vendre qc [vɑ̃dʀ] etw. verkaufen
vendredi [vɑ̃dʀәdi] Freitag
venir [vәniʀ] kommen → 5/D; **je viens de (faire) qc** [ʒәvjɛ̃dә] ich habe gerade etw. (getan) → 4/B; **venir (de)** [vәniʀdә] kommen (aus) → 6/App
le **vent** [lәvɑ̃] der Wind → 1/D
vers [vɛʀ] gegen → 5/A, in Richtung, nach *(Ort)* → 5/App
vert/verte [vɛʀ/vɛʀt] *adj.* grün
la **veste** [lavɛst] die Jacke
les **vêtements** [levɛtmɑ̃] *m. pl.* die Kleidung
la **viande** [lavjɑ̃d] das Fleisch → 1/C
la **vie** [lavi] das Leben; **toute sa vie** [tutsavi] sein/ihr ganzes Leben lang
vieux *m.* / **vieil** *m.* / **vieille** *f.* [vjø/vjɛj] *adj.* alt → 2/D
le **village** [lәvilaʒ] das Dorf → 6/C
la **ville** [lavil] die Stadt; **en ville** [ɑ̃vil] in der Stadt
la **violence** [lavjɔlɑ̃s] die Gewalt → 3/B
la **visite** [lavizit] der Besuch, die Besichtigung → 1/App
visiter qc [vizite] etw. besichtigen
vite [vit] *adv.* schnell → 3/App
les **vivants** *m. pl.* / les **vivantes** *f. pl.* [levivɑ̃/levivɑ̃t] die Lebenden → 6/C
Vive Paris! [vivpaʀi] Es lebe Paris!
voilà [vwala] da ist / da sind, das ist / das sind
voir qn/qc [vwaʀ] jdn/etw. sehen
le **voisin** / la **voisine** [lәvwazɛ̃/lavwazin] der/die Nachbar/in
la **voiture** [lavwatyʀ] das Auto → 1/D
voler qc [vɔle] etw. stehlen → 5/A
le **voleur** / la **voleuse** [lәvɔlœʀ/lavɔløz] der/die Dieb/in → 5/A
le **volleyball** [lәvɔlɛbol], le **volley** [lәvɔlɛ] *fam.* Volleyball
vouloir [vulwaʀ] wollen
le **voyage** [lәvwajaʒ] die Reise → 2/D
vrai/vraie [vʀɛ] *adj.* wahr, richtig, echt → 5/C; **Ce n'est pas vrai!** [sәnɛpɑvʀɛ] Das kann doch nicht wahr sein!
vraiment [vʀɛmɑ̃] *adv.* wirklich
le **VTT** / les **VTT** [lәvetete/levetete] das Mountainbike
la **vue** [lavy] die Aussicht → 6/D

W

le **web** [lәwɛb] das Internet
le **week-end** [lәwikɛnd] das Wochenende, am Wochenende

Y

le **yaourt** [lәja'uʀt] der Joghurt
Youpi! ['jupi] Juhu!

Z

le **zéro** [lәzeʀo] die Null
le **zeste de citron** [lәzɛstdәsitʀɔ̃] die (abgeriebene) Zitronenschale
le **zoo** [lәzo] der Zoo → 4/App
Zut! [zyt] Verflixt!, Mist!

Liste alphabétique allemand-français

Hier findest du alle Wörter, die du in À toi! 3 neu lernst, sowie alle Wörter, die du aus *À toi! 1* bzw. *À toi! 1A/1B* und *À toi! 2* bereits kennst. Die Angabe hinter dem Pfeil (→) verweist auf die Unité, in der die Vokabel zum ersten Mal vorkommt: →3/App = Unité 3/Approches, →3/A = Unité 3/A.
Verben mit unregelmäßiger oder besonderer Konjugation sind rot hervorgehoben. Die Konjugation der Verben findest du ab Seite 147.

A

abbiegen (nach rechts / nach links) tourner (à droite / à gauche)
Abend le soir
Abendessen le dîner
Abenteuer l'aventure *f.*
aber mais
abfragen (jdn) interroger qn → 3/A
Abitur le baccalauréat, le bac *fam.* → 3/App
Abschlussprüfung l'examen *m.* → 3/App
Achtung Attention!
Adresse l'adresse *f.*
Afrika l'Afrique *f.* → 6/App
ähnlich sein (jdm/etw.) ressembler à qn/qc → 6/A
Akkordeon l'accordéon *m.*
Aktion l'action *f.* → 3/C
aktiv actif/active *adj.* → 5/App
Akzent l'accent *m.* → 6/B
Alkohol l'alcool *m.* → 2/D
alle tout le monde, tous/toutes
Allee l'avenue *f.*
allerdings par contre → 3/D
alles tout → 2/App
Alles Gute zum Geburtstag! Joyeux anniversaire!
als comme, *zeitlich* quand → 3/D
also alors, donc → 4/App
alt vieux *m.* / vieil *m.* / vieille *f.* *adj.* → 2/D
Alter l'âge *m.*
am Ufer von au bord de qc → 5/App
am Ende von etw. au bout de qc
amerikanisch américain/américaine *adj.*
Ampel le feu rouge
amüsieren (sich) s'amuser → 1/A;
amüsieren (jdn) amuser qn → 2/C
anderer autre *m./f.* *adj.* → 3/A
anders différent/différente *adj.* → 2/A
Anfang le début → 4/A
anfangen (etw.) commencer qc
angeben (mit etw.) frimer (avec qc) *fam.*
Angst la peur; **es mit der Angst bekommen** paniquer
anhören (jdn/etw.) écouter qn/qc
Animationsfilm le film d'animation → 2/D
ankommen arriver
anmachen (jdn) draguer qn *fam.* → 6/C
anprobieren (etw.) essayer qc
anrufen (jdn) appeler qn
ansehen (etw.) regarder
ansteuern (etw.) mettre le cap sur qc → 1/App
Antwort la réponse
antworten (jdm etw.) répondre qc à qn
Anzeige l'annonce *f.* → 4/B; **Anzeige erstatten** faire une déclaration → 5/A
anziehen (etw.) mettre qc; **anziehen (sich)** s'habiller → 1/A
Apfel la pomme
Apfelsine l'orange *f.*
am Apparat à l'appareil → 4/D
applaudieren (jdm) applaudir qn → 6/D
April avril *m.*
Arabisch l'arabe *m.* → 6/App
Arbeit le travail
arbeiten travailler, bosser *fam.* → 3/App
Architekt l'architecte *m./f.* → 1/D
Arena l'arène *f.*
Argument l'argument *m.*
Arm le bras / les bras
arm pauvre *m./f.* *adj.* → 6/C
aufgeben baisser les bras
Armband le bracelet
Armbanduhr la montre
Arme/r le/la pauvre *m./f.* → 6/C
Artikel l'article *m.* → 4/C
@, at @ = l'arobase *f.*
Atlantikküste la côte atlantique → 5/App
Atlas l'atlas *m.*
Atomkraftwerk la centrale nucléaire → 5/A
auch aussi; **auch noch** encore
auf sur; **auf dem Laufenden sein** être au courant; **Auf geht's!** On y va!; **auf voller Lautstärke** à fond → 2/C; **Auf Wiedersehen.** Au revoir.
aufbauen monter qc → 5/App
aufblasen (etw.) gonfler qc → 4/C
Aufführung le spectacle
aufgeben baisser les bras
aufhören arrêter
aufmuntern (sich) se remonter le moral
aufpassen (auf etw.) faire attention à qc;
aufpassen (auf jdn/etw.) garder qn/qc → 4/B
aufräumen (etw.) ranger qc
aufschreiben (etw.) noter qc
Aufsichtsperson le surveillant / la surveillante
aufstehen se lever → 1/A
Auge l'œil *m.* / les yeux
im Augenblick pour le moment → 4/D
August août *m.*
aus *(Ort)* **sein** être de
Ausbildung l'apprentissage *m.* → 3/App
ausdrucken (etw.) imprimer qc
Ausflug le tour → 4/App
ausgebucht complet/complète *adj.* → 5/B
ausgehen sortir
ausleihen (etw.) emprunter qc → 5/C
Ausnahme l'exception *f.* → 3/A
ausrutschen glisser → 4/C
ausschneiden (etw.) découper qc
aussehen (wie jd/etw.) avoir l'air de qn/qc
außer sauf → 3/A
außerdem de plus → 4/B
Aussicht la vue → 6/D
aussteigen descendre → 1/B
Ausstellung l'exposition *f.* → 1/D
Austausch l'échange *m.* → 3/A
Austauschpartner/in le correspondant / la correspondante, le/la corres *fam.* → 3/A
auswählen (etw.) choisir qc → 3/C
Auto la voiture → 1/D

B

Babysitter/in le/la baby-sitter → 4/App
Bäckerei la boulangerie

Backpulver la levure
Badezimmer la salle de bains
bald bientôt; **Bis bald!** À bientôt!, À plus!
Ball le ballon → 4/C
Banane la banane
Band le groupe
Basketball le basket
bauen (etw.) construire qc → 1/D
Bauernhof la ferme → 4/App
bedienen (jdn) servir → 1/C
beeilen (sich) se dépêcher → 1/A
beenden (etw.) finir qc → 3/C, terminer qc → 3/A
befinden (sich) se trouver → 5/App
beginnen (etw.) commencer qc
behalten (etw.) garder qn/qc → 4/B
bei chez; **bei mir in der Nähe** près de chez moi → 4/A
beibringen (jdm etw.) apprendre qc à qn → 6/B
Belgien la Belgique → 6/App
Belgier/in le/la Belge → 6/A
belgisch belge *m./f. adj.* → 6/B
bemalte Wand le mur peint
benutzen (etw.) utiliser qc
bereit prêt/prête *adj.*
bereits déjà
Berg la montagne
Beruf le métier
beruflich professionnel/professionnelle *adj.* → 4/App
berufliches Gymnasium le lycée professionnel, le lycée pro *fam.* → 3/App
berühmt célèbre *m./f. adj.* → 1/App
beschreiben (jdn/etw.) décrire qn/qc → 5/A
besichtigen (etw.) visiter qc
Besichtigung la visite → 1/App
besprechen (etw. mit jdm) discuter de qc avec qn → 2/B
besser mieux *adv.* → 6/C; **besserer/bessere/besseres** meilleur/meilleure *adj.* → 3/A
bester/beste/bestes le meilleur / la meilleure *adj.*
Besuch la visite → 1/App
Betreff l'objet *m.* → 5/D
Bett le lit
Beutel le sachet
bevorzugen (etw.) préférer qc
bewerben (sich) poser sa candidature → 4/App
Bewerbung la candidature → 4/App
Bewerbungsschreiben la lettre de motivation → 4/A
bewundern (jdn/etw.) admirer qn/qc
bezahlen (etw.) payer → 5/C
Bibliothekar/in le/la documentaliste → 3/B
Bio- bio *fam.* → 4/App
Birne la poire → 6/A
bis jusqu'à; **Bis bald!** À bientôt!, À plus!; **von ... bis** *Uhrzeit* de ... à
bitte *für mehrere Personen oder eine Person, die du siezt* s'il vous plaît; *für Personen, die du duzt* s'il te plaît
bitten (jdn um etw.) demander qc à qn
Blatt la feuille
blau bleu/bleue *adj.*
bleiben rester
Blog le blog
blond blond/blonde *adj.*
Boden le sol → 6/D
Boje la bouée
Bonbon le bonbon
Boot le bateau / les bateaux
braun brun/brune *adj.*, marron *adj. inv.*
braunhaarig brun/brune *adj.*
bravo Bravo!
Brief la lettre → 4/A
Brille les lunettes *f. pl.*; **Sonnenbrille** les lunettes de soleil *f. pl.*
Brot le pain → 3/A
Brücke le pont
Bruder le frère
Brunnen la fontaine → 6/A
Buch le livre
Buchhandlung la librairie
Bucht la baie → 6/D
Büro le bureau / les bureaux → 1/D
Bus le bus
Butter le beurre
Butterbrot la tartine

C

Café le café
Cafeteria la cafétéria, la cafèt' *fam.* → 3/B
campen faire du camping
Campingplatz le camping
CD le CD/les CD
Champions League la Ligue des Champions
chatten chatter
Chef/in le/la chef
chinesisch chinois/chinoise *adj.*
Chips les chips *f. pl.*
Cola le coca / les coca → 1/C
Comic la bédé
Computer l'ordinateur *m.*
Computerspiel le jeu vidéo / les jeux vidéo
cool cool *adj. inv.*
Cousin/Cousine le cousin / la cousine
Croissant le croissant

D

da *räumlich, zeitlich* là
da hinten là-bas
da ist / da sind voilà
dagegen contre
damals à l'époque → 1/D, autrefois → 3/D
Dame la dame
danach après
danke merci
dann ensuite *adv.* → 6/C, puis *adv.*
Darf es noch etwas sein? Et avec ça?
das ça; **das interessiert mich** ça m'intéresse → 2/D; **Das ist es, was zählt.** C'est ça qui compte.; **das ist schade** c'est dommage → 4/A; **Das kommt darauf an.** Ça dépend.; **das reicht** ça suffit → 3/B
das ist / das sind voilà; **Das ist Abzocke!** C'est de l'arnaque! *fam.* → 1/C; **Das ist furchtbar!** C'est l'horreur!; **Das ist lecker!** C'est bon!; **Das ist mir egal.** Ça m'est égal.
dass que → 3/A
den/die/das que → 2/A
denken penser
Denkmal le monument → 1/D
der/die/das gleiche le/la même → 2/A
der-/die-/dasselbe le/la même → 2/A
deshalb c'est pourquoi → 4/A
deutsch allemand/allemande *adj.*
Deutsch l'allemand *m.*
Deutsche/r l'Allemand *m.* / l'Allemande *f.* → 3/A
deutsch-französisch franco-allemand/ franco-allemande *adj.* → 3/A
Deutschland l'Allemagne *f.*; **in Deutschland** en Allemagne
Dezember décembre *m.*
Dialekt le dialecte → 6/App
Dieb le voleur / la voleuse → 5/A
Dienstag mardi
Ding le truc *fam.*, la chose; **Das ist nicht mein Ding.** Ce n'est pas mon truc.
direkt direct/directe *adj.* → 1/B
Diskothek la discothèque

Dom la cathédrale → 6/A
Döner Kebab le kébab → 1/C
Donnerstag jeudi
doof nul/nulle *adj.*
Dorf le village → 6/C
dort là-bas
downloaden (etw.) télécharger qc
draußen dehors → 4/App
drucken (etw.) imprimer qc
du würdest gerne tu aimerais → 1/App
du möchtest tu voudrais → 2/D
durchnässt trempé/trempée *adj.* → 5/B
durchqueren (etw.) traverser qc
Durst la soif
Dusche la douche
duschen se doucher → 1/A
DVD le DVD / les DVD

E

Ehefrau la femme → 1/C
eher plutôt *adv.* → 2/B
Ei l'œuf *m.* / les œufs
Eigenschaft la qualité → 2/A
ein paar quelques *m./f. pl. + nom* → 5/D
ein wenig un peu, un peu de qc
einfach facile *m./f. adj.*
einige quelques *m./f. pl. + nom* → 5/D, pas mal de qc *fam.* → 4/D
Einkaufsliste la liste des courses
einkaufen faire les courses
Einkaufszentrum le centre commercial
einladen (jdn) inviter qn
Einladung l'invitation *f.* → 5/D
einmal une fois → 4/A
einrichten (etw.) installer qc → 1/D
einsteigen (in etw.) monter dans qc; **einsteigen (wieder in etw.)** remonter dans qc
einverstanden (sein) (être) d'accord
Eis la glace → 1/App
Eishockey le hockey sur glace → 6/D
Elektro l'électro *m.*
Eltern les parents *m. pl.*
E-Mail l'e-mail *m.*
Ende la fin → 3/App
Energie l'énergie *f.* → 1/D
engagieren (sich) s'engager → 3/C
Englisch l'anglais *m.*
entdecken (etw.) découvrir qc
Entschuldige! Excuse-moi.; **Entschuldigen Sie!** Excusez-moi.
Entschuldigung! Pardon.
Entschuldigungszettel le mot d'excuse
Er/Sie/Es gehört (mir). Il/Elle est à (moi). → 5/C
er/sie/es steht dir gut il/elle te va bien
Erde la terre; **auf der Erde** sur terre
Erdkunde la géographie
erfahren, dass apprendre que → 6/C
Erfahrung l'expérience *f.* → 3/A
erfinden (etw.) inventer qc → 5/C
Erfolg le succès
erklären (jdm etw.) expliquer qc à qn
erlauben (jdm etw.) permettre qc à qn
Ernte la récolte → 4/App
erschöpft crevé/crevée *adj. fam.* → 5/D
erst seulement *adv.* → 3/D
erste/r/s premier/première *adj.*
Erwachsene/r l'adulte *m./f.* → 1/App
erzählen (jdm etw.) raconter qc à qn → 2/A
Erzieher/in l'éducateur *m.* / l'éducatrice *f.* → 4/B
es gibt il y a
es handelt sich um etw. il s'agit de qc → 6/A
es ist wegen ... c'est pour ... → 4/D
es ist besser il vaut mieux (faire qc) → 1/B
Es ist kalt. Il fait froid. → 2/App
Es lebe Paris! Vive Paris!
es lohnt sich, etw. zu (tun) ça/il vaut la peine de (faire) qc → 6/D
es reicht ça suffit → 3/B; **es reicht, etw. (zu tun)** il suffit de (faire) qc → 3/B
Es tut mir leid. Je suis désolé/désolée. → 1/C
Essen le repas → 3/A
essen (etw.) manger qc
Etage l'étage *m.* → 1/D
Etappe l'étape *f.*
etwas quelque chose
Euro l'euro *m.*
Europa l'Europe *f.*
Europameisterschaft le Championnat d'Europe

F

Fahne le drapeau / les drapeaux
fahren partir, aller; **fahren** *(Auto)* conduire → 1/A; **fahren** *mit der U-Bahn/S-Bahn/dem Bus* aller en métro/RER/bus → 1/B
Fahrrad le vélo; **mit dem Fahrrad** à vélo → 5/App
fallen tomber
Familie la famille
Fan le/la fan
Farbe la couleur
fast presque → 6/A
Februar février *m.*
uns fehlt/fehlen il nous manque → 3/B
Fehler le défaut → 2/A, la faute
Feier la fête; **feiern** faire la fête; **feiern (etw.)** fêter qc
fein fin/fine *adj.*
Feind/in l'ennemi *m.* / l'ennemie *f.*
Fels le rocher
Ferien les vacances *f. pl.*; **Ferienlager** la colonie de vacances; **Schöne Ferien!** Bonnes vacances!
Ferienjob le job d'été → 4/App
fernsehen regarder la télé
Fernseher la télévision, la télé *fam.*
fertig prêt/prête *adj.*
Festival le festival
Feuerwerk le feu d'artifice / les feux d'artifice → 5/A
Film le film
finden (jdn/etw.) trouver qn/qc; **finden, dass** trouver que
Firma l'entreprise *f.* → 1/D
Fisch le poisson → 1/C
Flagge le drapeau / les drapeaux
Flasche la bouteille
Fleisch la viande → 1/C
Flur le couloir
Fluss le fleuve → 5/App
folglich donc → 4/App
Foto la photo
fotografieren (jdn/etw.) photographier qn/qc → 6/D
Frage la question; **Fragen stellen (jdm)** poser des questions à qn
fragen (jdn etw.) demander qc à qn
fragen, ob demander si
Frankophonie la francophonie → 6/App
Frankreich la France
Franzose/Französin le Français / la Française → 3/A
französisch français/française *adj.*
Französisch le français; **Französisch sprechen** parler français; **Französischlehrer/in** le/la prof de français
Frau la femme → 1/C
frei libre *m./f. adj.* → 3/A
Freitag vendredi
feste/r Freund/in le petit copain / la petite copine → 2/App; **Freund/in** le copain / la copine *fam.*, l'ami *m.* / l'amie *f.*, le/la pote *fam.* → 2/App; **Freunde sein / Freundinnen sein** être copains/copines

Freundschaft l'amitié *f.* → 2/App
fröhlich joyeux/joyeuse *adj.* → 2/C
Frucht le fruit
früh tôt *adv.* → 1/A
früher autrefois → 3/D; **von früher** de l'époque → 3/D
Frühling le printemps → 4/B
Frühstück le petit-déjeuner → 4/C
fühlen (sich) se sentir → 1/A
funktionieren marcher
für pour
füreinander l'un/l'une pour l'autre → 2/A
Fuß le pied
Fußball le foot; **Fußballverein** le club de foot

G

ganz complètement *adv.* → 5/D; **ganze/r/s** + *Nomen* tout/toute/tous/toutes
Garage le garage → 4/A
Garten le jardin
geben (jdm etw.) donner qc à qn
Gebirge la montagne
Gebrauchsanweisung le mode d'emploi → 2/App
Geburtstag l'anniversaire *m.*; **Alles Gute zum Geburtstag!** Joyeux anniversaire!
er/sie gefällt dir il/elle te plaît; **gefallen (jdm)** plaire à qn → 2/D
gegen contre, *zeitlich* vers → 5/A
gegenüber von etw. en face de qc
Geheimnis le secret → 2/A
gehen aller, marcher; **gehen (zu jdm)** aller chez qn; **vorbeigehen (bei etw.)** passer par qc
gelb jaune *m./f. adj.*
Geld l'argent *m.*
Gemälde le tableau / les tableaux → 1/App
Gemüse les légumes *m. pl.*
genial génial/géniale *adj.*
Genial! C'est trop fort!
genießen (etw.) profiter de qc → 6/D
Genre le genre → 6/B
genügend (von etw.) assez de qc
Geografie la géographie
geplatzt crevé/crevée *adj.* → 4/D
gerade dabei sein etw. zu tun être en train de (faire) qc → 4/B
geradeaus tout droit
Gericht *Essen* le plat
gern mögen (jdn/etw.) aimer bien qn/qc
Geschäft le magasin → 1/App
Geschenk le cadeau / les cadeaux
Geschichte l'histoire *f.*
geschlossen fermé/fermée *adj.* → 3/B
Geschwister des frères et sœurs
gestern hier
gestorben mort/morte *adj.* → 6/C
gestresst stressé/stressée *adj.* → 1/A
Getränk la boisson
Getränkeautomat le distributeur de boissons → 3/B
Gewalt la violence → 3/B
gewinnen (etw.) gagner qc
Gitarre la guitare
Glas (Marmelade) le pot (de confiture)
glauben (jdm/etw.) croire qn/qc → 3/A
gleich pareil/pareille *adj.* → 2/A
es ist das Gleiche wie c'est la même chose que → 3/App
Glück la chance → 2/B; **Viel Glück!** Bonne chance!
glücklich heureux/heureuse *adj.* → 2/C, content/contente *adj.*
glücklicherweise heureusement *adv.* → 5/D
GPS le GPS
Grad le degré → 6/App
Gramm le gramme
grau gris/grise *adj.*
Grenze la frontière → 6/B
groß grand/grande *adj.*; **groß sein** mesurer → 1/D
großartig formidable *m./f. adj.*
Großeltern les grands-parents *m. pl.*
Großmutter la grand-mère / les grands-mères
Großvater le grand-père / les grands-pères
grün vert/verte *adj.*
Grundschule l'école primaire *f.* → 3/App
Gruppe le groupe; **Gruppe von Freunden** la bande de copains → 2/B
Gürtel la ceinture
gut bien *adv.*, bon/bonne *adj.*
gut drauf sein avoir le moral → 2/B
Gut. *bei der Begrüßung* Ça va.
Guten Appetit! Bon appétit! → 1/C
Guten Morgen! Bonjour!
Guten Tag! Bonjour!
gymnasiale Oberstufe le lycée → 3/App
Gymnasium le lycée → 3/App
Gymnastik la gymnastique → 3/D

H

Haar le cheveu / les cheveux
haben (etw.) avoir qc
hacken (etw.) pirater qc
Hähnchen le poulet
halb demi/demie *adj.*
Hallo! Salut!; **Hallo?** *am Telefon* Allô?
Hals le cou
Haltestelle l'arrêt *m.* → 1/B
Hand la main → 5/C
Handball le handball, le hand *fam.*;
Handballspieler/in le handballeur / la handballeuse
handeln agir → 3/C
Handy le portable
Hängematte le hamac → 4/C
hart dur/dure *adj.*
hassen (jdn/etw.) détester qn/qc
hässlich moche *m./f. adj. fam.*
Hauptgericht le plat
Hauptstadt la capitale → 1/App
Haus la maison; **nach Hause** à la maison
Hausaufgaben les devoirs *m. pl.*
heimlich en cachette → 3/D
heiraten (jdn) se marier avec qn → 6/B
heiß chaud/chaude *adj.*
Held/in le héros / l'héroïne *f.*
helfen (jdm) aider qn; **helfen (sich gegenseitig)** s'entraider → 2/App
Herbst l'automne *m.* → 6/D
herumlaufen se balader *fam.* → 6/C
herunterladen (etw.) télécharger qc
Herz le cœur → 2/C
heute aujourd'hui
hier ici
hinabsteigen descendre
hineingehen (in etw.) entrer dans qc
hinlegen (etw.) poser qc; **hinlegen (sich)** se coucher → 1/A
hinstellen (etw.) poser qc
hinter derrière
hinzufügen (etw. einer Sache) rajouter qc (à qc)
Hip Hop le hip-hop
hissen (etw.) hisser qc
Hobby le hobby / les hobbys
hoch haut/haute *adj.* → 1/App; **hoch sein** *Gebäude* mesurer → 1/D
Hochhaus la tour
Hof la cour
Höhlenforschung la spéléologie, la spéléo *fam.*
hören (jdn/etw.) entendre qn/qc

Hose le pantalon
Hotel l'hôtel *m.*
hübsch joli/jolie *adj.*
Hund le chien
Hunger la faim
Hütte la cabane

I

ich auch moi aussi
ich auch nicht moi non plus
ich habe gerade etw. (getan) je viens de (faire) qc → 4/B
ich hätte gern j'aimerais → 3/B
ich heiße je m'appelle
ich hoffe, dass j'espère que → 3/A
ich möchte je voudrais
ich würde gern j'aimerais → 3/B, je voudrais
Idee l'idée *f.*
Idiot/in l'abruti *m.* / l'abrutie *f.* → 6/B; **sich wie ein Idiot / eine Idiotin aufführen** faire l'idiot / faire l'idiote
Igitt! Beurk! → 1/C
ignorieren (etw.) ignorer qc
im Allgemeinen en général → 2/D
im Monat (Juli) au mois de (juillet) → 4/App
imitieren (jdn/etw.) imiter qn/qc → 6/B
immer toujours; **immer noch** encore; **immer wenn** quand → 2/C
in à, dans, en; **in der Mitte** au milieu de qc → 4/C; **in der Nähe von** près de; **in diesem Moment** là; **in Richtung** vers → 5/App; **in S/M/L/XL** *Kleidergröße* en S/M/L/XL
Informatik l'informatique *f.* → 3/D
Informatikunterricht la technologie, la techno *fam.* → 3/B
Information l'information *f.*; **Info** l'info *f. fam.*
informieren (jdn) mettre qn au courant
Innenstadt le centre-ville → 6/A
Inserat l'annonce *f.* → 4/B
Instrument l'instrument *m.*
intellektuell intello *adj. inv. fam.* → 2/A
interessant intéressant/intéressante *adj.* → 1/App
interessieren (jdn) intéresser qn → 2/B
Internat l'internat *m.*
Internet Internet, le web; **Internetcafé** le cybercafé; **Internetseite** le site
Interview l'interview *f.*
irgendetwas quelque chose
irgendjemand quelqu'un

J

ja oui
Jacke la veste
Jahr l'an *m.*, l'année *f.*; **mit (zwölf) Jahren** à (douze) ans; **vierzehn Jahre alt sein** avoir (quatorze) ans
Jahreszeit la saison → 6/App
Januar janvier *m.*
Jeans le jean
jede/r (von euch) chacun/chacune (d'entre vous) → 3/C; **jede/r/s** + *Nomen* chaque + *nom* → 3/C
jedoch par contre → 3/D
jemand quelqu'un
jetzt maintenant
Joghurt le yaourt
Jugend la jeunesse → 3/A
Jugendherberge l'auberge de jeunesse *f.* → 5/B
Jugendliche/r l'adolescent *m.* / l'adolescente *f.*, l'ado *m./f. fam.*, le jeune / la jeune
Juhu! Youpi!
Juli juillet *m.*; **im Juli** en juillet
jung jeune *m./f. adj.* → 2/D
Junge le garçon
Juni juin *m.*

K

Kaffee le café
kalt froid/froide *adj.* → 2/App
kämmen (sich) se coiffer → 1/A
Kanada le Canada → 6/App
Kanadier/in le Canadien / la Canadienne → 6/D
Kantine la cantine
Kanu le canoë
Kapitän/in le/la capitaine → 2/D
Kappe la casquette
Karibu le caribou → 6/D
Karte la carte
Käse le fromage
Katastrophe la catastrophe, la cata *fam.* → 4/C
Kathedrale la cathédrale → 6/A
Katze le chat
kaufen (etw.) acheter qc
kein/keine ne ... pas de
Kellner/in le serveur / la serveuse → 1/C
kennen (jdn/etw.) connaître qn/qc; **wie seine Westentasche kennen (etw.)** connaître qc comme sa poche → 6/App
kennenlernen (jdn) faire la connaissance de qn
kentern chavirer
Kerze la bougie
Kilo le kilo
Kilometer le kilomètre
Kind l'enfant *m./f.*
Kindergarten l'école maternelle *f.* → 2/A
Kino le cinéma
Kirche l'église *f.*
Klamotten les fringues *f. pl. fam.*
klar bien sûr
Klasse la classe; **Klassenarbeit** l'interrogation *f.*, l'interro *f. fam.*; **Klassenzimmer** la salle de classe, la classe
Klavier le piano
kleben coller
Kleid la robe
Kleidung les vêtements *m. pl.*
klein petit/petite *adj.*
Klettern l'escalade *f.*
klicken cliquer
klingeln sonner
Klub le club
kochen faire la cuisine
kommen arriver, venir → 5/D; **kommen (aus)** venir (de) → 6/App
Kommentar le commentaire
Komödie la comédie → 6/B
komplett complètement *adv.* → 5/D
Konflikt le conflit → 3/B
können pouvoir; **du könntest** tu pourrais; **wir könnten** on pourrait → 5/D;
können (etw.) savoir → 4/D
Konsole la console
kontaktieren (jdn) contacter qn → 4/App
Kontinent le continent
kontrollieren (etw.) contrôler qc → 6/B
Konzert le concert
Kopf la tête → 2/C
Kopftuch le foulard
korrigieren (etw.) corriger qc
kosten (etw.) coûter qc
kostenlos gratuit/gratuite *adj.* → 1/App
köstlich délicieux/délicieuse *adj.* → 6/A
Krach le bruit
kräftig costaud *m./f. adj.* → 5/A
krank malade *m./f. adj.* → 3/B
Kreuzung le carrefour
kriminell criminel/criminelle *adj.*

Kronkorken la capsule → 4/C
Küche la cuisine
Kuchen le gâteau / les gâteaux; **Kuchen backen** faire un gâteau
Kuckuck! Coucou!
Kugelschreiber le stylo → 3/C
Kühlschrank le frigo *fam.*
kümmern (sich um jdn/etw.) s'occuper de qn/qc → 4/App
Kumpel le/la pote *fam.* → 2/App
Kunde/Kundin le client / la cliente → 4/C
Kunst *Schulfach* les arts plastiques *m. pl.*
Kurs le cours, le stage
kurz (da)nach peu après
Kuss *auf die Wange* la bise → 6/A
Küste la côte

L

lachen rigoler *fam.* → 2/App
Laden le magasin → 1/App
Land le pays → 3/C, *ländliche Gegend* la campagne
Landkarte la carte
Landschaft le paysage → 6/C
Landstraße la route
lang long/longue *adj.* → 2/D
lange longuement *adv.* → 5/D
langweilen (sich) s'ennuyer → 4/A
Lärm le bruit
lassen (etw.) laisser qc → 4/D
die schlechte Laune vertreiben (sich) se remonter le moral → 2/App
Leben la vie; **sein ganzes Leben lang** toute sa vie
Lebenden les vivants *m. pl.* / les vivantes *f. pl.* → 6/C
Lebenslauf le CV *(le curriculum vitae)* → 4/D
Lehre l'apprentissage *m.* → 3/App
Lehrer/in le professeur / la professeur, le/la prof *fam.*; **Lehrerzimmer** la salle des professeurs
Leidenschaft la passion
leider malheureusement *adv.* → 4/A
lernen (etw.) apprendre qc
lesen (etw.) lire qc
Leser/in le lecteur / la lectrice → 6/A
letzte/r/s dernier/dernière *adj.* → 4/B
Leute les gens *m. pl.* → 1/A
Liebe l'amour *m.* → 2/App
Liebe Grüße Je t'embrasse. → 5/App
liebe/r cher/chère *adj.*
lieber mögen (etw.) préférer qc
Lieblings- préféré/préférée *adj.*
Lied la chanson
liegen se trouver → 5/App
Liegestuhl le transat → 4/C
Liga la ligue
Linie la ligne → 1/B
links (von etw.) à gauche (de qc)
Liste la liste; **Einkaufsliste** la liste des courses
Liter le litre
live übertragen en direct
Logo le logo → 3/C
Look le look
Los! Allez!
löschen (etw.) effacer qc
loslassen (etw.) lâcher qc → 4/C
Luftballon le ballon → 4/C
Lust haben (etw. zu tun) avoir envie de (faire) qc → 2/D
lustig drôle *m./f. adj.*

M

machen (etw.) faire qc
Mädchen la fille
Magazin le magazine → 3/D
Mahlzeit le repas → 3/A
Mai mai *m.*
Mama maman
man braucht il faut du / de la / de l' / des + *nom*
man darf nicht il ne faut pas
manchmal parfois → 3/D
Manga le manga
manipulieren (etw.) manipuler qc
Mann l'homme *m.* → 1/C
Mannschaft l'équipe *f.*; **Mannschaftssport** le sport d'équipe
Marionette la marionnette → 6/A
Marke la marque → 6/C
(Floh-)Markt le marché (aux puces) → 5/C
Marmelade la confiture
März mars *m.*
Match le match
Mathematik les mathématiques *f. pl.*; **Mathe** les maths *f. pl. fam.*
Mauer le mur
Mechanik la mécanique → 4/App
Mechaniker/in le mécanicien / la mécanicienne → 4/App
Medaille la médaille
Mediathek la médiathèque
Medikament le médicament → 6/C
Meer la mer
Meerschweinchen le cochon d'Inde
Mehl la farine
mehr plus de qc → 3/B
mehrere plusieurs *m./f. pl.* → 4/D
Meinung l'avis *m.*; **seine Meinung sagen** donner son avis
Meister/in le champion / la championne; **Meisterschaft** le championnat
Mensch l'homme *m.* → 1/C
Menü le menu → 1/C
merkwürdig bizarre *m./f. adj.* → 5/A
Messer le couteau / les couteaux → 5/C
Metal *Musikrichtung* le métal
Metall le métal
Meter le mètre
Miesmuschel la moule → 6/A
mieten (etw.) louer qc → 4/D
Milch le lait
Milliliter le millilitre
Million le million → 1/D
Mineralwasser l'eau minérale *f.*
Mini- mini- + *nom* → 2/D
minus moins
Minute la minute
Mir reicht's. J'en ai marre. *fam.* → 5/B
mischen (etw.) mélanger qc
Mist! Zut!
mit avec; **mit (zwölf) Jahren** à (douze) ans; **mit freundlichen Grüßen** respectueuses salutations *f. pl.* → 4/B
mitbringen (etw.) apporter qc
mitnehmen (jdn) emmener qn → 2/C
mittags (12 Uhr) midi
Mitternacht minuit *m.*
Mittwoch mercredi
Mode la mode
modern moderne *m./f. adj.* → 1/D
modische Kleidung tragen être à la mode
mögen (jdn/etw.) aimer qn/qc
Möglichkeit haben, etw. zu (tun) (avoir) la possibilité de (faire) qc → 3/B
Monat le mois → 1/App
Monster le monstre
Montag lundi
morgen demain
Morgen le matin → 1/A
morgens le matin → 1/A
Moschee la mosquée → 6/App
motiviert motivé/motivée *adj.*
Mountainbike le VTT / les VTT
Möwe la mouette

MP3-Player le lecteur mp3
Mülleimer la poubelle → 3/C
Muse la muse → 2/C
Museum le musée
Musik la musique
müssen devoir; **man muss** il faut
mutig courageux/courageuse *adj.* → 2/D
Mutter la mère
Mütze la casquette

N

Na ja. Bof. *fam.*
Na und? Et alors?
nach *zeitlich* après
nach Hause gehen rentrer
Nachbar/in le voisin / la voisine
nachdenken réfléchir → 3/C
Nachmittag l'après-midi *m.*
Nachricht le message
aktuellen Nachrichten l'actualité *f.* → 3/A
nachsehen regarder
nächste/r/s prochain/prochaine *adj.* → 3/App
Nacht la nuit
Nachtisch le dessert
nachts la nuit
Nacken le cou
Name le nom
Natur la nature
natürlich bien sûr
Navigationsgerät le GPS
neben etw. à côté de qc
nebenan à côté
nehmen (etw.) prendre qc
nein non
nett gentil/gentille *adj.*, sympathique *adj.*, sympa *adj. fam.*
Netz le réseau / les réseaux
Netzwerk le réseau / les réseaux; **soziales Netzwerk** le réseau social / les réseaux sociaux
neu nouveau *m.* / nouvel *m.* / nouvelle *f. adj.* → 2/D
Neujahr le nouvel an
nicht ... mehr ne ... plus
nicht beachten (etw.) ignorer qc
nicht einmal ne ... même pas
nicht schlecht pas mal
nicht wenige pas mal de qc *fam.* → 4/D
Nicht? Non?
Nichtregierungsorganisation (NRO/ NGO) l'ONG *(l'Organisation Non Gouvernementale) f.* → 3/C
nichts ne ... rien
nie ne ... jamais
Niederländisch le néerlandais → 6/App
niemand ne ... personne
Niveau le niveau → 3/A
noch einmal encore une fois
noch nicht ne ... pas encore
Norden nord → 5/App
nördlich von au nord → 5/App
normal normal/normale/normaux/ normales → 1/A
normalerweise normalement *adv.* → 5/D
November novembre *m.*
Null le zéro
Nummer le numéro
nur seulement *adv.* → 3/D

O

oberirdisch sur terre
Obst les fruits *m. pl.*
oder ou; **Oder?** Non?
öffnen (etw.) ouvrir qc
oft souvent
ohne sans
Ökologie l'écologie *f.* → 3/C
Oktober octobre *m.*
Öl l'huile *f.*
olympisch olympique *m./f. adj.*
Olympische Spiele les Jeux Olympiques *m. pl.*
Oma la mamie *fam.* → 3/D
Onkel l'oncle *m.*
Opa le papy *fam.* → 3/D
Orange l'orange *f.*
orange orange *m./f. adj.*
Orangensaft le jus d'orange
organisieren (etw.) organiser qc
Ort l'endroit *m.*
Osten l'est *m.* → 5/App
Outfit le look

P

pädagogische/r Schulbetreuer/in le/la CPE
Papa papa
Papagei le perroquet
Pariser/in le Parisien / la Parisienne → 1/A
Park le parc
Party la fête
passieren arriver; **mir ist etw. passiert** il m'est arrivé qc
Passwort le mot de passe
Pause la récréation, la récré *fam.* → 3/B
perfekt parfait/parfaite *adj.* → 6/B
Person la personne
Personalausweis la carte d'identité → 5/A
persönlich personnel/personnelle *adj.*, perso *adj. fam.* → 4/C
Pferd le cheval / les chevaux
Pfui! Beurk! → 1/C
Physik la physique → 3/A
Picknick le pique-nique → 5/C
Pizza la pizza → 1/C
Plan le plan → 1/B
Planet la planète
Platz la place
plötzlich tout à coup
Pokal la coupe
Polizei la police
Polizeirevier le commissariat → 5/A
Pommes frites les frites *f. pl.*
Portemonnaie le porte-monnaie → 5/A
posten (etw.) poster qc → 3/B
Poster le poster
Praktikum le stage → 4/App
Praktikumsbericht le rapport de stage → 4/A
praktisch pratique *m./f. adj.*
präsentieren (jdm jdn/etw.) présenter qn/qc à qn
pro par; **pro Stunde** de l'heure → 4/App
probieren (etw.) goûter qc → 6/A
Problem le problème
Profil le profil
profitieren (von etw.) profiter de qc → 6/D
Programm le programme → 4/B
Projekt le projet
Prüfung l'examen *m.* → 3/App; **Prüfung bestehen** passer un examen → 3/App
PS P.-S.
Puderzucker le sucre glace
Pullover le pullover; **Pulli** le pull *fam.*

Q

Quad le quad
Qualität la qualité → 2/A
Quiche la quiche; **Gemüse-Quiche** la quiche aux légumes

R

R & B le R & B
Rad fahren faire du vélo
Radio la radio → 3/D
Rap le rap
Rathaus la mairie → 6/A
Ratschlag le conseil
rauchen fumer → 3/D
Raum la salle → 4/A
Rechnung l'addition *f.* → 1/C
rechts (von etw.) à droite (de qc)
Redaktion la rédaction → 3/A
reden parler
Referat l'exposé *m.*
Refrain le refrain → 2/C
Regal l'étagère *f.*
Regel la règle
im Regen la pluie → 5/B
Regenmantel l'imperméable *m.*, l'imper *m. fam.*
Region la région
Regisseur/in le réalisateur / la réalisatrice → 6/B
regnen pleuvoir (il pleut / il a plu / il pleuvait) → 5/B
reich riche *m./f. adj.* → 6/C
Reifen le pneu → 4/D
Reise le voyage → 2/D
Rennen la course → 1/A
reparieren (etw.) réparer qc → 4/D
Reporter le reporter → 2/D
Respekt le respect
Rest le reste
Restaurant le restaurant, le resto *fam.* → 1/A
retten (jdn/etw.) sauver qn/qc
Rettungsschwimmer/in le sauveteur / la sauveteuse
Rettungsschwimmerprüfung le brevet de sauveteur → 4/B
Rezept la recette
richtig vrai/vraie *adj.* → 5/C
Richtung la direction → 1/B
riesig géant/géante *adj.* → 6/A
Risiko le risque
riskant risqué/risquée *adj.* → 3/D
Rock la jupe
Rolle le rôle → 6/B
romantisch romantique *m./f. adj.* → 1/App
rosa rose *m./f. adj.*
rot rouge *m./f. adj.*
Rucksack le sac à dos → 5/A
rufen (jdn) appeler qn; **um Hilfe rufen** appeler au secours
Rugby le rugby
Rutsche le toboggan
rutschen faire du toboggan

S

Sache la chose
sagen (jdm etw.) dire qc à qn
Salat la salade
Samstag samedi
Satz la phrase → 3/C
Sauce la sauce → 6/App
S-Bahn le RER *(le réseau express régional)* → 1/B
Schachtel la boîte
schaffen (etw.) réussir qc → 5/C
Schal le foulard
Schauspieler/in l'acteur *m.* / l'actrice *f.*
schick chic *adj. inv.* → 1/App
schicken (jdm etw.) envoyer qc à qn → 6/A
schieben (jdn/etw.) pousser qn/qc
Schiff le bateau / les bateaux
schlafen dormir
schlafen gehen se coucher → 1/A
Schlafsack le sac de couchage → 5/B
Schlafzimmer la chambre
strebsam intello *adj. inv. fam.* → 2/A
schlecht mal *adv.*, nul/nulle *adj.*
schlechter pire *m./f. adj.* → 6/B
schlechteste le/la pire *adj.* → 6/B
schließlich finalement *adv.* → 6/C
schlimmer pire *m./f. adj.* → 6/B
schlimmste le/la pire *adj.* → 6/B
Schloss le château / les châteaux → 5/App
Schlucht la gorge
Schluss haben terminer qc → 3/A
Schlüssel la clé
schminken (sich) se maquiller → 1/A
Schnecke l'escargot *m.* → 1/C
Schneemobil la motoneige → 6/D
schneiden couper qc
schneien neiger → 6/App
schnell vite *adv.* → 3/App
Schnellstraße la route
(heiße) Schokolade le chocolat (chaud) → 5/B
schon déjà
schön beau *m.* / bel *m.* / belle *f. adj.* → 2/D
Schrank l'armoire *f.*
schrecklich horrible *m./f. adj.*
schreiben (jdm etw.) écrire qc à qn
schreien crier → 4/C
Schriftsteller/in l'auteur *m./f.* → 6/A
schüchtern timide *m./f. adj.*
Schulanfang la rentrée
Schuldige/r le/la coupable
Schule l'école *f.*
Schüler/in l'élève *m./f.*
Schulfach la matière
Schulhof la cour; **auf dem Schulhof** dans la cour
Schulleiter/in le principal / la principale
Schwäche le défaut → 2/A
schwarz noir/noire *adj.*
schwer lourd/lourde *adj.*
Schwester la sœur, la frangine *fam.* → 5/App
Schwierigkeit la difficulté
Schwimmbad la piscine
Schwimmen la natation
See le lac → 6/App
sehen (jdn/etw.) voir qn/qc
Sehenswürdigkeit le monument → 1/D
sehr beaucoup *adv.*, très *adv.*
sehr mögen (etw.) adorer qc
Seil le fil → 1/D
sein être; **aus** *(Ort)* **sein** être de
seit depuis
Sekretariat le secrétariat
Sekunde la seconde → 6/B
Sendung l'émission *f.* → 2/D
Senegal le Sénégal → 6/App
senken (etw.) baisser qc
September septembre *m.*
Serie la série
servieren (jdm etw.) servir → 1/C
setzen, stellen, legen (etw.) mettre qc
sexy sexy *adj. inv.*
shoppen faire du shopping
Sicherheit la sécurité
Sieger/in le champion / la championne
singen chanter
Sitzung la réunion → 3/C
Skateboard le skate
Skateboardfahren le skate
Skatepark le roller parc
Slogan le slogan → 3/C
so comme ça *fam.*
sofort tout de suite → 5/C
sogar même
Sohn le fils
Sommer l'été *m.* → 2/B
Sonne le soleil → 1/D; **Die Sonne scheint.** Il y a du soleil. → 6/App

Sonnenbrille les lunettes de soleil *f. pl.*
Sonntag dimanche
Spaghetti les spaghettis *m. pl.*
Spaß le plaisir
spät tard *adv.*
später plus tard
spazieren gehen se balader *fam.* → 6/C
Spaziergang la promenade → 1/App
Speiseeis la glace → 1/App
Speisekarte le menu → 1/C
im Speisesaal servieren servir en salle → 4/A
Spezialeffekte les effets spéciaux *m. pl.* → 2/D
Spezialist/in le/la spécialiste
Spezialität la spécialité
Spiegel le miroir
Spiel le match, le jeu / les jeux
spielen jouer; **spielen** *(eine Sportart)* faire du / de la / de l' / des + *nom*; **spielen** *(ein Musikinstrument)* jouer de; **spielen** *einen (Mannschafts-)Sport, ein Spiel* jouer à
Spieler/in le joueur / la joueuse
Spielkonsole la console
Spielplatz le terrain de jeux → 1/A
Spielzeug le jouet → 6/C
Sponsor/in le sponsor → 3/C
Sport le sport; **Sportlehrer/in** le/la prof de sport; **Sporttasche** le sac de sport; **Sportunterricht** l'EPS *f. (l'Éducation physique et sportive)*
sportlich sportif/sportive *adj.* → 5/App
Sprache la langue → 4/D
sprechen parler; **Französisch sprechen** parler français; **sprechen (mit jdm)** parler à qn; **Sprich lauter!** Parle plus fort!
Stadion le stade
Stadt la ville; **in der Stadt** en ville
Stadtbezirk l'arrondissement *m.* → 1/A
Star la star
Station la station → 1/B
stehlen (etw.) voler qc → 5/A
steigen (in etw.) monter dans qc
Stier le taureau / les taureaux
Stierkampf la corrida; **Stierkampfarena** l'arène *f.*
Stierkämpfer/in le toréro
Stil le style
Stimmung l'ambiance *f.* → 5/A
stolz (auf etw.) fier/fière (de qc) *adj.* → 6/C
stoßen (jdn/etw.) pousser qn/qc → 4/C
Strähne la mèche
Strand la plage
Straße la rue
Strecke l'étape *f.*
Streitschlichter/in le médiateur / la médiatrice → 3/B
streng sévère *m./f. adj.* → 3/A
Strohhalm la paille → 2/App
(Tätowier-)Studio le studio (de tatouage)
Stuhl la chaise
Stunde l'heure *f.*
Stundenplan l'emploi du temps *m.*
stürzen tomber
suchen (etw.) chercher qc
Süden sud → 5/App
Super! Super! *fam.*
Superheld/in le super-héros / la super-héroïne
Supermarkt le supermarché
Surfbrett la planche à voile
surfen surfer
süß sucré/sucrée *adj.* → 6/A
Symbol le symbole → 6/A
sympathisch sympathique *m./f. adj.*, sympa *m./f. adj. fam.*
Szene la scène → 2/D

T

Tag le jour, *in seinem Verlauf* la journée → 1/A; **Tag X** le jour J; **vierzehn Tage** *zwei Wochen* quinze jours
Talent le talent
Tanne le sapin
Tante la tante
tanzen danser
Tasche le sac; **seine Tasche packen** faire son sac
Taschengeld l'argent de poche *m.* → 4/App
Tätowierung le tatouage
ein Team bilden (mit jdm) faire équipe avec qn → 6/B
Teig la pâte
teilen (etw.) partager qc → 2/A
teilnehmen (an etw.) participer à qc → 1/A
telefonieren (mit jdm) téléphoner à qn
Tennis le tennis
Termin le rendez-vous → 2/App
Terrasse la terrasse → 1/C
Test l'interrogation *f.*, l'interro *f. fam.*, le test
teuer cher/chère *adj.*; **teuer sein** coûter cher
Theater le théâtre → 3/C
Thema le thème → 2/D
Tier l'animal / les animaux *m.*
tippen (etw.) taper qc
Tisch la table
Tischlern la menuiserie → 3/D
Tochter la fille
Toilette les toilettes *f. pl.*
Toleranz la tolérance → 6/B
toll formidable *m./f. adj.*; **Das ist toll.** C'est top. *fam.*
Tomate la tomate
Top le top
Torero le toréro
tot mort/morte *adj.* → 6/C
Toten les morts *m. pl.* / les mortes *f. pl.* → 6/C
Tour le tour → 4/App
Tourist/in le touriste / la touriste → 1/A
Touristeninformation l'office de tourisme *m.* → 6/D
traditionell traditionnel/traditionnelle *adj.*
tragen (jdn/etw.) porter qn/qc
Film-Trailer la bande-annonce → 2/D
trainieren s'entraîner → 1/A
Training l'entraînement *m.*
träumen rêver
traurig triste *m./f. adj.* → 2/C
Treffen la réunion → 3/C
treffen (jdn) rencontrer qn, retrouver (qn)
trinken (etw.) boire qc → 5/B
trocken sec/sèche *adj.* → 5/B
trotzdem quand même
trübsinnige Gedanken haben avoir des idées noires
Tschüss! Salut!
T-Shirt le tee-shirt
Tunesien la Tunisie → 6/App
Tür la porte
Turm la tour
Turnhalle le gymnase
Turnschuhe les baskets *f. pl.*
Tüte le sachet
Typ le type → 5/A

U

U-Bahn le métro
üben s'entraîner → 1/A
über *räumlich* au-dessus de *adv.* → 6/D
überall partout → 3/D
überhaupt nicht ne ... pas du tout → 2/A
überlegen réfléchir → 3/C
überqueren (etw.) traverser qc

Überraschung la surprise; **Überraschungsparty** la fête-surprise
(Armband-)Uhr la montre; **Es ist acht Uhr.** Il est huit heures.; **Um wie viel Uhr?** À quelle heure?
um zehn Uhr à dix heures
um zu pour + *inf.*
umdrehen (etw.) retourner (qc)
umsteigen changer → 1/B
umweltfreundlich écologique *m./f. adj.*, écolo *adj. inv. fam.* → 1/D
umziehen déménager → 2/A
und et
unglaublich incroyable *m./f. adj.* → 5/C; **Unglaublich!** C'est trop fort!
unglücklich malheureux/malheureuse *adj.* → 2/C
unter sous
unterhalten (jdn) amuser qn → 2/C
unterirdisch souterrain/souterraine *adj.* → 6/App
Unternehmen l'entreprise *f.* → 1/D
Unterricht le cours

V

Vanillezucker le sucre vanillé
Vater le père
vegetarisch végétarien/végétarienne *adj.* → 1/C
Verabredung le rendez-vous → 2/App
verändern (etw.) manipuler qc
verbrecherisch criminel/criminelle *adj.*
verbringen (etw.) passer qc
verdienen (etw.) *Geld* gagner qc
Verein le club
Verflixt! Zut!
vergleichen (jdn/etw. mit jdm/etw.) comparer qn/qc (à qn/qc)
Vergnügen le plaisir
verkaufen (etw.) vendre qc
Verkäufer/in le vendeur / la vendeuse
verlassen (jdn/etw.) quitter qn/qc
Verleih la location → 4/App
verliebt (in jdn) amoureux/amoureuse (de qn) *adj.* → 1/App
Verliebte/r l'amoureux *m.* / l'amoureuse *f.* → 1/App
verlieren (jdn/etw.) perdre qn/qc
verpassen (etw.) rater qc → 6/D
verrückt fou/folle *adj.*
Verrückte/r le fou / la folle → 1/A
verschieden différent/différente *adj.* → 2/A
verstehen (jdn/etw.) comprendre qn/qc; **verstehen (sich mit jdm)** s'entendre avec qn → 6/C
versuchen (etw.) essayer qc
Vertrauen la confiance → 2/A; **Vertrauen haben (in jdn)** avoir confiance en qn → 2/A
Verzeihung! Pardon.
viel beaucoup *adv.*; **viel/viele** beaucoup de qc, plein de qc *fam.* → 2/A; **viele Leute** beaucoup de monde → 5/A
Viel Glück! Bonne chance!
vielleicht peut-être
Viereck le carré
Viertel *Stadtviertel* le quartier
Viertelstunde le quart
Völkerball la balle aux prisonniers → 3/D
Volleyball le volleyball, le volley *fam.*
vom ... bis zum *bei Datumsangaben* du ... au
von de; **(hundert Meter) von etw. entfernt** à (cent) mètre(s) de qc; **20 von 20 (Punkten)** 20 sur 20; **von ... bis** *Uhrzeit* de ... à
vor *räumlich* devant; *zeitlich* avant, il y a → 5/D, moins
vor allem surtout → 2/A
vorbeigehen (bei etw.) passer par qc
vorbeikommen (bei jdm) passer chez qn
vorbereiten (etw.) préparer qc
voreinander l'un/l'une pour l'autre → 2/A
Vorführung le spectacle
Vorhängeschloss le cadenas → 1/App
vorher d'abord
Vorname le prénom
Vorort la banlieue → 6/C
Vorschau la bande-annonce → 2/D
Vorspeise l'entrée *f.* → 1/C; **als Vorspeise** en entrée → 1/C
vorstellen (jdm jdn/etw.) présenter qn/qc à qn
Vorteil l'avantage *m.* → 4/App
Vortrag l'exposé *m.*
vorübergehend temporaire *m./f. adj.*
Vorurteil le préjugé → 6/B

W

wählen (etw.) choisir qc → 3/C
Wahnsinn le délire → 2/App; **Wahnsinn!** Délire! *fam.*; **Wahnsinnsding** le truc de fous
wahr vrai/vraie *adj.* → 5/C; **Das kann doch nicht wahr sein!** Ce n'est pas vrai!
während pendant
wahrscheinlich probablement *adv.* → 5/D
Wal la baleine → 6/D
Wald la forêt → 6/App
Wand le mur; **bemalte Wand** le mur peint
wann quand
warm chaud/chaude *adj.*
warten (auf jdn/etw.) attendre qn/qc
warum pourquoi
was qu'est-ce que, qu'est-ce qui → 2/B, quoi *fam.*
Was für ein Idiot! / Was für eine Idiotin! Quel idiot! / Quelle idiote!
Was gibt es? Qu'est-ce qu'il y a?; **Was ist passiert?** Qu'est-ce qui s'est passé?
Wasser l'eau *f.*
wechseln changer → 1/B
Weg le chemin → 1/B
wegen etw. à cause de qc
wegfahren partir
wegwerfen (etw.) jeter qc → 3/C
wehtun faire mal
weil parce que
weiß blanc/blanche *adj.*
weit loin *adv.*; **weit kommen** aller loin
weit entfernt loin *adv.*
weiterfahren continuer
weitermachen continuer
Welle la vague
Wellenbad la piscine à vagues
Wellensittich la perruche
Welt la terre, le monde
Weltmeisterschaft le Championnat du Monde
wen qui est-ce que → 2/B
wenig später peu après
weniger moins de qc → 3/B
wenn quand → 2/C
wer qui, qui est-ce qui → 2/B
Werbung la publicité, la pub *fam.* → 1/D
werden (etw.) devenir → 6/B
Werkstatt le garage → 4/A
Werkunterricht la technologie, la techno *fam.* → 3/B
Westen ouest → 5/App
westlich von à l'ouest → 5/App
Wettbewerb la compétition
Wetter le temps
Wettkampf la compétition
wichtig important/importante *adj.*
wie comme, comment *Fragewort*; **Wie alt bist du?** Tu as quel âge?; **Wie geht's?** Ça va?; **Wie heißt du?** Tu t'appelles comment?; **Wie spät ist es?** Il est quelle heure?

wie gewöhnlich comme d'habitude → 4/C
Wie viel kostet das? Ça fait combien?
wiederfinden retrouver (qn)
wiederholen (etw.) répéter qc
Willkommen! Bienvenue!
Wind le vent → 1/D
Windsurfen la planche à voile
Winter l'hiver *m.* → 3/D
wirklich vraiment *adv.*
Bescheid wissen être au courant; **wissen (etw.)** savoir → 4/D
Witz la blague → 2/A
wo où
Woche la semaine; **zwei Wochen** quinze jours
Wochenende le week-end
woher d'où?
wohin où
wohl fühlen (sich) être à l'aise
wohnen habiter
Wohnung l'appartement *m.*
Wohnzimmer le salon
Wolkenkratzer le gratte-ciel / les gratte-ciel → 6/App
wollen vouloir
Workshop le stage
Wort le mot
wunderschön magnifique *m./f. adj.* → 6/D
Wurst la saucisse → 6/A
Würstchen la saucisse → 6/A
wütend (auf jdn) furieux/furieuse (contre qn) *adj.* → 4/C

Z

zahlen (etw.) payer → 5/C
zeichnen (etw.) dessiner qc
zeigen (jdm etw.) montrer qc à qn
Zeit le temps; **Zeit haben** avoir le temps; **Zeit lassen (sich)** prendre son temps; **zur Zeit** pour le moment → 4/D
zeitlich begenzt temporaire *m./f. adj.*
Zeitschrift le magazine → 3/D
Zelt la tente → 2/App
Zelten le camping
zelten faire du camping
im Zentrum von etw. au centre de qc → 1/D
Zitrone le citron; **Zitronenschale** le zeste de citron
Zollbeamter/Zollbeamtin le douanier / la douanière → 6/B
Zoo le zoo → 4/App
zu (sehr/viel) trop
zu Fuß à pied
zu Hause à la maison
zu spät sein être en retard
zu viel / zu viele trop de qc
zu zweit à deux → 2/C
zubereiten (etw.) préparer qc
Zucker le sucre; **Puderzucker** le sucre glace; **Vanillezucker** le sucre vanillé
zuerst d'abord
zufrieden content/contente *adj.*; **zufrieden sein, etw. zu (tun)** être content/contente de (faire) qc → 1/A
zugleich à la fois → 6/C
zuhören (jdm) écouter qn/qc
Zukunft l'avenir *m.*
zum Beispiel par exemple → 3/B
Zunge la langue → 4/D
zurasen (auf jdn/etw.) foncer (sur qn/qc) → 4/C
zurückgeben (jdm etw.) redonner qc à qn → 5/C
zurückkehren retourner (qc)
zurückrufen (jdn) rappeler → 4/D
zusammen ensemble
zweite/r/s deuxième *m./f. adj.*
zwischen entre

Solutions

Solutions (Repères) | Lösungen (Repères)

Unité 1

p. 22/1

1. le cadeau le plus romantique 2. la chose la plus importante 3. les questions les moins intéressantes 4. l'acteur le plus célèbre 5. l'élève la plus timide 6. les jeux les plus drôles 7. les meilleures idées 8. les tours les plus hautes 9. les tee-shirts les moins chers 10. les lunettes les plus chères

p. 22/2

Bei den französischen reflexiven Verben steht das Reflexivpronomen (im *présent* und im *passé composé*) vor dem konjugierten Verb, z. B. *Il* ***se*** *dépêche. Il* ***s'****est dépêché.*
Bei den deutschen reflexiven Verben steht es nie vor dem konjugierten Verb, z. B.: *Ich beeile* ***mich****. Ich habe* ***mich*** *beeilt.*

p. 23/3

1. Die indirekte Rede wird durch *dire que*, die indirekte Frage durch z. B. *demander si* eingeleitet. Die Pronomen, Verben und Begleiter müssen angepasst werden.
2. 1. Théo dit qu'il passe par la boulangerie. 2. Lara demande si Marie veut un bonbon. 3. Samuel veut savoir où Claire achète les boissons. 4. Laura et Cécile demandent pourquoi elles vont en France. 5. Naomi dit qu'elle ne mange pas de viande. 6. Éric demande s'il y a des plats végétariens.

p. 23/4

1. *y* steht vor dem konjugierten Verb. Im *passé composé* steht *y* vor dem Hilfsverb, im *futur composé* vor dem Infinitiv.
2. 1. Oui, ils y sont. 2. Oui, j'y suis déjà allé. 3. Oui, j'y vais. 4. Non, il n'y est pas. 5. Non, je ne vais pas y aller.

Unité 2

p. 40/1

Qui ist das Subjekt des Relativsatzes. Auf *qui* folgt deshalb ein Verb. *Que* ist das Objekt des Relativsatzes. Auf *que* folgt deshalb das Subjekt des Relativsatzes.

p. 40/2 exercice 1

Mit *qui est-ce qui* oder *qui est-ce que* fragt man nach Personen. Mit *qu'est-ce que* oder *qu'est-ce qui* nach Sachen.

p. 40/2 exercice 2

1. Qu'est-ce que tu fais cet après-midi? 2. Qu'est-ce qui est le plus intéressant pour toi? 3. Qui est-ce que tu invites? 4. Qui est-ce qui raconte les meilleures histoires?

p. 41/3 exercice 1

Beim *futur composé*, den Modalverben + Infinitiv und *il faut* + Infinitiv steht das Objektpronomen vor dem Infinitiv, auf den es sich bezieht.

p. 41/3 exercice 2

1. Lucie va **l'**appeler. Lucie wird ihn/sie anrufen. 2. Victor va **nous** inviter. Victor wird uns einladen. 3. Ils ne veulent pas **l'**écouter. Sie wollen ihm/ihr nicht zuhören. 4. Il faut **les** aider. Man muss ihnen helfen. 5. On va **vous** expliquer le problème. Wir werden euch/Ihnen das Problem erklären.

p. 41/5

1. un livre intéressant 2. un petit chat 3. une longue rue 4. un acteur célèbre 5. des grandes maisons 6. un petit garçon heureux 7. la belle veste rouge

Unité 3

p. 58/1

1. La France est plus grande que l'Allemagne. 2. Mon père est plus cool que ma mère. 3. Nous sommes moins stressé(e)s qu'hier. 4. Le français est plus facile que l'allemand. 5. Lucas est aussi sympa que Jamel.

p. 58/2 exercice 1

Ich glaube, dass der Schulleiter Bescheid weiß. | Ich hoffe, dass wir den Schulbetreuer in der Schulbibliothek finden werden. | Ich finde, dass unsere Idee toll ist. | Ich denke, dass Austausche super sind.

p. 58/2 exercice 2

Im Deutschen steht das konjugierte Verb am Ende des Nebensatzes. Im Französischen bleibt die Wortstellung Subjekt + Verb + Objekt.

p. 59/3 exercice 1

Chacun und *chacune* stehen anstelle eines Nomens.

p. 59/3 exercice 2

1. Chacune d'entre vous doit aider. 2. Chaque élève peut aider. 3. Chacun peut se préparer. 4. Chaque professeur peut appeler. 5. Chacune peut imprimer la liste. 6. Chacun peut gagner chaque année.

p. 59/4 exercice 1

2. pouvoir → nous pouvons → je pouvais, 3. mettre → nous mettons → je mettais, 4. acheter → nous achetons → j'achetais, 5. avoir → nous avons → j'avais, 6. s'amuser → nous nous amusons → je m'amusais, 7. devoir → nous devons → je devais

p. 59/4 exercice 2

Solution modèle: finir → je finissais, tu finissais, il/elle/on finissait, nous finissions, vous finissiez, ils/elles finissaient

p. 59/4 exercice 3

1. Autrefois, vous alliez souvent à pied à l'école? 2. Tu n'aimais pas 3. Nous jouions 4. Théo et Sophie voulaient

p. 59/5

1. Tu ne me crois pas? Pourquoi? 2. Ses amis ne le croient plus. 3. Je crois que ... 4. Vous croyez qu'... 5. Paul croit que ... 6. Nous croyons que ...

Unité 4

p. 82/1

1. Je me suis ennuyé(e) 2. tu t'es levée hier 3. Paul s'est couché 4. Maria s'est dépêchée 5. on s'est disputés 6. vous vous êtes amusés

p. 82/3 exercice 1

Im *présent* und *imparfait* umschließen die Verneinungswörter *ne ... pas/pas encore/jamais/rien/plus/personne* das konjugierte Verb. Im *passé composé* und *futur* umschließen die Verneinungswörter das Hilfsverb. Bei *ne ... personne* steht *personne* hinter dem Partizip oder dem Infinitiv.

p. 82/3 exercice 2

a) Non, je n'ai rien compris.
b) Non, on ne connaît personne.
c) Non, Zoé n'a invité personne.
d) Non, Laurent ne travaille plus au zoo.
e) Non, nous n'arrivons jamais en retard.

p. 83/4

Comme tous les matins, Jean était dans son lit. Ses parents étaient déjà au travail. Il écoutait la radio et il ne voulait pas se lever. Tout à coup, son portable a sonné. Alors Jean a pris son portable et il a dit: «Allô?» Il a entendu sa copine Martine dire: «Je t'aime.» C'était génial!

p. 83/6

1. Il ne peut pas écrire de lettres parce qu'il ne sait pas écrire. 2. Aujourd'hui, nous ne pouvons pas travailler dehors parce qu'il fait froid. 3. J'aime aller en France parce que je sais bien parler français. 4. Est-ce que tu peux m'aider s'il te plaît? 5. Dans ce garage, les mécaniciens savent bien réparer les voitures.

Unité 5

p. 100/1 exercice 1

agressif → aggressiv, passif → passiv, naïf → naiv, pensif → nachdenklich

p. 100/1 exercice 2

agressif, agressive, agressifs, agressives (*solution modèle:* Luc a été agressif pendant le match.); passif, passive, passifs, passives (*solution modèle:* Ils sont trop passifs et ne font rien pour aider.); naïf, naïve, naïfs, naïves (*solution modèle:* Michèle est très naïve parce qu'elle croit tout!); pensif, pensive, pensifs, pensives (*solution modèle:* Elles ont été pensives pendant le cours de maths.)

p. 100/2

1. Mardi, ils sont allés à la piscine parce qu'il faisait chaud. 2. Nous regardions les photos quand Marc a appelé. 3. Autrefois, on s'appelait tous les après-midi. 4. J'ai mélangé le beurre et la farine, puis j'ai mis la pâte au frigo.

p. 101/3 exercice 1

1. ce qui 2. ce que 3. ce qu' 4. ce qui

p. 101/3 exercice 2

1. Je ne sais pas ce qu'il a vu. 2. Anna comprend ce qui nous plaît. 3. Je ne comprends pas ce que vous dites. 4. Ils/Elles savent / Vous savez ce qui m'intéresse.

p. 101/4 exercice 1

An die weibliche Form des Adjektivs wird die Endung *-ment* angehängt. Im Deutschen sehen Adjektive und Adverbien gleich aus: z. B. *schnell*. Adjektive werden an das Nomen angeglichen (z. B. *Sie gibt eine schnelle Antwort.*).

p. 101/4 exercice 2

Im Englischen bildet man Adverbien mit dem Suffix *-ly*. (z. B. *She walks slowly.*)

p. 101/4 exercice 3

1. Elle chante horriblement. 2. C'est une chanson horrible. 3. Vous pouvez entrer gratuitement? 4. J'ai deux places gratuites.

Unité 6

p. 118/1

1. Jérémy habite en Belgique, mais il vient du Canada.
2. Laure habite en Allemagne, mais elle vient de France.
3. Abdou habite au Québec, mais il vient du Sénégal.
4. Anna habite en France, mais elle vient des États-Unis.

p. 119/3

Solutions modèles: 1. Non, je n'en ai pas envie. 2. Oui, j'en bois le matin. 3. J'en sors à 16 heures. 4. Oui, j'en ai beaucoup. 5. Non, nous n'en avons pas.

p. 119/4 exercice 1

a) Schaut mich (nicht) an. | Steh (nicht) auf. | Hört ihm (nicht) zu. | Bezahle sie (nicht). | Sprich (nicht) mit ihm/ihr. | Schreib uns (nicht). | Beeilt euch (nicht). | Applaudiere ihnen (nicht). | Gib ihnen (nicht) die Fotos. | Geh (nicht). Geht (nicht). | Nimm (nicht) davon. | Genießt das (nicht).

b) Beim bejahten Imperativ stehen die Pronomen hinter der Imperativform. Sie werden mit Bindestrich an das Verb gebunden. Beim verneinten Imperativ stehen sie innerhalb der Verneinungsklammer und vor dem Imperativ.

p. 119/4 exercice 2

1. Ne lui donne pas le livre. 2. Ne m'écris pas. 3. N'en prenez pas. 4. Ne te dépêche pas. 5. Ne l'attendez pas. 6. Ne vous retournez pas.

Transcriptions

Transcriptions | Texte von Liedern und Höraufgaben

Unité 1 p. 15/5 C'est par où, «Trocadéro»?

Refrain:

C'est par où, «Trocadéro»?
On peut y aller en bateau?
Et à «Notre-Dame»?
On peut y aller en tram?
À la station «Palais Royal»
J'ai vu la police à cheval
À «Picpus»,
On va en bus

«Boulevard Rambuteau»
On peut y aller à vélo
Et aux «Champs-Élysées»
On y va à pied!
«Boulevard Réaumur»,
On y va en voiture,
À la station «Cité»,
On y va à VTT!
Refrain

En hiver, aux «Tuileries»,
On y va en skis,
«Place Bolivar»,
On y va en car!
À «Filles-du-Calvaire»,
On y va en rollers,
Mais à «Bel-Air»,
On n'y va pas en RER!

Et à «Solférino»? À «Solférino»?
On y va en métro! On y va en métro! On y va en métro!
Refrain (2x)

Unité 2 p. 34/1b Elle est dans ma tête

Refrain:

Musique, tu m'amuses, tu es ma muse, ma musique
Tu m'ouvres toutes les portes, tu m'emmènes sur ta planète,
Tu es dans mon cœur, dans ma tête et mes baskets!
Musique, tu m'amuses, tu es ma muse, ma musique

Quand je suis malheureux, quand j'ai des idées noires,
Je t'écoute, je me vois, tu es comme un miroir
Tu ne me quittes pas, nous sommes toujours à deux
Et quand tu es joyeuse, moi aussi, je suis joyeux!
Refrain

Je t'écoute sur mon portable, je te retrouve sur Internet
Je marche avec toi dans la rue, je t'invite à mes fêtes
Quand tu es trop triste, je tombe et je chavire
Quand tu es à fond, on est heureux, c'est le délire!
Refrain

Unité 3 p. 52 Chacun veut sauver le monde

Refrain:

? veut sauver le monde, la planète
C'est facile quand on parle à la cafèt'
Oui, ? a envie de s'engager
? est motivé, ouais, motivé
? dit qu'il va peut-être réfléchir,
Mais nous, nous tout de suite[1] on veut agir!

Refrain:

? ?, c'est pas tout le monde évidemment[2],
Puisque[3] toi et moi, on est différents.
? ?, c'est pas tout le monde évidemment,
Puisque toi et moi, on est différents.

? regarde la la la télévision
Nous, on les trouve nulles, les émissions
? manipule, tranquille[4], ses photos
Nous, on n'a pas trop d'amis en réseau
? jette plein de trucs à la poubelle,
Mais nous, on trouve ça moche, triste et criminel
Refrain

? veut un look individuel[5]
Mais toi comme tu es, tu es la plus belle
? se maquille deux heures le matin,
Mais toi, tu te sens bien sans rien[6], rien, rien
? rêve d'un p'tit copain comme Justin
Mais toi et moi, ensemble on est super bien
Refrain

1 **tout de suite** sofort
2 **évidemment** *adj.* natürlich, selbstverständlich
3 **puisque** weil, da ja
4 **tranquille** *adj.* *hier:* einfach so
5 **individuel/individuelle** *adj.* einzigartig
6 **sans rien** ohne alles

Unité 4 p. 78/4 Texte D: Félix Jeunet à l'appareil

Dame: Location de vélo «Tour de Provence», bonjour!
Félix Jeunet: Bonjour, Madame ... Félix Jeunet à l'appareil. Je voudrais parler à Monsieur Dugrand, s'il vous plaît.
Dame: Monsieur Dugrand n'est pas là pour le moment. C'est à quel sujet?
Félix Jeunet: C'est pour le job d'été dans votre magasin. J'ai posé ma candidature la semaine dernière.
Dame: Ah, pour le job d'été! Attendez, je cherche votre CV ... Félix Jeunet ... Voilà ... Je l'ai. Vous avez 16 ans.
Félix Jeunet: Oui. C'est ça.
Dame: Parlez-vous plusieurs langues?
Félix Jeunet: Oui, je parle français, allemand et anglais.

Dame: D'accord ... C'est important parce que nous avons pas mal de touristes qui louent des vélos ici ... Êtes-vous bon en mécanique?

Félix Jeunet: Euh ... je sais réparer un pneu crevé, enfin je sais réparer des vélos.

Dame: D'accord. Savez-vous aussi utiliser un ordinateur?

Félix Jeunet: Oui ... enfin, ça dépend ... Quels programmes est-ce que vous utilisez?

Dame: Surtout Excel ... Est-ce que vous savez utiliser Excel?

Félix Jeunet: Non, pas encore, mais je peux apprendre!

Dame: Hmm, je vois ... Écoutez, je vais laisser un message à Monsieur Dugrand. Pouvez-vous rappeler à 14 heures?

Félix Jeunet: À 14 heures? Bien sûr! Au revoir, madame!

Dame: Au revoir et merci.

Unité 4 p. 78/5 Vous pouvez travailler chez nous

Savez-vous changer une roue[1] ou un pneu?
Avez-vous toujours l'air heureux?
Savez-vous manipuler les clients?
Trouvez-vous toujours des arguments?
Pour vous, les maths, c'est fastoche[2]
Alors, votre stage, c'est dans la poche[3]!
Refrain: Alors on peut prendre rendez-vous!
Alors vous pouvez travailler chez nous!
24 heures sur 24
7 jours par semaine
5 semaines par mois
Bien sûr, c'est un stage non rémunéré[4]
Il ne faut pas rêver! Il ne faut pas rêver!
Mais non, ce n'est pas de l'arnaque,
On veut juste des gens qui ont la niaque[5]!

Aimez-vous les nouvelles expériences?
Êtes-vous bon en technique et en sciences?
Parlez-vous russe[6] et chinois?
Savez-vous préparer un bon p'tit plat?
Avez-vous des talents d'actrice?
Êtes-vous une bonne médiatrice?
Refrain
Avez-vous toujours le moral?
Savez-vous organiser un festival?
Votre équipe, ce sont vos amis,
Vous êtes intelligent, motivé, sexy?
Vous avez un brevet de sauveteur
Et pour vous les vacances, c'est l'horreur!
Refrain

1 **la roue** das Rad
2 **fastoche** *adj. fam.* einfach
3 **la poche** die Hosentasche
4 **non rémunéré** unbezahlt
5 **avoir la niaque** *fam.* hochmotiviert sein
6 **russe** *m./f. adj.* russisch

Unité 6 p. 111/4 Norbert, l'expert[1] du cinéma

Animateur: Bonjour et bienvenue sur «Radio Ado» pour notre émission «Télé toujours»! Ce soir, à la télé, nous avons un film avec Dany Boon qui se passe à la frontière franco-belge et qui a beaucoup de succès en France ... Mais est-ce que les Belges rigolent aussi? Nous avons posé la question à notre expert du cinéma Norbert ... Alors Norbert, l'expert ... «Rien à déclarer» est un film qui plaît aux Français et aux Belges?

Norbert: Je ne sais pas si le film plaît aux Belges, mais il ne m'a pas plu à moi! Je me suis même beaucoup ennuyé ... Pour moi, ce film est plein de clichés[2] ...

Animateur: Ah bon ... mais avec Dany Boon, on peut pourtant s'attendre à un film assez drôle, non?

Norbert: D'accord, c'est vrai, il y a de l'humour, mais les blagues sont un peu nulles. Dany Boon joue très bien, mais comme réalisateur, il ne me plaît pas trop. Il prend toujours le rôle du gentil, c'est un peu facile! En plus, il n'y a pas assez de surprises! Quand on a vu la bande-annonce, on a tout vu!

Animateur: On y apprend aussi des choses sur l'histoire de l'Europe ...

Norbert: Oui, mais cette histoire de douaniers ne m'intéresse pas trop. Elle est un peu vieille! On ne voit plus de douaniers depuis plus de 20 ans en Europe!

Animateur: Alors qu'est-ce que tu nous conseilles[3] pour ce soir?

Norbert: Sur TF1, il y a «Taxi 7». C'est un film d'action avec des super effets spéciaux.

Animateur: À vous de décider: sur Arte à 20:50 «Rien à déclarer» avec Dany Boon. Et le conseil de Norbert sur TF 1: «Taxi 7». De l'action pure[4]! Merci Norbert! C'était l'avis de Norbert l'expert! Et nous écoutons maintenant le tube[5] de cette année ...

1 **l'expert** *m.* / **l'experte** *f.* der Experte / die Expertin
2 **le cliché** das Klischee
3 **conseiller qc à qn** jdm etw. empfehlen
4 **pur/pure** *adj.* pur
5 **le tube** *fam.* der Hit

Les mots pour le dire

Hier hörst du dir alle Sätze an:
www.cornelsen.de/webcodes ATOI-3-215

1 Se présenter | Sich vorstellen

	Je m'appelle (Nicolas).	Ich heiße (Nicolas).
	J'ai les yeux (verts) et les cheveux (noirs).	Ich habe (grüne) Augen und (schwarze) Haare.
	J'ai (15) ans.	Ich bin (15) Jahre alt.
	J'adore mettre (des vêtements noirs).	Ich ziehe sehr gern (schwarze Kleidung) an.
	J'adore porter (des fringues à la mode).	Ich trage sehr gern (modische Klamotten).
	J'ai un frère / une sœur.	Ich habe einen Bruder / eine Schwester.
	Mon père est (prof).	Mein Vater ist (Lehrer).
	Ma mère travaille dans (une librairie).	Meine Mutter arbeitet in (einer Buchhandlung).
	J'habite à (Paris).	Ich wohne in (Paris).
Unité 1	Je me sens bien dans mon quartier.	Ich fühle mich in meinem Viertel wohl.
	Je suis content(e) d'habiter ici.	Ich bin froh, hier zu wohnen.
	(Le Parkour), c'est ma passion.	(Parkour) ist meine Leidenschaft.
	Mon hobby, c'est (l'escalade).	Mein Hobby ist (klettern).
Unité 6	Je viens de (Marseille).	Ich komme aus (Marseille).
	D'où est-ce que tu viens?	Woher kommst du?
	Où est-ce que tu habites?	Wo wohnst du?
	Est-ce que tu parles (arabe)?	Sprichst du (Arabisch)?
	Quelles sont les spécialités dans ton pays?	Was sind die Spezialitäten deines Landes?

2 Décrire sa journée | Seinen Tag beschreiben

Unité 1	Le matin, je me lève à (8) heures.	Morgens stehe ich um (8) Uhr auf.
	Le soir, je me couche à (10) heures.	Ich gehe um (10) Uhr abends ins Bett.
	D'abord, je me douche.	Zuerst dusche ich.
	Puis, je m'habille.	Dann ziehe ich mich an.
	Je me coiffe.	Ich kämme mich.
	Je me maquille.	Ich schminke mich.
	Au petit-déjeuner, je mange (une tartine).	Zum Frühstück esse ich (ein belegtes Brot).
	À midi, je mange (à la cantine / à la maison).	Mittags esse ich (in der Kantine / zu Hause).

3 Parler d'activités et de préférences | Über Aktivitäten und Vorlieben sprechen

Je fais (de la natation).	Ich (schwimme).
Je prends des cours de (piano).	Ich nehme (Klavier-)Unterricht.
Je joue (de la guitare).	Ich spiele (Gitarre).
J'ai commencé à (6) ans.	Ich habe mit (6) Jahren angefangen.
(Le rugby), c'est un super sport d'équipe.	(Rugby) ist ein toller Mannschaftssport.
J'ai (deux) heures d'entraînement (par semaine).	Ich habe (zwei) Stunden Training (pro Woche).
Qu'est-ce que tu aimes faire avec ta famille / tes amis?	Was machst du gern mit deiner Familie / deinen Freunden?
J'aime jouer (au foot) avec (ma cousine).	Ich spiele gern (Fußball) mit (meiner Cousine).
J'adore aller (à la piscine) avec (mes parents).	Ich gehe sehr gerne mit (meinen Eltern) (ins Schwimmbad).
J'aime beaucoup aller (à la plage) avec (mes copains) parce qu'on peut (jouer au volley).	Ich gehe sehr gerne mit (meinen Freunden) (an den Strand), weil wir dort (Volleyball spielen) können.
Je préfère (manger en famille).	Ich esse lieber (mit meiner Familie).
J'aime / J'adore (dessiner).	Ich (zeichne) gern / sehr gern.
Je n'aime pas / Je déteste (les séries).	Ich mag (Serien) nicht. / Ich hasse (Serien).

Mon (acteur préféré / actrice préférée), c'est (Dany Boon / Audrey Tautou).	Mein/e (Lieblingsschauspieler/in) ist (Dany Boon / Audrey Tautou).
Je suis fan de (Tal).	Ich bin Fan von (Tal).
J'admire (Zaz).	Ich bewundere (Zaz).

4 Parler de ses émotions | Über seine Emotionen sprechen

J'ai des idées noires.	Ich habe trübsinnige Gedanken.
J'ai souvent peur.	Ich habe oft Angst.
Je me sens (bien).	Ich fühle mich (gut).
Je n'ai pas le moral.	Ich bin nicht gut drauf.
Je suis amoureux/amoureuse (d'elle / de lui).	Ich bin (in sie/ihn) verliebt.
Je suis fier/fière de (ma mère).	Ich bin stolz auf (meine Mutter).
Unité 6 J'étais furieux/furieuse parce que (tu n'étais jamais à la maison).	Ich war wütend, weil (du nie zu Hause warst).
J'étais malheureux/malheureuse/triste quand (tu ne nous offrais pas de cadeaux).	Ich war unglücklich/traurig, wenn (du uns keine Geschenke gemacht hast).
Je suis heureux/heureuse/content(e) parce que (je peux parler avec toi).	Ich bin glücklich/froh, weil (ich mit dir reden kann).

5 Parler d'amitié | Über Freundschaft sprechen

Unité 2 (Yann), c'est mon meilleur ami. / (Élise) c'est ma meilleure amie.	(Yann) ist mein bester Freund. / (Élise) ist meine beste Freundin.
Je le/la connais depuis (huit) ans.	Ich kenne ihn/sie seit (acht) Jahren.
J'ai connu (Xavier) à la maternelle.	Ich habe (Xavier) im Kindergarten kennengelernt.
Pour moi, un meilleur ami, c'est quelqu'un que je comprends et qui comprend mes problèmes.	Für mich ist ein bester Freund jemand, den ich verstehe und der meine Probleme versteht.
On est pareils/pareilles.	Wir sind gleich.
On est différents/différentes.	Wir sind verschieden.
Il/Elle est toujours là pour moi.	Er/Sie ist immer für mich da.
On se dit tout et on partage tout.	Wir sagen uns alles und wir teilen alles.
On n'a pas de secrets l'un / l'une pour l'autre.	Wir haben keine Geheimnisse voreinander.
J'ai confiance en lui/elle.	Ich vertraue ihm/ihr.
Il/Elle me remonte le moral.	Er/Sie vertreibt meine schlechte Laune.
J'admire (mon meilleur ami / ma meilleure amie) parce qu'il est bon / elle est bonne en (sport).	Ich bewundere (meinen besten Freund / meine beste Freundin), weil er/sie gut in (Sport) ist.

6 Expliquer le système scolaire | Das Schulsystem erklären

Unité 3 Le brevet est un examen que tous les élèves passent à la fin de la troisième.	Das *brevet* ist die Abschlussprüfung, die alle Schüler am Ende der *troisième* machen.
En France, on peut aller au lycée professionnel ou en apprentissage après le brevet.	In Frankreich kann man nach dem *brevet* auf ein berufliches Gymnasium gehen oder eine Ausbildung machen.
La *(7. Klasse)* en Allemagne est la même chose que la (cinquième) en France.	Die (7. Klasse) in Deutschland entspricht der *(cinquième)* in Frankreich.

7 Comparer | Vergleichen

Unité 3 (En Allemagne), les élèves sont aussi (sympa) qu'(en France).	(In Deutschland) sind die Schüler genauso (nett) wie (in Frankreich).
Le cours de (français) est (plus intéressant) que le cours d'(histoire-géo).	Der (Französisch-)Unterricht ist (interessanter) als der (Geschichte-Erdkunde-)Unterricht.
Ils ont moins d'(heures de cours) que nous.	Sie haben weniger (Unterrichtsstunden) als wir.

8 Décrire sa vie au collège | Seinen Schulalltag beschreiben

	J'ai un emploi du temps (assez lourd).	Mein Stundenplan ist (ziemlich voll).
	Je suis en (troisième).	Ich bin in der (9. Klasse).
Unité 3	On termine les cours à (5) heures.	Wir haben um (5) Uhr Schulschluss.
	Les cours commencent trop tôt.	Der Unterricht beginnt zu früh.
	Les profs (ne) sont (pas) sévères.	Die Lehrer/Lehrerinnen sind (nicht) streng.
	En cours d'(allemand), on travaille souvent en groupe.	Im (Deutsch-)Unterricht arbeiten wir oft in Gruppen.
	Il n'y a pas de (surveillants) dans notre collège.	Wir haben in unserer Schule keine (Aufsichtspersonen).
	Je bosse beaucoup parce que je prépare le brevet.	Ich lerne viel, weil ich mich auf die Abschlussprüfung vorbereite.
	L'année prochaine, je vais aller au lycée professionnel.	Nächstes Jahr gehe ich auf das berufliche Gymnasium.
	Je passe bientôt un examen.	Ich habe bald eine Prüfung.
	J'ai un bon niveau en (anglais).	Ich habe in (Englisch) ein gutes Niveau.
	Plus tard, je voudrais devenir (éducateur/éducatrice).	Später möchte ich (Erzieher/Erzieherin) werden.

9 Parler d'un job d'été / d'un stage | Über einen Job / ein Praktikum sprechen

Unité 4	L'avantage de mon job d'été, c'est que (je suis à la plage).	Der Vorteil meines Ferienjobs ist, dass (ich am Strand bin).
	Par contre, (on ne gagne pas beaucoup).	Jedoch (verdient man nicht viel).
	J'ai voulu faire un stage (dans un garage).	Ich wollte ein Praktikum (in einer Autowerkstatt) machen.
	J'adore (les enfants). C'est pourquoi j'ai fait un stage (dans une colonie de vacances).	Ich mag (Kinder) sehr. Deshalb habe ich ein Praktikum (in einem Ferienlager) gemacht.
	Une fois, (j'ai servi en salle).	Einmal (habe ich im Speisesaal serviert).
	Malheureusement, (je ne me suis pas occupé(e) des animaux).	Leider (habe ich mich nicht um die Tiere gekümmert).
	C'était une expérience géniale.	Es war eine tolle Erfahrung.
	Le truc qui m'a vraiment plu: on a pu visiter le parc.	Die Sache, die mir wirklich gefallen hat: Wir konnten den Park besichtigen.
	Travailler dans (un restaurant), c'est (dur) parce qu'on (travaille toujours le soir).	Es ist (hart) in (einem Restaurant) zu arbeiten, weil man (immer abends arbeitet).

10 Présenter sa ville / sa région | Seine Stadt / Seine Region vorstellen

	Mon quartier / Ma ville est sympa.	Mein Viertel / Meine Stadt ist nett.
Unité 1	Je me sens bien dans (ma ville).	Ich fühle mich in (meiner Stadt) wohl.
	J'aime (Munich) parce que c'est (top pour s'amuser).	Ich mag (München), weil man (da gut Spaß haben kann).
	Je n'aime pas ma ville parce qu'(il n'y a pas de magasins).	Ich mag meine Stadt nicht, weil (es keine Läden gibt).
Unité 5	(Dry) est un joli petit village qui se trouve (à l'ouest) d'(Orléans).	(Dry) ist ein hübsches kleines Dorf, das sich (westlich) von (Orléans) befindet.
	La région se trouve au (nord) de (Marseille).	Die Region befindet sich (nördlich) von (Marseille).
Unité 6	Mon endroit préféré, c'est (la Place du Marché).	Mein Lieblingsort ist (der Marktplatz).
	Notre (quartier) n'est pas loin de (la plage).	Unser (Viertel) ist nicht weit vom (Strand).
	Ici, il fait très chaud en été.	Im Sommer ist es hier sehr heiß.
	En (Tunisie), on parle (arabe).	In (Tunesien) spricht man (Arabisch).
	Il y a un (château) célèbre dans ma ville.	In meiner Stadt gibt es ein berühmtes (Schloss).
	La spécialité de ma région, c'est (le chocolat).	Die Spezialität meiner Region ist (Schokolade).
	Le symbole de ma ville, c'est (la fontaine au centre-ville).	Das Symbol meiner Stadt ist (der Brunnen im Stadtzentrum).
	Le monument le plus célèbre de ma ville, c'est (la cathédrale).	Die berühmteste Sehenswürdigkeit in meiner Stadt ist (der Dom).

11 Présenter un monument | Eine Sehenswürdigkeit vorstellen

Unité 1	Ce monument a été construit en (1806).	Dieses Denkmal wurde im Jahr (1806) gebaut.
	(7 millions) de touristes par an visitent (la tour Eiffel).	(7 Millionen) Touristen pro Jahr besichtigen (den Eiffelturm).
	C'est (la cathédrale) la plus célèbre de Paris.	Das ist die berühmteste (Kathedrale) in Paris.
	J'aimerais visiter ce monument parce que (son histoire est intéressante).	Ich möchte diese Sehenswürdigkeit besichtigen, weil (ihre Geschichte interessant ist).
	J'aimerais y aller parce que c'est très joli.	Ich möchte dort hingehen, weil es sehr hübsch ist.
Unité 5	(Le château d'Amboise) se trouve à (200) kilomètres au (sud) de (Paris).	(Das Schloss von Amboise) liegt (200) Kilometer (südlich) von (Paris).
	(Le roi François 1er) a habité dans ce château.	(König Franz I.) hat in diesem Schloss gewohnt.

12 Expliquer de quoi il s'agit | Umschreiben

Unité 6	Il s'agit d'(une fontaine) qui se trouve (au centre-ville).	Es handelt sich um (einen Brunnen), der sich (im Stadtzentrum) befindet.
	C'est un endroit où (on peut faire du shopping).	Es ist ein Ort, an dem (man shoppen gehen kann).
	C'est une spécialité que (les gens mangent en Belgique).	Das ist eine Spezialität, die (die Leute in Belgien essen).
	C'est comme (les Champs-Élysées).	Es ist wie (die Champs-Élysées).
	C'est (une soupe) qu'on fait avec (du poisson).	Es ist (eine Suppe), die man mit (Fisch) macht.
	(La cathédrale) ressemble à (un château).	(Der Dom) sieht aus wie (ein Schloss).

13 Parler d'autrefois | Über früher sprechen

Unité 3	À l'époque, on allait à l'école le samedi.	Damals gingen wir am Samstag zur Schule.
	Quand j'étais petit/petite, j'allais à l'école dans le centre-ville.	Als ich klein war, bin ich im Stadtzentrum in die Schule gegangen.
	Autrefois, mon grand-père jouait à la balle aux prisonniers pendant la récré.	Mein Großvater spielte früher in der Pause Völkerball.
	Avant, (Frédéric) habitait à (Paris).	Früher hat (Frédéric) in (Paris) gewohnt.

14 Raconter une histoire au passé | Eine Geschichte in der Vergangenheit erzählen

	Qu'est-ce qui s'est passé?	Was ist passiert?
	C'était (super)!	Es war (super)!
Unité 5	Voilà ce qui nous est arrivé depuis hier.	Seit gestern ist uns Folgendes passiert.
	La nuit était très belle. L'ambiance était super.	Die Nacht war sehr schön. Die Stimmung war super.
	Il y avait beaucoup de monde.	Es waren viele Leute da.
	Il était (grand et costaud).	Er war (groß und kräftig).
	Hier, nous sommes arrivés (à la mer).	Gestern sind wir (am Meer) angekommen.
	D'abord, on s'est retrouvés (en ville).	Zuerst haben wir uns (in der Stadt) getroffen.
	Puis, j'ai visité (un château).	Dann habe ich (ein Schloss) besichtigt.
	Après, nous sommes allés (au parc).	Nachher sind wir (in den Park) gegangen.
	Le soir, on est rentrés (à la maison).	Abends sind wir zurück (nach Hause) gegangen.
	Tout à coup, (le téléphone a sonné).	Plötzlich (hat das Telefon geklingelt).
	J'étais dans ma chambre quand ma mère est arrivée à la maison.	Ich war in meinem Zimmer als meine Mutter nach Hause gekommen ist.

15 Parler de musique | Über Musik sprechen

Unité 2
Module C

Je préfère les chansons de rap / de métal.	Ich bevorzuge Rap-/Metal-Songs.
C'est top pour danser.	Das ist toll zum Tanzen.
Je préfère la chanson de (Tom Frager) parce que j'aime (le refrain).	Ich mag das Lied von (Tom Frager) lieber, weil ich (den Refrain) mag.
J'adore la musique de (Tal) parce que c'est (joyeux).	Ich mag die Musik von (Tal) sehr gerne, weil sie (fröhlich) ist.
Je déteste cette chanson d'(Édith Piaf) parce que c'est (triste).	Ich hasse dieses Lied von (Édith Piaf), weil es (traurig) ist.
Je trouve que la chanson de (Souad Massi) est (jolie).	Ich finde, dass das Lied von (Souad Massi) (schön) ist.
À mon avis, le chanteur / la chanteuse chante (bien/mal).	Meiner Meinung nach, singt der Sänger / die Sängerin (gut/schlecht).

16 Parler d'engagement | Über Engagement sprechen

Unité 3

Agissons contre (la faim)!	Lasst uns etwas gegen (den Hunger) unternehmen!
On s'engage contre (la faim dans le monde).	Wir engagieren uns gegen (den Hunger in der Welt).
On s'engage pour (sauver la planète).	Wir engagieren uns für (die Rettung unseres Planeten).
Nous participons à (la course contre la faim).	Wir nehmen am (Lauf gegen den Hunger) teil.
On a trouvé un sponsor.	Wir haben einen Sponsor gefunden.
Nous avons choisi un projet (au Tchad).	Wir haben ein Projekt (im Tschad) ausgewählt.
Ne jetez plus (vos stylos) à la poubelle.	Werft (eure Kugelschreiber) nicht mehr in den Müll.

17 Parler d'Internet | Über das Internet sprechen

Qu'est-ce que tu fais sur Internet?	Was machst du im Internet?
J'utilise (très peu) Internet.	Ich nutze das Internet (sehr wenig).
Sur (mon blog), je montre (des photos).	In (meinem Blog) zeige ich (Fotos).
Je télécharge (ma musique préférée).	Ich lade (meine Lieblingsmusik) herunter.
Je ne donne jamais mon mot de passe.	Ich gebe niemals mein Passwort weiter.

18 Parler au téléphone | Telefonieren

Unité 4

Allô?	Hallo?
Bonjour, (Félix Jeunet) à l'appareil.	Guten Tag, (Félix Jeunet) am Apparat.
Je voudrais parler à (Monsieur Dugrand), s'il vous plaît.	Ich möchte bitte (Monsieur Dugrand) sprechen.
Oui, je vous le/la passe.	Ja, ich gebe ihn/sie Ihnen.
Il/Elle n'est pas là pour le moment.	Er/Sie ist im Augenblick nicht da.
C'est à quel sujet?	Worum geht es?
C'est pour (le stage dans votre entreprise).	Es ist wegen (des Praktikums in Ihrem Unternehmen).
Est-ce que je peux rappeler plus tard?	Kann ich später noch einmal anrufen?
Est-ce que je peux laisser un message?	Kann ich eine Nachricht hinterlassen?

19 Parler du temps | Über das Wetter sprechen

Quel temps fait-il?	Wie ist das Wetter?
J'écoute la météo.	Ich höre den Wetterbericht.
Combien de degrés est-ce qu'il fait (à Paris)?	Wie viel Grad sind es (in Paris)?
Il fait beau/chaud.	Es ist gutes Wetter / heiß.
Il (ne) fait (pas) froid.	Es ist (nicht) kalt.
Il fait 20 degrés.	Es sind 20 Grad.
Il neige. / Il pleut. / Il gèle.	Es schneit. / Es regnet. / Es friert.
Il y a du vent.	Es ist windig.

Il y avait du verglas.	Es war vereist.
Il y a du brouillard.	Es ist neblig.
Il y a des nuages *(m. pl.)*.	Es ist bewölkt.
Il y a du soleil.	Die Sonne scheint.
Il va y avoir un orage.	Es wird ein Gewitter geben.
Il y a des éclairs *(m. pl.)*.	Es blitzt.
Est-ce que tu as entendu ce tonnerre?	Hast du den Donner gehört?

20 Parler des fêtes | Über Feste sprechen

C'est quand, ton anniversaire?	Wann hast du Geburtstag?
Mon anniversaire, c'est le (21 mars).	Mein Geburtstag ist am (21. März).
Je voudrais (organiser une fête).	Ich möchte (eine Party organisieren).
J'invite (mes copains).	Ich lade (meine Freunde) ein.
Joyeux anniversaire!	Alles Gute zum Geburtstag!
Ma fête préférée, c'est (Noël) parce qu'(on retrouve la famille).	Mein Lieblingsfest ist (Weihnachten), weil (die Familie zusammenkommt).
On prépare (des plats traditionnels).	Wir kochen (traditionelle Gerichte).
Est-ce que tu peux apporter (des boissons)?	Kannst du (Getränke) mitbringen?
Est-ce qu'il y a (des cadeaux)?	Gibt es (Geschenke)?
Qu'est-ce que tu vas mettre?	Was wirst du anziehen?

21 Poser des questions et s'informer | Nachfragen und Informationen einholen

	Je ne comprends pas.	Ich verstehe nicht.
	Pardon?	Wie bitte?
	Est-ce que vous pouvez répéter, s'il vous plaît?	Können Sie das bitte wiederholen?
Unité 1	Je voudrais savoir si (vous avez des plats chauds).	Ich würde gern wissen, ob (Sie warme Gerichte haben).
	Est-ce que tu peux demander (au prof) s'(il y a des devoirs pour demain)?	Kannst du (den Lehrer) fragen, ob (wir für morgen Hausaufgaben bekommen)?

22 Décrire le chemin | Den Weg beschreiben

	Pardon, madame/monsieur, on cherche la route pour aller à (Nantes).	Entschuldigen Sie, wir suchen die Straße nach (Nantes).
	Vous prenez (la première rue) (à gauche).	Ihr nehmt / Sie nehmen die (erste Straße) (links).
	Après (500 mètres), tu tournes (à droite).	Nach (500 Metern) biegst du (rechts) ab.
	Au (deuxième) carrefour, tu tournes (à gauche).	An der (zweiten) Kreuzung biegst du (links) ab.
	Au feu rouge, vous tournez (à droite).	Bei der Ampel biegen Sie / biegt ihr (rechts) ab.
	Au bout de la rue, tu tournes (à gauche).	Am Ende der Straße biegst du (links) ab.
	Tu traverses (deux rues).	Du überquerst (zwei Straßen).
	Tu continues toujours tout droit.	Du gehst/fährst immer weiter geradeaus.
Unité 1	Pardon, madame/monsieur, pour aller à (la tour Eiffel), il faut prendre quel métro, s'il vous plaît?	Entschuldigen Sie bitte, mit welcher U-Bahn kommt man (zum Eiffelturm)?
	Pardon, madame/monsieur, on cherche la ligne pour aller (au Louvre).	Entschuldigen Sie, wir suchen die U-Bahn-Linie, die (zum Louvre) fährt.
	Vous allez en métro / en bus / en RER.	Ihr fahrt / Sie fahren mit der U-Bahn / mit dem Bus / mit der S-Bahn.
	Vous prenez la ligne (4) direction («Porte d'Orléans») jusqu'à («Saint-Michel»).	Sie nehmen / Ihr nehmt die Linie (4) Richtung („Porte d'Orléans") bis („Saint-Michel").
	Là, vous changez.	Dort steigen Sie/steigt ihr um.
	Prenez le RER. C'est direct.	Nehmen Sie / Nehmt die S-Bahn. Sie fährt direkt dorthin.
	Vous descendez à la station («Champ de Mars»).	Steigen Sie / Steigt an der Station („Champ de Mars") aus.

23 Donner son avis | Seine Meinung äußern

Je trouve que c'est (super/formidable/important/nul/horrible).	Ich finde, dass es (super/toll/wichtig/doof/schrecklich) ist.
Je crois/pense que (c'est super).	Ich glaube/denke, dass (es super ist).
À mon avis, ce n'est pas la réponse.	Meiner Meinung nach ist das nicht die Antwort.
Ce n'est pas mon truc.	Das ist nicht mein Ding.
Ce n'est pas possible!	Das ist doch nicht möglich!
C'est l'horreur!	Das ist furchtbar!
C'est ça qui compte.	Das ist es, was zählt.
Ça m'est égal.	Das ist mir egal.
Ça dépend.	Das kommt darauf an.

24 Discuter d'un film / d'une émission | Über einen Film / eine Fernsehsendung diskutieren

Unité 2	Quelle émission est-ce que tu veux regarder?	Welche Sendung möchtest du dir anschauen?
	(Les émissions sur les animaux) ne me plaisent pas trop.	(Tiersendungen) gefallen mir nicht so gut.
	Je préfère (les films d'animation).	Ich mag lieber (Animationsfilme).
	(Les histoires d'amitié), ça m'intéresse.	Mich interessieren (Geschichten über Freundschaft).
Unité 6	J'ai envie de regarder le film avec (Will Smith) parce qu'il y a (des scènes drôles).	Ich möchte mir den Film mit (Will Smith) anschauen, weil darin (lustige Szenen) vorkommen.
	Je voudrais regarder («Tintin») parce qu'il y a (de bons effets spéciaux).	Ich würde mir gern („Tim und Struppi") anschauen, weil (die Spezialeffekte gut) sein sollen.
	On voudrait voir («Rien à déclarer») parce qu'on pense que (le film est drôle).	Wir möchten („Nichts zu verzollen") sehen, weil wir denken, dass (der Film lustig ist).
	On ne veut pas voir ce film parce que (les films romantiques) ne nous plaisent pas trop.	Wir wollen den Film nicht sehen, weil (romantische Filme) uns nicht sehr gefallen.

25 Faire une suggestion | Vorschläge äußern

Unité 3	J'aimerais avoir plus d'(ordinateurs au CDI).	Ich hätte gerne mehr (Computer in der Schulbibliothek).
	J'aimerais avoir moins de (surveillants).	Ich hätte gerne weniger (Aufsichtspersonen).
	Il nous manque (un endroit pour nous retrouver).	Uns fehlt (ein Ort, um uns zu treffen).
	Je voudrais changer (l'heure de la récré).	Ich würde gerne (den Zeitpunkt der Pause) ändern.
	Je voudrais avoir la possibilité de (faire du sport pendant la récré).	Ich hätte gerne die Möglichkeit, (während der Pause Sport zu machen).

26 Donner des conseils | Ratschläge geben

Il faut (trouver des arguments).	Man muss (Argumente finden).
Il ne faut pas (baisser les bras).	Du darfst / Man darf / Wir dürfen nicht (aufgeben).
Tu pourrais (regarder sur Internet).	Du könntest (im Internet nachsehen).

27 Se mettre d'accord | Sich einigen

Oui, bien sûr.	Ja, natürlich.
Est-ce que tu es / vous êtes d'accord?	Bist du / Seid ihr / Sind Sie einverstanden?
Non, je ne suis pas d'accord.	Nein, ich bin nicht einverstanden.
C'est possible.	Das ist möglich.
Moi aussi.	Ich auch.
Moi non plus.	Ich auch nicht.

28 Évaluer | Feedback geben

Dire quelque chose de positif | Loben

Ta (présentation) m'a plu parce que (tu as bien parlé et on a tout compris).	Dein (Vortrag) hat mir gefallen, weil (du gut geredet hast und man alles verstehen konnte).
Je trouve que (ta présentation) était bien/intéressante/sympa.	Ich finde, dass (dein Vortrag) gut/interessant/sympathisch war.
À mon avis, tu as bien organisé tes idées.	Meiner Meinung nach hast du deine Ideen gut geordnet.
On peut voir que tu as passé beaucoup de temps à préparer ta présentation.	Man merkt, dass du viel Zeit in die Vorbereitung deines Vortrags gesteckt hast.
J'ai surtout aimé (la présentation des personnages).	Mir hat vor allem (die Vorstellung der Figuren) gefallen.
Je trouve que tu as bien expliqué (l'histoire).	Ich finde, dass du (die Geschichte) gut erklärt hast.
Les photos sur l'affiche montrent bien (les spécialités de la région).	Die Fotos auf deinem Poster zeigen gut (die Spezialitäten der Region).
Tu as bien décrit (les monuments de notre région).	Du hast (die Sehenswürdigkeiten der Region) gut beschrieben.

Donner une critique | Eine Kritik äußern

Mais on ne t'entendait pas bien.	Aber wir konnten dich nicht gut hören.
Par contre, tu n'as pas bien (appris ton texte).	Allerdings hast du (deinen Text nicht gut gelernt).
Tu as oublié d'(expliquer les mots difficiles).	Du hast vergessen, (die schwierigen Wörter zu erklären).
On n'a pas bien compris.	Wir haben es nicht richtig verstanden.
Tu as parlé trop vite/lentement.	Du hast zu schnell/langsam gesprochen.

Donner un conseil | Einen Ratschlag geben

La prochaine fois, tu dois (parler plus fort/vite/lentement).	Das nächste Mal musst du (lauter/schneller/langsamer sprechen).
Je pense que tu dois (mieux apprendre ton texte).	Ich denke, dass du (deinen Text besser lernen) musst.
Tu pourrais t'entraîner avec tes copains.	Du könntest mit deinen Freunden üben.
Je crois qu'il faut (nous expliquer les mots difficiles parce qu'on n'a pas tout compris).	Ich glaube, dass du (uns die schwierigen Wörter erklären musst, weil wir nicht alles verstanden haben).

29 Jouer ensemble | Zusammen spielen

Lance le dé.	Würfle.
C'est ton pion?	Ist das deine Spielfigur?
C'est à qui?	Wer ist dran?
C'est à moi. / C'est à toi.	Ich bin dran. / Du bist dran.
Tu as triché!	Du hast geschummelt!
Passe un tour.	Setze einmal aus.
Avance de (deux) cases.	Rücke (zwei) Felder vor.
Retourne/Retournez à la case (départ).	Geh/Geht zum (Start-)Feld zurück.
J'ai gagné! / Tu as gagné!	Ich habe gewonnen! / Du hast gewonnen!

Bildquellen:

© Cornelsen Verlagsarchiv: S. 37 (5. und 6. von links), S. 103; BUZZ Productions: S. 56; Denimal/Uzel: S. 68 (1); Guerry: S. 11 (6); Martins-Walter: S. 71 (Claire Morel), S. 71, S. 78, S. 80 (Félix Jeunet), S. 92 (unten), S. 96, S. 97; Mertens: S. 10 (2, 4), S. 24 (E); Röhl: S. 72 (links), S. 80 (unten: 1. und 2. von links); Schrader: S. 13 (1–5); S. 111, S. 129 (1–5); Schulze: S. 14 (A), S. 20 (oben: 2. von links), S. 24 (A, G), S. 63, S. 123 (1); Silckerodt: S. 116 (oben: 1., 2. und 3. von links); Simon: S. 116 (oben: 4. von links); Wilimek: S. 122 (a–c) – **© Fotolia.com**/Andrew Buckin: S. 90 (Übung 1); arsdigital: S. 60 (3: unten); auremar: S. 114 (1); B. Wylezich: S. 29 (6); BernardBreton: S. 67 (rechts); daniele4486: S. 93 (1. von links), S. 127 (1. von links: oben); deusexlupus: S. 60 (3: oben); dipego: S. 93 (2. von links), S. 127 (1. von links: unten); Eléonore H: S. 78 (rechts); felinda: S. 24 ©; fireflygrafx: S. 10 (3); Frog 974: S. 54 (4); grgroup: S. 30 (3. von oben); guy: S. 54 (5); Ignatius Wooster: S. 11 (9); jazzia: S. 30 (1. von oben); Jose Manuel Gelpi: S. 68 (6); kanadel: S. 94 (oben); katatonia: S. 60 (6: rechts); kuco: S. 50 (3); L_amica: S. 121 (A–F); lithian: S. 114 (2); Lotharingia: S. 94 (Mitte); M.studio: S. 93 (3. von links); Marina Zlochin: S. 30 (4. von oben); olly: S. 34 (oben); philippe Devanne: S. 89 (oben, Mitte), S. 90 (Mitte); ProMotion: S. 93 (5. von links), S. 127 (2. und 4. von links: oben und unten); Samuel Borges: S. 114 (3); sweety71: S 28 (3); Tilio & Paolo: hint. Vorsatz (3. von links); Yael Weiss: S. 30 (2. von oben); Yvann K: S. 89 (unten) – **© iStockphoto**/BKhamitsevich: S. 70 (C); bluecinema: S. 70 (E); Dmitriy Filippov: S. 71 (F); ErikaMitchell: S. 24 (B); Flutter_97321: S. 12 (2); Hajohoos: S. 123 (2); Ivan Bastien: S. 24 (D); Jim Kolaczko: S. 126 (4. von links); kevinjeon00: S. 123 (4); Miroslav Georgijevic: S. 79 (1. von links); Mlenny Photography: S. 20 (oben: 4. von links); Omer Yurdakul Gundogdu: S. 34 (3); Radu Razvan: S. 20 (oben: 3. von links); Rafael Laguillo: S. 8–9 (Hintergrund); saiko3p: S. 123 (5); sambrogio: S. 117 (2. von oben); siarhei fedarenka: S. 73 (zerbrochenes Glas); yellowsarah: S. 123 (3) – **© shutterstock**/Atypeek Design: S. 18 (2); Africa Studio: S. 123 (2. von links); Aleksandar Mijatovics: S. 35 (4); Anna Kucherova: S. 103 (oben); Atlaspix: S. 128 (1); CWA Studios: S. 70 (D); cynoclub: S. 121 (E); Demid Borodin: S. 20 (oben: 1. von links); Denizo71: S. 79 (5. von links); Dmitry Brizhatyuk: S. 60 (6: links); Goodluz: S. 73 (oben), S. 132; Ints Vikmanis: S. 24 (H); Jaan-Martin Kuusmann: S. 34 (2); kosam: S. 62 (a); koya979: S. 34 (6), S. 122; Leah-Anne Thompsons: S. 34 (4); Lightspring: S. 128 (2); Lisa F. Young: S. 57, S. 68 (3); Ljupco Smokovski: S. 35 (2); mama_mia: S. 34 (5); margouillat photo: S. 123 (1. von links); MitarArt: S. 35 (3); Monkey Business Images: S. 68 (7), S. 69 (unten); Multiart: S. 128 (4 und 5); nexus 7: S. 28 (C); Nicemonkey: S. 43 (Hintergrund: 1–7); oconnelll: S. 128 (3); Patrick Breig: S. 62 (b); Perig: S. 60 (5: rechts); Ralf Gosch: S. 60 (4: links); Rob Hainer: S. 43 (1); robodread: S. 76; Roman Belogorodov: S. 11 (5), S. 24 (F); Simone van den Berg: S. 68 (2); StevanZZ: S. 60 (5: links); Tatiana Morozova: S. 72 (rechts); tavi: S. 123 (3. von links); 2xSamara.com: S. 34 (1) – **© Veer**/Alexander Podshivalov: S. 43 (4); Alloy Photography: S. 79 (oben rechts); Blend Images Photography: S. 32 (1. von oben); Corbis Photography: S. 28 (5), S. 29 (7), S. 68 (8); cultura Photography: S. 28 (2), S. 29 (9), S. 70 (B), S. 79 (4. von links); Dexter Douglas: S. 50 (2); Fancy Photography: S. 28 (1), S. 35 (6); Helder Almeida: S. 29 (8); Image Source Photography: S 28 (4), S. 64 (oben), S. 88; Juice Images Photography: S. 73 (Küchenteam); lindwa: S. 50 (1); Ocean Photography: S. 32 (2. von oben), S. 43 (6), S. 71 (G), S. 79 (3. von links); OJO Images Photography: S. 68 (4); Palsur: S. 93 (4. von links), S. 127 (3. von links); PhotoAlto Photography: S. 32 (3. von oben); StockCube: S. 73 (Wecker); sumners: S. 121 (C); Trevorb: S. 121 (B); Val Thoermer: S. 79 (2. von links); Vectorman: S. 25

© akg/Imagno: S. 18 (Eiffel); North Wind Picture Archives: S. 117 (1. von oben) – **© akg-images:** S. 81 (Mitte); Paul Almasy: S. 54 (6) – **© Centre Français** de Berlin: S. 80 (unten: 3. von links) – **© Cinetext/Allstar**/Paramount Pict.: S. 36 (oben); Roissy Films: S. 36 (unten) – **© Collection Christophel:** S. 43 (5); S. 54 (1. von oben); S. 110 – **© Corbis**/Blend Images/Denise Crew: S. 107 (Halima); Charles E. Rotkin: hint. Vorsatz (4. von links); Christine Schneider/cultura: S. 126 (1. von links); Dann Tardif/LWA: S. 35 (1); Datacraft Co., Ltd.: S. 126 (3. von links); David Chapman/imagebroker: S. 114 (links: 4. von oben); David P. Hall: S. 70 (A); Erik Isakson: S. 68 (Mitte); H. Armstrong Roberts/ClassicStock: S. 21; Hello Lovely: S. 48 (links); Hill Street Studios/Blend Images: S. 126 (5. von links): Hubert Stadler: hint. Vorsatz (1. von links); Ian Lishman/Juice Images: S. 126 (2. von links); Image Source: S. 107 (Alassane); imagebroker/uwe umstätter: S. 65 (oben), S. 121(D); ImageZoo: S. 50 (4); John Dowland/PhotoAlto: S. 43 (3); Juice Images: S. 35 (5), S. 94 (unten); Kevin Burke: S. 106 (A), S. 182; Leonard de Selva: S. 61 (unten); Mike Tittel/cultura: S. 12 (4); Ocean: S. 185; Puzant Apkarian/First Light: S. 69 (Mitte: rechts); Regis Bossu/Sygma: S. 18 (Petit); RobHoward: S. 114 (links: 4. von oben); Ruaridh Stewart/ZUMA Press: S. 108 (3. von oben); Stephane Cardinale: S. 66 (Souad Massi); Stephane Cardinale/People Avenue: S. 144 (Dany Boon); Ted Levine: S. 114 (links: 3. von oben); Tim De Waele: S. 98; Yann Arthus-Bertrand: hint. Vorsatz: (2. von links) – **© Getty Images** Europe: S. 114 (rechts: 2. von oben); AFP: S. 99 (rechts: oben); David Grossman: S. 121 (oben); Gamma-Rapho: S. 20 (unten), S. 66 (Marc Lavoine); K. Magnusson: S. 12 (3); Mark Bowden: S. 104; Paul Bradbury: S. 120; Peter Augustin: S. 12 (1); Rafael Campillo: S. 11 (10); Stuart Dee: S. 105; Tom Bonaventure: S. 19 – **© Groupe Hermitage**/Foster+Partners: S. 20 (oben: 5. von links) – **© Hôtel de France**/www.hoteldefrance-angers.com: S. 92 (oben) – **© imago**/Horst Rudel: S. 71 (H); hqfl: S. 109 (4); Icon SMI: S. 114 (rechts: 4. von oben); P3press: S. 37 (2. und 3. von links); Peter Widmann: S. 62 (c); suedraumfoto: S. 106 (B) – **© mauritius images**/age: S. 106 (Charles, C, D); S. 107 (G); S. 109 (1); S. 114 (links: 1. von oben); Alamy: S. 11 (8); Author's Image: S. 114 (oben: Hintergrund); Firstlight: S. 114 (rechts: 1. von oben); ib/Guenther Schwermer: S. 114 (rechts: 3. von oben); ib/Jochen Tack: S. 109 (6); ib/TPG: S. 10 (1); John Warburton-Lee: S. 107 (H); Prisma: S. 109 (2); Rene Mattes: S. 11 (7), S. 20 (Mitte), S. 107 (E); Robert Harding: hint. Vorsatz (5. von links); Steve Vidler: S. 90 (unten); Stockbroker RF: S. 106 (Lore); Torino: S. 107 (F) – **© Office du Tourisme Liège:** S. 108 (1. 2. und 4. von oben) – **© Paris Tourist Office**/David Lefranc: S. 14 (oben); Jacques Lebar: S. 14 (C); Jocelyne Genri: S. 14 (B) – **© picture alliance**/Cultura: S. 52 (oben: rechts); dpa: S. 81 (unten: links), S. 99 (rechts: unten); Mary Evans Picture Library: S. 18 (4); Newscom: S. 68 (5); Photoshot: S. 99 (links: oben); R. Goldmann: S. 81 (Logo); Sergi Reboredo: S. 109 (5); WILDLIFE: S. 90 (oben) – **© Pyramide du Louvre**, arch. I. M. Pei, musée du Louvre: S. 10 (2) – **© SIPA**/BEBERT BRUNO: S. 38 (1., 3. und 4. von oben); CINELLO: S. 66 (Édith Piaf); DUPUY FLORENT: S. 144 (Les Cowboys Fringants); GHNASSIA ANTHONY/ASSOCIATION HERISSON: S. 35 (unten); LYDIE: S. 37 (4. von links); NANA PRODUCTIONS: S. 43 (7); NIVIERE/NMA13: S. 38 (2. von oben) – **© StockFood**/Eising Studio – Food Photo & Video: S. 109 (3) – **© ullstein bild:** S. 18 (1, 5, Citroën), S. 81 (oben links); CARO/Sven Hoffmann: S. 66 (oben: rechts); dpa: S. 43 (2); imagebroker.net/bilwissedition.com: S. 54 (3); imagebroker.net/Michaela Begsteiger: S. 60 (4: rechts); Keith: S. 37 (5. von links); Roger-Viollet: S. 69 (Mitte: links), Roger-Viollet/Alain Adler: S. 54 (1); Roger Viollet/Jacques Boyer: S. 18 (3); Werner OTTO: S 48 (rechts)

Coverabbildungen:

Sarcelles-Dakar d'Insa Sané © 2006 – Éditions Sarbacane: S. 112
© Le Livre de Poche Jeunesse, 2007: S. 64 (Virus L.I.V. 3 ou La mort des livres)
© Le Livre de Poche: S. 99

Illustrationen:

© acf/www.actioncontrelafaim.org: S. 52 (oben: links)
Génération ado le dico, collectif, Bayard éditions jeunesse ©, 2011: S. 29 (E)
© www.terracycle.eu: S. 53

Karten:

© Falk Verlag, D-73760 Ostfildern: hint. Vorsatz (Hintergrund)
© RATP: vord. Vorsatz

Liedtexte:

© Les Amours Du Dimanche/Universal Music Publishing MGB France. D/A/CH: Musik Edition Discoton GmbH, Berlin: S. 66 (3)
© Premiere Music Group. D/A/CH: Bosworth Music GmbH, Berlin: S. 66 (4)

À toi! 3
Lehrwerk für den Französischunterricht

Im Auftrag des Verlages erarbeitet von:
Walpurga Herzog, Ines Kaiser, Friederike Leist, Catherine Mann-Grabowski, Prof. Dr. Jürgen Mertens, Stefanie Schubert, Erik Wagner, Peter Winz

und der Redaktion Französisch
Julia Goltz (Projektleitung), Emily Guerry, Monika Schulze, Jana Silckerodt, Verena Simon, Christiane Ulrich (Bildassistenz)

Beratende Mitwirkung:
Stefanie Ambs (München), Bettina Becht (Edenkoben), Marlis Bormann (Nauen), Mirjam Friebe (Berlin), Ingeborg Höcke (Schulzendorf), Uta Höldin-Kosbab (Villingen), Annette Kramer (Kassel), Ines Lübbecke (Uelzen), Prof. Dr. Christian Minuth (Hirschhorn), Jochen Momberg (Spenge), Doris Nahke (Pfullingen),Tobias Schnitter (München), Birgit Schunke (Bad Kösen), Erika Sonneck (Alfter), Antje Wolter (Burgwedel)

Gesamtgestaltung und technische Umsetzung: werkstatt für gebrauchsgrafik, Berlin
Illustrationen: Laurent Lalo
Karten: Dr. Volkhart Binder, Berlin; Lennart Fischer, Berlin
Umschlagfoto: © Cornelsen/Ísis Martins (Vordergrund); © Veer/Thomas Pajot (Hintergrund)

Begleitmaterial zu À toi! 3:

Schülerbuch als E-book	ISBN 978-3-06-021183-8
Carnet d'activités	ISBN 978-3-06-020307-9
Grammatikheft	ISBN 978-3-06-520422-4
Vokabeltaschenbuch	ISBN 978-3-06-520749-2
CD (Audio)	ISBN 978-3-06-520450-7
Schülerbuch-Lehrerfassung mit DVD	ISBN 978-3-06-520420-0
Lehrermaterialien	ISBN 978-3-06-520425-5
Folien	ISBN 978-3-06-520424-8
Interaktive Tafelbilder	ISBN 978-3-06-021100-5
Unterrichtsvorbereitung à la carte	ISBN 978-3-06-520438-5

À toi Vokabeltrainer-App erhältlich in allen App Stores.

www.cornelsen.de

Die Mediencodes enthalten ausschließlich optionale Unterrichtsmaterialien;
sie unterliegen nicht dem staatlichen Zulassungsverfahren.

Soweit in diesem Buch Personen fotografisch abgebildet sind und ihnen von der Redaktion fiktive Namen, Berufe, Dialoge und Ähnliches zugeordnet oder diese Personen in bestimmte Kontexte gesetzt werden, dienen diese Zuordnungen und Darstellungen ausschließlich der Veranschaulichung und dem besseren Verständnis des Buchinhalts.

2. Auflage, 6. Druck 2025

Alle Drucke dieser Auflage sind inhaltlich unverändert
und können im Unterricht nebeneinander verwendet werden.

Druck: Livonia Print, Riga

ISBN 978-3-06-520419-4

PEFC zertifiziert
Dieses Produkt stammt aus nachhaltig bewirtschafteten Wäldern und kontrollierten Quellen.

www.pefc.de

Le français dans le monde

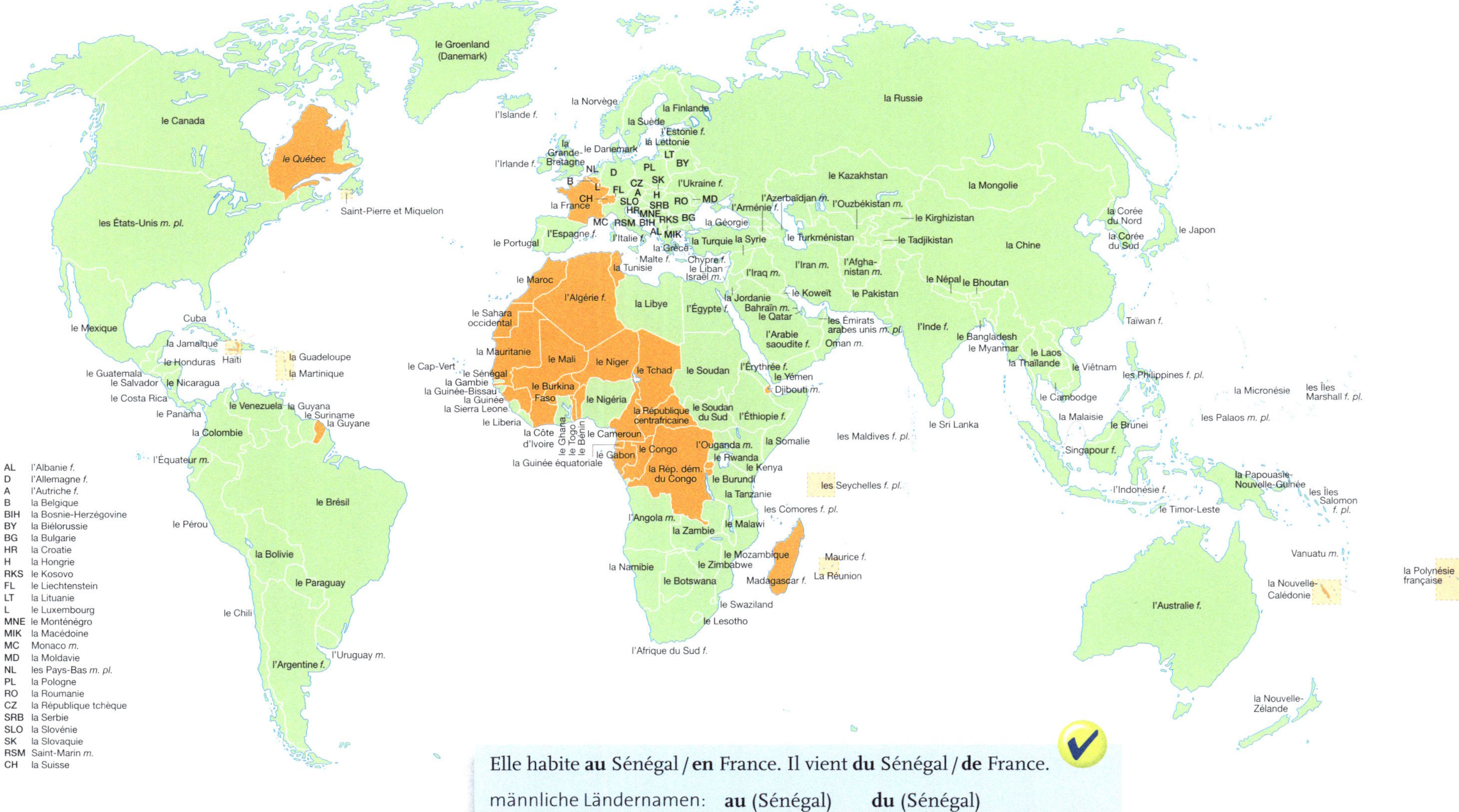

Elle habite **au** Sénégal / **en** France. Il vient **du** Sénégal / **de** France.

männliche Ländernamen:	**au** (Sénégal)	**du** (Sénégal)
weibliche Ländernamen:	**en** (France)	**de** (France)
Ländernamen im Plural:	**aux** (Seychelles)	**des** (Seychelles)
Ländernamen ohne Artikel:	**à** (**M**adagascar)	**de** (**M**adagascar) *Konsonant*
	en (**I**sraël)	**d'**(**I**sraël) *Vokal*